张 洲 著

周原环境与文化

（修订本）

西北大学学术著作出版基金自助出版

三秦出版社

图书在版编目（CIP）数据

周原环境与文化/张洲著.—修订本.—西安：三秦出版社,2007.9
ISBN 978-7-80628-134-5

Ⅰ.周…　Ⅱ.张…　Ⅲ.周文化（考古学）—研究
Ⅳ.K871.34

中国版本图书馆 CIP 数据核字（2007）第 136969 号

周原环境与文化(修订本)

张　洲　著

出版发行　三秦出版社
　　　　　新华书店经销
社　　址　西安市北大街 147 号
电　　话　(029)87205106
邮政编码　710003
印　　刷　西安永惠印务有限公司
开　　本　787×1092　1/16
印　　张　20.25
插　　页　2
字　　数　391 千字
版　　次　2007 年 9 月第 2 版
　　　　　2007 年 9 月第 1 次印刷
印　　数　1—2000
标准书号　ISBN 978-7-80628-134-5
定　　价　48.00 元

图版一 岐山县蔡家坡黄土地层剖面

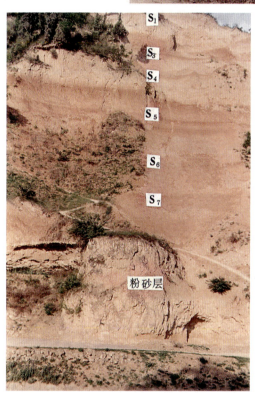

图版二 蔡家坡南社头云登台黄土地层剖面

图版三 蔡家坡三刀岭三国司马懿和近代王震将军历史遗迹

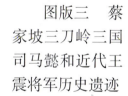

图版四　周原岐山山前洪积扇（贺家村北东向与刘家沟洪积层剖面）

图版五 周原岐山西观山九眼泉地址

图版六 甘肃陇东崆峒山"黄帝问道处"

图版七　2002年10月12日，西北大学百年校庆时在校园侯外庐塑像前，与七七级考古专业老学生常腾蛟及爱人吕家新合影

图版八　1988年中秋季节，与美籍华人教授唐德刚先生和苏联教授李谢维奇先生游览乾陵时合影

图版九　1998年，与小女张薇、孙子张岩在家留影

序 一

李学勤

近年来,学术事业发展,尽管在出版上有着不少困难,每年印行的学术著作还是较多,其间自然有一些是很优秀的。在我这几年读过的书稿中,西北大学张洲同志的这本《周原环境与文化》是一部令人惊异的好书,应当向读者推荐。

所以说《周原环境与文化》这本书令人惊异,是从两方面讲的。一方面,书的本身题材重要,范围广阔,思路又相当新颖,令人惊异;另一方面,作者张洲同志艰辛努力,焚膏继晷,积十年之心血,终能成此二十余万字的专著,也令人惊异。

周原之名,始见于《诗·大雅》的《緜》篇,指的是今陕西省岐山、扶风两县间的一片肥沃土地。中国过去历史上最长久的朝代周朝,其先世即发祥于此。周人的文化在周原勃兴于取代殷商后,成为缔造一代礼乐制度的基础,影响十分深远。周原这里,又是后来发现最早的古代遗址之一。早在西汉,位于周原中心的美阳便出土了西周的尸臣鼎,得到学者张敞的鉴定考释,事见《汉书·郊祀志》。此后,这处遗址屡有文物发现,尤以青铜器著称,受到后代学者的重视。到了现代,田野考古工作更是以周原作为重点。在历史学和考古学的研究上,周原都据有着特殊的地位。

由于周原的重要,有关的专书、论文已有不少。如果算上泛论西周的各种作品,更是难于缕数。不过张洲同志这部《周原环境与文化》,在论著林中,确能独辟蹊径。全书所有章节,均扣紧环境与文化的关联立论,层面之繁多,视野之宽广,为前此论周原者所罕有。至于书中涉及的学科,包括地质学、地理学、古人类学、旧石器考古、新石器及殷周考古、古文字学、古代史、历史地理学等等,加以融会综赅。尽管在某些具体论点上,学者间可以有不同意见,但这种会通自然科学与人文研究的方法,无疑是应该肯定的。

张洲同志生于岐山,对周原的山水风土、物产民俗非常熟谙,更怀有深厚的感情。他于建国之初就读于西北大学民族系,因工作需要,经选拔调出,其后虽仍回校,长时间并不在教学科研岗位,很晚才到历史系考古专业。这时他再致力于学术，很多人以为很难有什么效果，而他以坚定的毅力，写出了一系列报告和论文。当他退休以后，又完成这部《周原环境与文化》，实在是太不容易了。

张洲同志和我结识多年。我们有一个共同点，就是都曾长期追随侯外庐先生。众所周知，侯先生是我国著名的马克思主义史学家、教育家。1950年，他经国家任命为西北大学校长，1954年调任中国科学院历史研究所第二所副所长后，仍兼西大校长，直到1957年。所以，在西大，他是被公认为老校长的。侯先生不兼西大校长职务后，任一、二所合并后研究所副所长，1977年中国社会科学院成立，任历史研究所所长。他在历史研究所的时间，远比在西大长久，可是他对西大一直怀念，也常谈起西大的同仁。正因为这样，我50年代就由侯先生口中知道了张洲同志，也听说了侯先生在西大的秘书高杨同志。

1962年，我有幸随侯外庐先生参加西大校庆，得以同高杨、张洲两同志见面，友谊自此奠定。此后不管是"文革"还是什么，都不能间断我们的友谊。

应西大张岂之同志之邀，"文革"后我在学校兼任教授，到校的机会增多。每次到西大，总有机会和高杨、张洲两位相聚，促膝抵掌，虽非朝夕相处，却像从不分手一样。高杨激昂慷慨，神采飞扬；张洲沉厚质朴，谦虚实际，都给我留下了深刻的印象。

侯外庐先生1987年秋在北京逝世。这一年，高杨教授也已卧病。我到西大后，张洲同志带我去看高杨，畅叙颇久。我临行前，高杨教授又扶杖到宾馆看望，还一起看了校史展览，拍了合影。当时我观其面色，心中怆然，次年春天竟接到讣告。最近，张洲同志给我看他的文稿《回忆著名马克思主义教育家侯外庐先生》，多记侯先生和高杨教授旧事，使我思绪万千。

西大有悠久的优良传统。侯先生任校长时，在楼上题字"实事求是"，足以代表西大的学风。高杨教授遗作有《佛教起源论》，与张洲同志这部《周原环境与文化》，性质固然相异，所体现"实事求是"的研究精神是一致的。我们追忆侯先生和高杨同志，应该牢记"实事求是"这四个字。

张洲同志约我给这部书作序时，我曾说一定要在序中写出我们的友谊来。现在读完全稿，提笔写序，思之再三，总感觉没有很好表达。或许这样多年的珍贵友谊，本来不是语言文字所能描述的罢。

按照我的专业，序里应当谈一些周原考古的问题，可是写了这么多，还没有涉及主要内容。我在这里只想说，所有对中国古代历史文化有兴趣的读者，都会从《周原环境与文化》中得到启发。

1995年1月于中国社会科学院历史研究所

序 二

焦文彬

作为一个读者,我是张洲同志《周原环境与文化》一书的最早读者之一;作为一个爱读书的教书先生,我是以极大的耐心读完了这本与我所从事的学科相距甚远的学术著作。多年来养成的读书习惯,总喜欢在所读书上,圈圈点点。或眉批,或夹注,或章评,或节说,或总论,或标点符号的订正。所以,读后的书总是五花六道,涂抹斑驳。可是,张洲同志的这本书,因为是手稿,我只得写点笔记,另纸为之。

张洲同志是我在西北大学时的同事。他生长于肵肵周原,曾就读于西北大学民族学系,后调出来搞党政工作,再调历史学系,从事文物考古的教学与研究。从此,他一头扎进这个同我们今天相距甚遥远的学科领域里,披星戴月,含辛茹苦,默默无闻地潜心从事着史前考古的教学工作。为本专业的学生编写教学参考资料,带学生进行田野的考查与发掘工作,组织教学,安排他们衣食住行,关心他们的成长。风尘仆仆,几十年如一日。中华民族文化的源头,那肵肵的黄土原上,几乎到处都洒有他的汗水和心血。那滚荡的汗水和散发着人类文明探索者勤劳味的心血,犹如一颗即将萌芽的种子,自然也撒播在这块母亲的土地上。播下的种子,总是会发芽、开花、结果的。尤其是在这块"堇荼如饴"的周原,更是如此。中华民族文化的源头,那肵肵的周原,几乎遍地都有他留下的沉重而显眼的践印。这践印是他多少年考古探索的标号。在他已经退休的年代里,他仍一步一个脚印地迈步在这块科学园地里。正像我国著名的史前考古专家石兴邦先生所说:

> 他怀着赤子之心,乡梓浓情,潜心于故土文史研究,虽在知命之年,仍奋迈老之身,伏枥躬耕于田野古垒之间,求搜钻研于国故典籍之中,检点春秋,经纶文史,历经年所,终成宏卷。

《周原环境与文化》的确是一本分量很重的著作。它的厚实,有如他所从事的科学内容那样,是叠压在许多地层之下的。正因为这样,"发掘"成了这一学科的显著特点之一。"发掘"工作是需要极大的毅力和耐心的。

从叠压着的许多不同地层底下，仔细清理每一件不同地质年代的文物遗存，并使之恢复其本来面目，还要把破损了的这些遗存复原，重现昔日的文化光彩，这中间的工作，不仅相当琐碎，而且十分细致，更需要多方面的知识，作综合性的考察、研究。张洲同志这部著作的显著特点，就是运用多学科的知识与手段，对周原文化进行多学科的综合探索研究。这里包括了自然科学方面的地学、生物学；社会科学方面的历史学、文艺学、民族学、语言学。像在论述周原环境时，就采取了这一方法；在谈"周"源时，又较多地运用了语言文字学方面的资料；在先周的文化探讨方面，又吸收了政缘、地缘和俗缘方面的研究成果，从而得出了先周文化源于周原本土的科学结论，令人信服。也提出了不少发人深思的问题。如关于周人东源说、西源说的辩证研究，既诚恳地借鉴了前人这方面的研究成果，又比较多地从地貌、地质和民俗、传说等多层面上，探讨了这些学说的渊源及学科根据，得出了先周文化由本土到河东，再到北豳、古豳的结论。虽然，这一结论并不一定为学术界接受或认可，但这中间论证的细致、周密和多学科的宏观把握与具体的阐述，却相当客观、扎实，方法是对头的。值得重视的是，作者如终是把周原环境与文化放在关中环境和文化这一大的背景下，悉心加以考虑和对待的。从而使原本为区域环境与文化的微观探讨，具有了关中地区文化系统的全面的结论。个体与总体的相互辩证，也自然使周原区域文化有了自身所富有的中华民族文化的基本规律和科学性。材料的充实与丰富，也自然会给这一区域文化以强有力的支持和保证。东西方文化的各具特征，一个不可忽视的方面，就是他们的自然地理环境的差异。虽然我们不同意那种偏颇的环境决定论的观点和方法，但，完全舍弃自然地理对人类文化的影响，有时是极为重要的影响，却使不少问题难以很好得到了解。诚然，人定胜天，但这种理想的实现，摒除掉人对客观环境的适应和充分利用，就会给人一种唯意志的感觉。尤其是在远古时代，人们改造环境的能动性还不那么自觉、自主的状况下，更不能不首先从这方面思考和研究。时至今日，人类仍无法彻底摆脱自然地理环境对自己的控制和影响。从总体上说，人类的文化，尤其是区域性的文化，就是人类同环境相互作用所造成的。《周原环境与文化》这一出发点和不懈的探究，并公开把它作为标题，足见作者的用心的良苦和立意的深思熟虑。

　　一个并非考古专业科班出身的人，竟写出了一本具有科班特点的学术专著，在国内自然并不罕见，但对张洲同志来说，却有着一段自己独特的经历和精神。这种精神，用一句话加以概括，就是："精诚所至，金石为开。"张洲同志在这方面的"精诚"，实在感人之极。此中的"业精于勤"是这种"精诚"的根本所在。真可以说是"心坚石穿"了。他不仅广泛地收集各种有关资料，包括文献资料和实物资料在内，只要与周原有关，他都想方设法收集；不论是古代的，还是现代人的；也不论是完整的，还是零碎的。他就像蜜蜂一样，见花就采，勤于资料的积累，不辞辛苦，不怕奔波。就是在他退休以后的日子里，他仍自费考察、自费复印有关文献资料。他充分利用西北大学这所综合大学的有利条件，向各行专家教授与学人请教。经常带上自己的稿子，请他们赐教。从资料的准确与否到文字上的措辞、格式，以至标点符号的运用，虚心学习，诚恳请教，不耻下问。多年来，他访问、拜师的学者，在西北大学就有地质系的王永炎教授、王战教授、雷祥义教授，地理系的李昭淑教授，文博学院的陈直教授、曾琪教授、刘士莪教授、段连勤教授、戴彤心教授、张懋镕教授；在校外则有中国社会科学院历史研究所所长、著名的古文字专家李学勤先生，陕西省考古研究所、全国著名的考古学家石兴邦先生，中国文物学会副会长谢辰生教授、贾兰坡教授、曹泽田教授、刘东生教授等50多人，得到他们的教诲与帮助。其中不少章节，几乎就是在他们的指导下完成的。正是这种谦恭的态度和坚忍不拔的精神，使他能够打开周原考古这扇"天门"。这就使我自然想起先秦哲学家荀子在《劝学篇》中的一段话来。荀子说：

> 积土成山，风雨兴焉；积水成渊，蛟龙生焉；积善成德，而神明自得，圣心备焉。故不积跬步，无以至千里；不积小流，无以成江海。骐骥一跃，不能十步；驽马十驾，功在不舍。锲而舍之，朽木不折；锲而不舍，金石可镂。蚓无爪牙之利，筋骨之强，上食埃土，下饮黄泉，用心一也。蟹六跪而二螯，非蛇鳝之穴无可寄托者，用心躁也。

荀卿这段话，阐明了学习的原则：只要有步骤地不间断地坚持学习，一定能够取得优异的成绩。张洲同志应该说是实践了这一教诲。他对周原的精诚，他的"锲而不舍"，也才有今天的《周原环境与文化》的问世。此中的"积土成山"，"积水成渊"，"积跬步""而至千里"，"积小流""以成江海"全在于他的"不舍"和"用心一也"。如果有人曾认为他是一匹"驽马"的话，那这匹"驽马"的"十驾"，不是远远超过了那"不能十步"的"骐骥"吗？！

不久，我也将要告别我曾执教40年的大学讲堂，退休了。我要向张洲同志学习，利用有生之年，学点东西，以求人生之不悔！

"精诚所至，金石为开。"这就是我读此书后的一点体会。

1995年抄于西安南郊澹园

序 三

石兴邦

张洲同志将他的新著《周原环境与文化》一书的原稿见示,拜读后很受感动。他怀着赤子之心,乡梓浓情,潜心于故土文史研究。虽在知命之年,仍奋迈老之身,伏枥躬耕于田野古垒之间,求搜钻研于国故典籍之中,检点春秋,经纶文史,历经年所,终成宏卷,以飨学林,诚学界之一大幸善事也。予在感佩之余,持奉短笺以作跋语。

（一）

《周原环境与文化》是张洲同志致力于区域文化研究的一部力作,是融生态环境与文化模式于一体的综合性研究成果。这是当前人文史观研究人与地辩证关系史上一个新的尝试,在周文化的研究中,具有开创性的意义。因为我们过去在考古界多重视物质文化史的探查和研究,历史学界着重于文献考证,而张洲同志的这一综合性研究,则将人与地、历史与考古作了全面整合研究,在文化史的研究上是值得庆幸的一个好的开端。

从全书内涵及思路看,它的体例结构是在吸收前人成果、捕捉当前科研信息并加以提高综合的研究过程中而形成的。确花费了一番功力,始成佳绩。用他自己的话说,是"含辛茹苦,埋头苦干,虚心学习,才做出些成绩"。这是真实的。我和张洲同志是老朋友,我知道他对民族、考古和历史都有涉猎,并有相当丰厚的基础。自到历史系从事考古工作后,"如鱼得水"般地在考古园地愉快勤恳地耕耘,并重视实践和田野考察工作。先后参加过禹门口旧石器时代遗址、新石器时代的姜寨遗址、梓里遗址及老牛坡商代遗址的发掘调查工作,并参与编写了有关的发掘报告,还撰写了研究论文,与同志合作编写《人类起源》和《私有制起源》的有关资料汇编,和《西周金文选编》等专著。

由于考古历史研究的丰富经验,对问题能作更周衍的考虑,这使得他情有独钟地选上了周原地区人与地的多层次整合研究。这是因为他在多年的科研实践过程中,看到并意识到了周秦文化的重要历史地位,及其在中国文化发展史上的意义,同时他深刻体会到文化与生态环境的密切联系。

从选题来说,他是成功的而且是符合时宜的,抓住了学术发展的时代脉搏,也看准了文化发展与地缘关系的所在。这都是当前世界人类文化史研究上的主要时代特征。

第一,从人与地的关联性来说,两者是互相协调而并存的。人类的历史,说全面些,应该包括人类本身演化史、自然发展史(即生态环境演变史)和文化发展史。人与地关系是在发展过程中相互联系并协调地、辩证地存在和变化的。因此,研究自然史是研究人类文化史的基础,研究人类文化发展史,可获知文化自然史发展中的变化特征,特别在第四纪,即人类出现和发展的世纪更是如此。这种研究方法已为全世界学术界所共同重视。所以我说他的选题可谓正中时鹄。

第二,从抓周原地区环境与文化入手是有典型性的,解剖周原地区的地史层积和文化沉积,可以概括关中地区人文发展的一般概貌和规律。

这个选题和意图也符合当前世界文化研究的总趋势:这就是研究方法从宏观进入微观;研究的包含面从文化观进入生态;研究的手段则进入多样化,这样使问题有更深刻的了解,问题解决得更透彻。

从生态与文化发展的关系来说,我们陕西有得天独赐之惠。整个黄土塬地,为人类文化的发展提供了良好的场地。作者也曾在史地的编述中提示过,在渭河盆地形成过程中,自然界的鬼斧神力,给了陕西两大恩赐,一个是肥沃的黄土塬面堆积和多阶地的活动舞台,另一个是密集的羽状河系和优美泉源,给干涸的黄土以滋润,使它成为最适于古代文化发展的优越之地。在蒙昧时代,他们在黄土地母亲的脊梁、胸脯,哺乳、跋涉;在进入农耕的拓植时代,在黄土塬被割裂的梁、峁、塬、坡的肢体上,垦殖耕耘,种植谷物,繁衍畜群,厉兵秣马,开拓前进,从一个阶地爬上更高的另一级阶地,从一个时代迈向更发达的时代,经过数千年来的发展演进,经过不同的文化发展阶段而进入文明社会,终于创造了一个统一的国族。

凤岐低塬是陕西黄土塬地最西的塬地,也是条件最好的地方。这里是周秦文化发祥的故里和发展的基地。这里地势平坦,气候温和,雨量充沛,北依岐山,山前有发育良好的冲积扇平原,又有充沛而甜美的水源以滋润黄土塬区,是一块万物繁衍充满生机的宝地,周人居此,以成大业,这是人地相结合所结出的丰硕果实。所以从这里一页页揭开孕育中华远古文化祖根的胚植之地的奥秘,是十分适切而很有意义的事。

（二）

本卷由于立意新颖,选题宏阔,很自然地体现出宏富的内容。所以作者在这里,不论是文化史还是自然史,论的幅度既广又深;从自然史的角度说,不仅探讨了与人类文化发展有关的黄土塬堆积的状貌和特征,而且深及到与黄土塬状貌相关的新构造运动时地貌结构形成的过程和特点,并注意到其影响与人类文化发展有紧密联系的各种地质、地形、地貌的性质和特点,以及气候、土壤、水文等所形成的生态景观,作了自然史的全过程的考察和论述。从横的方面来说,也不只限于周原地区,也涉及与之相邻的地区的构造发展史。从文化史的角度看,不只限于周人的发展史,远及氏族部落时代各个时期文化的渊源特征和发展过程,都作了探讨,作了人类史文化史的全过程考察,形成了一部独具一格的人与地相结合的发展演化史。

从方法论来说,作者多学科、多层次、多方位、多角度地对周原地区文化历史,作了综合性的考察,所谓多学科即融汇历史、民族、民俗、考古、史地诸学科有关资料于一炉,较全面深入地研究和论证了周原的史前时代和历史时期,特别对周人文化探讨得更为真切深刻。这里面包括:

周人的起源及其渊源,周人在发展各阶段的文化特点及其承传发展,周原与周文化发展的地缘因素,特别是周人农业文化的崛起,以及周原地区炎黄部族兴起的人文自然背景等诸问题都作了探讨。他特别对周人族源及其迁徙作了颇有新意的解释,他根据已成说的东来与西起的说法,提出了由西而东、再由北而南的迁徙路线,这在考古学上有一定的根据。

我想读者仔细地阅读和思考,在这本书中能得到我们需要解决的不少历史问题。

（三）

从与张洲同志的论说中,得知本卷是他有关周原文化系列研究之第一部问世者,以后还继续撰写更加详细、深入而精到的微观研究,以使博大精深的周原文化弘扬于世。他的志气可谓大矣! 而其笃行之以践其言则尤为可嘉。他有志于此,专心于此,而尤为可贵的是能用力于此。凡有关课题的研究资料,广泛涉猎,多方搜求,务尽余而后已。对出现和要探索的问题,能博采众长,广征访问,以求得获释而始止,终能集众绪而成体系,融天

地人而合为一体,成为一个系统完备的著述。我想本着这种精神,坚持下去,其他各卷当会——脱颖而出。（二）

　　最后,我想读者会从书中内涵的丰富、体系的完整与章节的浩繁中,可体知此卷成书之不易,也体会到作者为其所付出的艰辛,因手持此册,不能不为之动容。开卷欲获益,必将竟读全书而后已。

1995 年 6 月 26 日于西安

自 序

一

周原自然环境优越,得天独厚,历史文化悠久,博大精深。

"周原膴膴,堇荼如饴",《诗经》在此首先提到了"周原",并把它描述为肥美的土地。这说明周原在古代就是环境优越、人类繁衍生息的好地方。"堇荼如饴",这是把野生植物作为表示土地肥沃,首次在文献中加以记载。"岐之地险隘,系树木乃兢刊除而自居",此乃郑玄《皇矣》笺所云。这不仅说明周人古公亶父"率西水浒"来岐"自居",岐地有"险"可凭,而且说明这里是"莽莽一片林草",宜居的自然环境自古就优越。《水经》是我国第一部记述河道水系的著作。北魏郦道元在《水经注·渭水》载:"岐水又东径姜氏城南,为姜水。"徐锡台在《西周诸王征伐异族的探讨》中释为:"岐水即好畤水也,今扶风法门,为美阳城,可能就是传说中的姜水城,美水当为姜水也。"有人还谓:此泛指沣水及其支流美阳也。史念海先生在《周原的变迁》论著中称:"周原位于陕西省关中平原的西部,它北倚岐山,南临渭水,西侧千河,东面漆水,包括凤翔、岐山、扶风、武功四县大部分,兼有宝鸡、眉县、乾县三县的小部分。沣河是周原的主要河流,纵贯东西。地势大体平衍,土壤肥沃,气候温和,雨量比较充沛,很早以来,就闻名于世。"因此,我们从《诗经》、《水经》看,周原文明和周人文化在人类历史上出现得较早;周原地区很早就具有环境、植被生态等优越的自然特点。周原环境与文化这个问题,在历史上很早就被人们所重视。尤其史先生就其范围及特征的研究,更有特色。我们以此作为研究的先导和契机,使之走上一个新台阶,做出新探索。

对周原环境和文化,深入系统地进行专门研究,资料博采前人之众长,广泛搜集猎取,同时还从地学、考古学等,结合历史文献进行多学科、多方位、综合性的研究、整理和论证,伏案十年,终于写成这部专著。这部书稿的内容,涉及研究的面较广,远超出周原地区;其所辐射的地区不只有陕西关中及黄河中游地带,甚或北至河套,西到六盘山,东达吕梁山整个鄂尔多斯地区。其内容在所涵盖的地方,不只对第四纪地层特征、远古环境特征与奥秘有所揭示,而且对其环境地层在文化方面所含的内容,从原始社会到夏商周,特别是对周文化由先周至西周,从起源、发展、迁徙的整个过程等,亦有叙述和认识。我们在此揭示和认识的科学成果,可供今天发展经济、文化和旅游所借鉴,故认为这部书具有历史价值和现实意义。

周原环境与文化从黄土高原来说:得天独厚的环境原区、博大精深的历史文化,由此应运而生——起源、发展、开创、壮大,影响了整个中国及世界。中国典型的黄土高原因此与所赋予的光辉历史文化,真是中国人民的伟大骄傲!中国典型黄土高原——周原,堪称中国文明圣地的宝原。

二

《周原环境与文化》共分五章,主要内容有两个方面。一方面是研究探讨周原地貌生态环境,另一方面是探究周原历史文化,并结合具体环境探究周原历史文化发展的特征。

在环境研讨方面,研讨的问题和内容主要在这部书的第一章内。例如:我们在第一章《周原自然环境》第一节《周原地貌》里,首先对周原地貌特征做了论述。周原地貌由渭北河谷冲积平原、渭北黄土台塬、山前洪积平原和岐山低山而组成。在此周人太王由邠(同彬)迁岐之前(即全新世早中时期),当时周原这个原区,地势平坦,气候温和,雨量、水区资源也较丰富,从古至今是中华民族生息、发展、开拓的一块宝地。远古时期,历史文明程度较高。

周原新生代形成的这种地貌特征,我们在本书第一章第二节《周原新生代地质特征》中考证,在周原台塬地区,它的现代地貌特征是由基岩古地貌特征重叠表现出来的。现代地貌特征是西北升高向东南倾斜。由于沣河分割,周原地区分成南北两大部分,北部属于周原本身地区(主要为洪积平原地区);南部属于分割后的积石原黄土台塬地区。原面略呈浅凹平形,由西北斜向东南,它是由新构造运动"波浪式发展"所造成。这是大约在第三纪晚期这一时期形成的,并反映了"有怎样的黄土塬地形就有怎样的基岩地貌"基础。同时,这个原区的这类地貌在第三节《周原新生代地层形态》中,通过对周原蔡家坡渭#4井和杏林渭#5井所揭示的新生代地层,周原地区有从第三纪到第四纪好几百米厚的地层层位序列保存,且在第四纪更新世早期地层内,还有泥河湾(三门系)时代"河流、湖沼沉积"地层,含有远古文化的遗存。周原地区三门组沉积层在"千阳河谷地,渭河高阶地底部及千阳河至武功的黄土塬底部"也有出露。三门系一般由两层砂砾卵石和两层粘土、砂质粘土组成。它与下伏第三系为不整合接触。

在第一章第四节《周原地区第四纪环境变迁》中，我们根据宝鸡陵塬剖面所代表的周原地区第四纪环境变化的模式，在黄土高原宝鸡周原，完整黄土沉积覆于一套红粘土之上，红粘土与黄土为连续沉积。红粘土所代表的气候条件为持续的温暖湿润，黄土—古土壤系列所指示的气候条件为干冷与温湿的频繁交替。因此，从红粘土发育到黄土沉积，气候在此发生了深刻变化。由此结合早期调查的岐山蔡家坡地区黄土地层剖面所反映情况，我们还分析了周原第四纪积石台塬的古气候特征。

早更新世（Q_1）沉积。这里的黄土和古土壤有18层，共厚28米，每个土壤层均含有钙质结核层。在古土壤底层的砂砾层之下，为第三系红粘土不整合面。在此接触地层之上的砂砾层，即是淡肉红色砂砾石质黄土沉积地层，该地层的气候特征，借鉴渭河盆地古植物特点来看，所反映的是较温暖、湿润气候，比本地区的现代气候还要温暖一些。由于冰期间冰期原因，这种气候又发生了很大的变化：当其发展到早更新世石质黄土沉积时期（这从蔡家坡黄土剖面和渭#5井等黄土地质看），是属温带干旱气候。黄土地层在此土色略深、胶结较好，古土壤清楚，多钙质结核，甚至成层，哺乳化石多。古人类出现，一般来说也就在这个时期。再从蔡家坡调查剖面看，该黄土砂砾地层与下伏上新世三趾马红土界线在 M/G 界线附近而是露在如南社头珍珠泉曲沟等处的悬崖上。它和宝鸡陵塬与渭南阳郭严峪村剖面底界界线位置一样，黄土砂砾地层都位于底界之上0.2—1米。据童国榜等（1981年）研究，此

南社头堡子城东珍珠泉沟第三系砂砾岩层剖面

类黄土剖面在其界线以下的地层，即以厚层连续出现红色沉积的三趾马红土层，其气候特征："主要为亚热带和暖温带森林草原植被，气候温暖。"估计，"类似江南的气候，比第四纪要温湿得多。"

中更新世（Q_2）沉积。从蔡家坡黄土剖面看，黄土和古土壤有18层，而古土壤地层底部也含有钙质结核层并结成板，厚度较稳定，一般成为离石

黄土,年龄为 10 万—73 万年(此与周原西部贾村塬区中更新世黄土底界年龄 69 万年近似)。从黄土地层接触关系看,中更新世黄土与早更新世黄土之间是连续性沉积。早期中更新世与晚期中更新世黄土之间有三条红褐色古土壤组成厚层古土壤。中更新世早期黄土之中的古土壤一般呈水平状,而中更新世晚期及早期晚更新世红褐色古土壤,在周原广大的塬边常呈倾斜状与中更新世早期古土壤斜交。有关此类地层在蔡家坡黄土剖面也有出露。在此,中更新世(Q_2)时的黄土地层,特别是分布在此的"红三条"地层,即使与其同类地层蓝田"红三条"地层特点比较来看,周原地区 Q_2 时期的自然环境,也要比今天周原现代气候更为温暖湿润一些;从"红三条"地层内涵看,周原的生态环境在当时也应为森林—草原性植被。

晚更新世(Q_3)沉积。在周原地区根据《陕西省宝鸡市地理志》来看,其黄土分布:下部为太白组,上部为马兰组。太白组为河流冲积形成的砂砾石层,其时代与太白山冰期相对应,是属于寒冷气候下的沉积。在太白组上部的风尘马兰黄土,覆盖在渭北黄土高原,即周原渭北台塬和二级阶地地层。相对高度 15—30 米,时代根据蔡家坡黄土剖面看,在 13 万年左右。马兰黄土地层底部的红色古土壤代表着黄土形成过程中的亚热带气候,"温暖多雨",而灰棕色古土壤则为温带干旱性气候,"干旱寒冷"。

根据目前资料,周原地区更新世时期的气候:从早更新世时期(Q_1)到中更新世时期(Q_2),即由 Q_1 底界砂砾层至黄土 97 万年到 73 万—13 万年这两个时期的特征,比之周原现代气候还要温暖湿润一些。晚更新世时期(Q_3)的特征,与现代气候相比较近似。

全新世(Q_4)黄土。周原全新世黄土所反映的气候特征:其黄土底部为褐土,即黑垆土地层,厚 1.2 米,娄土覆盖其上,这里古土壤所反映的气候也是属于暖温带半湿性气候。由于这种气候,七千年前,当时人类活动更加遍及周原及宝鸡地区。黑垆土及娄土的形成,是人类当时在此活动的印记。

周原不仅更新世时期气候条件优越,而且全新世时期人类活动的环境条件也是很好的,是我国历史文明和文化发展的伟大摇篮。

周原的水文条件:

渭河是黄河水系中的一级支流,周原水系是属于渭河水系,东西横贯,两岸有千河、漆水河及石头河等形成明显不对称的水系网。左岸支流周原积石台塬及丘陵地区,源远流长。由于地质、地貌、气候、地表水及人类活动等因素影响,周原地区的地下潜水储藏量也很丰富。在整个周原地区,特别是渭北积石黄土台塬平原地区,由于黄土结构和水理性质等特点:黄土具有大孔隙结构,渗水能力强,使一般强度性的降雨大部分渗入地下;同时由于原区具有"西北升高而向东南倾斜"、"原面略呈瓦状浅凹平形"特征,塬面上面大气降水渗入土地层特点也很优越。由于黄土水平导水能力弱,并有利于渗入水在垂直方向上聚集上升,黄土渗透性的作用更有利于地下水在塬体积聚赋存。正是由于如此,所以从历史,特别从近期来看,以致周原及宝鸡地区,西起宝鸡罗家岭,东至常兴北吕村塬阶地地带,黄土沉积厚达百米(相当蔡家坡更新世至全新世黄土剖面的整个厚度),在第四纪早更新世亚粘土夹砂层塬坡坡脚,时有潜水出露。也因如此,致使分布在渭河冲积平原的蔡家坡地区,其潜水水位升高,已到"可打出自流井"的位置。周原原始农业、传统农业历史发展悠久,其原因是气候温暖,原区地势平坦,雨水充沛,土壤肥沃,这使周原今后开发经济,繁荣文化,也充满着潜力。

另一方面,在本书第二章至第五章:主要是从周原历史文明和文化发展,结合周原环境特点来探讨周原文化历史发展的特征。

在第二章《周原原始文化》第一节《周原地貌与旧石器文化》里,主要论述了周原地区黄土地层文化分布的地层特征,特别是它的原始社会旧石器文化发展的渊源和特点。根据古生物组合,地层关系类型和考古学资料来看,在更新世早期(Q_1)午城黄土时期的周原,可能也是人类最初形成的地区之一。因为从第三纪以来,周原地区也曾处在渭河盆地地带,当时的气候也是适宜于人类生存的。因为这个地区沉积了"三门系,并在三门系的侵蚀面上沉积了黄土"。根据黄土堆积之厚及三门系泥河湾地层内涵等特点,我们认为周原地区,当时也会有旧石器文化在地下分布。同时,就中期(Q_2)离石黄土时期和晚期(Q_3)马兰黄土时期的周原地区气候来看,也和我国广大平原地区、丘陵及低山地区一样,都没有冰期和间冰期的明显反映(更新世中期,只在我国高山地区发生了第一次冰期和间冰期),也是适宜于人类生存的好地方。因此,在Q_2、Q_3两个时期的黄土塬周原地区,今后有计划地作些调查研究,和周口店地区一样,一定也会放"异彩"的。

在第二章的第二节《周原新石器时代考古文化》里,在说明周原地区新石器时代考古文化序列历史渊源及特点时,对"前仰韶文化"——老官台类型文化,根据其周围地带的同类文化遗址的地层环境特征,特别根据周原地区半坡类型与庙底沟类型仰韶文化的分布特点来看,庙底沟类型叠压在半坡类型之上,而半坡类型在当地渊源的"前仰韶文化"的地层及文化内容经过工作,这种新石器时代的新篇章在周原地区也能够被揭开。因此,关于周原新石器时代的文化，我们不仅对"前仰韶文化"在此要出现的地层类型特征有了明确的认识，而且经过借鉴，使我们对于周原临边地带的宝鸡北首岭、武功赵家来，特别根据周原中心地区的扶风案板和岐山王家嘴等四个重要遗址的层位叠压序列关系，对于周原地区原始社会新石器时代原始文化彼此之间，前后紧密发展，具体相接的地层历史关系特征等同时也有所廓清，从而更进一步说明周原地区新石器时代考古文化整个历史面貌特点也是繁荣昌盛的，地层环境也是优越的。

在根据气候环境这个特征，来系统地探讨周原地区原始社会新旧石器文化发展渊源和条件，或其文化发展特征的同时，在本书的第五章第一和第二两节里，根据其环境特征和文化特点，还对《宝鸡及周原地区原始农耕文化》和《周原传统农耕文化》等农业文化方面的内容，也进行了较为系统的探讨。通过这样的探讨，从而认识了周原及宝鸡地区的原始农业也是从人类最悠久、最古老的采集经济中，经过漫长的孕育和发展而来的；使新石器时代的原始农业文化在周原及宝鸡地区成为发现发明地域之一的历史特点，也得到有事实有分析的论证与说明，同时，对它的渊源及环境是从周原地区的旧石器时代孕育、发生、发展来的条件也得到佐证。由此使我们知道了周原及宝鸡地区也有古粟、古稻的发现，甚或可能还有栽培小麦的出现。从而使我们知道了周原及宝鸡地区也是中国农业文明的地区之一。炎帝神农及炎帝农业的发祥地在周原及宝鸡地区；使先周弃后稷传统农耕由周原出现的渊源也得到充分了解。周原及宝鸡地区是中国古文化的宝库。特别是周原，农耕文化，承先启后，更为我国灿烂的历史文化奠定了基础。

周原是周族文化及其传统农耕的发祥地，也是炎帝及其原始农业的发祥地。炎帝族和姬周族发展兴起的根据地，可以说均在宝鸡周原地区。特别是周人自从弃后稷到周文武时建立周王朝千余年的发展时间里，不仅农耕文化由原始农业进而走上龙山文化——传统农业时期，而且经过长期经营，积累经验，使生产力不断提高；农业的巨大成就，为他们后来建立王朝也打下了坚实的基础。周原农业文化的繁荣，就环境条件来说，重要性也是显然的。

回顾周原环境文化史，不论炎帝在此发祥农业，或周弃、太王在此先后又发展农耕，在这样一个农耕文化历史发展的整个时期，正如我们在《周原第四纪环境变迁》一节所述的：在"全新世距今6800—5000年黄土壤（S_0）和5000—3120年古土壤（S_0—2）第二旋回阶段，气候特点，属温带半干旱森林草原植被这个时期；这时正是炎帝在此发祥原始农业，周弃及太王在此发展传统农耕。而这个时期的最大特点,是周原从原始农业文化的发展走向繁荣后又进入到一个新的阶段,即传统农耕发展,出现'禹稷躬耕'。由后稷时期到太王开拓时期,特别是太王开拓时期,即公元前11世纪之后,气候环境又处在距今3120—1400年这个黄土状土第三旋回前段"。亦即周秦到汉唐的这个时期。我们说,这个时期从黄土堆积的地层性质看,古地层黄土状土(L_0)地层所反应的气候特点,比之第二旋回时是较温暖了些;但其环境,仍是一个适宜于人类生息发展的地区。这个时期的环境和气候特点,对周原地区的开拓和发展都很有利。

例如青铜文化在周原的繁荣:周原岐邑地区青铜遗址和器物发现出土数量,与周原广大地区及其周边的宝鸡、眉县、武功等地区以及关中陕南陕北等一些地方的分布,由于我们经过概率比较分析所占有的首要地位,而此环境对其有何影响,当前虽无资料具体说明,但当时周原这种优越环境对文化,特别是对青铜文化的影响,肯定是会很大的。因此在本书第四章第二节《周原与丰镐地区的青铜文化》中,进一步分析了周原不仅是中国历史文明的摇篮,而且是中国青铜文化的故乡。周原及其岐邑地区,由于先周文化及历史文明的影响,农业文化的影响,特别还由于青铜文化在当时所占有的首要位置,因而这个时期的周原地区,确是周人当时坚持开拓、经营中国历史文明的圣地。

三

《周原环境与文化》进行文理结合与多学科研究的方法,贯彻在全书的各个章节,更集中地表现在本书第三章《周原先周文化》第三节《先周文化东源说的渊源——兼探周人早期陕晋—晋陕—庆阳迁徙》和第四章第一节《岐邑京当古城选建与迁徙原因》两节的内容中。

本书于三章三节研究的主要内容有:先周文化东源说的由来与渊源,三个基本问题的析论和早期一个关键历史问题的试释等三个方面。对姬周族先周时期,特别是它的早期阶段,即从关键历史人物公刘,追溯到环境复杂的历史人物不窋和周人第一代男性始祖弃后稷的历史阶段;就是通过民俗学、社会学、民族学、史地学和考古学等学科,以及古文献方志等,对它进行文理结合、多学科性的调查研究,探讨论证,比划复原,这样就基本上符合实际地廓清了周人在先周时期,特别是它的早期,"东源说"的整个历史发展过程和文化演变线索,及其类型特征。在此,主要对其历史时间、地域迁徙、文化分布和一个关键性历史问题等的具体研究,特别是对先周早期阶段即弃后稷时期,弃由西向东,即由陕西武功"有邰"入晋至闻喜地带活动的历史论证复原问题,不窋末年,夏政衰微,不窋失官后,自窜于戎狄地区,即翼城太原等地的晋北北西,陕东北及北西,至北豳(即今甘肃庆阳地区),直到公刘时期周族的区域历史和世代关系问题的探讨,以及公刘时,公刘由北向南,即他初在北豳,并由此修复后稷之业后迁徙至古豳(即今陕西彬县、旬邑等地),来扩大开拓祖先农业这段关键性的历史问题论证等等。通过对这些问题的系统研究和探讨,说明周原地区是周人周族起源发展的主要渊源,高度文明的周文化是中国古老文化的一个主根。这里从研究方法特点讲:关键是文理结合,运用多学科、多方位、多角度、多层次,全面深入地进行综合性研究和论证;在结论上能做到时空统一,符合历史实际,因而具有说服力。

文理结合的多学科研究方法,在认识上的确重要。例如:周人在周原岐邑京当建都的地貌条件,通过《周原文化中心地貌图》就可以看清。这里不仅有低山,特别还有洪积扇、台塬和冲积平原,背山环水,地形北高南低,从渭河至山地,呈台阶式高起。周原岐邑京当古城就选在七星河和美阳河之间洪积扇的顶部洼陷地区,这里地形两边都较低,有利于农业开发;同时在此正好有七星河支流王家沟流经其间,地下水位较浅。古城选此,供水有利。

周原洪积扇地层,形成于早更新世、中更新世、晚更新世和全新世。早更新世黄土洪积物质堆积最厚,中晚更新世薄,全新世最薄。洪积堆积主要成分为砂砾石,以灰岩为主,沉积厚度不稳定。全新世地层也分早、中、晚三个时期。早期还是洪积扇发展地区,当山间洪流出山口之后,不受沟谷约束,堆积下砾石。全新世中期,由于上升新构造运动影响,山前拗陷大幅度下沉,洪积扇水流归槽,加之雨量减小,洪积漫流危害减少;随着洪积平原的发展,洪积扇的沟谷地貌逐渐发育起来(即在龙山文化晚期末,亦即末期洪积扇遗存——透镜体地层出现时期)。全新世晚期,为黄土状土堆积时期,这时正相当于周原岐邑京当古城选建时期;这时周人古公亶父因受戎狄侵逼,凭借岐山屏障,定居在肥美的洪积扇平原周原岐邑,并在此位置上建筑古城,这是有相当科学水平的。从地理位置看,周人当时选此建城,的确选得很好。虽然由于地震灾害等原因,周人在文王时又将都城由此迁移到今长安沣西,但周原岐邑古城,因为历史和文化传统的影响,也并没有失去政治方面的光彩。在此,我们利用地学,结合考古和文献资料,对周原岐邑京当古城选建和迁移原因作科学分析,采取了文理结合的多学科探讨。

再版序言

一、再版立言弘知微,新语典论赋新章

　　拙作《周原环境与文化》自1998年6月三秦出版社出版以来,社会反响热烈,颇受专家学人好评,在周原乃至陕西和全国学术界、考古界都有很大影响。不少报刊发表了评论,真是所谓"典评集锦",评价很高,普遍认为这部书具有很大的历史意义和现实意义。该书的出版,在宝鸡岐山等地也备受赞誉:宝鸡市民盟秘书长孙移泰求书心切。得书后特别激动:"拜读大著,尤获教益,老师为咱岐山争了光!"《陕西日报》、《西安日报》、《中国文物报》、《陕西老年报》、《西北大学学报》等撰文都作了详细报道。张懋镕教授说:"张洲乃岐山人,即古代周原范围之中,由周原人写周原,此乃一奇;周原在中国历史上地位重要,研究周原者人才济济,论文、专著汗牛充栋,然综合研究者,独此一本,此乃二奇;张洲同志非专业科班出身,写作此书时又年逾古稀,却能独辟蹊径,成此惊人之作,此乃三奇也。"著名历史学家李学勤先生誉其为"一部令人惊异的好书,应当向读者推荐"。著名历史学家彭树智先生也高度评价:"周原是一块历史文化积淀极其深厚的地方。对它的地貌生态环境和历史文化的研究,在各自方面的成果,称得上汗牛充栋。张洲同志这部著作的特点,把二者结合起来,互相参证,并且用文理结合的多学科研究方法,重点而深入地探讨周原文化历史的具体发展过程和规律,取得了开拓性成果。"他进一步说:"学术史告诉我们,结合出新意,结合出创见,结合出学问,结合出理论。正是在周原地貌生态环境和周原历史文化这两个专业领域的结合,正是方法论上文理的多学科结合,使本书成为一本有开拓性的著作。"该书在其出版六年后再版,满足广大读者,真乃是一件幸事;尤其宝鸡周原地区,2003—2004年,一连两起如周公庙、周人周墓群遗址的空前发现,提供了丰富的研究资料。供周文化在新阶段研究:结合新遗址、新成果,研究周原周人周文化,进一步弘扬周原周人周文化。所以再版本书很有必要。

二、新增内容特征

拙著《周原环境与文化》再版新增内容有两方面：一是近期在周原地区调查和发掘的重大考古遗址新内容；二是专著《周原环境与文化》再版增续研究的新成果。

（一）周原重大考古新遗址

2003 年 1 月—2004 年 5 月，宝鸡周原圣地，一连有两起轰动全国的重大考古被发现：一是"2003 年 1 月 19 日在陕西省宝鸡市眉县杨家村发现的西周青铜器窖藏器群 27 件"；二是"最高级周墓群现岐山——这是陕西乃至全国考古工作突破性收获"（2004 年 5 月 26 日《华商报》头版头条报导）。

1. 眉县杨家村青铜器窖藏遗址

（1）历史环境

眉县历史久远，人杰地灵，为西周部落发祥地之一。周之先祖封国曰："邰"，夏禹受舜禅封爵曰"微国"。从古至今，这里风物优美，民风淳朴，人才辈出。战国时，秦国大将白起曾出奇兵，取胜如神，为秦统一六国立卓越功勋；三国时，蜀国儒将法正才智超群，以深谋之功，力挽狂澜，为蜀汉鼎立鞠躬尽瘁，死而后已，名传千古；宋代理学家张载是我国古代伟大的哲学家、思想家、教育家，在中国儒学发展史上起着承前启后的关键作用，他创立的关学思想影响深远，至今在国际亚裔文化中备受尊崇；明末清初"关中三李"之一的李雪木，一生勤读不辍，著书立说，忧国忧民，所著《槲叶集》尤为后世所崇；共和国上将李达戎马一生，高风亮节，功勋卓著。溯古追今，眉县这块神奇的土地上，曾留下无数名人豪杰的历史故事和遗迹。（见刘焕勋《眉坞藏瑰宝，现世惊华夏》，《陕西文学界》2003，No.1、2）。

杨家村位于渭水北岸眉县马家镇，周原圣地地区南下坡脚地带。

（2）发现纪实

2003 年 1 月 19 日，陕西省眉县马家镇杨家村五位村民意外地发现了窖藏两千七百多年的稀世青铜器。这批青铜器属于西周的共 27 件，件件有铭文。铭文总字数超过 4000 字。据专家称，眉县杨家村窖藏是我国文物出土史上又一个奇迹。它一举创下了我国现代考古史上的 8 个"第一"：①第一次发现西周青铜器洞式窖藏；②第一次发现一个家族 27 件青铜器出土于一个窖藏，件件有铭文，有华丽的纹饰；③第一次出土系统介绍一个家族世系事迹的青铜器；④第一次发现家族史铭文总数达 4000 字，这是目前一次发现铭文字数最多的一次；⑤第一次发现同时在出土的青铜器上将年、月、干支、月相等四要素集中多次使用；⑥第一次出土完整记录周王朝从文王到厉王以及时王(宣王)的名称、位次和有关事件的青铜器,是记录历代周王最多的一次;⑦第一次发现"考(孝)王"于铜器铭文中;⑧第一次发现建国以来出土铭文最长的铜盘(逨盘),达372字,逨盘堪称目前"中国第一盘"。

(3)专家评价

我们国家夏商周断代工程首席科学家李学勤、李伯谦,还有著名青铜器专家马承源,在目睹了杨家村窖藏这批青铜器后,都是赞叹不已。他们一致说:"这个发现实在太重要了,可以说是近十年来全国最伟大的考古发现之一。这是一次空前的重大发现,27件青铜器件件有铭文,这是罕见的";"这是21世纪中国第一次考古重大发现"。"学术界一致认为,这批器物造型精美,纹饰繁缛。铭文内容丰富,有很高的历史、艺术、科学价值。27篇铭文中共计4000余字,尤其是其中的逨盘和四十二、四十三年逨鼎的长篇铭文,为我们清晰地勾勒了西周历史。铭中年月、干支和月相的记载,有助于检校万众瞩目的'夏商周断代工程'的阶段性成果,对于构建中华文明史将起到极其重要的作用。"(张润棠《眉县杨家村窖藏青铜器发现首展纪实》,《陕西文学界》2003,No.1、2,第8页)李学勤先生进一步说:"是震惊中国考古界的重大发现,对学术界是一次震撼,其意义怎么说都不过分。"我们也评:"说一项考古发现是重大的发现,主要不是看其间得到了多少金玉珠宝,而是看该发现是否能增进人们对其一个时期历史的文化的认识;能够由之改变传统的理解,填补史实的空白者,才称得上是重大发现。"杨家村窖藏青铜器27件器物铭文达4000余字,在此陕西出土青铜器铭文总数已达41000余字,诚如李岚清所言:"属宝中之宝"。尤其极为重要的是铜鼎、铜盘的铭文内容,对西周历史的研究有载史、佐史、证史的重要作用,具有极高的学术价值(《陕西文学界》2003,No.1、2,总第四十四、四十五期)。

2. 岐山周公庙周人周墓群遗址

(1)发现经过

周公庙遗址位于陕西省岐山县境内,也即周原地区的岐山县境,属于周人发祥地周原的一部分。于此发生过许多重大事件,奠定了西周数百年的统治基础,在中国历史上具有重要地位。此次发现的西周大型墓地分布在周公庙旁的岐山凤山山坡上。

周王陵,对于考古学家、历史学家具有特殊诱惑力。作为中国奴隶社会的顶峰——西周先后经历了十余位国王,奇怪的是,周王的陵墓群却在大地上神秘地消失,至今难寻踪迹。近302年的西周历史,在史书上也只有寥寥数语。这对中华文明来说是一个极大的损失。为探索第一个在陕西关中地区建立的王朝——周王朝的文明史，几代学者曾呕心沥血，希望找到周王陵，但都没有明显成效。2003年12月，北京大学考古文博学院师生在周公庙附近做考古调查时，终于发现了两块刻有文字的周代甲骨，一时震动了考古界，一个非常重大的遗址慢慢浮出水面。今年（2004）2月，经国家文物局和省文物局批准，省考古研究所和北京大学考古文博学院联合组成的周公庙考古队，在周公庙遗址进行了大范围的调查，大面积的钻探和部分抢救性发掘，取得了重要性收获，"周代大墓是周王陵。"

该遗址面积广大，内涵丰富，以仰韶文化（距今6000年）、龙山文化（距今4000年）、先周—西周（距今约3100年—2770年）等四个时期的遗址为主。尤以后者为重要，最为瞩目。调查发现有周代刻辞甲骨，有四条墓道最大规模的周代墓葬群，以及围绕墓地的夯土墙。由此判断，该遗址是一处大规模的周代都会聚落。

（2）发掘内容

经了解，考古队在周公庙旁边确定了一处周代最高等级墓地。该墓地在岐山南麓一条土梁上，暴露出墓土长度6米。该墓区面积经探有8万平方米。共探出墓葬12座。其中具有四条墓道的大墓7座，三条墓道的1座，两条墓道的2座，一条墓道的2座。另有陪葬的车马坑7座。据了解，四条墓道的周代墓葬从未发现过。媒体所说的"亚"字形大墓就是M_1墓葬。"亚"字形墓是安阳殷墟发现的一个大墓。那个墓室就像一个"亚"字，学术界特称其为"亚"字形大墓。M_1不是真正的亚字形大墓。

在墓地的东、西、北三面，还发现夯土墙。东墙残长700米，北墙长300米，西墙残长500米，墙厚约10米。由个别地方发现，墙体高出原地面约2.5米，这条长达1500米的夯土墙沿一条深深的沟壑蜿蜒延伸，环绕于墓地外围。专家表示：西周都城城墙在丰镐遗址尚是无踪无迹，在周原虽有发现，但尚未圈围起来。因此，周公庙遗址墙体的发现有非常重要的意义。考古队在此还进行了钻探，发现了大型夯土基址数处，大型墓地一处。其中一处建筑基址包括了三组建筑，面积500余平方米，一组保存较好的建筑长约20米，宽约8米，周围发现了大量的空心砖、条砖、板瓦。大量的空心砖即使在被认为是周人都城的周原、沣镐也极为罕见。

在位于庙王村村边的一处灰坑里，考古队经过67天的发掘，共发现了卜甲700余片，其中有卜辞者80片。初步辨认，有文字350个。这些卜甲刻辞内容涉及战争、祭祀、纪事等。字数最多的一片刻有36字。龟甲常被周人用于占卜吉凶、祸福，大凡战争的胜败、都城的迁徙、收成的丰歉等都写之于龟甲。比如周文王的祖父、周文王本人及嫡孙周成王建筑三个都城时均曾问卜于大龟，他们将相关的内容刻在龟甲、兽骨之上，这就是甲骨文，这是研究西周历史非常重要的资料。西周甲骨文曾在周原等七处遗址发现，除周原外，其余均为零星发现，这次发现数量仅次于1976年在周原遗址发现，而内容几乎均不见于以往的甲骨刻辞。这批刻辞字体也不同于周原等处的"微雕字"，其中"周公"二字已见到数例，在以往甲骨中尚属首见。刻辞上的"周公"是否为赫赫有名的周公旦或其子孙，尚待今后研究。"周公"的出现似乎与唐代《括地志》所记载的周公采邑及周公庙的建立具有某种有待研究的关系。（2004年5月26日《华商报》2版——周公庙遗址考古发现新闻通气会介绍有关情况）

周公庙考古又有新发现：一个早期的大型铸铜和同时代的制陶作坊遗址也被发现。北大教授雷兴山介绍说，截至目前，周公庙大型贵族墓群数量已经增加到22座，其中最高等级的四墓道大墓数量已到10座；三墓道、二墓道、一墓道各4座；车马坑增加到14个；甲骨片已由原来的几十片，增加到760余片，文字约为400个。在周大墓群的东侧山梁上，考古人员又探明一大型铸铜作坊遗址，并有一大型熔炉遗迹。这个大型遗址比2003年全国发现之一的扶风县周原铸铜作坊面积更大。在同一个位置，还探明一个有焚烧迹象的大型灰坑，初步断定为西周时期的祭祀台遗址。同时在"甲骨坑"的西侧还发现了西周早期面积约为100平方米的大型制陶作坊，出土了鬲罐、豆罐等一些陶器，在制陶作坊内还发现了一具骨体。（《西安日报》9版，2004年7月13日，宝鸡讯）

（3）学术价值

著名考古学家邹衡教授，从学术价值上说：岐山西周墓群，是新中国成立后国内堪称第一的最重大的考古发现，对研究中华文明史，继承与发扬中华优秀文化传统等具有无可估量的价值。邹先生进一步肯定地说：周公庙遗址是目前发现的西周时期最高等级的墓葬群，就其多处发现甲骨而言，很可能成为"西周的殷墟"，其意义怎么说都不过分。

周公庙大型周墓群经发掘被盗过。初探墓葬12座，最后发掘增至20座，陪葬坑13座（《周公庙遗址究竟发现了什么》，《陕西老年报》2005年2月25日4版；原载于《光明日报》）。据载："周公庙凤凰山遗址32号大墓，尽管盗掘严重，但仍出土了766片原始瓷片和一些小铜器玉器，在一件原始瓷器上还发现了5个文字，这是我国目前发现最早的'瓷文'"（杨永林）。此很重要，但此次发掘具体收获不大。

眉县马家镇杨家村和岐山北郭乡周公庙两处重大西周考古青铜窖藏和墓葬群的发现，是21世纪历史与考古方面的重大事件。开创了西周史研究的一个新时代。

同时,2004 年 10 月,韩城市文物旅游局在该市东北 7 公里黄河西岸的梁带村发现了"周代大型诸侯墓葬"古墓群。该墓葬群位于梁带村北 120 米处,东西长 600 米,南北宽 550 米,总面积为 33 万平方米,勘探经过,发现两周墓葬 103 座,车马坑 13 座。其中最重要的是 4 座带有斜坡墓道的大型墓葬,分别为"中"字形大墓 1 座和"甲"字形大墓 3 座。其余多为中型墓葬。——出土了大量罕见的器物组合;陕西省考古所所长焦南峰表示,已经和正在发掘的 3 座青葬,保存完好,遗迹清晰,遗物丰富,目前已出土了保存较好的棺椁串饰,龙纹镂空铜环,制作风格独特的金剑鞘,纹饰华丽的建鼓以及大量组合完整的青铜器、玉器等,对研究西周晚期至东周早期的墓葬制度,礼乐制度及商周时期的政治,经济和手工业都具有重要的价值。该墓葬出土的玉器制作精美,以龙纹为主要题材,年代分属为商、西周和春秋三个时期。另外,发现了大量由青铜鱼、玛瑙珠(管)、陶珠、石坠或贝币等组成的串饰,排列有序,放置位置基本保持原始状态,是我国已发掘的周代墓葬中首次发现。年代为西周晚期——东周早期,距今 2800 年前后。

焦南峰还表示:韩城梁带村西周遗址及墓地的发掘是 2005 年我省最重大的考古发现,也是全国重大的考古发现之一。其价值在于:梁带村两周墓地规模较大,级别较高,布局完整,保存较好,历史上未曾发现被盗,这样墓地的发现在我省尚属首次。在全国也属罕见。出土众多的带铭文的铜器,为两周时期封国史的研究,关中东部商周时期古代文化的研究,提供了不可缺少的文字资料。(2005 年 12 月 17 日,《华商报》4 版"焦点新闻")

这里,首次出现在黄河西岸韩城梁带村周墓葬群遗址,正是分布在"汾渭盆地":"凤翔——韩城"古地貌断层地带东端的韩城。而此即与分布在其西端的宝鸡凤—岐—扶地段:博大精深的圣地周原考古遗址遥相呼应。这对周原文明和文化,特别是周人周文化在此的发祥和发展,影响中国和世界的悠久历史研究来说,则更是提供了特别重要的最新资料。

(二)"专著"再版增续新成果

专著《周原环境与文化》再版增续新内容成果,主要是指在原版《周原环境与文化》基础上,又增续了第六、七、八、九等四章。其中原附录:《周原典评集锦》,在此除(一)"序"(李学勤撰)、(二)"序"(焦文彬撰)、(三)"跋"(石兴邦撰)、(四)"前言"(张洲撰)——其中撰文标题,均收列在增续内容本章的章节里:按前后顺序排列。则(一)—(四)节,各目所涉内容,均仍留在旧版曾排置的前头位置不动,以便查阅;同时,新增第六章《周原旅游开发的历史使命》第七章《西岐周原农业与饮食文化》、第八章《重振"丝路"富陕强国》、第九章《周原岐邑迁都丰镐地震原因及其构造特征》及附录一:《回忆侯外庐校长》、附录二:《周原相关三个考古遗址》——藉此向王永焱、戴彤心两位教授的早期工作和奉献精神致敬,因此:由撰写编稿人写的本章《引言》等内容均排在本处位置上。

同时,还有《周原地区历代地震统计表》(1993年6月,张洲制),再版专著时,附在原著——《周原环境与文化》的第四章第一节注释附注后(即原著223页);还有《周原岐邑及其眉县等周边地区商周青铜器简目表》(表一○:[1]※,1983年8月,张洲制)和《陕西长安等地区商周青铜器简目表》(表一一:[2]※,1983年8月,张洲制)两表,填增在原版本《周原环境与文化》的第四章第二节《周原与丰镐地区的青铜文化》参考资料内第(67)和(130)注号所注释的下面。

1. 一个综合性总体历史特征

这里,指的即首先要叙述的是对《周原环境与文化》总体历史特征来说的。

"周原自然环境优越,得天独厚,历史文化悠久,博大精深"——《周原环境与文化》一书,在其《前言》如此高度概括,可以说是它综合性的总体历史特征,当然更是周原周人周文化总体历史的特征,当然也还是中国黄土高原典型的黄土原区环境。

周原地区环境优越,周原地面"涓涓淙淙","周原膴膴,堇荼如饴"。难怪周人都选上了这块宝地圣地。当地河区:如沣河两岸仍是一片沮洳地,潴面成泽,气候湿润,雨水充沛,土地肥沃,自然景观优美。因而古公亶父在此首先建立了周人的第一个都城——岐邑。特别是亶父、季历及文王三代在此的开拓发展,东向灭商,从而又建立了西周王朝。嗣后,秦人也以周原为依托,到汧渭之间,建立雍城,积聚力量,向东发展,选迁都城栎阳,再咸阳,统一六国,建立了秦王朝。随着历史演进,还有汉刘邦入关辅定三秦〔秦兼天下,置内史领关中。项羽灭秦,三分其地,以章邯为雍王,都废丘(今兴平县地);以司马欣为塞王,都栎阳;以董翳为翟王,都高奴(今延州金明县)。总为"三秦"〕。采取韩信谏议:"明修栈道,暗度陈仓"——(陈仓今宝鸡县,亦即周原地段),首先使他命韩信,奇袭夺取陈仓:在周原地区打败章邯,平定了三秦;进而直逼其彭城(今徐州),灭掉霸王项羽,在长安建立西汉。再如魏晋司马懿,也曾驻军渭北周原岐山地区(即今三刀岭),与驻扎渭水南岸五丈原的诸葛亮对峙,结果诸葛亮"出师未捷身先死",蜀师败北。其父子进而灭吴,统一国家,建立了西晋王朝。周原人杰地灵,不仅英雄辈出,帝王将相争霸、争天下,开创基业,可歌可泣的历史掌故,层出不穷。这说明周原历史地理,特别是军事地理和自然条件均极端重要。周原远古时,环境优越,农业发达,历史文明,博大精深。这就成了影响周人、秦人、汉高祖刘邦、魏晋司马师,一代又一代建立王朝,统一天下的历史性策源地和地缘性决定因素。近代王震将军指挥的"扶眉战役",也是把营垒——司令部安在周原河谷冲积平原相依凭借的三刀岭(即当时进步民主人士王鸿骞先生家中)。这种地理位置的战略意义:"进可攻,退可守",历史证明:关中周原,得天独厚,得地独宜;得关中者得天下,实质指的就是周原这块宝地、圣地的重要位置。周原历史功绩,直到今天仍不可低估。周原是周秦文明的发祥地,是中华民族文化发展的主根。

2. 几个单列性具体历史特征

这里所说的几个具体特征,除环境与农耕文化和环境与考古文化,曾在原版《周原环境与文化》第五章《周原古代农耕文化》第一节《宝鸡及周原地区原始农耕文化》和第二节《周原传统农耕文化》系统地有所反映以外,其余的如环境与旅游文化、环境与饮食文化、环境与"丝路"文化、环境与信息文化及地震古环境与构造特征等特征的部分,均分布在:于再版时增续的第六章《周原论文集锦》第一节《周原旅游开发的历史使命——兼述太白山旅游与并举保护开发的重要性》、第二节《西岐周原农业与饮食文化——诗易经论对其影响》、第三节《重振"丝路"富陕强国——古代"丝路"铸锦周原》、第四节《周原岐邑迁都丰镐地震原因及其构造特征——周人建都长安古环境意义》等章节内。

例一,如《周原旅游开发的历史使命——兼述太白山旅游与并举保护开发的重要性》一文:因其所具有的现实意义,成了当前在北京、香港以及西部等地学术活动中特受欢迎的优秀论文之一。"中国新经济研究中心、中国公共关系协会和北京时代前沿人力资源信息资源中心,在 2003~2004 年开展的人力、科研、学术成果调查中,鉴于此文在该领域具有一定的实践性、探索性、开拓性被评为优秀作品"而获得"特等奖"和"金质奖章"等。全文还载入《跨世纪中国改革开放的理论与实践》文集。同时中国新思想新学术成果评审委员会、中华华夏(北京)文化研究院(中科华夏委员会2004 年 02 号)2004 年 7 月 23 日,关于"中国新思想新学术成果"征集评选通知称:"张洲同志:近年来,您的《周原旅游开发的历史使命——兼述太白山旅游与并举保护开发的重要性》一文,荣获了'中国新思想新学术成果'壹等奖(荣获成果编号:B18.D1)",而且本文全文还载入《中国新思想新学术获奖成果精粹》文集;还有,世界华人交流协会、世界文化艺术研究中心2001 年 6 月,在本届国际交流评选中,该文还荣获"国际优秀论文"奖,并颁发了《国际优秀论文作品证书》。

本文在环境与旅游文化方面的特征和意义：由于周原有得天独厚的优越环境和博大精深的历史文化，是一个宝原圣地，保护开发，利用发展，应该设计系列工程开发；而太白山更有著称于世的素美环境文化、神文文化和被开发、研究、利用的自然宝藏，是一个神山宝地。这里，一原一山，各具优势：自然恩赐，得天独厚，倚天独俏；尤其又有国家改革开放政策：政府大力支持，特别是江主席中国西部大开发的动员令早已下达，机遇难得。所以，开发前途尤为光明。这个宝原圣地，这个宝山神地，不光是周原和太白山的光荣财富，而且是我们国家的宝贵财富，是全人类的宝贵资源。这里旅游开发，作为战略举措搞好、搞成功了，富国富民，它会像吸铁石一样，把本地区、山区的经济、文化、教育、交通，尤其环境和旅游设施，都会带动发展起来。所以，根据周原和太白山特有的优势条件，在周原及所依托的太白山旅游开发，不仅有历史意义，而且更有现实意义；不仅有经济意义，而且更有文化意义、科教意义和重大的社会影响。它不仅使圣地宝原周原恢宏的文化宝藏，在中国文化史上占有极其光辉的一页，而且使得太白山也顺利发展成为一个有时序、有规范、有设施和举措，名副其实的中国内陆最著名的名山——世界级旅游胜地。

例二，如《西岐周原农业与饮食文化——诗易经论对其影响》一文，由此联系要说的是《环境与饮食文化》的特征和意义：2000年12月，世界华人交流协会、世界文化艺术研究中心，因为该文在本届国际交流评选活动中，被评为"国际优秀论文"——因而荣获了"国际优秀论文奖"，并颁发《国际优秀论文作品证书》（证号：第0982号）。同时，中国经济出版社2000年，将本篇论文选入《中国新时期社会科学论文选粹》文集（书号ISBN-5017-1031-7），并颁有《入选证书》。尤其还有中国西部发展丛书编纂委员会（中西委〔2004〕第005号），在2004年5月"关于召开'西部经济发展与人才战略暨小康社会建设学术研讨会'的邀请函"称："西北大学离退休办：特来函邀请贵单位张洲同志出席会议，并在大会上发言。"同时，该委员会还来通知："张洲同志：您撰写的《西岐农业与饮食文化》一文，被确定为会议交流论文；本着推广理论成果，使其转化为生产力，更好地服务于大众、服务于社会的目的，在会上由专家学者组成的评委会进行了'优秀论文评选活动'，您的论文在本次评选活动中荣获一等奖。"还有，发现杂志社、中国管理科学研究院学术委员会2004年关于《中国当代思想宝库》通知："尊敬的张洲同志：您的大作《西岐周原农业与饮食文化——诗易经论对其影响》一文，经编委会审定，认为有较高的学术价值，符合《中国当代思想宝库》一书入选标准，拟全文刊登。该书于 2004 年 8 月由中国工人出版社出版。

本节内容按具体特征和意义讲:我们从《周本纪》文献和岐邑古城资料结合分析来看,岐山臊子面的历史还要长、还要更早,可能还要早到西周初先周末文王、太王时。例如《史记》记载有"西伯拘羑里,演周易"("盖益(易)之八卦为六十四卦")的历史资料。西伯就是周文王称王前的爵位。他被殷纣王囚禁时期胸怀宏图大志,潜心发愤推演六十四卦,总结了"卦辞"、"爻辞"。《史记》在此所提:它不仅能说明集《周易》之大成者,还是一个生在周原,并由此还称商朝侯爵的西伯侯姬昌周文王。同时还能说明《周易》的内容,主要也在于当时周原的政治、经济、文化,以及民间占筮的八卦、六十四卦等之中。这样,由周原人周文王写当时周原的历史文化(其中包括"羑里演周易的历史"),当然具有重要的历史意义了。由于历史条件,周文王当时在羑里(河南汤阴)始撰写成了《周易》这部经典。由此才能使我们今天也能从这个历史史料中得以研究并证明,有关当时《周易》饮食文化的历史问题。同时,由于从此研究得到《史记》,并被考古文化〔即周人太王所建的京当古城遗址,亦即"凤雏甲组宫室(宗庙)建筑基址"〕所证明的西岐周原饮食文化以及周原《周易》饮食文化断代时间问题,经论证认为:应放在"西伯拘羑里,演八卦为六十四卦"的商末西周初来看。这里,从周原环境与《易经》资料结合而断代的西岐饮食文化问题:其中环境与文化互相佐证而显示的具体特征,再也鲜明不过了。

同时,为了进一步从文献和考古结合上,更具体实际地看清周原环境与饮食文化,在发展过程中被佐证的特征,我们再做些分析:在此凤雏甲组宫室(宗庙)建筑基址,其中并出现的"南北中轴"、"两相对称"的布局分格,显然是《周易》的"太极"、"阴阳"、"三才"的思想。这里,在无文字记载的情况下,借鉴其他有关文献资料,我们曾把这个基址作为岐邑京当古城遗迹来认识,因而从这还发现了水平很高的科技资料,同时从中还发现了《周易》二进位制(阴阳)的哲学思想。由此获得的这些资料,对周原讲:影响和作用都是空前的。在文王《易经》故里——周原由于它的发现,可以补上一个历史空白,《易经》思想主要还在周原。因而由此来研究当时周原文化(哲学、信息、教育、智力、论理、社会、政治、经济、军事、医学、农学、饮食等),当然是十分有意义的了。随着考古的新发现,周原的考古研究工作,不仅会有重要的发展,同时更会受到《周易》的影响,要在《周易》的框架下进行。所以,含有《周易》思想的周原文化和周原饮食文化断代的时间问题,由此得到有力证明(放在先周文化末或西周初被分析认定是正确的)。由此所得的正确认识同时也符合有关传说的看法。(传说曾云:周文王曾在渭河之滨斩龙烹汤,做"蛟龙汤面",因当时天旱缺水,犒军时周文王光叫士兵吃面,不喝汤,把汤回倒锅里浇面再吃。)这一点,连新中国成立前,岐山地下党团结的第一个进步人士王鸿骞先生都说:"岐山臊子面是圣人周文王留下来的",也以此荣迎四方。

西岐周原饮食文化有代表性的文化食品就是岐山臊子面:岐山臊子面,历史悠久,早负盛名。民间传说:这种"神来之食"从周代就已得名,它是西周宫宴佳品。它还是周代宴请宾朋之佳肴。在周代,这一食品作为宫廷珍品,文王之母太妊和朝臣都喜爱。也是民间一种高档美食精品。"醇香"的风味为历代叫绝,古有"周八士闻香下马,汉三杰知味停车"之美传;今天堪与全国著名菜系(如豫菜"酱香"、川菜"麻辣香")媲美。岐山臊子面汤厚、味点、爽口、开胃、色美、舒心,在面食品中,与锅盔、粉皮(御京粉)称为岐山名吃三绝。尤其醇香风味与宴菜、凉菜(即酒菜)和热菜(即饭菜)的食品品位风韵一样。醇香风韵是西岐饮食文化共同具有的一种显著特点,著称于全国,驰名于海外。

例三,如《重振"丝路"、富陕强国——古代"丝路"、铸锦周原》一文,由此联系也要说的是《环境与"丝路"文化》特征与意义:本文主要要说"环境"是陆路交通环境,"丝路"文化要说的主要是人文文化。而由此更集中的是互相佐证,共同发展,这样,才能表现其突出特征。尤其在人文文化方面:"使臣"外交家,"高僧"旅行家,人杰地灵,可歌可泣,阵阵雄风,张骞、班超、玄奘,皆缘周原,更露真谛。由此言特征,不仅正中时鹄,而且更显本文灵魂。

所以,今天《重振"丝路"、富陕强国》是赋有新的特色;作为和平外交"交往"更有新的意义。古为今用,开拓"丝路",走向西方,繁荣中国西部经济,振兴中华是具有潜力的。历史赋予了我们使命,开拓前进! 这条古代"丝绸之路",以中国的"丝绸"命名,这是我国中西关系史光辉的一页。中国是世界上最早养蚕织丝的国家,并且在公元前6世纪以前是世界上惟一饲养家蚕和生产丝帛的国家。中国丝绸之路历史源远流长。据史籍记载,我国利用蚕丝织为衣料已有五千年的历史。西汉时张骞,陕西城固人,被封博望侯;东汉班超,陕西扶风人,被封为定远侯。这两位中西交通的开拓者,古代的勇士,不仅为"丝路"的开拓贡献了自己的一生,而且还为中华民族留下了一段千古佳话。远在西周时期周穆王(公元前1001年—公元前947年)西征犬戎时,就已打开通往西北的草原之路:周穆王到中亚打开了天山南北交通贸易关系。据《穆天子传》记载:周穆王当时每到一处就以丝绢、铜器馈赠各部落酋长。新疆玉石的成批东运和中原地区丝绢铜器的西传,成了这时期中西交通的重要内容。因此,两汉时期张骞、班超正式开辟和复通的这两条"丝路"，可以说就是从周穆王时打开的交通路线而发展起来的。

唐代的玄奘"西天取经时通过的'丝路'交通"，可以说是玄奘继张骞、班超之后的又一次重大开拓。玄奘是唐代著名僧人，他自唐太宗贞观元年（627年），从长安出发经秦州（今天水）、秦安、陇西至临洮、兰州等地。扶风在关中地理位置上有"孔道"特点，目的是想说明，以汉长安为起点的古代"丝绸之路"，在大多数的情况下，都是非经过扶风不可。那么，东汉传教和西行求法的高僧自然也要经过这里了。据说，贞观三年（629年），玄奘法师前往印度求法时，就曾到扶风法门寺礼别、歇宿。唐以后，这条路线（即南线：从长安出发，沿渭河西上经秦州、秦安、临洮……）是关中到河西最重要的交通线。自然，关中西部周原法门寺圣地，在"丝路"交通古道上也更有亮点；玄奘西行求法，经此礼别一宿，顺理成章。这样，他又由周原——扶风法门寺，继沿渭水，经秦州（今天水）、秦安、陇西、临洮、兰州、河西张掖……这条古代"丝路"交通：经他西行求法开辟的南线（即"丝路"）交通，从此就成了我国中西交通史上著名的陆路桥梁和纽带。

扶风法门寺求法的重大影响，不仅说明周原历史的重要地位，而且更说明中国"丝绸之路"在历史的交往过程中，确是起了桥梁和纽带的作用。所以，周原圣地宝地的历史地位：由于"丝路"交通自身的特大历史贡献，它在政治、文化等方面的空前影响，任何时候也不能低估。这一点，由周原地区法门寺地官之谜的揭开（1984年4月发现），不论国内外都很关注。尤其是国内外学术界、宗教界更是引起了轰动。这里，不仅把罕见的佛指舍利真切地展示在人们面前，而且成批丝织品的发现，更能充分地认识到唐代我国丝织品在世界上的空前影响，也能进一步说明古代横贯欧亚大陆的陆路桥梁——"丝绸之路"，在增进中外友好交往方面的重大意义。我们已知，早在汉代，我国即以名贵的丝织产品享誉世界；织物的精工制作，尤其绝妙惊人。这次在唐代法门寺地官中唐懿宗、唐僖宗和惠安皇太后等供舍的丝织品出土就有700余件，其中有大量是金丝的织物，其中还有武则天"蹙金绣裙"，而且尚属首次发现。特别神奇的是金丝袈裟上所加的绣线，其厚度仅0.1毫米，几乎令人难以置信。真是给盛世的唐文化锦上添花。"丝绸之路"给唐代带来的不仅是经济空前发展，而且在政治、文化各方面更是全面繁荣。

因此说，这一条自西周早已走过，西汉正式开通的"丝绸之路"，历时一千五百余年到唐代中期，其间虽因战乱时有所间断，但它一直是我国中西交通史上的陆路桥梁和纽带，具有重大历史贡献。

例四，如《周原岐邑迁都丰镐地震原因及其构造特征——周人建都长安古环境意义》一文，由此联系要谈的是地震古环境与其构造特征。这里，从本文"要意"结合相关"有关问题特征"来谈如下认识：通过地学、考古学以及历史文献、方志等多学科、多方位综合研究，对周人太王初在周原岐邑京当建都的地貌和环境条件进行了探索，并指出地震和政治原因是造成周都迁移的主要原因。姬周文武，从周原岐邑京当把都城迁到长安丰镐是个伟大的壮举。根据陕西关中地震地质历史特型，尤其是长安地理古环境特点，这里的古地貌地理特征远比周原岐邑地区古环境特点更要优越，也更有意义。因而，姬昌当时将古都由岐邑迁丰镐，历史证明也是有眼光的。

周原岐山周公庙地区，最近发现轰动全国考古界和学术界的西周周人墓葬群遗址，由此并发现了"都会聚落"遗址。这对关于周原周人京当古城都城、迁都长安丰镐的历史问题，又提出了新的学术课题，促使我们进一步深入研究。

如果此处考古发掘证明是一处"周代大聚落"遗址的话，更能证明岐邑京当古城——周原周文化遗址在当时存在的历史意义和现实意义非常重大。说明周原周人当时由此首先建都的繁荣和鼎盛，并说明周原地区"都会"规模的更宏大；也提供了由于地震政治原因而由此更要迁都丰镐的必要性。这是当时历史的客观实际，是正确的。从现在来看，今天我们要把古城西安（即古长安）按着国际式的大都会特型——世界级要求来建设的话，而今在西安的古地理环境与地震地质结构特征所表现出的优势特点仍是很突出的。这是历史对今天西安发展的自然恩赐，更是得天独厚，得地独宜。

例五，如附录《回忆侯外庐校长》一文：2004年4月18日，云南省法学会、四川西部经济文化发展研究院："张洲同志：您撰写的《回忆侯外庐校长》一文，荣获《新世纪、新思路、新实践》学术研讨会优秀论文特等奖。"并颁获奖证书、金质纪念章、特等奖牌。还有：中国老龄事业发展基金会、中国经典文库编辑部："张洲同志：经严格审核、评价，您的大作《回忆侯外庐校长》一文，在中国精典文库系列征文活动中入选，被评为二等奖。该作品亦被全文载入《中国精典文库》中，特

纪念侯外庐校长诗（张洲作）

颁此证。并颁获奖证书。"早在 1999 年 11 月,该文全文还被收在《实践与思考》——面向 21 世纪论文集(经济日报出版社)。

老校长侯外庐先生,是我上大学时最尊敬的老师,不幸于 1987 年 9 月逝世,紧随着高杨同志也在 1988 年 3 月病故,对我来说,顿失两位尊敬的老师和朋友,深感至痛。侯校长逝世后,西北大学老先生老职工近有百人委托我经办,大家签名,给先生敬送了巨幅挽幛,拜托张岂之同志带到北京,以寄托哀思。这个挽幛,当时由高杨同志在重病中挥毫书写"春风桃李,遗爱三秦"八个斗大楷字,气势磅礴,不意竟成绝笔!事后据李学勤同志告知,这个充满感情的挽幛,侯先生追悼会时,在八宝山烈士灵堂被挂在显著位置,这不仅使先生英灵得到慰藉,西大师生员工也感到安慰了。

(三)小结

岐山,即陇县境内吴山(又名岍山,即今千山),向东绵亘的余脉——经老爷岭向东再延至麟游县两亭乡分为两支:北支名页岭,东西走向;南支称凤山和岐山,向东延展,主峰瓦罐岭,海拔 1600 米左右,山脉起伏,峰顶多为浑圆状。岐山在扶风县境北的那一段称美山。扶风县人杰地灵,法门寺位其境中偏东,美山峙其北,美水绕于东南望秦岭,西距凤翔 65 公里,南距渭河 15 公里。扶风县始于唐贞观元年。由岐山县分出,位于岐山县东——一东一西,同在岐山之阳。岐山县因其北倚岐山得名。"岐山",据《说文解字》解:因其"山有两岐,因以名焉",此乃岐山之由来。"岐山"堪称周原周人古代文明摇篮之标志;正本清源:更堪周原周人文化知微知著之法则。是周原对称文化的真谛。

三、结语

岐山山脉,东接美山,西有千山。山下偏东:扶风县北有凤雏村,山下西端:凤翔县北有凤凰泉,岐山山中:岐山县的正北有凤山、凤凰村,位置均分布在北依岐山的大部周原地区。由于周公庙重大考古遗址的新发现,轰动了全国考古界;可以说这真要"凤鸣岐山",一鸣惊人,震惊天下。全国考古界、学术界的确兴奋!所以,繁荣、弘扬周原周文化,促进中国两个文明建设齐头并进,以人为本,开拓创新,繁荣发展科学文化,做出新贡献就义不容辞。岐山周公庙、岐山周原周文化的研究今后更要做出新的更大的成就!

2004 年 9 月 15 日

目　录

第一章　周原自然环境

周原位于长江和黄河两大流域的分水岭——秦岭以北。秦岭北翘南倾,其北侧的一个很长地带,是古地槽——渭河断陷盆地,号称八百里秦川。渭河盆地范围广大,北接北山山脉,南倚秦岭,东到黄河,西至宝鸡。在渭河盆地北半部,有一条延展的黄土塬,呈东西向长条带状,是渭河在地史时期遗留下来的两级阶地。周原就在这条黄土塬带的西部地段。周原南临渭河,北依岐山,西至千河,东傍漆水,东西长达 70 公里,南北宽 20 余公里。这个西北东南倾斜的广漠塬区(图一),亦即汾渭盆地西部地段的北端地带,属凤翔韩城断层凤—岐—扶地段的渭北黄土堆积平原地区。这里阶地、台塬、塬区地貌完整,尤其是塬区,气候温和,雨水较多,土地肥沃,得天独厚,是人类历来生产劳动、繁衍生息的理想宝地。人类在此经过长期创造,发展了灿烂的远古文化,建树了光辉的历史文明。周原堪称黄河文化的摇篮,堪称祖国青铜文明的故乡,因此今天从文化方

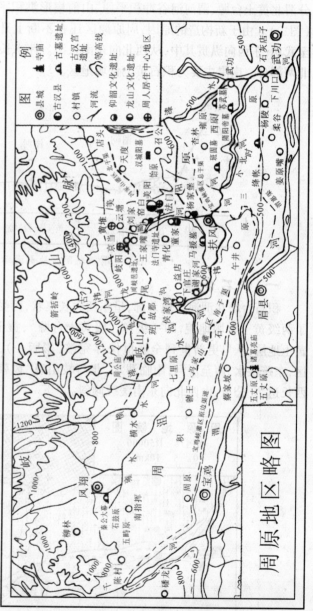

图一　周原地区略图

面,特别从环境文化及信息文化、饮食文化、军事地理文化方面发展周原,对祖国建设具有重要意义。

第一节　周原地貌

周原是新生代第三纪至第四纪,随着渭河断陷谷地的形成而同时形成,地貌大致分渭北黄土台塬、渭河河谷冲积平原、山前扇形洪积平原和岐山山区等四个不同类型(图二)。由于新构造的原因,周原原区还在不断上升,并有沣水由凤翔经岐山、扶风至武功,东西向纵贯其中,从西北向东南入渭。沣水长期侵蚀和下切,将台塬又分成南北两部分。南岸主要为积石黄土台塬地区。

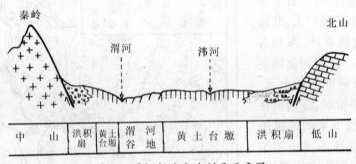

图二　渭河断陷盆地剖面示意图

一、积石台塬

积石台塬在渭河盆地北部,呈东西向长桌状,因受渭河地堑断裂发展的影响,形成了两级黄土台塬地貌,即一级和二级黄土台塬[①],黄土厚达100米以上。在此出露的黄土地层,从早更新世到全新世保存完整(彩版一),其底为第三纪地层。积石台塬区,东跨漆水,西至汧河,南临渭水,北与岐山以"风韩断层"为界,南北宽20公里,东西长达70公里,由西北向东南缓缓倾斜。

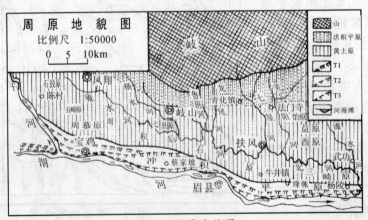

图三　周原地貌图

积石台塬东西连续性分布,范围比其分布在渭河谷地冲积平原的面积还要大。在台塬上覆盖有不同时期的黄土地层,例如分布在岐山蔡家坡的黄土地层总厚度(图四:彩版—附1)就有75米,基底为第三系红粘土。一般来说,积石台塬的黄土地层有数米、数十米,表层以下有3—5层的古土壤层。塬面"正平"完整,两缘稍突,中间略低,由西北向东南微倾,倾斜度约3°—5°。黄土台塬覆盖的风积黄土层在此厚为80—120米。潜水位在此埋深一般为40—70米左右,最深在100米以下,海拔600—900米。

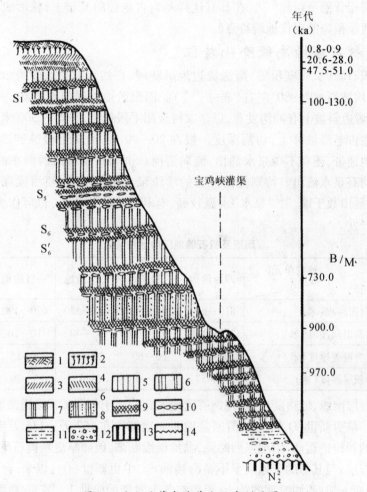

图四　岐山县蔡家坡黄土示意剖面图

　　1.耕作地　2.全新世黄土状土　3.黑垆土　4.灰棕色古土壤　5.Q_3黄土
　　6.Q_2黄土　7.Q_1黄土　8.粉砂质黄土　9.古土壤　10.钙质结核
　　11.砂质粘土　12.砂砾岩　13.第三系红粘土　14.不整合面

　　渭河地堑构造复杂。积石台塬黄土下伏基岩地形,形成于白垩纪末期。由于复式地堑影响,台塬古地貌起伏形态变化较大。故在积石台塬地区,黄土地表形态与其下伏的基岩古地貌有着密切联系[2]。渭河地堑的特征是第四纪以来的黄土堆积在不同类型的地形上,其搬运动力是以风力为主[3]。黄土堆积结构疏松,含矿物约60余种,土壤肥沃。同时气候宜人,热量充足。这里自古以来农作物生产丰富,是我国主要农业地区之一。

由于渭河断谷复式沉降，其两侧的黄土台塬相对隆升，周原积石台塬随着隆升发育。同时，由于渭河断谷又有一种不均衡的活动，南侧比北侧沉降幅度大，且进一步被分割成为许多向南倾斜的断块。渭北周原积石台塬地区，分布在渭河盆地断谷中的基岩北缘南倾北仰，与北山（即岐山）北倾南仰相背而呈对称；南缘北倾南仰，与南山秦岭南倾北仰相背而呈对称④※。在具有这样基岩古地貌的基础上，就形成了今天周原积石台塬两缘稍隆的现代地貌特点。

二、积石台塬南缘阶地特征

周原积石塬（又叫雍积塬）南缘塬边地形陡峻，自然斜坡总坡度为26°—27°。上陡下缓，陡坎坡高60°—80°左右（表一：⑤※）。四级阶地前缘斜坡最陡，一般在30°—42°左右。塬边斜坡上有冲沟发育，以李家村至阳平段最密，平均约300米一条。冲沟发育大约在古老滑坡体上，切割深度一般在20—40米，而向上侵蚀到四级阶地⑤※。在三级阶地地带，还有不少泉水涌出，流向渭河。例如蔡家坡由西向东的令户、南社头、永乐，均有泉水流出。特别是南社头的珍珠泉，"进出三泉，喷涌成珠，大若龙眼，下疏三渠，灌田数千顷。"⑥"泉水"水温较高，有利于农作物生长，也可作为经济、文化福利事业开发。

表一：⑤※ 周原及积石塬地区阶地特征表 [24]

特征＼地貌单元	四级阶地	三级阶地	二级阶地	一级阶地	河漫滩
台面高程（米）	810—600	700—550	635—520	620—190	605—480
台面高出河漫滩（米）	210—120	80—100	20—40	10—20	0.5—5.0
黄土类覆盖厚度（米）	100—110	60—80	20—35	5—15	0.5—1.0
冲积层厚度（米）	70—57	15—5	5—15	5—20	

积石台塬南缘，塬边陡坡，渭河河谷阶地发育。由于引渭工程渠道堑坡，黄土地层出露明显。早更新世（Q₁）时期，渭河盆地北侧地带约在167万—145万年前，由于发生了强烈的新构造运动，山地强烈断隆，盆地继续断陷，因而早更新世石质黄土之底一般为砂砾石层，与其下的老地层呈不整合接触⑦。中更新世（Q₂）以来，台塬间歇性上升，渭河相应下切，不同时期的黄土，覆盖在各个时期的阶地上（图五；彩版二）。河谷高差210—120米，发育有四级阶地：

（1）河漫滩：分布在渭河两岸。组成物质下部为砂卵石，上部为亚沙土，厚1—1.5米。相对高度1.5—3.0米，高程605—480米，地面平坦。

（2）一级阶地：周原冲积平原地区的渭北，即虢镇—蔡家坡，眉县—绛帐镇等地区均有分布，呈带状。组成物质下部分选，为磨圆较好的砂砾层；上部为亚砂土和亚粘土。相对高度5—8米，高程620—190米。阶面宽0.3—1.5公里，地面平坦，以2°—3°微向河床倾斜。这里地下水丰富，埋藏浅，便于灌溉。

（3）二级阶地：主要分布在渭北的虢镇—蔡家坡，常兴—绛帐镇一带，即冲积平原地区最为发育。阶面平坦宽阔，一般宽为1公里，最大可达2公里。组成物质下部为

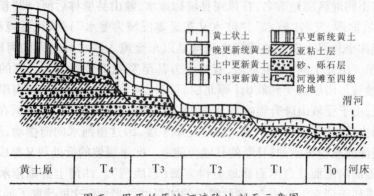

图五　周原的原边河流阶地剖面示意图

图例：黄土状土、晚更新统黄土、上中更新黄土、下中更新黄土、早更新统黄土、亚粘土层、砂、砾石层、河漫滩至四级阶地（T₀～T₄）、渭河

黄土原　T₄　T₃　T₂　T₁　T₀　河床

砂砾层,上部为次生黄土。高程635—520米。

（4）三级阶地:分布在渭河两岸,尤以北岸虢镇—蔡家坡等地最为发育;呈连续性块状分布,前后缘界限明显,阶面狭窄,一般宽为150米,相对高度为75—95米。高程700—550米,以5°—8°向渭河倾斜。

（5）四级阶地:渭河北岸多为零散分布,且面积较小,如蔡家坡南社头、三刀岭等地,黄土地层人为地也有明显出露（照片一、二）。相对高度为160—206米。高程810—600米左右。

三级和四级阶地均为黄土覆盖的基座阶地。

三级阶地基座,是三门系砂砾石层、砂层和粘土互层,即早更新世黄土（Q₁）。上部为土状沉积。组成物质上部为晚更新世黄土和中更新世上部黄土,厚30—50米,夹有2—3层古土壤层。晚更新世黄土有河流冲积相,但主要为风积相的淡黄色粉砂质和灰黄色粉砂质细砂的晚更新世早期黄土（即马兰黄土）,含大量蜗牛化石。下部为砂砾石层,磨圆度较好,砂质胶结。四级阶地基座,是由上新世三趾马红土或下更新世三门系的地层组成;上部为风积黄土（Q₂及Q₃）,厚50—70米,含5—6层古土壤层,为河流相的棕黄色亚粘土和砂砾石。质地致密、结实,微具水平层理,常夹条带状红土（古土壤层）,其中包括红三条地层（红层质地是粉砂质粘土,局部是粘土,每层厚约0.2—0.4米）。在红层下部往往有钙质结核层,钙质胶结为砂卵石层。

总的来看,由于新构造原因,渭河河谷作间歇性加深,渭北黄土高原及其周原积石台塬也在作间歇性抬高,因而渭河地堑河谷两岸,发育着一级、二级、三级和四级河流阶地。当渭河河谷在四级河流阶地时期,复式地堑—地垒—地堑构造曾发生过差异性运动,因此就发育形成了四级基座阶地。

三、沣河河谷发育特征

岐山南麓的黄土原区海拔900米左右,向东南倾斜,在渭北周原黄土台塬即积石台塬和山前洪积平原之间有条沣水流区,由西北向东南穿过,到东南汇入漆水,终归渭河。

沣河是渭河的主要支流。它发源于凤翔县北的老爷岭,纵贯周原地区东西;随着原面的倾斜曲折而下,经凤翔、岐山、扶风,到武功旧县城武功镇南注入漆水而入渭。

沣河流域在不同地区随地改名:在凤翔县境称雍水,岐山县境称后河(即"横雍二水在岐境"合流后称谓,又名"岐水","岐水又东迳姜氏城为姜水"),扶风县境称沣河,到了武功县境称小北河。现在的沣河在凤翔县以东至流入漆水河之间的河段,河谷最深,两岸狭窄。由此上溯,却很宽敞,有些地方甚至宽到 1 公里以上。它的南岸是陡坡,北岸是缓坡。南岸因受到岐山(即北山)隆升,河流向南岸侧蚀,故南岸坡陡。尤其上游河区,由于受岐山隆升影响特大,则河谷侧蚀也就愈强。因此,沣河在凤翔附近都向东南流去,再往下就偏向东流。沣河北岸平缓,因这里河水向南摆动,历时日久,对南岸的侵蚀就显得更剧烈,日渐使其成为陡岸。北岸缓坡的低处却又都成了水流淹没的地方,因而河流面就自然而然地显得宽阔(彩版三)。沣河上游称雍水。这里古代称雍,是古代千渭交汇的地方,春秋时秦的国都也在此。在这里孕育了远古文化,有古代遗址分布(图六;彩版四)。"雍"沣河河谷现已变得很深。从凤翔县东以下,河谷宽敞,南岸很陡,有些地方陡高七八十米,甚至达 90 多米。北岸缓坡已俱成为漫坡阶地。沣河南岸的积石台塬北缘,无支流下注。沣河北侧山前洪积扇平原地带,距岐山较近。山谷中有溪流遍布,其中较大的有横水河、鲁班沟水、麻叶沟水、時沟河、七星河、美阳河等。横水河较长,由西北流向东南,同其他支流注于沣河。

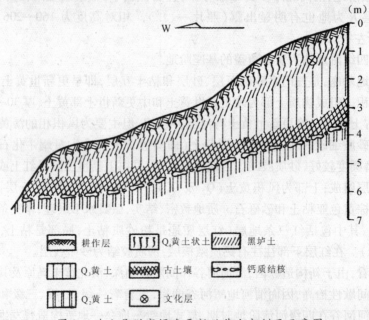

图六　岐山县脱家塬晚更新世黄土部刨面示意图

耕作层　Q₄黄土状土　黑垆土　Q₃黄土　古土壤　钙质结核　Q₂黄土　文化层

枳坡状平原西起凤翔东,至岐山扶风等县境的沿山山前地带,南与沣水北岸塬区及阶地相接。洪积扇地带南北宽 7—13 公里,面积为 704.6 平方公里。主要的乡和村,在岐山县有京当乡的下河村(图七)、衙里、凤雏、朱家、周家桥,青化乡的暮化、南武、孙家、丁童家,益店镇的太平庄、柳店堡,以及蒲村乡的洪积扇前缘;在扶风县有建和乡的韩家、西龙,召公乡的苏家,法门镇的美阳河区;此外还有凤翔县城以东"雍水"沮洳洼地等。这里的洪积扇层由西北缓斜展向东南,高程 930—500 米。其地貌特点,如岐山县的"青化—益店区 20 平方公里洪积平原前缘"等地在周原地区洪积平原的南部与沣水北岸,形成以周原沣北阶地地区和黄土台塬地区相互而过渡的地带。在此,两类地貌衔接的界限虽还不清楚,但北部洪积平原与南部黄土台塬及阶地之间形成的"过渡地带",与沣河南岸积石黄土台塬北缘所形成的类似过渡地带,则是隔河相望,中间地区已是沣河发育的河谷地带。

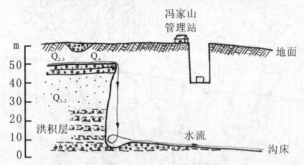

图七　周原下河家沟谷溯源侵蚀剖面图

周原地区沣河两岸的过渡地带,使沣河两边对岸阶地台塬的潜水层,根据地层(潜水低层流向:北潜南涌、南潜北流)均向沣水流区的中间地带倾斜,形成了沣水流区发育过程中的水源之一。周原沣水流区两侧黄土台塬和洪积平原之间的"过渡地带"深埋的潜水地层,同时还具有既集中又丰厚的特点。例如地处漆水与美阳河洪积扇之间的洪积扇前缘,特别是地处在"七星河和美阳河洪积扇之间顶部洼陷区"等扇形地区之间形成的扇间洼地(图八),构成了沣水流域由此归槽后的潜水而又溢出为明水,即洼地的渍水地带。

这里,洪积层在周原岐山县京当乡的石沟桥、祁家沟、王家沟、凤雏宗庙基址和青化乡的孙家三岔河等(图九;彩版五)的出露,有更新世 $Q_1—Q_2$、$Q_2—Q_3$,尤其 Q_3 时期的砾石地层;全新世(Q_4)时的地层。根据形态和结构,洪积扇地貌在此分为三部分,即前缘溢出带、洪积扇中部和顶部三个类型。溢出带分布在益店、青化和法门等地,同洪积平原洪积扇地层在此发育和分布相联系。分布在这个区域的文化地层由此出露的也很普遍。在沣水及其支流横水、龙尾沟、畤沟河,特别是周原文化中心地区祁家沟和王家沟等地,出露的文化遗址遗迹已有百余处,并与沣水上游雍水两岸遥相辉映。这就是说,周原原区环境天然发育了沣水,而沣水又哺育繁荣了周原文化。

在沣水流经区域的黄土堆积地层,有经过侵蚀和下切形成的地貌特征,所以在发育的过程中也就哺育了古代文化。于此起基底作用的,还是覆盖在黄土堆积层之下的最底层石质古地貌。

四、岐山山区

岐山位于陕西关中西部北山地带。岐山通常指的是岐山县城东北6公里处的箭括岭(照版五)。岐山山脉绵亘东西,实为周原北部地带的天然屏障。高耸的岐山是周人兴起的标志。根据考古发现,已知周人当时在此居住的地区,就是现在的岐山县京当,扶风县的黄堆和法门之间。周人当时曾以此为中心,是因这里当时不只有优越的自然条件,便于经营农业,同时也是为了凭借岐山这个天然屏障,防御来自北方戎狄的侵扰[8]。

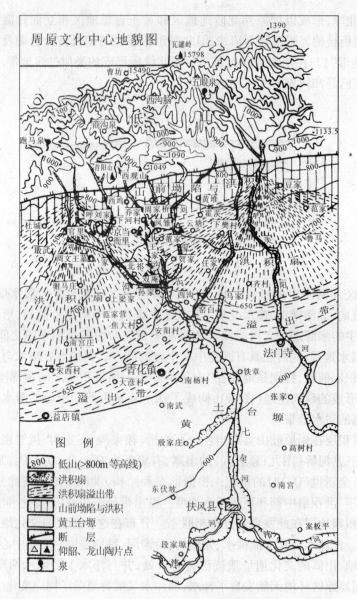

图八　周原文化中心地貌图

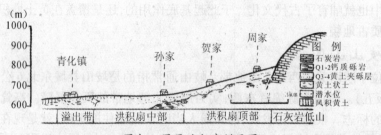

图九　周原洪积扇剖面图

　　岐山是北山西段的一部分。从鄂尔多斯地块内部的构造变化看,在这块地块南部的许多河谷,广泛分布有第三系超覆在中生代地层之上。在渭河断陷的北山地带,还有更古老的地层出露。因此,可以认为:地块南部广大地区,在第三纪时曾发生过宽缓弯曲、洼陷成为波谷,在它的南侧隆起,成为北山波峰地带。在北山波峰之南的波谷地带,就是渭河断陷断谷地带⑨。北山及其岐山比渭河盆地,尤其比秦岭和鄂尔多斯断块盆地的发育和形成都较晚。在地质构造上它属鄂尔多斯地台(台向斜)南缘,并以断层与渭河断谷相接。岐山是一系列的北山由西北向东南延伸的山地;而北山到岐山之后,即转为北东向弧状丘陵(图一〇;彩版六),呈断续分布,起伏舒缓。北山在此,从出露情况看,为黄土覆盖的石质低山丘陵如西观山者是,局部并有基岩裸露;主要为上前寒武系、寒武系、奥陶系、二叠系、三叠系、侏罗系、白垩系等地层。北山在西段称千山,千山余脉经老君岭向东延至麟游县两亭乡分为两支,北支名页岭,东西走向;南支称凤山和岐山,

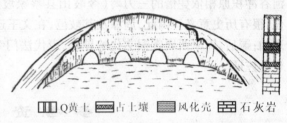

▨ Q黄土　▤ 古土壤　▧ 风化壳　▥ 石灰岩

图十　周原西观山1049m黄土覆盖山顶图

向东延展,主峰瓦罐岭,海拔 1600 米左右,山脉起伏大,峰顶多为浑圆状。北山除岐山、千阳岭为一石质山群地貌外,其余均为厚薄不等的黄土所覆盖⑩。"岐山"者,据《说文解字》解:因其"山有两岐,因以名焉",此乃岐山之由来,又称乔山,俗称野河山;而此还符合北山主峰箭括岭双峰高耸之形状,故而由此即成为关中西段北山岐山山名之泛称。山地以断层与洪积平原相接。北山岐山隆起之后,才有自北西而东南经流的沣河、漆水以及支流横水、美阳河等大小河区的出现。同时,由于北山岐山岩性喀斯特地貌的形成,致使其泉水如西观山的九眼泉、凤泉等,也由此南下注入沣水。这些河流和泉水对岐山南麓洪积扇平原以及台塬平原在周原地区的发育和形成,不只提供了环境条件,同时由于其形成、特别是沣河的形成,使之与渭水流区隔塬相对,这就更加丰富了周原地区的地面水;这对周原地区远古文化和文明的发展来说,正如史念海先生所说:"一直都居重要的位置。"

五、结语

周原地区环境,特别是它的黄土地层特征,从周人太王由彬迁岐时的地貌历史特点比较来看:它在渭北所具有的河谷冲积平原、渭北黄土台塬、岐山山前洪积平原和岐山山区等四个完整的单列地貌,相连成片,并组成为一个总体完整的特征——周原原区。这在关中地区,乃至整个华北,虽较普遍,但确有自己特点:依靠岐山作为天然屏障的岐邑洪积扇平原,当时在此平坦辽阔,山前南北横向沟谷还未发育起来(周人开始选择在此建都;由于古地理、地震等的特大影响,文王时由此又迁都丰镐,这也是很好的选择)。周原积石台塬(又叫雍积原)平原地貌,相互向中间稍倾平簟,有略呈凹形"正平"状这样一个突出特点,此也为其他同类原区所少有。周原台塬平原,特别是长安丰镐地区的黄土台塬,从历史看更是适合于人类由这些地区开发发展。在中华民族历史上的一个关键时期:炎帝、后稷把发展农业的事业放在岐山山前洪积扇平原(岐水—姜水、美阳河或漆水河区),特别是周人太王由彬至岐,并在此建都(岐邑京当古城)立国、兴建宗庙,作为政治、经济、文化开拓发展的中心,向外辐射。进而在文王

姬昌时又由周原岐邑迁京城到丰镐、兴国翦商、建立西周王朝来说,周原岐邑完全起到了发祥的历史作用。秦人的发祥:"雍城"——第一个京城的选定,也在周原雍积原地区。

历史上的不少重要战争,如:汉初韩信与雍王章邯"暗度陈仓"的战争,三国司马懿同诸葛亮五丈原"对峙"战争,近代王震将军指挥的"扶眉战役"等,先后都在周原驻扎:把营垒安在周原"雍地"——陈仓、好畤(今扶风县法门镇)⑪,或积石台塬及渭北河谷冲积原相依凭借的三刀岭(今岐山县蔡家坡镇)⑫等地。这种地理位置的战略地位,很有历史意义。因此,周原及其岐邑,在文王迁丰后,由于历史环境原因,并未失却斑灿;嗣后,周原西周青铜文化的异彩,唐代法门寺佛教文化的光辉,其新的历史诗史也是佐证。

参 考 资 料

①《中国地图册》,地图出版社,1983 年 9 月。
②张洲:《周原地区新生代地貌特征略论》,《西北大学学报》(自然科学版),1990(3)。
③《西安地质构造》,《中国历史文化名城丛书》,中国建筑工业出版社,1986 年 1 月,第 4 页。
④*⑤*陕西省水利电力勘测设计院:《宝鸡峡引渭灌溉工程,技术总结·防地特征表(2—2)》。
⑥乙亥八月,《岐山县水利志》,第 44 页。
⑦王永焱:《黄河中游黄土的地层划分·(五)地层接触关系》,《黄土与第四纪地质》第 14 页。
⑧史念海:《周原的历史地理与周原考古》,《西北大学学报》,1978(2)。
⑨张伯声、汤锡元:《鄂尔多斯地块及四周的镶嵌构造与波动运动》,《西北大学学报》(自然科学版),1975(3)。
⑩陕西师范大学地理系、《宝鸡市地理志》编写组:《陕西省宝鸡市地理志》,陕西人民出版社,1987 年 12 月。
⑪陈泽孝、张兆文:《张良生平与业绩》,西安地图出版社,1993 年 3 月,第 49 页。
⑫岐山县志编纂委员会:《岐山县志·名胜古迹·诸葛亮五丈原》,陕西人民出版社,1992 年 8 月,第 649 页。

第二节　周原新生代地质

一、周原地貌特征

周原地区现在的地貌特征,正像鄂尔多斯盆地地区现在的地形一样,也是西北升高而向东南倾斜。现在的周原地区是由西北凤翔县到向东南去的武功县,其间地面所呈现的高差情况,是周原地区地形的一个主要特点。同时周原地形还有一个特点,就是它的积石源南、北两缘地带都具有一些"稍稍隆起"或突起的现象,自周人到此以后,由于侵蚀作用不断地发生变化,周原原面趋于缩小和破碎,形成突出特征。正因如此,周原地区的河流主要是由西北斜向东南流去,沣河也是回旋曲折地在下游武功境内注入渭河。现在的沣河全长 165.9 公里,流域面积为 20435 平方公里,在岐山县杨西庄到扶风县浪店的河床比绛约为 1/430[①]。沣河从凤翔县以东流入武功地区漆水之间的河谷最深,两岸狭窄,但有些地方却很宽敞,有些地方甚至宽到 1 公里以上。它的南岸很陡,绝少沟壑,即使有一些,也是十分短促,北岸均呈缓坡。南岸之所以很陡,这是由于周原地区积石塬北缘也有稍凸起的原因,沣河亦因此在凤翔县附近向东南流,再往下开始偏向东流,由于北岸呈缓坡,所以这里的河水都向南摆动,历时日久,对南岸的侵蚀就显得剧烈,日渐形成陡岸。而北岸缓坡低处,又都添了水流淹没的地方,河面就自然地显得宽阔。现在的南岸有些地方已经深陡到约 90 米,北岸缓坡都已形成为滑坡阶地。沣河南侧黄土高原原面低平辽阔,无支流下注。北侧距岐山很近,山谷往往有水流下。其支流有横水、鲁班沟水、麻叶沟水、畤沟河水、美阳河水等,这些皆由岐山南麓入于沣河。岐山南麓平原海拔在 900 米左右。由于周原地区原面向东南倾斜,漆水河西岸仅高 500 米左右。[岐山南麓平原海拔 900 米左右与岐山东北的北麓永寿梁西沟库区黄土层下基岩小梁海拔 916 米作对比的话,显然是岐山山北黄土层堆积比岐山山南黄土层堆积要厚出约 100 米(参考六盘山到吕梁山、黄土厚度在 100—200 米之间的资料折算得到)。]山南黄土层地层底下的基岩地层明显地要比山北西沟库区的基岩底层低得多,这可能与鄂尔多斯地区西北升高向东南倾斜,并在其南缘形成凤翔—韩城断层地层的新构造运动变化有关。在周原地区长达 70 公里的黄土平原上,由西向东,原面的高差是这样逐渐递减的:凤翔县城与岐山县城相距 24 公里,后者较前者低 110 米,岐山县城距扶风县城 25 公里,扶风县城北的原头又较岐山县城低 100 米。武功镇(旧武功县城)位于漆水河谷,恰在周原地区东端,其西侧的原头距扶风县城北的原头 22 公里,高程也低于 50 米。这种由西北向东南高差递减的缓坡状地形,使周原地区具备了独异的特点。

周原地区变迁到现在,其显著特点犹如前述:就是在于洪积原区原面缩小和破碎。魏晋时出现了一个积石塬,唐代又添了三畤原和武功西原等等。从周原分出的这几个原中,以积石塬为最早,上距古公亶父的南迁,大约有 1500 年。促成周原初步切割和积石塬形成的关键就在于沣河的下切;沣河已成为切割周原的一条较大的河流。因此,在积石塬见于文字记载的以后的 300 年,周原已缩小到只有横水下游以东的一小部分。亦即大体现在周原的样子。

促进河谷下切是有各方面原因的。沣河长约 100 公里,迄今仍在黄土层中穿过,没有下切至基岩地层。其原因正是由于周原地区西北与东南的高差只有约 300 米,原面逐渐倾斜,而南北两原的土壤侵蚀各不相同。东到扶风五井、武功三畤原,东西长约 70 公里。原上的倾斜面朝向东南。原的两边,不论是南临渭水的一面,还是北垂沣河的一面,坡度倾斜度都不是很大的。所以再不会引起很严重的土壤侵蚀。因此,积石塬塬面一直保持着平整,同时塬面两边的沟壑也是很短促的;南临渭水的一边更显得如此。塬面略呈瓦状浅凹形平整是积石塬地貌的一个显著特征。而缩小以后的周原,即现今周原本土则是另一种景象。明显的变化就是沟壑增多,加深了原面的支离破碎。靠近岐山的部分,地面倾斜度大,土壤为流水侵蚀。周人以后的周原,就逐渐为沟壑切割成为南北向的长条块,最宽的原面也不过 13 公里。与周人居住时的情况大不相同。这就是现在周原地区的地貌特征。周原之所以成为今天这样一个地貌特征,主要是由于岐山已无森林,水土流失严重,以及从唐代以后迅速发展起来的众多沟壑等原因造成的。周人留下的文化遗存集中地分布在京当、黄堆、法门之间的重要原因之一,亦与此有关[②]。

二、周原基岩构造特征

(一)周原基岩断块形成的来历

关于周原地区的基岩特征,首要问题就是周原基岩形成的来历。关于这个问题张伯声先生在《陕西水系的发育同新构造运动关系分析》一文从轮廓上已大体搞清了[③]。张伯声在文中提到的渭河断陷谷地,实际上就是指渭河盆地而言的。

渭河平原地势低而平坦,海拔高程为1000米上下;在渭河盆地中沉积了大量黄土层,堆积物高度有100—200米左右;地层发育好,从早更新世到全新世黄土地层保存完整,所呈现的是一整套盖层而覆盖在古地貌的地面上。在渭河北侧,是一系列广泛分布的阶地和渭北黄土高原;这里分布的周原地区,在它的黄土地层中不仅具有黄土高原地区发育的一般完整性,而且在其黄土层覆盖的古地貌上的基岩地貌,亦具有与一般古地层倾向不尽相同的特殊性。前面已经提到:在周原地区"仍穿行于黄土层中"的沣水迄今还"没有下切到基岩";尤其是张先生在他的文章中曾具体指出:在凤翔和扶风地区,有一个叫雍水(即沣水)的切入黄土阶地的小河流,其北侧支流长,而南侧只有很短的小溪。这表明该地区必定有两个紧靠的倾斜断块。先生在此不仅明确指出了周原地区黄土层覆盖下的具体基岩断块地层问题,而且还谈到它的这两个倾斜断块"紧靠"的特点。这两个倾斜断块紧靠的情况说明:一端,即南端"倾斜断块"倾斜抬升呈楔状;另一端,即北端"倾斜断块"倾斜抬升呈缓倾坡形,紧靠在倾斜度很陡的断块体上。由于地壳的新构造运动,使这两个倾斜断块形成一个夹角形的基岩沟道状,即沣河的基底岩沟道。由于如此,即出现了今天沣河河谷两岸这样南陡北缓的地貌特征。

在第四纪,渭河断谷基本上还是一个沉积区。其中沉积了三门系,在三门系上面又沉积了老黄土,在老黄土沉积后,渭河断谷的断裂下陷仍在继续。但却被进一步分割成为许多楔状断块,呈倾斜状态。黄土下伏的基岩地形轮廓,形成于白垩纪末期,在第三纪又进一步塑造,有起伏的丘陵,也有平坦开阔的古平地。而根据不同特征,不同类型黄土土壤埋藏的产状也就反映了不同古地貌的不同形态。黄土地形分为塬、梁、峁三种不同类型。而这三种不同类型的黄土地形各自分布在自己的一定地理位置上,并与它们各自相接的古地形地面叠压相吻合。由此来说,渭北黄土高原或渭北平原兼丘陵黄土高原和它的周原地区,其基岩地层地面应该是具有丘陵起伏的,也应该是具有高阶台地的,但主要的应该是具有平坦开阔的断块为主体兼有阶状台地面和丘陵起伏形等多类型的基岩地形底面。根据黄土类型来看,在周原地区,特别是它的沣河以南的积石塬地区,也应该有归属于午城黄土叠压的水平断块基岩地层底面,并兼有倾斜形者离石黄土下部地层和弯曲者离石黄土上部地层的断块基岩地层底面。黄土地表形态与其下伏基岩古地形有密切的联系。平坦开阔的周原地区古地形——基岩地形正是属于平坦者,所以它是属于塬的分布区;是属于由断层形成的下伏基岩阶状台地上,黄土堆积沿着断层方向伸延的平坦台塬,并且是属于河谷阶地上的顺着河谷不断伸延的平坦台塬。现代黄土地貌不仅受到古地形的控制,而且黄土沉积后的剥蚀改造④,就像周原的缩小破碎,不仅是由于畤沟河、横水河等河水的侵蚀,特别还由于沣水河长期的剥蚀,才使它本身变小和分出积石塬等小原地区。

（二）周原基岩断块形成的时代

在中生代时,根据秦岭与鄂尔多斯的构造运动形势,还不存在渭河断陷,当然也还不存在鄂尔多斯台向斜南界的凤翔、耀县、澄城和韩城的大断层。它当时可能还是一个宽缓的地背垒;渭河断陷地带在当时实际上还是一个鄂尔多斯盆地南侧的广阔斜坡,其上有由南向北奔流的河水。只有到了白垩纪末燕山末幕,由于地壳运动的激化才在广阔的地背垒北翼上开始发生渭河断陷(图一一:⑤)。

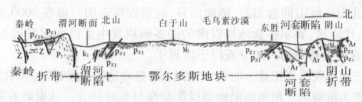

图一一:⑤ 鄂尔多斯地块南北向构造地貌剖示面意图

地槽发展到最后阶段,地壳波动的形式就要改变,从地壳屈曲为主的波动变为断块起伏的波浪形式,由阿尔卑斯式的造山运动变为日耳曼式造山运动。秦岭的变化发育大体也是这种特点。三叠纪后,它就由地壳屈曲变为断块起伏。秦岭日耳曼式造山开始,似是秦岭剥蚀成为准平时期,即在三叠纪与侏罗纪之间稍后时期,继续受到经向挤压;那时鄂尔多斯是个地凹谷,渭河断陷是个地背垒,秦岭地带是个地凹谷。经向挤压使它们侧翼发生冲断,在鄂尔多斯地块南缘产生许多向北冲的叠瓦构造。在秦岭北坡结晶岩中也发现不少向北倾的片理带和冲断层:它们可代表向南冲的叠瓦构造,这种情况正好说明这时渭河断陷还没有到断落的程度,而是已经向南北上冲掀起的程度。正因如此,使其地块南缘及秦岭北坡大大抬高向南倾斜,当倾斜到一定程度地壳遭作用力的抗拒时渭河断陷地带发生了断陷。在渭河断陷这一边,渭河断陷地带分向南北两侧不对称俯冲,波及断块底部而形成隐伏的一系列半地垒—半地堑式构造地貌,一般表现为北仰南俯。而这里同秦岭地表构造呈北翘南倾的半地垒—半地堑式的地貌也是大体一样的。

从鄂尔多斯地块内部的构造变化来看,鄂尔多斯地块内部在新生代的波浪运动,则以隆凹非常缓和的地壳弯曲为主,它的运动形式是采取宽缓弯曲的波浪形式。在地块南部,西起平凉,东到富县,北达吴旗,在许多河谷中广泛分布有第三系超覆在中生代地层之上,而在渭河断陷北山地带出露的为古老地层。因此,则可认为:地块南部广大地区,在第三纪曾发生宽缓弯曲,洼陷成为波谷,在它的南侧隆起成为北山波峰。地块南部的洼陷持续到第四纪早、中期,在渭河断陷沉积了几百米厚的第三系和老第四系,如临潼、蓝田、渭南的三角地区,高出河床几百米形成三四级阶地。在凤翔、岐山、扶风等地区也是如此。此处即周原地区、渭河断陷沉积了好几百米厚的第三系和老第四系的沉积层,也高出河床几百米而形成三四级阶地。在渭河两岸的广大平原,即一二级阶地之下则还存在有数百米厚的最近沉积物。由于这些松层的分布及实测断层把渭河断陷分为骊山仰起、宝鸡浅陷和大荔深陷,使黄土超覆在第三系之上,成为今天广大的黄土高原。但因断陷地块在新生代运动的总趋势是西北仰起,东南倾伏,终于使这个洼陷在 Q_2 以后,经过泾洛两河决北山之口,泻人渭河断陷,并切割黄土高原,使其改造成为当前的塬、梁、峁地貌。其中渭北黄土高原及包括它的西部地段——周原地区的黄土塬区也就这样地形成出现了。从秦岭太白山顶向南倾 12°—14° 的第三纪初期的夷平面来说,秦岭在新生代至少掀起4000 米,渭河断陷在新生代断落的深度也在 7000 米以上。由此可知,秦岭与渭河断陷的落差很可能在 11000 米以上。秦岭是北翘南倾的半地垒—半地堑式的波浪状断块山。渭河断陷则是北仰南俯深埋的半地垒—半地堑式的波浪状断块盆地。其断落与其北山—岐山仰起相差,随地而异,地震资料表明一般在 2000 米左右。这都说明,新生代以来,鄂尔多斯地块以南的许多断块发生了巨大规模的互相错动[6],周原地区也就成为其中的一部分而终于出现了。

从早第三纪到晚第三纪这一时期,总的来说,秦岭地区为隆起区,鄂尔多斯地块和渭河断陷地带为沉降区。渭河断陷地带以深断裂与秦岭分开。从秦岭在第三纪初期的夷平面来说,秦岭在新生代的断落的深度,已经厚达 7000 米以上,秦岭与渭河断陷的落差大致已是 11000 米以上。渭河断陷是个北仰南俯深埋的断块盆地,其断落与北山—岐山的仰起相差一般也在 2000 米左右。而与凤翔—韩城断层抬升相差一般也在1000 米左右。这就说明,从新生代以来,鄂尔多斯地块以南大大小小许多断块,如渭河断陷地区的凤翔大断层、宝鸡浅陷、周原倾斜断块发生了巨大规模的相互错动。但无论如何,在周原地区包括积石塬在内的这个小地区,像具有三级构造带的渭河断块盆地以及具有二级构造带的秦岭隆起和鄂尔多斯沉降地带等一样,它的基岩底层古地貌也是在早第三纪到晚第三纪这个时期变化发育而来的。

(三)周原基岩断块断裂的形态

由于新构造运动的活动性,形成了黄土平原和阶地的基岩地层,形成了渭河断块盆地和秦岭准平原,当然也形成了周原地区的黄土高原并影响到其覆盖下的基岩底层。在陕西较老的构造运动,尤其是新构造运动以褶曲活动方式为主,同时在许多地区伴随着断裂作用。在许多情况下第三纪地层,有时是侏罗纪和白垩纪地层与更老的地层成为不整合接触。例如商县盆地,从侏罗纪到第三纪期间,盆地有从东向西迁移的趋势。又如鄂尔多斯盆地、三叠纪至第三纪的岩层存在着一种由东南向西北退覆的现象,最后,使得老第三纪地层只能沉积于盆地两侧六盘山地区。然陇山运动却又使得六盘山发生褶皱和隆起以致第三纪晚期的沉积重新返回鄂尔多斯盆地。渭河断陷谷地的某些地方,如临潼骊山地区,还有另一个下沉地带,其中接受了第三纪的沉积。因此,在继中生代以后的第三纪至第四纪期间,在陕西的许多地区还存在有隆起和下降的情况,表现出一系列或大或小的小升降区。二级升降区是平缓而广阔的鄂尔多斯盆地。而二级隆起区是平缓而广阔的秦岭隆起地带,在巨大的鄂尔多斯盆地里,还有许多三级隆起和盆地。黄河谷地位于其东,一个脊状隆起位于其西。在巨大的秦岭隆起之上,也有一系列三级隆起和盆地,其中秦岭是一个脊状隆起,而汉江地带却是一个槽形盆地。在后一个地区,同样有一系列更小的隆起和盆地,如徽县盆地、安康盆地等。与此同时,渭河断谷地带介于广阔的鄂尔多斯盆地和巨大的秦岭隆起之间,呈过渡状态。其中也存在第四级隆起和盆地,如宝鸡浅陷、临潼凹陷和周至凹陷。当然也有更次一级的周原及积石塬等地层的倾斜基岩断块,如沣水流区的基底"紧靠"基岩断块的存在。

早第四纪是处于褶曲作用早期和断层作用晚期的过渡时期,鄂尔多斯盆地以前是在东南方向上翘起,向西北倾伏。这时却开始向相反方向倾斜,也就是说,西北则隆起,向东南倾伏。尽管如此,盆地的东南边界地带与渭河谷地相比,仍处于隆起状态。当时秦岭地带已经开始向上翘起,而其南带发生沉降,与此同时开始出现了一些深断裂,将巨大的秦岭隆起分成许多长条状楔形断块。与秦岭地区相比,渭河断谷是一个强烈的沉降带,在第四纪,渭河断谷基本上是一个沉降区,其中沉降了三门系,并在已经变形的侵蚀面上,沉积了老黄土。在此的老黄土,就是午城黄土。"午城黄土堆积当时古地面是平正的"[7]。在老黄土沉积之后,这种楔状断块彼此之间还存在着差异运动。例如:就在凤翔、岐山和扶风的周原地区,它本身就存在着倾斜断块。这个倾斜断块,当时的古地面也可能是呈"平正"型的。由于本地区有条切入黄土的小河流叫雍水(又称沣水),其北侧支流长,南侧只有很短的小溪。这表明本地区必定有两个紧靠的倾斜断折断块。在晚近地质时期,由于断折断块上升和沉降的方向已经固定,因此在陕西周原地区水系也固定下来,无大变动。由此来看,这两个紧靠的倾斜断折断块也是属于东西向的长条状楔形断块。之所以如此,是因为雍水纵穿东西全长约100公里,且其南侧周原地区的积石塬本身就是东西长,南北窄,是由西北向东南缓慢倾斜的黄土原区。因此,周原地区古代的基岩断块古地貌也应是东西长,南北窄,呈长条状的楔状断块,断面呈平正型,两侧略呈带形水平面分向东南倾斜。其中积石塬基岩底面古地貌的正平面,可能是属于它的两侧古地貌的断折断块;南侧以南翘北倾断折断块,北侧以北翘南倾新折断块,相互向中间伸展平靠的略呈凹形正平面的古地貌,由西北倾斜向东南。

(四)周原基岩断块断落的倾向

在普遍发生断层作用的初期,有这样一种趋势,秦岭断块北侧上翘,向南倾俯。渭河断陷也是北仰南伏。它们的整个断块又分裂成许多较小的倾斜断块,一般都是北侧抬升,向南倾俯。从鄂尔多斯地块南缘——北山一般来说,又是南翘北倾。与此同时,在同样地区,其底断块的倾向问题,也有特殊现象。例如在秦岭隆起一带,沿宝鸡地区斜峪河上游,即桃川河将北秦岭分割成为两个倾斜断块,即南侧的太白山断块和北侧的大散关断块,二者也是北抬南倾。但是桃川断层是一个巨大的"掀转断层";在凤县以东,则南侧上冲,而在凤县以西,同是该断层却是北侧上冲,以致该断层在西端地段的两边断块改变了方向,不是向南而是向西北倾斜。又如汾渭断谷体决,沉降基底断层在黄河由壶口至禹门这一流段,使河道发生改变与地层倾向相反,而基岩底层南抬北倾。这种情况,尤其在鄂尔多斯盆地被分布在陕北的黄土高原地区。该区的河流绝大多数流向与地层倾向相反,即水流方向与河道沉积岩层的倾斜方向相反(只有部分河道流向与古地层一致)[8]。

渭河断陷基岩地层的倾向问题,有关此类现象还是不少的。就以上例来看,周原地区其中包括积石塬南北两缘有"稍稍隆起"或稍突凸的基岩底地层问题。有怎样的塬、梁、峁黄土沉积地形，就会有怎样的基底古地貌，这是一般规律。周原地区积石塬等原面，据其南缘和北缘有"稍稍隆起"或者稍有凸起的特征，它所要求的相应吻合的基岩古地层，其南缘与北缘也应是具有"稍稍仰起"或者稍有突起的底缘岩层古地貌，并缓慢地向内地面呈平正型而由西北向东南倾斜，呈长带状基岩楔形断块地层，这才基本符合原理。从以上谈的情况来说：在秦岭隆起地带、渭河断谷，特别是鄂尔多斯盆地的陕北地区等，它们都是从各自的古地貌断块中，又各自分裂出许多小的倾斜断块，而且其中不少的断块也是各自方向相反，即南仰北倾的特点。由这些实例来看，周原地区及其积石塬等原的基岩底层，呈长条楔状断块古地貌而向东南倾斜，也是可能的。周原地区的积石塬东西相距较长，由凤翔县东经岐山县、扶风县到武功县全长在70公里之间。其南北相距较近，可能在5—10公里之间，它在周原地区的地面较小，但也不是一个小原头。因此说，在渭河断陷谷地，它可能是一个不大不小的楔状断块长带形的基岩底层。周原地区的积石塬等倾斜断块，从宝鸡浅陷地区来看，对它也是有很大影响的。周原地区积石塬等地区属于紧靠宝鸡浅陷地区的断层地带。这里的所谓宝鸡浅陷，是属于第四构造单位的名称（本身指的是一个小断块），"一般用凸起或凹陷"来表示。它们的发展往往和阿尔卑斯旋回晚期且往往又和新构造运动有关，说的是"在断陷内部也有相对升起的部分和沉降的部分。相对升起的部分叫做浅陷，相对沉降的部分叫做深陷"。而宝鸡浅陷即指渭河断陷在宝鸡地区断陷地层内部，而且正是属于此处相对升起这一部分断陷断层来说的。亦即周原地区积石塬的基岩断层是属于紧靠宝鸡浅陷这一阶段上的一个断层，它还在抬升。总之，由于新构造运动的变化，它是由有断层抬升，而成为一个基岩断块底层平正面的古地貌，这大体上是很可能的。

在鄂尔多斯挠褶台向斜的南界是通过凤翔、耀县、澄城、韩城的大断层，它的东南是新生代的汾渭盆地；北边可通太原以北，西南通到宝鸡以西。汾渭断陷中就有骊山仰起、宝鸡浅陷和大荔深陷。这就是说，"宝鸡浅陷"就是汾渭断陷地带中相对升起的一个较小的断块，而这样认识就更清楚了。从汾渭断陷的东北西南向半月形的大范围位置来说，近东北向，黄河流经在陕西与山西交界处的一段，明显地能与其基岩地层走向一致，然而当它在壶口至禹门口这一段，其河道走向的基岩底层发生改变，而与上游古地层倾向相反——南仰北倾；这是在韩城大断层、大荔深陷断层中所显示出来的，并且可以说这是在凤翔—韩城大断层东段上所具有的南仰北倾的特殊的古地貌特征。同样的在汾渭断陷地带的西南末端，在具有其"尾巴"特点的宝鸡浅陷地区，似乎也有可能造成这样一个南仰北倾的古地貌。在其西南向汾渭断陷地带末端，即周原地区和它的积石塬地区，也应是具有这样的南仰北倾特殊现象的古地貌特征，这是完全可能的。同时已知，周原地区的积石塬南北两缘地带，已经是一个有"稍稍隆起"或稍突特征的地貌。它是一个沟壑很短而坡度很陡的黄土高原，按照它现在的地貌特征，要求一个能覆盖其下的吻合的基岩底层，即其古地貌特征和它的地面地貌特征基本一样。这不仅从理论上已有论述，并已得到证明。

总之，渭河断陷盆地，地处秦岭以北，北山之南，东到黄河，西至宝鸡地带。其西部地带北面是渭北黄土高原，即周原地区。它是由断层作用和侵蚀作用所形成的泛滥平原、不对称的小丘陵以及阶地所组成。

渭河盆地在第四纪时沉积了老黄土。在老黄土沉积之后，它的断裂下陷仍在继续，并进一步分割成许多楔状断块，呈倾斜状态。其断陷断落始于新生代之初。

在渭北黄土高原包括周原地区及积石塬在内的地带，其基岩底层又是属于凤翔—韩城而抬升的大断层地带。即由断层形成的下伏基岩阶状台地。这里为老黄土堆积的古地面，当时当"是平正的"[9]。而其黄土堆积呈沿断层方向伸延的平坦台塬。在晚近地质时期，由于这类断层断块的上升和下降的方向已经固定，因此这种基岩古地貌与现代渭河断陷盆地和平原，其中包括周原地区及积石塬等地区在内的地形特征基本一样。这里，在这个古地貌环境下所形成的地层，据现在已经出露的岩性来看：是"第三纪及白垩纪砂砾岩外，其余均为第三纪和第四纪松软岩层"[10]※。

一般来说，基岩古地貌的特征怎样，而其覆盖的黄土塬、梁、峁地面特征也就怎样。周原地区的地貌特征，特别是其积石塬的地貌特征，它的北缘坡度陡，沟壑短少，显然是其原面边缘地带呈凸状稍突。它的南缘断陷坡在四级阶地，坡度普遍很陡，沟壑较其北缘更显短少。它的南缘坡形有所侵蚀，但完整呈为楔状形、长方形、凹凸形、圆包形和脊背形较多。尤其以楔形状陡坡居多，它的北缘形状大致亦是如此。而正是由于这些四级阶地陡坡的各类地貌形状相连的周原地区——积石塬南北两缘地貌，才呈为"稍稍隆起"或稍凸突起的特征。周原的积石塬，正是独具陡峻边缘呈为长带桌状凹坦形地貌，而慢慢地才向东南倾斜展去。换言之，渭北黄土高原及其周原地区并包括积石塬在内的地区基岩地形特征，也正如周原及其积石塬的塬面一样，具备和它的地面塬、梁、峁地貌基本相似的现代地貌特征。

而周原本土（缩小以后的周原）明显的是沟壑增多，加深了原面破碎，地面倾斜度易被流水侵蚀，成为南北长条状平原兼丘陵阶地地带。与积石塬隔河相望，由西北亦向东南缓缓倾斜伸去。

参 考 资 料

①南泽华：《沣渠考》，《陕西水利》1987(2)，56。

②史念海：《周原的变迁》，《陕西师范大学学报》1976(2)：12—17。

③张伯声：《陕西水系的发育同新构造运动关系分析》，《张伯声地质文集》，西安：陕西科学出版社，1962，76—79。

④王永焱：《中国黄土》，西安：陕西人民美术出版社，1980.1。

⑤⑥张伯声、汤锡元：《鄂尔多斯地块及其四周的镶嵌构造与波浪运动·图2》，《西北大学学报》（自然科学版），1975(3)：92。

⑦⑨刘东生：《中国黄土堆积》，北京：科学出版社，1965，23、79。

⑩※陕西省水利电力勘测设计院：《宝鸡峡引渭灌溉工程技术总结》。

⑧张伯声：《张伯声地质文集》陕西科技出版社，1962，74。

第三节 周原新生代地层形态

《诗经·大雅·绵》说:"周原膴膴,堇荼如饴。"这里描述的肥美土地,其中心地区就是岐山的京当乡和扶风的法门与黄堆二乡镇所辖的一带地方。周原一名始于《诗经》,《诗经》中"周原膴膴"所称的周原,其范围较今周原为大[①]。它和关中平原一样,周围原隰相间,周人初到时的"周原还是相当完整平坦的"[②],气候也湿润温暖。这里远古文化十分发达[③]。人文时代:它是西周发祥地,古公亶父所建周的第一个都邑——"岐周"或"岐邑"就在此,文王姬昌、武王姬发的生地也在这里。周人在此,经过三代人的开拓发展,东向灭商,建立了西周王朝。从古公直至西周灭亡,约300年,"岐周"一直是西周的政治、经济、文化中心[④*]。之后历经秦汉隋唐,这里的经济文化更是兴盛。世界佛学文化,佛教圣地——法门寺也在此。今天要使这样辉煌灿烂的周原文明,对社会主义祖国建设有所贡献,因而从自然科学、社会科学、思维科学,全面展开对周原文化的发掘和研究,就显得特别重要。在此,笔者从古地学仅就"周原新生代地层"发育序列方面浅析试探些意见,妥否,请望读者指正。

一、周原新生代地层发展概况

周原新生代地层的发育情况如前所述,根据现有资料:在汾渭断陷盆地里有数百米至数千米厚的第三纪和第四纪地层。其中渭河断陷盆地的新生代地层也是相当巨厚的。周原地区,同样有几百米厚的第三纪和第四纪地层。

关于周原地区新生代地质历史情况,根据有关资料[⑤]及(图四)由新到老分述如下:

(一)第四系(Q)

秦川群(Q_{cn})

广布于渭河盆地,为浅棕黄、浅灰黄色粉砂质粘土与砂砾层之互层。厚126—725米。在地表主要为现代冲积。洪积层及土状堆积,即全新世(Q_4)、乾县组(Q_3)、泄湖组(Q_2)的沉积。岩性特征:砂砾成分主要为长石及岩屑;岩屑成分以石英砂岩、石岩片岩、浅变质岩、花岗岩为主。砾石磨圆度好,以次圆状为主。岩性在周原地区的蔡家坡至杏林一带可与对比的是渭5井胶结较好。

渭5井位于周原地区东侧扶风县杏林镇:即美阳河东、沣水河北和漆水河西,三水交汇的地方。地层系统:新生界。井深,1075.58米。分第四系(井深:469.40米)和上第三系(602.18米)两个系。渭5井地层第四系秦川群(Q_2—$4gc$)分层:1—10层,井深:0—384.50米,上部灰黄,土黄色粉砂质粘土,含粉砂质粘土、粘土质粉砂与砾状细砂层、砂砾层等互层。砾石成分有石英、变质岩、花岗岩、次圆状,砾径0.2—0.5厘米。下部灰黄、黄灰、棕黄色泥岩,含粉砂质泥岩、粉砂质泥岩。泥质粉砂岩与含砾粉砂岩,砂状粉砂岩,粉砂岩与含砾细砂岩互层(图一二[⑥*])

与渭5井东北西南遥望的有渭4井。它位于渭河断陷盆地北边的平川冲积原地带,即岐山县蔡家坡镇以西孙家村,亦即周原地区的积石塬台塬南缘下的川道阶地地

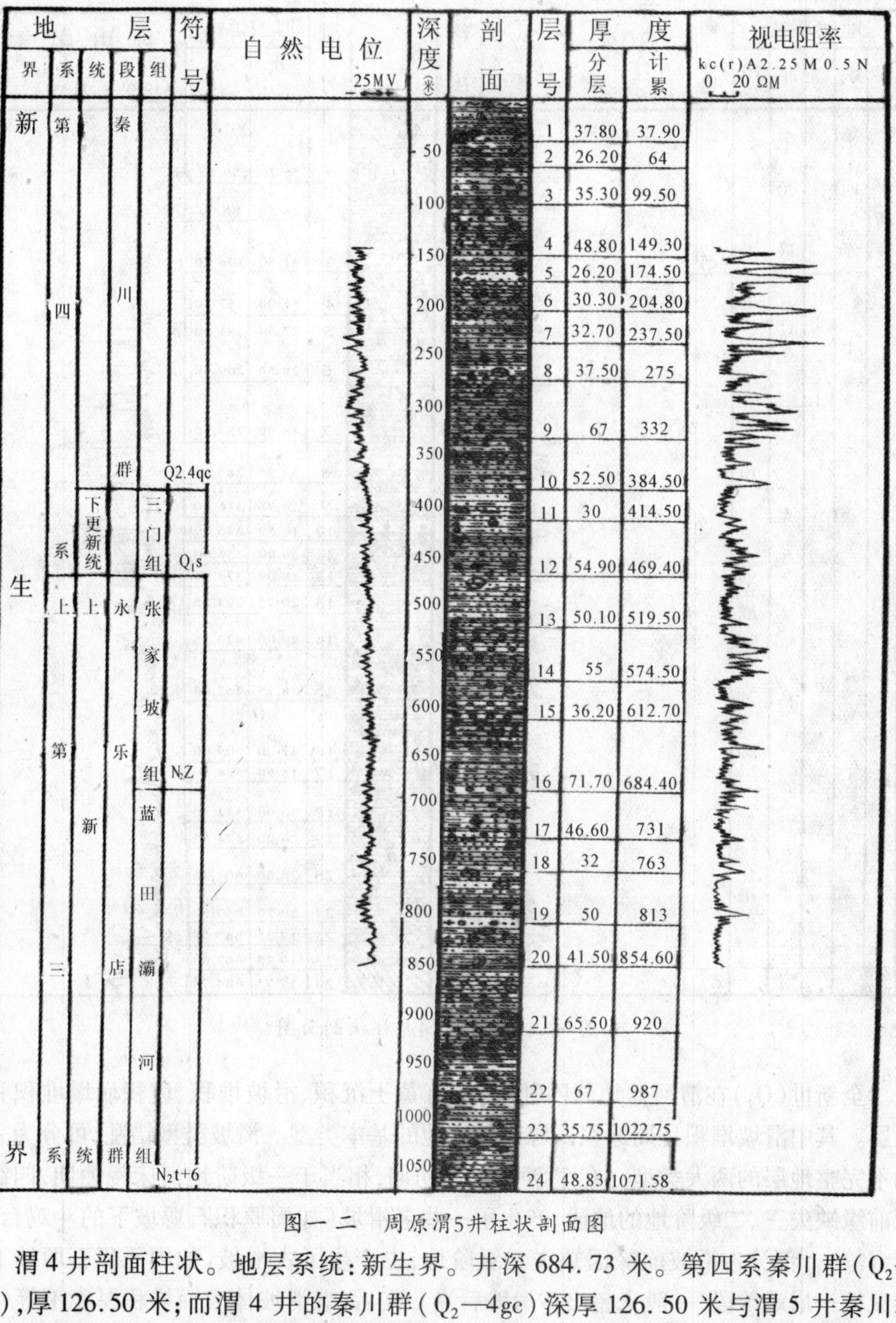

地层 界系统段组	符号	自然电位 25MV	深度(米)	剖面	层号	厚度 分层	厚度 计累	视电阻率 kc(r)A2.25M0.5N 0 20 ΩM
新 第 秦			50		1	37.80	37.90	
四					2	26.20	64	
川			100		3	35.30	99.50	
			150		4	48.80	149.30	
					5	26.20	174.50	
			200		6	30.30	204.80	
			250		7	32.70	237.50	
					8	37.50	275	
群			300		9	67	332	
$Q_{2-4}qc$			350		10	52.50	384.50	
下更新统 三门组 Q_1s			400		11	30	414.50	
			450		12	54.90	469.40	
生 上 上 永乐店组 张家坡组 N_2Z			500		13	50.10	519.50	
			550		14	55	574.50	
			600		15	36.20	612.70	
第 新 蓝田灞河			650 700		16	71.70	684.40	
			750		17	46.60	731	
					18	32	763	
三 店组			800 850		19	50	813	
河					20	41.50	854.60	
			900		21	65.50	920	
			950 1000		22	67	987	
					23	35.75	1022.75	
界系统群组 N_2t+6			1050		24	48.83	1071.58	

图一二　周原渭5井柱状剖面图

带。渭4井剖面柱状。地层系统:新生界。井深684.73米。第四系秦川群($Q_{2-4}gc$),厚126.50米;而渭4井的秦川群($Q_{2-4}gc$)深厚126.50米与渭5井秦川群($Q_{2-4}gc$)深厚384.50米比,要薄258.00米。此种情况可以说是周原地区坐落在渭北高原地带而与渭河谷地则成为落差的例证罢了(图一三[⑦※])。

渭河盆地及其渭北高原——周原积石塬新生代地层,按第四纪和第三纪地层(图一四;表二[※⑧])来具体分述于后。

全新世(Q_4)

地层系统					符号	自然电位 25 MV − ↔ +	深度	剖面	层号	厚度（米）		视电阻率 A2 25 M 0.5 N 0 10 20 Ω·M km
界	系	统	群	组						分层	累计	
新	第四系		秦川群		Q₂-48c		−50		1	56.50	56.50	
							−100		2	28.50	85.00	
									3	41.50	126.50	
	上第三系	上统	永乐店组	蓝田灞河 N₂L+b			−150		4	31.00	157.50	
生									5	23.50	181.00	
							−200		6	28.50	209.50	
							−250		7	48.00	257.50	
									8	32.25	289.75	
							−300		9	26.75	316.50	
									10	19.50	336.00	
							−350		11	20.00	356.00	
									12	18.00	374.00	
界							−400		13	20.75	394.75	
									14	29.00	423.75	
							−450		15	38.25	462.00	
							−500		16	47.00	509.00	
									17	15.50	524.50	
							−550		18	30.00	554.50	
									19	20.00	574.50	
							−600		20	26.80	601.30	
									21	29.20	630.50	
							−650		22	17.25	647.75	
震旦亚界	熊耳群				Z$_{cxl}$				23	19.25	667.00	
									24	17.75	684.73	

图一三　周原渭4井柱状剖面图

全新世（Q₄）在渭河盆地分四种类型：有黄土沉积、滑坡堆积、坡积崩塌堆积和沉积层。其中滑坡堆积是周原积石塬南坡阶地的基本类型。滑坡类型错乱，可分为完整和不完整地层的两大类型。在全新世（Q₄）初期，相当于一级阶地河床侵蚀期，四级阶地前缘缺失三、二级阶地的地段，产生了一些老滑坡（如周原积石塬坡下的斗鸡台、刘家台等）。部分古滑坡前缘因缺失二级阶地，也产生了古滑坡，如周原积石塬坡下的蔡家坡——眉站等段，一般未超出古滑坡后缘。其后，老滑坡体表面堆积厚度不等（1—15米）的全新世坡积黄土状土，一部分老滑坡前缘堆积了一级阶地。在全新世漫滩侵蚀期，部分老滑坡的前缘缺失一级阶地，继续受到漫滩期侵蚀，其中周原地区积石塬坡下的龚刘村、崖王村、魏家堡三个滑坡部分地或全部地"复活"，表面上很少有后期覆盖。前缘相应于漫滩高程或超复于漫滩阶地。在黄土沉积或堆积中含有新石器、骨器、彩陶及哺乳动物化石等，其中如蔡家坡的永乐尧、罗家和令户等村落者皆是，而与

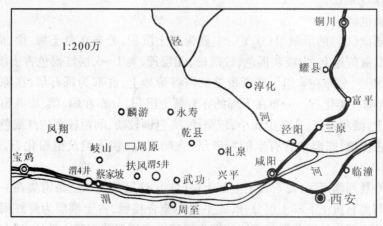

图一四:⑧* 周原渭4井、5井平面位置图

下伏的地层呈不整合或假整合接触。

汾渭盆地地面与周原地区井下地层对比　　　　表⑧*

系	统		地　面	井　下
第四系Q	全新统		现代沉积Q₄	秦　川　群 Q$_{cn}$
	更新统	上	乾县组Q₃	
		中	泄湖组Q₂	
		下	三门组上部Q₁	三门组Q₁s
			三门组下部Q₁	永乐店群 N$_y$l
上第三系N	上新统	上	蓝田组N₂l	Ⅰ-Ⅱ组
		下	灞河组N₂b	Ⅳ组
	中新统	上	寇家村组N₁k	高陵群 N₁gl
		中	冷水沟组N₁l	
下第三系E	下渐新统		白鹿原组E₄b	甘河组E₃g
				白鹿原组E₃b
	上始新统		红河组E₃h	户县群Eh　红河组E₂h

上更新世（Q₃）

上更新世（Q₃）的乾县组（Q₃ᵃ）:这类地层在本地区,一种类型是黄土沉积,此类地层分布在黄土塬、梁、峁地区,即渭北高原——周原及其积石塬地区和第二阶地,即积石台塬南坡第二阶地或更高级的阶地上,为淡灰黄土色,疏松,具大孔隙,无层理,夹1—2层较薄（0.5米左右）的浅灰棕色古土壤,含腹足类化石,厚8—20米。另一种类型沉积地层,在河流二阶地下部,即积石塬地区二阶地下部,下部为砂、砂砾层,上部为具层理的黄土沉积,局部具有富含腐殖质的黑色淤泥层;富含哺乳动物化石及软体类化石。渭南何王村本组底部灰黑、灰绿色淤泥地层就是一例。这类地层在周原积石塬地区南坡地带,当上更新世初期（Q₃）,相当于二级阶地河床侵蚀期。从宝鸡市西罗家楞至斗鸡台、代家湾、虢镇—蔡家坡—眉站等区段内,四级阶地前缘产生了一系列古滑坡。其后滑坡表面堆积了上更新世早期（Q₃¹）黄土类土（第一层黄土状土及第一层古土壤）,厚7—20米,部分滑坡前缘堆积了二级阶地,其下

也有灰绿淤泥地层。

中更新世（Q_2）

中更新世（Q_2）的泄湖组（Q_2Y）：主要为黄土沉积，分布在黄土塬、梁、峁地区，覆盖在河流高级阶地上；为淡灰褐色，较疏松，无层理，夹 1—5 层红褐色古土壤，厚 20—40 米。冲积层，分布在本组上部所覆盖的河谷阶地上，底部为砾石层，在陈家窝子厚 29.4 米，含哺乳类化石。分布在下部的亦有黄土沉积，分布在塬、梁、峁并覆盖在同期河谷阶地上，淡灰褐色，孔隙少而小，较坚硬，夹色调较淡、间距较密的红褐色古土壤组成的厚层古土壤，底部常含有水的粉砂层，含哺乳类、软体类及孢粉化石，厚 10—50 米。

在永寿县西沟库区，离石黄土上部土层（Q_2^2），这层黄土以三条密集在一起的红色古土壤层与离石黄土下部土层分开，成平行不整合接触，古土壤层为鲜红褐色。库区地质构造位于渭河地堑北翼。而这些黄土层特性多近似关中黄土性质，这与宝鸡峡引渭工程渠道沿线的黄土层大致是可予对比的①。在周原积石塬地区南坡阶地引渭工程渠道沿线的黄土层中，明显地出露有离石黄土地层（Q_2）和它的红三条地层；这种情况，在其沿线阶地地带的南社头、三刀岭等村落出露的更清楚。这不仅为西沟库区红三条黄土地层的特点所佐证，也为蓝田陈家窝子红三条地层所证明。实际我们已经叙述过的所谓泄湖组（Q_2Y）黄土冲积地层下部，已有间距很近的三层褐色古土壤组成的厚层古土壤，其中含有哺乳类、软体类及孢粉化石等。它所代表的离石黄土地层（Q_2）中，使我们从认识上已经看清：周原积石塬地区南坡阶地地带，同时也有离石黄土沉积地层（Q_2）以及它所含有的动物化石。

本组地层与下伏地层为不整合或假整合接触。

下更新世（Q_1）

下更新世（Q_1）上三门组（Q_{1s}），在渭河盆地内广泛分布着。现有三种类型沉积，即石质黄土、冰积层和河湖相沉积。河湖相沉积以渭南张家坡—芦家壕剖面为代表，为一套棕黄、浅棕红色粘土，粉砂质粘土与灰白、灰黄色砂层互层，岩性主要为浅灰黄、浅黄棕色、浅灰绿色泥岩、粉砂质泥岩夹灰白色中—细砂岩及细砾石。相当地表三门组的上部（俗称黄三门），含脊椎、软体、介形、孢粉、轮藻及鱼骨等化石。周原地区的扶风县杏林镇渭 5 井也具有三门组（Q_{1s}）地层。

渭 5 井三门组（Q_{1s}）地层分层：11—12 层，384.50—469.40 米，共厚为 84.90 米。上部为深黄灰、深灰黄、浅灰绿色粉砂质泥岩、泥质粉砂岩与含粉砂泥岩等厚互层，夹深灰黑色泥岩。下部变粗，为砾状，含砾粉砂质泥岩，粉砂质泥岩，泥质与浅灰绿、浅黄灰色含砾细——粉砂岩互层夹细砂岩及砂状中—— 细砂岩，含灰质结核。砾石成分为石英、片岩、花岗岩。

上新世至下更新世（N_2—Q_1）下三门组（N_2—Q_{1s}），在渭河盆地以渭南张家坡为代表，地表仅露出 36 米，以灰绿色粘土及黄白、灰白色砂砾层为主，未见底。这套地层为青灰色砂质泥岩，砂砾岩夹薄层粉细砂岩，下部砂质泥岩中黄褐色成分增加，总厚 220 米，井下与蓝田组、灞河组间具有侵蚀面。

渭河盆地新生界岩矿特征，在盆地内多为一套碎屑、杂基、方解石三种成分的混合岩,普遍含动物化石。盆地内东西南北均可以对比;上新世与下新世之间,不论关中、陕北都有明显的剥蚀面。剥蚀面的沉积物,南部为砂砾石层,中部为砂层,北部为粉砂层。这层粗粒沉积是黄土区的第一出水层[⑩]。盆地西部周原积石塬地区的蔡家坡、扶风一带的砂质灰岩较多,内含管状兰绿藻及少量瓣鳃类化石碎片。

根据资料[⑪]:从构造上看,汾渭地堑不是孤立的,从河北西部到陕西八百里秦川,包括阳高盆地,怀来、延庆、阳原—应县盆地,广陵、灵丘、繁峙盆地,汾渭盆地等均属同一体系,其中的几个剖面如泥河湾剖面、三门峡剖面、张家坡剖面的相应地层,即泥河湾组或三门组在岩性接触关系、化石群等多方面都是相似的,应为同时期沉积——即早更新世。周原地区杏林渭5井三门组(Q_{1s})的地层岩性特征,也应属这"一体系",地层亦应与张家坡剖面相同。

(二)上第三系(N)

永乐店群第Ⅳ组

永乐店群第Ⅳ组上面覆盖的是永乐店群Ⅰ—Ⅲ组,颜色变红,粒度变粗,为一套棕黄、黄棕、深褐色泥岩,泥质粉砂岩及浅灰黄、灰白色细—中砂岩。

关于永乐店群,在杏林渭5井中钻有上第三系上新统永乐店群张家坡组(N_{22})。它的地层分层:13—16层,469.40—684.40米,共厚215.00米。上部灰黄、浅棕黄色粉砂泥岩,含粉砂质泥岩夹含砾石粉砂岩。下部浅棕黄色含粉砂质岩,粉砂质泥岩与砂砾石层,含砾砂质、含砾粉砂岩等厚互层。砾石成分片岩、石英、花岗岩,近底部夹深棕黄色泥质岩,含灰质结核。在渭5井还有永乐店群、蓝田灞河组(N_{2L+b}),它的分层:17—24层,684.40—1071.58米,共厚387.18米。上部棕黄色粉砂质泥岩、含砾石、含粉砂质泥岩与砂砾岩、粉砂岩互层。中部黄棕色泥岩,含粉砂泥岩,含粉砂泥岩夹砾石层。砾石成分花岗岩、片麻岩、长石、石英,具波状层理(图一二)。

在周原地区蔡家坡镇的渭4井中也有上第三系上新统永乐店群的蓝田组和灞河组(N_{2L+b})。它的分组:126.50—336.00米,土黄色,浅棕黄色粉砂质粘土,粘土质粉砂层,含砾石粉砂质粘土与含砂砾石层等厚互层,中夹细—粉砂层。砾石成分石英、花岗岩,砾径4厘米,磨圆度好,球度中等;厚336.00—423.75米,浅棕黄色,中棕黄色泥岩,砾状粉砂质泥岩,泥质粉砂岩,中部夹砾石层,砾状细—粉砂岩,底部有15.25米厚含砾石层;厚423.15—661.00米,深棕黄色粉砂质泥岩、泥质粉砂岩、泥岩夹含砾细—粉砂岩,底部有25米厚的砾石。渭4井蓝田灞河组(N_{2L+b})深度为126.50—667.00米,共厚540.50米(图一三)。

渭4井蓝田组和灞河组厚度540.50米,若与渭5井蓝田组和灞河组厚度381.18米相比,渭5井蓝田组和灞河组厚度要薄153.32米。这种沉积特征,从所含地层内容也能看出:稍所偏南的渭4井和略有偏北的渭5井在灞河组中所含的特点:渭4井则含砂石较多,且底层含有很多砾石和砾石层,而渭5井内这些现象则较缺少,而比重有所不同也是明显的。

在上第三系(N)除永乐店群在周原地区的扶风杏林镇和岐山蔡家坡镇具体都有所钻过外,另外还有上第三系(N)中新统(N_1)高陵群(N_{1gc})与其中包括的寇家村组

（N_{lk}）和冷水沟组（N_{lc}），以及下第三系（E）的户县群与其分属的渐新统（E_3）白鹿塬组（E_3^b）和始新统（Ee）的红河组（E_2^b），它们分别被分布在渭河盆地的骊山西侧、横岭塬的两侧以及白鹿塬一带。在中新统高陵群（N_{lgc}）及下第三系（E）等这种类似的层位特征在周原地区虽然还没有看到渭河盆地在此的同类地层，但就其这种类似地层中所含的岩性、化石等内容作为借鉴，来研究周原地区及其所包括的积石塬地区在第三纪早期的地质历史特点，还是有积极价值的。例如高陵群（N_{lgc}）中的含砾泥砂岩、砾状粗砂岩；如白鹿塬组（E_3^b）下部为灰白色厚层砂岩夹紫红色薄层泥岩，与下伏地层假整合接触等；如红河组（E_2^b）以大套红色色调的泥岩为特征，往上砂岩增加与泥岩成互层，与下伏基岩为不整合接触，含哺乳类、植物化石，并有少量介形类化石等。由这些所具有的此种类似的内容特点、借鉴来研究周原地区古地貌的基岩地层特征和哺乳类动物化石等，无疑也是有很大的参考价值的。

地质学对地史的研究，依据沉积划分地层和确定地质年代的方法为原始社会考古，特别是旧石器时代的研究所采用[12]。地球进入新生代以后哺乳类动物急速的发展；在第三纪除了我国大陆边缘还遭到海水入侵外，广大地区均为陆地，中期发生了造山运动，喜马拉雅山开始升起，第三纪晚期出现了原始的象和马，猿类有了发展。是哺乳类的全盛时代。进入了第四纪（距今 200 万年左右），我国大陆海岸的分布基本上固定下来，人类开始出现，地球历史进入了新的时代——人类时代。人类的出现大概是在更新世早期，相当于我国的泥河湾期（三门系）[13]。我们已知，周原地区已有与泥河湾（三门系）、张家坡地层剖面相同的地层，因此这里也会有人类出现的古人类遗存。

二、周原新生代地层序列浅析

总之，周原地区新生代地层发育，第四系（Q）就有秦川群（Q_{cn}）的全新世（Q_4），上更新世乾县组（Q_3^a）、中更新世泄湖组（Q_{2Y}）沉积和下更新世（Q_1）的上三门组（（Q_{1s}）及上更新世—下更新世下三门组（N_2—Q_{1s}）；同时在秦川群（Q_{cn}）中还有渭5井（Q_2—4gc）1—10 层、深 0—384.50 米和渭 4 井（Q_2—4gc）深 0—126.50 米，分别分布在渭北黄土高原地带的周原地区东侧沣河和漆水交汇附近的杏林镇和渭河断陷地带周原地区南缘坡下渭河北岸蔡家坡镇等台塬阶地或盆地冲积平原地区。不仅如此，同时在渭5井下更新世（Q_1）中，还有上三门组（Q_{1s}）地层与下三门组（N_2—Q_{1s}）相叠压；而下三门组（N_2—Q_{1s}）在汾渭盆地新生界的岩矿特征：为一套碎屑、杂基、方解石三种成分的混积岩。以隐晶灰岩、砂质灰岩、砂质粘土岩、混积岩及长石或富长石粉砂岩为主。主要特征，与其下部地层相比岩性要细；方解石与杂基含量高；普遍含动物化石。盆地内如前所提：东西南北均可对比。盆地内这类地层，以渭南张家坡为代表，地表出露 36 米；这类地层的分布在周原地区以其蔡家坡、扶风一带砂质灰岩较多，内含管状兰绿藻及少量瓣鳃类化石碎片。从构造体系上看：泥河湾（三门系）地层从河北西部到陕西八百里秦川，其中几个剖面如泥河湾组或三门组在岩性接触关系、化石群等多方面都是相似的，应为同时期沉积，即早更新世早期泥河湾期（三门系）的沉积地层。在张家坡"绿三门"的软体动物群中，至少有 5 个种与泥河湾动物群是共有种（泥河湾计有 10 个种），其时代亦为早更新世。而张家坡的岩性特征及少量瓣鳃类化石碎片等情况在周原地区的蔡家坡和扶风一带也曾有出现。这种情况正好说明在渭北黄土高原地区早更新世早期（Q_1^a）时，也就有了泥河湾（三门系）时代的"河流、湖沼沉积"地层。这个时期正是人类开始出现、地球历史已经进入了新的时代——人类时代。

在渭河断陷盆地和渭北断隆地带周原地区的上第三系（N）有永乐店群的第Ⅳ组（N_2）和高陵群（N_{1gL}），下第三系（E）有渐新统（E_3）的户县群和始新统（E_2）的地层剖面；同时在永乐店群（N）第Ⅳ组地层上面覆盖的有永乐店群Ⅰ—Ⅲ组地层；在第Ⅳ组（N_2）中有蓝田组（N_{2L}）和灞河组（N_{2b}）；特别是在它的第Ⅳ组（N_2）中有还周原地区渭5井的张家坡组（N_{21}）和渭4井的蓝田灞河组（N_{2L+b}），而它们均分布在周原地区的渭北断层地带的黄土高原和渭河谷地北原塬边阶地下，即周原地区积石塬南缘边坡下的盆地冲积原地带。

至此，就周原地区新生代地层剖面整个序列的分析来说，可以说基本上是清楚了。同时由此还知道了第四纪更新世早期地层、可能还有泥河湾时期的远古文化遗存也深埋在这里。

参 考 资 料

①李学勤：《青铜器与周原遗址》，《西北大学学报》（哲学社会科学版）1981（2）。

②史念海：《周原的历史地理与周原考古》，《西北大学学报》（哲学社会科学版）1978（2）。

③张洲：《周原地区新石器时代考古文化》，《西北大学学报》（哲学社会科学版）1995（1）。

⑤*⑪国家地质总局第三普查勘探大队：《汾渭盆地新生界孢粉组合总结图册》（第一册）。

⑨田泽生：《永寿县西沟水库工程地质报告》，《西北大学学报》（哲学社会科学版）1974（1）。

⑩王永焱：《秦岭以北黄土区第四纪古气候探讨》，《西北大学学报》（自然科学版）1974（1）。

⑫⑬曾骐：《原始社会考古讲义》（上编），中山大学古人类学系。

④*《扶风县志·卷二十·文物志——周原遗址》，《中华人民共和国地方志》丛书。

⑥*《图一工周原渭五井柱状剖面图》。

⑦*《图一三周原渭四井柱状剖面图》。

⑧*《图一四周原渭四井、五井平面位置图和表2 汾渭盆地地面与周原地区井下地层对比表》，均见国家地质总局第三普查勘探大队：《汾渭盆地五井和四井柱状剖面图》，1976年8月。

第四节　周原第四纪环境变迁

一、周原地区第四纪环境演变特征

关中盆地，是一个断陷盆地。渭河东西横穿盆地中央，把关中盆地分为南北两大区块。第四纪以来，典型的风成黄土堆积在渭河两侧的基岩断块上，形成了东西展布、微向渭河盆底倾伏的黄土台塬。周原地区位于关中盆地西部，属于渭北黄土台塬的主要组成部分。原区第四纪黄土——古土壤序列保存完整连续，为了解第四纪环境变迁提供了重要的地质记录。

(一)典型黄土剖面介绍

1. 宝鸡陵塬剖面(图一五:①)

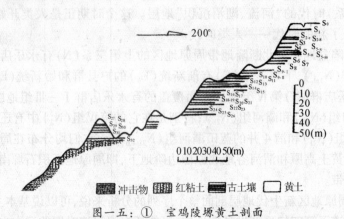

图一五:① 宝鸡陵塬黄土剖面

全新世(Q_4):

(1)耕作层(M_S)。

(2)黄土状土(L_0),为灰黄色,疏松多孔,团柱及团块结构,富含植物根和虫孔,不具明显的 $CaCO_3$ 薄膜。

(3)黑垆土(S_0),为灰褐色,疏松多孔,团块结构,偶见似棱柱状结构,颗粉成分均一,具 $CaCO_3$ 薄膜及斑点。底部只有 $CaCO_3$ 结核。

上更新世(Q_3):

(4)黄土(L_1),马兰黄土,上部灰黄—浅灰褐色,富含大孔隙,团块结构,见 $CaCO_3$ 薄膜和斑点。成壤化明显,略显红色。在距顶面 1 米处有 $CaCO_3$ 结核零星分布(直径 10 厘米)。下部为浅灰黄色,富含大孔隙,团块结构,$CaCO_3$ 薄膜及斑点很发育,土壤化较弱。

(5)古土壤(S_1),上部暗褐色—黑褐色,团块与棱柱状结构发育,含丰富的 $CaCO_3$ 薄膜和斑点(复钙作用所致,即由上覆黄土中淋滤而来)及有机质,不见铁锰胶膜。下部棕红色,团块状和棱柱状结构,结构体较上部粗大,底部不见 $CaCO_3$ 结核淀积层。属草甸褐土或棕壤。

中更新世上部(Q_2^2),主要为离石黄土上部:

(6)黄土(L_2),灰黄色,略显红色,含大孔隙,垂直节理不发育。

(7)古土壤(S_2),红褐色,上部(S_2-_1)团块状结构,中部棱柱状结构,含少量铁锰胶膜,由上向下,由深红变为红褐色。其下有 20 厘米一层黄土,本层古土壤为复合古土壤,下部(S_2-_2)浅红褐色,似棱柱状结构,铁锰胶膜不发育,较 S_2-_1,发育略差。

(8)黄土(L_3),褐黄色,团块状结构,含大孔隙,较坚硬。

(9)古土壤(S_3),棕红色,具棱柱状结构,铁锰胶膜发育。

(10)黄土(L_4),褐黄色,块状,似棱柱状结构,富含大孔隙。

(11)古土壤(S_4),棕红色,具粗棱柱状结构,并具铁锰胶膜。

(12)黄土(L_5),棕黄色,大孔隙少,较坚硬。

中更新世下部(Q_2^1),离石黄土的下部的上部:

(13)古土壤(S_5),由三层古土壤复合而成,棱柱状结构,结构体表面具大量黑褐色铁锰胶膜,三小层古土壤之间无黄土相隔,但每层中部以其更深、更红的颜色和显著的棱柱状结构而显示出分层。

(14)黄土(L_6),呈褐黄色,裂隙发育。

(15)古土壤(S_5),棕红色,团块状结构,大孔隙少,较坚硬,不具铁锰胶膜,含$CaCO_3$薄膜,下部有0.4米厚的板状$CaCO_3$淀积层。

(16)黄土(L_6)

(17)古土壤(S_6),红褐色—黄褐色,棱柱状结构,铁锰胶膜特别发育。

(18)黄土(L_7),棕黄色,柱状,团块状结构,大孔隙较发育,较疏松。

(19)古土壤(S_6),棕红色,团块状结构,不具铁锰胶膜。

(20)黄土(L_7),棕黄色—褐黄色,含大孔隙,较疏松。

(21)古土壤(S_7),浅红褐色,团块状结构为主,也有少量棱柱状结构(不典型),铁锰胶膜发育差,下部有很发育的$CaCO_3$结核淀积层。

下更新世上部(Q_1^2),离石黄土下部的下部:

(22)黄土(L_8),棕黄—褐黄色,较致密。

(23)古土壤(S_8),浅红褐色,棱柱状结构,含丰富的黑褐色铁锰质胶膜。

(24)黄土(L_9),上粉砂层,浅棕黄色,颗粒较粗,含大孔隙。

(25)古土壤(S_9),棕红色,团块状结构,无铁锰胶膜,含大量后期淋滤$CaCO_3$薄膜,底部有厚约20厘米的$CaCO_3$结核。

(26)黄土(L_{10}),褐黄色,石质黄土。

(27)古土壤(S_{10}),浅红褐色,团块结构为主,不见铁锰胶膜,底部为稀疏分布的$CaCO_3$结核淀积层。

(28)黄土(L_{11}),褐黄色,石质黄土。

(29)古土壤(S_{11}),浅棕红色古土壤。

(30)黄土(L_{12}),褐黄色,石质黄土。

(31)古土壤(S_{12}),棕红色古土壤。

(32)黄土(L_{13}),浅棕黄色,石质黄土。

(33)古黄土(S_{13}),浅红褐色古土壤。

(34)黄土(L_{14}),褐黄色,石质黄土。

(35)古土壤(S_{14}),红褐色古土壤。

(36)下粉砂层(L_{15}),呈灰黄色,粒粗。

下更新世下部(Q_1^1),午城黄土:

(37)古土壤(S_{15}),棕红色古土壤。

(38)黄土(L_{16}),棕黄土色,石质黄土。

(39)古土壤(S_{16}),浅红褐色古土壤。

(40)黄土(L_{17}),棕黄色,石质黄土。

(41)古土壤(S_{17}),棕红色古土壤。

(42)黄土(L_{18}),棕黄色,石质黄土。

(43)古土壤(S_{18}),红褐色古土壤。

(44)黄土(L_{19}),棕黄色,石质黄土;

(45)古土壤(S_{19}),浅棕红色古土壤。

(46)黄土(L_{20}),褐黄色,石质黄土。

(47)古土壤(S_{20}),浅棕红色古土壤。

(48)黄土(L_{21}),褐黄色,石质黄土。

(49)古土壤(S_{21}),红褐色古土壤。

(50)黄土(L_{22}),棕黄色,石质黄土。

(51)古土壤(S_{22}),棕红色古土壤。

(52)黄土(L_{23}),棕黄色,石质黄土。

(53)古土壤(S_{23}),红褐色古土壤。

(54)黄土(L_{24}),棕黄色,石质黄土。

(55)古土壤(S_{24}),棕红色古土壤。

(56)黄土(L_{25}),浅棕黄色,石质黄土。

(57)古土壤(S_{25}),浅棕红色古土壤。

(58)黄土(L_{26}),棕黄色,石质黄土。

(59)古土壤(S_{26}),棕红色古土壤。

(60)黄土(L_{27}),棕黄色,石质黄土。

(61)古土壤(S_{27}),棕红色古土壤。

(62)黄土(L_{28}),棕黄色,石质黄土。

(63)古土壤(S_{28}),棕红色—浅红褐色古土壤。

(64)黄土(L_{29}),棕黄色,石质黄土。

(65)古土壤(S_{29}),红褐色古土壤。

(66)黄土(L_{30}),棕黄色,石质黄土。

(67)古土壤(S_{30}),颜色不均一,灰绿色斑块古土壤。

(68)黄土(L_{31}),棕黄色,石质黄土。

(69)古土壤(S_{31}),棕红色古土壤。

(70)黄土(L_{32}),棕黄色,石质黄土。

(71)古土壤(S_{32}),棕红色古土壤。

(72)黄土(L_{33}),棕黄色—褐黄色,石质黄土。

上新统上部:蓝田组(N_2^2)

(73)红色粘土,浅红褐色,坚硬,具少量铁锰胶膜,中下部大量密积的 $CaCO_3$ 结核,并具灰白、灰绿色网纹与斑块。

(74)砂砾岩,灰白色砾石多处胶结坚硬,砂岩夹层胶结较差,具斜层理。

上新统下部:灞河组(N_2^1)

(75)泥质粉砂层岩和粉砂质泥岩,绛紫色。

2. 黄土地层划分

刘东生等对宝鸡剖面的磁性地层学进行了研究,结果如图一六:[②]。从图中可以看出,B/M 界限位于黄土层 L_8 的下部,距今 73 万年左右,加拉米洛正极性亚期位于 L_{10}—L_{12} 之间,距今 90—97 万年左右;奥尔都维正极性亚期位于 L_{25}—L_{26} 之间,距今 167—187 万年左右。

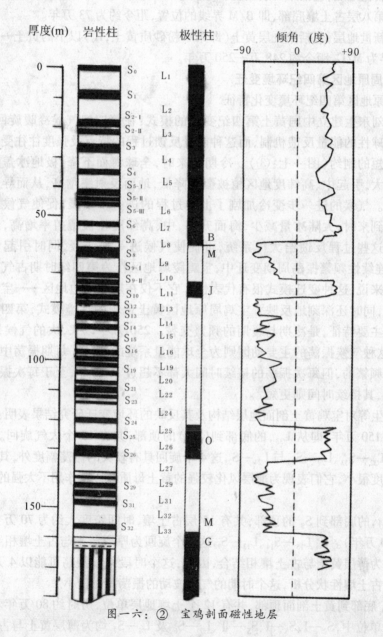

图一六:② 宝鸡剖面磁性地层

松山期与高斯期的界线 M/G 位于剖面底,距今约 248 万年。黄土剖面的底界年龄可以认为是黄土开始堆积的时代,那么,周原黄土的堆积是从 248 万年前开始的。

根据刘东生测磁结果,我们可以把周原地区的第四纪黄土地层划分如下:

全新世地层,由 MS 耕作层,Lo 黄土状土和 So 黑垆土构成,界线划在黑垆土底部,年龄约为 1 万年前。

晚更新世地层,包括第一层黄土(L_1)和第一层红褐色古土壤(S_1),界线划在 S_1 底部,年龄约为 13 万年前。

中更新世地层,包括第二层黄土(1_2)至第八层古土壤(S_8)之间的黄土和古土壤,界线划在第八层古土壤底部,即 B/M 界线的位置,距今约为 73 万年。

早更新世地层,包括第九层黄土(即第一粉砂质黄土,L_9)以下的黄土——古土壤序列,底界为 M/G,距今约 248 万—250 万年。

(二)周原地区第四纪环境变迁

1. 周原地区第四纪环境变化特征

根据刘东生建立中国黄土第四纪变化的模式:在第四纪气候冷暖旋回中,存在着一种全球性的能量反馈机制,而这种能量反馈过程的特点及强度往往受到气候振荡周期长短的制约(图一七:③)。冷期到来时,全球海面下降,极地冰盖及山岳冰川增厚扩大,引起中、高纬度地区植被覆盖降低,地面反射率增高,从而导致气候进一步变冷。气候的进一步变冷加剧了上述过程的进一步发展,促使气候进一步南移。暖期到来时,大陆冰量减少,海面升高,中、高纬度植被覆盖率增高,地面反射率降低。这些过程反馈给大气系统,可促使气候进一步变暖,同时引起气候的北移[④]。在连续性频繁振荡周期变迁中,宝鸡陵塬地区作为第四纪时期古气候演化的总体特征来说,这种变迁模式很有代表性。它不仅在周原周边地区——宝鸡陵塬地带很典型,同时还深刻地反映了宝鸡周原地区黄土台塬的环境模式,第四纪时期气候变化的主要特征,是冷期与暖期的频繁交替。250 万年以来,大的气候振荡有 37 次之多,这种气候振荡的主要动因则为全球能量系统的涨落。每期振荡中的冷期振荡是相当频繁的,但每次振荡的持续时间大都不超过 10 万年,至于每次振荡中的冷期与暖期,其持续时间则更短[⑤]。

刘东生等对宝鸡黄土剖面地层结构及其反映的环境变迁研究结果表明:从 250 万年到大约 150 万年,即从 L_{33} 的底部到(S_{23})的顶部,共有 10 个大气旋回。其中,除 L_{33}—S_{32}、L_{32}—S_{33}、L_{27}—S_{26} 与 L_{24}—S_{23} 这 4 个旋回具有较大的振荡幅度外,其他 6 个旋回振荡幅度很小,它们表现为薄层风化较强的黄土母质与成土作用不太强的古土壤层相组合。

从 L_{23} 的底部到 S_9 的顶部,共有 15 层古土壤,时间跨度大约为 70 万年(从 150 万年到 80 万年)。除 L_{15}—S_{14}、L_{13}—S_{12} 这 2 个旋回为厚层黄土与古土壤相组合外,其他旋回都为薄层黄土与古土壤相结合,因此,这个时段气候振荡可能以 4 万年为主。从黄土和古土壤性状分析,这个时期的气候波动的振荡相对较小。

从 L_9 底部到黄土剖面顶部,共有 12 个土壤地层单位,历时约 80 万年。这 12 个土壤地层单位中,S_2—I、S_5—I、S_5—II、S_7—S_6 及 L_8—S_7 均为薄层黄土与古土壤相结合,其他 7 个气候旋回都以风化程度较低的厚层黄土与成土强度较大的古土壤组合为代表。这个时期的气候振荡尽管同时有 4 万年与 2 万年的周期成分,但以 10 万年的周期为主;并且具 10 万年周期成分的气候旋回同时具有很大的振荡。

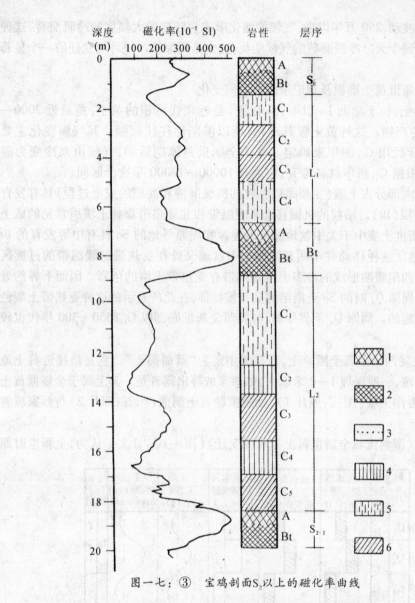

图一七：③ 宝鸡剖面S₂以上的磁化率曲线

1. A层 2. Bt层 3. 钙结核 4. 弱风化黄土 5. 中等风化黄土 6. 显著风化黄土

因此, 250万年以来, 气候振荡的主导周期曾有过两次转化, 第一次发生在150万年以前, 第二次发生在80万年以前, 前者是气候波动周期从10万年为主转到以4万年为主, 后者使4万年为主又转到10万年为主。同时还可发现, 气候波动的振幅大小一般受周期长短的控制, 即具有周期长振幅大、周期短振幅小之特点。

宝鸡陵塬剖面反映的第四纪环境变迁, 代表了周原地区第四纪环境变化的模式。在黄土高原宝鸡陵塬, 完整的黄土沉积覆于一套红粘土之上, 红粘土与黄土为连续过渡沉积。红粘土所代表的气候条件为持续的温暖湿润, 黄土—古土壤系列所指示的气候条件为干冷与温湿的频繁交替。因此, 从红粘土发育到黄土沉积气候发生了深刻变化; 这是一种气候演化形式的转变: 250万年以前的高斯期, 气候的演化形式为持续的温暖间有小的波动,250万年以来,气候的演化形式为频繁的大幅度的冷暖交替,这种形式一直持续到今天。冷暖交替的气候变化,这也是周原第四纪环境变迁的一个显著特征。

2. 周原全新世黄土堆积及其记录的古气候变化

全新世黄土,位于地面Lo以下,So以上,是近现代沉积的黄土,是最近2000—3000年以来的产物。这种黄土极其疏松,所以湿陷性往往很强。其气候变化主要由孢粉反映,年代用C_{14}测年来确定。基于全新世是冰期后期,气候由寒冷变为温暖,变动范围根据C_{14}测年材料考究,应当在10000—12000年这个区间。

关中盆地大部分古土壤(主要是以粘粒的机械淋溶和淀积的成土过程)具有发育良好的粘淀B层(Bt)。粘粒的机械移动是暖温带和北亚热带森林土壤所常见的成土过程;这在全新世土壤中于关中盆地除宝鸡陵塬和周原等地的So具有中等发育的Bt层外,在其他地区这种移动并不明显。但关中盆地又处在亚热带与暖温带的过渡区域,因此,在第四纪暖期形成的许多土壤还都带有亚热带土壤的色彩。因而下界约处在10000年的周原Q_4时的So土壤结构及气候特征,在此所显示的这种亚热带土壤色彩自然更是优越的。周原Q_4下界年龄,与陇西全新世底部以C_{14}8550±300年代也较近似[6]。

So在陕北陇西一带属于黑垆土,而在关中定为"草甸褐土"。它是最接近黄土地面的一层古土壤,一般深埋1—2米以内,如蔡家坡等出露者是。其上属于全新世黄土状土,再上为耕作土壤(图三:照片1),如脱家塬黄土剖面(图五:照片2)与蔡家坡者也相似。

黄春长在《渭河流域全新世黄土与环境变迁》(图一八:[7])文中认为,全新世时期

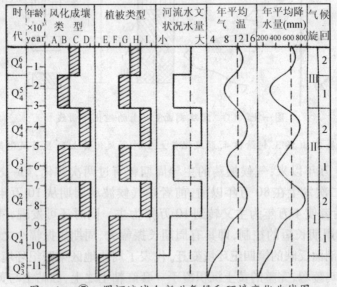

图一八:[7] 渭河流域全新世气候和环境变化曲线图

A.灰钙土;B.黄绵土;C.褐土;D.棕壤;E.荒漠草原;F.干草原;
G.森木草原;H.落叶阔叶松;I.暖温带南部或亚热带落叶阔叶林

（Q₄）在黄河中游周原地带有三个气候旋回：自 Q_4 底界地层 10500—8500 年（Q_4^1）的过渡层（L_t）和 8500—6800 年 Q_4^2 的古土壤（So—1）为第一旋回，气候属温带干旱（L_t）和亚热带半湿润（So）；自 6800—5000 年（Q_4^3）古土壤（So）和 5000—3120 年（Q_4^4）的古土壤（So—2）为第二旋回，气候属温带半干旱和暖温带半湿润；自 3120—1400 年（Q_4^5）的黄土状土（Lo）和 1400 年开始到今为第三旋回，气候属温带半干旱和暖温带半湿半干、亦即冷干期和暖湿期。黄春长同志在此把黄河中游周原地带全新世气候作为三个寒冷干旱—暖温湿润变迁旋回特征来认识，每一旋回的周期约为 3700 年。在 5000—3100 年第二旋回下段这个时期，周原气候温暖湿润，河水泛滥，周人太王始将"岐邑"京当古城选建在地势相对较高的、即周原地区岐邑京当凤雏宗庙基址这个地方。之后，周原地区是处在距今 3120—1400 年黄土状土（Lo）和 1400 年至今现代土壤（Ms）第三旋回时期，即又由冷干期到了暖湿阶段这个时期。

二、周原地区现代环境气候状况

宝鸡周原地区，现代属于大陆性暖湿带半湿润的一个现代季风气候区域。冬季是受蒙古冷高压控制，夏季炎热多雨，秋凉湿润，四季分明。因受地形影响，气候的区域分布和垂直分异均较明显。特点：一是降水条件比较好，眉县、扶风、岐山、凤翔、麟游为 500—650 毫米，平均降水量一般为 611.2—953 毫米之间，是关中地区降雨量最多的地区。雨热同季，有利于农作物生长发育。二是光热比较充足，尤其是渭北周原地区及其北部低山丘陵地带光热条件更好。农业生长的实质，就是做好太阳能的转化工作，作物生产力的高低最终是受光能利用率的制约。因而在此，光能的利用率不仅比山区高，而且光、热、水的条件也协调，更有利于农作物品种改良发展。三是受地形影响，气候区域分布和垂直分异突出；气候类型复杂多样，有优越的主体气候资源，为发展多种经营提供了有利条件。宝鸡周原地区多年来平均气温为 7.6℃—12.9℃，低于咸阳、渭南。在此渭河川道气温较高，年平均气温为 12℃—14℃。台塬和千河谷地年平均气温为 11℃左右。从时间看，这里气温：一月平均为 −5.0℃—2.2℃，极端低温为 −25.5℃（1975 年 12 月 15 日出现于太白）；7 月平均为 18.5—25.6℃，极端高温为 42.7℃（1966 年 6 月 19 日出现于扶风）。全年无霜期平均为 158—225 天（表三：⑧）。地面温度是大气温度的基础，土壤温度的分布和变化，无不受地面温度的制约。无霜期以川道地区较长，秦岭山区最短[⑧]。

为了更能说明问题，对于周原现代气候特征在关中的位置，具体地再作些分析：

气温以岐山和凤翔为代表：前者年平均气温 11.9℃，后者 11.5℃。平均降水量：前者为 62.9 毫米，后者 600 毫米；而关中东部渭北的蒲城和澄城地带：年均气温前者 13.3℃，后者 12.2℃。平均降水量：前者为 529 毫米，后者各 570 毫米（表四：⑨*）。从关中东部与西部地区比较看，年均气温东部则较高，但年均降雨量西部周原地区比东部二城地带却要高出很多，就以岐山和蒲城两地具体对比情况看，蒲城则只占岐山的 82.18%，要小于岐山年均降雨量。

不同地区农业气象资源条件

表三：⑧ 　　　　　　　　　　　　　　　　　　　　　　　　　　单位：千卡/Cm³、℃、天、mm

地区	年总辐射数	年光照时数	年平均气温	一月平均气温	极端最低气温	七月平均气温	极端最高气温	≥0℃ 天数	≥0℃ 积温	≥10℃ 天数	≥10℃ 积温	年无霜期	年降水量	植被蒸发量
北部丘陵浅山区	109	2034	9.2	-2.7	-19.9	21.8	37.5	265	3660	167	3000	175	600	804
	115	2189	10.9	4.2	-22.1	23.8	40.5	282	4160	183	3500	200	641	814
中部川原区	107	1925	11.5	-0.5	-16.7	24.5	40.0	288	4330	185	3660	206	589	837
	114	2140	12.9	-2.2	-21.7	25.9	42.7	313	4780	210	4140	225	629	895
南部秦岭山区	105	1814.5	7.6	-1.1	-16.5	19.1	32.8	255	3120	150	2430	158	612	772
	113	2130	11.4	-5.0	-25.5	22.7	37.3	202	4240	193	3560	185	752	223

关中周原地区与二城地区气象对比表

表四：⑨※

地名 ＼ 气象	年平均气温（℃）	年日照（小时）	年平均降水量（mm）	年无霜期（天）
岐　山	11.9	2164	629	213
凤　翔	11.5	2104	600	210
蒲　城	13.3	2362	529	230
澄　城	12.2	3986	570	194

三、结语

地处黄河中游地带周原第四纪黄土—古土壤序列发育的层次很清晰。黄土—古土壤的交替出现反映了周原地区第四纪冷干—温湿气候周期旋回的特点。

周原现代气候属大陆性暖温带半湿润性季风气候区域，降水条件较好，从关中东西对比，西部周原要占明显优势。三千年前的周原气候较今更为暖湿，植被茂密，环境优美，因此周人在此建都长达百余年之久。

参 考 资 料

①刘东生、丁仲礼:《中国黄土研究新进展·古气候与全球变化·图1》,《第四纪研究》1990(1)。

②刘东生、丁仲礼:《中国黄土研究新进展·(一)黄土地层·图2》,《第四纪研究》1989(1)。

③、④同①。

⑤同②,第29页。

⑥郑洪汉:《中国北方晚更新世环境》,重庆出版社,1991年8月,20。

⑦黄春长:《渭河流域全新世黄土与环境变迁·图6:渭河流域全新世气候和环境变化曲线图》,《地理研究》1991(1)。

⑧《陕西省宝鸡市农业区划》(上册):《概况》,陕西省宝鸡市农业区划委员会编,1987年10月,7。

⑨※李昭淑:《关中周原地区与二城地区气象对比表》,西北大学地理系,1990年7月。

第二章　周原原始文化

第一节　周原地貌与旧石器文化

一、周原黄土地史与考古文化概述

北倚岐山,南临渭河,西靠千河,东侧漆水,东西长达70余公里,南北宽到20余公里,顺着渭河成为西北东南倾斜向的周原地区。它的基岩古地貌在鄂尔多斯地块的南缘下边,即汾渭盆地关中西部地带北端,属于凤翔—韩城断层地带的凤—岐—扶地段。

60年代,王永焱先生从黄土高原马兰黄土之中划出全新世(Q4)黄土之后,学术界逐渐确认了全新世有黄土沉积,并且认为黄土堆积的过程目前仍在继续。渭河流域的黄土塬区(包括塬、台塬、三四级河流塬地)以及河谷阶地平原,全新世黄土保存均较完整。这种比较完整的全新世黄土堆积在渭北周原地区的分布特点也是如此。这里的周原地区和渭河流域的其他黄土塬区一样,塬区的全新世黄土也是覆盖在 Q_3 黄土之上,厚2.0—4.5米。周边典型最好列举如原武功贞元[①]剖面:

全新世(Q_4)

(1)表土(MS):含植物根系和蚯蚓粪粒,疏松多孔,厚度为0.30米。

(2)黄土状土(Lo):灰黄色,疏松绵软,多孔隙,厚度为0.30米。

(3)褐红色古土壤(So):顶部暗褐色,团块结构;中部褐红色,棱块结构;下部孔隙充填粉末状 $CaCO_3$,厚度为1.20米。盆地为棕壤,塬区为黑垆土,地学界称"黑垆土"。

(4)过渡层(Lt):浅灰褐色,厚度为0.30米,是 So 与 L′ 间的过渡层。

上更新世(Q_3)

(5)典型黄土(L′t):灰黄色,多孔隙和垂直裂隙,成陡崖,厚度为3.50米。

新石器时代渭河流域是人类活动中心地区之一,全新世地层中常有古文化遗物或完整的考古遗址。一般来说,新石器时代的聚落遗址位于河流 T_1。实际上渭河流域其中包括周原地区的聚落遗址,从高于水平面数米的 T_1(当时为新形成的河漫滩)到数百米的旱塬区均有分布[②]。现按其所处的地貌位置与其时代相联系的特征分述于后:

首先发现距今8500—6800年的遗址,如宝鸡北首岭,渭南白庙、北刘,临潼白家和华县老官台等文化遗址,其文化层在 So 下,L′t 之上,相当华北磁山—裴李岗文化期。其位置大都较高,分布在高阶地和黄土塬上。其次发现距今6800—5000年的遗址,如岐山王家嘴、西安半坡、临潼姜寨、渭南史家等,其文化层相当于两层黑垆土间的 Lt 层位,属于仰韶文化期。其位置显著降低,普遍分布在河谷低地,如 T_1,洪积扇前缘洼地及河漫滩,少数在 T_2;再次发现距今5000—3120年的遗址,如岐山扶风西周岐邑、西安商代老牛坡、蓝田康禾村遗址等,其文化层在 So 之上、Lo 之下,属于龙山文化期,或即龙山文化至西周早期。总的来说,原始人类新石器时代聚落位置的变迁与水文气候的变化关系十分密切。

全新世(Q_4^1—Q_4^4)时期,有关周原地区黄土形成的特征与新石器时代考古文化的关系,根据黄春长在《渭河流域全新世黄土与环境变迁》一文分析的线索来看,其特征和关系应该也是:

第一阶段(Q_4^1):距今 10500—8500 年,河谷阶地平原河流堆积(L_{a1})、黄土塬形成马兰黄土与黑垆土之间的过渡层(Lt)。西北季风占优势,相当中温带半干旱气候,干草原植被。气候虽较为冷干,但仍有尘暴和雨土发生,但与其下马兰黄土代表的末次冰期相比,气候还是转暖,雨量增加,冰期里几乎干枯的河流,水量开始增大,干河漫滩上加积了流水堆积物。高出河漫滩的地区风尘堆积物经受了一定程度风化,相当于黄绵土风化类型。

第二阶段(Q_4^2):距今 8500—6800 年,古土壤(So 下层)。东南季风转为优势,相当于暖温带南部或北亚热带半湿润气候,落叶阔叶林植被。地表物质风化很强,河谷平原形成棕壤。黄土塬及丘陵区均形成黑垆土。这个时期黄河中下游磁山—裴李岗文化兴起,但渭河流域所知的文化遗址如北首岭下层等还属其晚期,而称为老官台文化或白家与大地湾一期文化。由于气候湿润多雨,河流洪水频繁,人类将聚落迁往高阶地或黄土塬区,以免遭洪水袭击。

第三阶级(Q_4^3):距今 6800—5000 年,黄土状土(Lt)。西北季风占优势,有尘暴雨土发生,相当温带半干旱气候,森林草原植被。地表物质弱风化形成黄绵土。变得干旱缺水,河流水量减少,河床大部出露成滩。这时仰韶文化如西安半坡、周原王家嘴等十分繁荣,而人类的聚落又迁往河流的低阶地或河漫滩和洪积扇前缘洼地。

第四阶段(Q_4^4):距今 5000—3120 年,古土壤(So 上层)。东南季风转为优势,年平均气温 13—15℃,降水量 700—800 毫米,暖温带南部或北亚热带落叶阔叶林植被。地表物质分化亦较强,形成棕壤(河谷)和黑垆土(高塬)。河流水量充沛,高阶地和塬面亦很湿润。这时人类已进入龙山文化以至商周文化时期,人类将聚落又迁往到高阶地和黄土塬区。其中如康禾村遗址,面临灞河而高出水面 350 米。地下水深达 130 米[3]。此可谓人类聚落随着水文气候变化而变迁的例证。

二、周原旧石器文化

在此兹根据古生物组合、古土壤类型、岩石学特征、地层接触关系及考古学资料等方面对周原地区黄土堆积和砂砾沉积地层,作出如下划分。由此也可以看出周原地区新生代第四纪黄土地层中含有丰富的旧石器时代文化。

(一)早更新世时期

周原地区早更新世黄土形成于距今 248 万—73 万年之间,含泥河湾动物化石,孢粉中木本植物较多。周原地区泥河湾动物化石地层从构造体系剖面来看,它不是孤立的;从河北西部到陕西西部,其中包括阳高盆地、怀来、延庆、阳原—应县盆地,广陵、灵丘、繁峙盆地,汾渭盆地等均属同一体系。其中几个剖面如泥河湾剖面、三门峡剖面、张家坡剖面以及其中相应的周原地区的同类地层,即泥河湾或三门组在岩性的接触关系、化石群等方面都是相似的,应视为同时期沉积,即早更新世黄土地层沉积。同时,再从鄂尔多斯地区西峰巴家咀第四系底部粉砂层中发现的早更新世初期相当于泥河湾动物群的化石来看,鄂尔多斯以南这一带当时已经出现了许多代表北方型的动物。它和我国南方的同期动物是有很大不同的,许多三趾马动物群南迁或绝灭,而形成了以狐、狼、羚羊、马、鹿等为主的北方森林草原动物群。这说明当时气候已经逐渐转凉④。同时再就与此相当(或早于过去确定的泥河湾期的年代)的早更新世同类文化遗址——西候度遗址来看,它位于三门峡地区风陵渡正北10余公里。这里是第三纪形成的湖泊区,保存了巨厚湖相沉积。它的发现,证实了黄河流域在更新世初期就有过人类居住⑤的历史遗迹。所以,在周原地区的扶风县杏林渭5井和岐山县蔡家坡渭4井一带的远古地层中,也都含有"砂质较多"的三门组(Q₁)地层,其中并含有管状蓝绿藻及少量瓣鳃类化石碎片等动物化石。因此,在周原地区早更新世相应的午城地层中,也不会没有像泥河湾、三门时期的同类型旧石器文化,甚或更早一些时候的西候度同类型的旧石器文化。

(二)中更新世时期

中更新世黄土,其中包括周原地区的黄土,形成于距今73万年—13万年之间。它含有周口店动物化石,孢粉中木本植物稀少,灌木及草本植物增多。中更新世黄土可分为上下两部,下部黄土色灰褐,胶结较硬,不稳定矿物含量增加,夹有4—8层红褐色古土壤。上部黄土以三层合成共厚约0.5米的红褐色古土壤为界,与下部黄土整合接触。在此连续的古土壤之上的黄土中,还夹有三层红褐色古土壤,最上一层古土壤一般由两层合成,上部黄土色淡灰褐,疏松。中更新世黄土地层中不只含有与周口店的同类动物化石⑥,尤其含有与周口店同类型的蓝田猿人陈家窝地层⑦。

田泽生在《永寿县西沟水库工程地质报告》⑧中,对引渭渠道周原地区Q₂时期地层也曾经谈过明确认识。他认为:西沟水库区,离石黄土下部及其更老的黄土(Q₂¹—Q₁),这层黄土以三条密集在一起的红色古土壤层,与离石黄土下部土层分开,成平正形不整合接触,古土壤层为鲜红褐色。库区地质构造位于渭河地堑北翼。田泽生进而指出:由于地面构成物质主要是各种黄土层,而这些黄土层特性多近似关中黄土性质,大致与宝鸡峡引渭工程渠道沿线的黄土层相似。由此可知,在宝鸡引渭工程渠道沿线的黄土地层中,即周原积石塬南缘坡间,同样明显地也出露有离石(Q₂)黄土地层和它的红三条地层。从地层特点来说,在周原地区所具有的红三条密集在一起的地层特征,同时也为蓝田猿人陈家窝子(Q₂)所具有的红三条地层特征所佐证。这就是说,在周原地区中更新世黄土地层中既然能含有周口店动物化石和陈家窝子动物化石及其古土壤地层(Q₂);同样也会有中更新世时期的猿人文化在周原地区出现。事实上,属于旧石器时代中期的旧石器文化,在周原附近的地区如彬县、长武等地已有出现,现在只是资料还未公开发表出来⑨。根据这一事实推断,同时期的周原地区旧石器文化同样也会有所遗存的。

(三)晚更新世时期

晚更新世黄土,形成于距今130000—5000年之间。根据鄂尔多斯盆地周围坡谷地带地层的文化层、动物群等情况分析:它的北边坡谷地带——河套地区(包括陕西北部等)的西南和南部地层沉积层一样,下部大致也是底砾石层。由此可以证明,这里当时雨量较多,因而形成流水洪积的底砾。上面为黄土堆积,这又说明这里(如油坊头)及其附近生活的河套人是生活在比较干燥和寒冷的气候环境之中。河套地区萨拉乌苏河沿岸存在着由河湖堆积的细砂,说明这里曾生活的动物群是草原性动物,其中有披毛犀、蒙古野马、河套大角鹿、羚羊、水牛、纳玛大象等。这里有广大的草原,有较大的湖泊,说明在这个地区的黄土地层仍是一个比较好的活动环境。这个时期的黄土地层在此会有很多动物、灌木及草本植物化石的(即萨拉乌苏化石)。

与此同时期的文化,再从黄河西岸、即它的南边断谷地带——汾渭盆地地区来看,在陕西韩城禹门口 1972 年时还清理了一个与许家窑、峙峪、小南海诸石器时代文化属于同一系统,即"周口店第 1 地点—峙峪系"更新世中期到更新世晚期的旧石器时代石灰岩洞穴遗址,同时在陕西省大荔甜水沟地区 1978 年还发现了一具大荔人头骨(大荔人头骨介于北京人与现代人之间或与早期智人相近的性质)。

因此说,在鄂尔多斯盆地北谷圈地的河套地带萨拉乌苏地层不仅含有它在 Q_2 时期的动物化石,而且在它的盆地东南谷地汾渭盆地地层中多次发现了旧石器时代的文化和动植物化石。这就是说,在鄂尔多斯盆地为中心隆起的四周环状洼陷地带,即新生代断陷盆地,如河套断陷、汾河断陷及渭河断陷地带晚更新世时期马兰黄土沉积层中,已经发现有萨拉乌苏动物化石[⑩]、禹门口旧石器洞穴遗址[⑪]和大荔人头骨[⑫]等文化遗存。因而,在渭河盆地的其他地区,尤其是地处渭北黄土高原的周原地区,也是会有不少的晚更新世时期动物化石和古人类文化遗存在地下蕴藏着的。之所以有此看法,不只是由于以上各种分析和认识,还由于从黄河东岸的晋豫省境已经发现了更为广泛的晚更新世时旧石器文化,如丁村、峙峪、许家窑、虎头梁、下川、小南海等。在周原地区,由于同时期有同样的地层,即都具有晚更新世马兰黄土地层,那么也应该会有同样类型的 Q_3 时期旧石器文化蕴藏着。目前虽未能发现,只是工作做得不够而已。

总的来说,第四纪更新世时代,在它的早期(Q_1)午城黄土期的周原地区和我国华北其他地区一样,可能也是人类最初形成的重要地区之一,这是因为从第三纪以来,周原这个地区其原区也曾是处在秦岭地背垄宽缓地带的渭河谷地地带,而这个地带是以斜阶形式逐渐向下断落而在第四纪时基本上就成为一个沉降区,因而其中就沉积了三门系,并在三门系的侵蚀面上又沉积了老黄土和新黄土,这时(第四纪)渭河盆地断陷最厚部分已达到 2000 米以上。因此,这时周原地区黄土沉积之厚也就可想而知了。根据黄土堆积之厚及其三门系泥河湾地层之内含等特点,可以认为,周原地区当时也是会有这种远古旧石器文化在地下地层分布的。同时,就中期(Q_2)离石黄土时期和晚期(Q_3)马兰黄土时期的周原地区的气候来看,也和我国广大平原地区、丘陵和低山地区一样,都呈为没有冰期和间冰期的明显反映(更新世中期,只在我国高山地区发生了第一次冰期和间冰期),也是适宜于人类生存的好地方。中国猿人正是这个时期在周口店出现了。因此,在 Q_2 和 Q_3 两个时期的黄土塬的周原地区,虽还没有出露过古人类的文化遗存,但是这里当时已是属于适宜人类生存生活的环境,只是因为我们工作做得不够,至少是在引渭工程和冯家山引水工程时,没有积极配合调查发现,使得具体情况还不明朗。如若今后能够有计划地作些调查研究,周原地区的地下旧石器文化,一定会和周口店地区一样,放出奇光异彩的。

参 考 资 料

①②③黄春长:《渭河流域全新世黄土与环境变迁》,见《地理研究》,科学出版社,1989(1)。

④王永焱:《秦岭以北黄土区第四纪古气候探讨》,《西北大学学报》(自然科学版),1974(1)。

⑤曾骐主编:《原始社会考古·上编讲义》,(中山大学古人类学系考古专业教材)1981年9月。

⑥王永焱:《中国黄土、中国黄土地层》,陕西人民美术出版社出版,1980年版。

⑦曾骐在《中山大学原始社会考古上编讲义》称:蓝田猿人下颌骨发现于陈家窝村南约300米的砂河沟左岸的厚约30米的第四纪红色土层中,其中第11层赭色黄土状亚粘土(埋藏土A),即"红三条"的第一条,层中含铁、锰薄膜风化后成团块;第14层,赭色黄土状亚粘土(埋藏土A),即"红三条"中的第二条,层中含铁、锰薄膜;第17层,赭色黄土状亚粘土(埋藏土A),蓝田猿人下颌骨及哺乳动物化石均发现于此层。至底砾石层为 Q_1 的基岩,堆积全厚26.9米,为中更新世(Q_2)。同蓝田猿人下颌骨同层出土的动物化石共14种,主要有北方豺、虎、真象科(类似周口店)、丁氏鼢鼠、灞河鼠等。陈家窝动物群基本上是森林动物。这些动物在北京猿人遗址(周口店)里都曾经发现过。地质时代可以确定为中更新世(Q_2),同⑤。

⑧田泽生:《永寿县西沟水库工程地质报告》,《西北大学学报》(自然科学版),1978(2)。

⑨陕西文物管理委员会:《建国以来陕西省文物考古的收获》,见《文物考古工作三十年》,文物出版社出版,1979年11月。

⑩《萨拉乌苏河系的初步探讨》,见《古脊椎动物与古人类》,1964年第1期。

⑪刘士莪、张洲:《陕西韩城禹门口旧石器时代洞穴遗址》,《史前研究》,1984(1)

⑫吴新智、尤玉柱:《大荔人及其文化》,《考古与文物》,1980年创刊号。

第二节 周原新石器时代考古文化

"前仰韶文化"——老官台类型文化,根据周围同类遗址地层的特征,特别是根据周原地区半坡类型与庙底沟类型仰韶文化的分布来看,庙底沟类型叠压在半坡类型之上。根据本地区原始文化共存的地层特点来看,庙底沟一期文化和客省庄二期文化(即客省庄类型)的先后叠压的地层关系没有问题。同时关于庙底沟二期文化和客省庄二期文化的直接叠压层位亦已取得了有力"地层证据";紧接于客省庄二期文化之后而相继叠压的先周和西周文化地层关系亦是无疑。总之,它们的层位叠压序列剖面从周原地区来说,从《黄河中游周原及有关地带新石器文化类型示意图表》(表五)来看,也能一目了然。

周原地区自古以来,就是人们劳动生产和繁衍生息的好地方。当地河流沿岸有许多原始社会文化遗址,经过调查和发掘的就有百余处。有些遗址的地区相当广阔,其中岐山王家嘴和双庵、扶风案板和益家堡、武功赵家来及宝鸡北首岭等新石器遗址文化内涵,都是十分丰富的。有些遗址范围之大也很惊人。如双庵龙山文化遗址南北长

2 公里、东西宽 1 公里就是一例。有些遗址内涵极为丰富，如益家堡遗址，1986 年经北京大学考古系在此发掘，不仅发现了从仰韶、龙山到商周时期的文化遗存叠压地层关系，且也发现了一些二里冈上层文化类型的青铜器、兵器和先周墓葬。所有这些新石器遗址的发现，对于探索周原地区考古文化的历史非常重要。

在靠近岐山南麓的周原中心地带——岐邑，除在龙尾沟水、麻叶沟水和畤沟河的沿岸有原始公社后期遗址的发现[①]外，而且在周原的沣水[②]、漆水[③]和渭水的广大流区也有原始社会新石器遗址的大量发现。根据《陕西考古所渭水队 1959 年 3 月调查》一文和中国社会科学院考古研究所陕西武功发掘队 1979 年的调查来看，其中仰韶文化遗址有 32 处，分布在渭水北岸台地及其支流沣河流域。这些遗址以彪角、王家庄、王家嘴、丁童家、岐阳、案板、史家、游凤等 8 处至为重要，尤其游凤遗址更为典型。另外仰韶文化庙底沟类型的遗址有 13 处，主要分布在渭水及漆沣两岸，其中渭水 5 处、沣水 1 处。这类遗址面积较大，文化特色也较突出。同时还有龙山文化遗址 8 处，其中重要的有纸坊、双庵、张耳等 3 处。再次就是近期的一些调查，如陕西省考古研究所宝鸡考古队 1988 年 10 月，在周原地区扶风、岐山、凤翔等地境内的调查，其中仰韶、龙山文化遗址分布在此的增加数字同前相加共约 70 余处；其中有 50 处遗址是属首次发现。这次发现的遗址仍然分布在渭沣两水经流的地区。例如：分布在渭水北岸的有扶风绛帐镇的姜嫄村、尚德村、张村、牛西、绛帐西门外、柿坡村，有岐山蔡家坡镇的永乐尧、麻家、罗家、令户，有武功的胡家底、黄家堡、烧台庵、西崂峒等；分布在沣水两岸的有凤翔彪角镇的瓦岗寨、南坡村、新庄河、黄家台，有岐山孝子林乡的河北村、谢家河、东太兹、回家原、河家道、刘家壕、刘家新庄，麦和营乡的原子头，大营乡的东坡、春赵、巩寺、朱家台、范家原，青化乡的杜家沟、丁童家，有扶风的高家咀、辛家台、益家堡、飞凤山、唐家河、陈家崖、西河村、青龙庙、龙蹄村、三人庄；在横水经流的地方，也有岐山凤鸣镇的贴家河、柳沟、仓颉庙、张家河、三家殿、刘家河和凤翔的横水、九龙、玉祥等。这些遗址，其中有些如益家堡、案板等不少遗址都是属于仰韶、龙山甚或包括先周和西周时期的综合性遗址。

在 1979 年调查的 13 处遗址中，其中庙底沟二期文化类型遗址就有 12 处。这些遗址主要分布在周原地区东部的漆水两岸；单独存在的较少，多与仰韶文庙底沟一期以及西周文化在同一遗址共存。这类文化类型分布面也广，内涵丰富。它是继仰韶文化庙底沟一期类型之后而活动在渭水、漆水流域的一种新石器时代晚期的文化。在同一处遗址中有庙底沟二期文化遗存叠压在仰韶文化庙底沟一期文化遗存之上，彼此之间的早晚关系是十分清楚的。属于这一时期的典型遗址就是漆水西岸的浒西庄遗址。另外在此还有客省庄二期文化遗址，也分布在渭水北岸的胡家底、黄家堡、烧台庵、西崂峒和漆水沿岸的赵家来等处。在漆水新石器遗址中有典型的半坡类型，如游凤遗址者是。但是总的来说，这里分布的遗址绝大多数是属于庙底沟类型。这类遗存分布范围广，文化堆积厚，是本地区新石器文化一种最主要的遗存。这种类型的遗存都和庙底沟一期文化遗存在地层上有着明确的直接的地层叠压关系。同时在渭漆经流的武功境内，发现有许多处遗址也有庙底沟一期、庙底沟二期、客省庄二期、早周和西周等文化类型综合于同一遗址而共存的情况。

表五 黄河中游周原及有关地带新石器文化类型示意图表

时代	阶段	年代(年.B.C)	黄土层	低洼地	气候特征	分期(历史时期)	类型	1.前仰韶文化 (1)老官台文化	2.仰韶文化 (2)半坡类型	(3)庙底沟类型文化	3.龙山文化 (4)庙底沟二期类型	(5)客省庄二期类型	4.成文文化 (6)西周早周	气候旋回
全新世	Q₄⁶	1400	现代土壤Ms	现代土壤Ms	暖温带半湿半干旱	历史时期 早期	龙山	华县老官台	西安半坡早期	豫西庙底沟	豫西庙底沟二期	长安客省庄二期	赵家末三层	第三旋回 暖温期
	Q₄⁵	3120	现代土壤Ms 黄土状土Lo	黄土状土Lo	温带半干旱		仰韶	宝鸡北首岭下层	宝鸡北首岭中层	西安半坡中期	西安半坡(4)期	武功赵家来四层	董家堡早周M	冷干期
	Q₄⁴	5000	古土壤So 上层	古土壤So上	温暖带半湿润			下孟村二层下 一层上	彬县下孟村	宝鸡北首岭上层	宝鸡赵家末五层	武功游凤峪嘴		暖湿期
								华县元君庙下层	武功游凤	武功赵家末六层	武功赵家正	岐山双庵龙山文化		第二旋回
			渭南北刘下层					案板一期1-2段	扶风案板一期	扶风案板一期	案板二期3-4段	案板三期		
	Q₄³	6800	黄土状土Lx	黄土状土Lx	温带半干旱	仰韶		渭南灰堆、白庙	临潼姜寨一期	武功游凤	扶风益家堡	西安米家崖		冷干期
								西乡李家村	华县元君庙	华县君庙	扶风坊火张	商县紫荆		
								西乡何家湾	华阴横阵	华阴西关堡	华山王家咀	华山泉护村		
	Q₄²	8500	古土壤So 下层	古土壤So下	亚热带半湿润	前仰韶		汉中龙岗寺	华县梓里	西安客省庄一期	宝鸡福临堡三期	华县梓里		第一旋回 暖湿期
								洋县元君庙上地庙	后岗型仰韶文化	宝鸡福临堡1-2期	华县横阵	河南后岗二期		
								商县紫荆一期 临潼白家	秦王寨(变体)	华阴西关堡	临潼姜寨四期	甘肃齐家		
	Q₄¹	10500	过渡层	冲积物Lal	温带半干旱			秦安大地湾一期		华县泉护村一期	西王村			冷干期
								河北磁山		甘谷渭峪嘴	晋南后二期			
								河南裴李岗		武山西旱平				
晚更新世	Q₃⁶		典型黄土Lt	典型黄土Lt	暖温带干旱	旧石器时代				天水罗家沟 临洮马家窑				太白山冰期

一、文化类型

为了对周原地区新石器时代几种考古文化类型更进一步深入地有所认识，现在根据一些主要遗址，对其文化类型及序列发展叙述如下：

（一）前仰韶文化——老官台文化

当全新世（Q_4^2）时期，即距今 8500—6800 年间，河谷平原形成棕壤，黄土塬和丘陵地区形成黑垆土。黄河中下游磁山、裴李岗文化兴起，但渭河流域如北首岭遗址下层文化等属于晚期，称为老官台文化。

宝鸡北首岭新石器时代遗址，位于宝鸡市东北金陵河西岸台地上。那时，由于气候湿润多雨，河流洪水频繁，人类将聚落迁往高阶地和台塬，而本遗址也是符合当时聚落分布这种地域规律的。该遗址东西隔河与贾村塬对峙，金陵河由北向南流注渭河，至渭河约 1.5—2 公里。宝鸡地处渭河流域的中上游，这一带遗址的发掘，对于陕西境内新石器文化的研究是一项很重要的工作。关于北首岭遗址，据中国社会科学院考古研究所宝鸡工作队 1977 年发掘简报认为，宝鸡北首岭遗址的发掘，进一步丰富了今天我们关中地区，尤其它是属于分布在宝鸡地区的仰韶文化遗址，其意义就更大。从发掘情况看，北首岭遗址仰韶文化堆积基本上可以分为上中下三层。上层文化属于本遗址的晚期仰韶文化，中层的文化面貌与半坡类型遗址大体相同，发展过程相当长，还可划分为若干个小阶段。下层的文化面貌与中层文化面貌有很大的差别，下层的墓葬又比下层的地层堆积还晚。下层的陶器有三足器、三足杯、鼎、深腹平底钵、深腹假圈足钵、直口罐、小口罐等。一般陶胎较薄，绳纹较细，灰陶较多，彩陶很少。许多器物在口部附近有各种附加堆纹，如戳刺纹、划压纹等装饰。情况无疑表明：北首岭遗址下层遗存要比半坡类型遗存为早。不过在某些陶器中，中下两层还是互见的，这又说明：两者彼此之间还有密切的关系。

关于北首岭遗址各层文化堆积的年代，属于上层的 T_1：（3）骨头为距今 5745 ± 110 年；属于中层的 T_1：F_3 木炭为距今 6035 ± 140 年，T_2：（4）木炭为距今 6120 ± 140 年，T_2：（4）底部木炭为距今 6320 ± 195 年，T_1：H_3 木炭为距今 7100 ± 140 年（均为树轮校正年代数值）。北首岭下层遗存的年代，距今 7000 年左右，比仰韶文化半坡类型为早。但在内涵方面，又显然与半坡文化类型有着密切的联系。这就为探讨半坡类型的来源，提供了重要的线索。事实上，以北首岭遗址下层遗存为代表的一类文化在渭水、泾水下游及汉水上游等主要地区已有分布。关于北首岭遗址下层同类型文化遗存，据陕西省文物管理委员会 1979 年在《建国以来陕西文物考古的收获》中分析：类似宝鸡北首岭遗址文化的圈足钵和三足器，在西乡李家村、彬县下孟村、西乡何家湾、安康柏树岭以及汉中盆地的龙岗寺等仰韶文化遗址（有的在下层）都有发现。带圈足和三足的器物在华县老官台、洋县土地庙以及河南的裴李岗、河北的磁山也有发现④。其中彬县下孟村等遗址和北首岭遗址下层文化一样，也是探索仰韶文化前身——老官台文化的一些可靠线索。

郎树德、赵建龙两位对北首岭下层文化类型进一步分析时认为：在渭河流域，早于仰韶半坡类型，有地层根据的遗存并有北首岭下层和大地湾一期，在丹江流域有紫荆一期；要说它们都早于半坡类型，那是说它们是有共同的文化类型特征的。通过对比，我们可以看到它们的陶系、制作、器形和纹饰等都颇为一致。大地湾一期的陶系基本上属于氧化而成的红陶,陶质大多是夹细砂陶。紫荆一期的陶器绝大多数是夹砂红陶。从元君庙 H406 陶系统计可以看出,夹砂红陶的比例超过了细泥红陶和黑陶。北首岭遗址下层主要器形,即三足器均为细砂红陶褐陶和灰陶。由此说明,它们都是以氧化程度不一而成的夹砂红陶系为主,陶器火候不高,因而陶质疏松,硬度较低。受热不匀,所以陶色不正或内黑外红,在陶器的制作上,都处在模制或者手制阶段,尚未使用轮制。大地湾的器形以圜底钵和圈足碗最多,再是三足钵和三足罐。北首岭以三足罐居多,其次为圜底钵或假圈足碗。元君庙、老官台常见的仍是罐和三足钵、假圈足碗等器形。可见它们有基本相同的陶器群:钵、碗、罐等,且在器底盛行加圈足或三足。器壁往往很薄,纹饰上的风格尤为接近,盛行绳纹,罐的口沿下饰一圈泥钉纹或锥刺纹,碗、钵和罐的口沿往往呈锯齿状,或饰刻齿纹,或饰带状点刺纹。值得特别注意的是,这几个遗址毫无例外地都出现了红色宽带纹的彩陶,均饰在圜底钵或三足钵的口部[5],说明当时已经出现了彩陶。根据以上分析,所以说北首岭下层、元君庙下层、紫荆一期和大地湾一期既然在文化因素的主体,即陶器方面表现一致的共性,我们理应将它们视为同类遗存。换句话说,它们同属于老官台文化。北刘下层虽然叠压在仰韶庙底沟类型底层之下,但其内涵不超出上述遗址的范畴,所以也应归入老官台文化[6]。这里郎、赵两位学人的认识,巩启明也以为然[7]。总的来说,对于这些同类型遗存,将它们共同视为是属于老官台文化,这是比较妥当的。但是,老官台文化和磁山、裴李岗文化是地域邻接、时代接近的两个文化,不同意把这两个文化作为一个文化系统来考虑。这是因为:老官台文化主要陶器是圜底器、三足器和圈足器,而磁山却以大量的盂和陶支架为主,裴李岗和峨沟以大量的三足器为主,只有少量的圜底器和个别的圈足器。同样的三足钵,磁山、裴李岗多是高足,老官台的钵足则矮得多。老官台有一定数量的彩陶,而磁山仅见一片。他们俩把北首岭与老官台带圈足和三足的器物同裴李岗及磁山的同类器物加以区别的观点是正确的。北首岭遗址下层文化是早于仰韶半坡类型的老官台文化。但是北首岭遗址下层文化比之早期阶段的老官台文化,如大地湾遗址一期的主要遗存、北刘遗址下层、紫荆遗址一期、元君庙遗址 H403、405 等来说,还是属于晚期阶段的老官台文化。

陕西关中地区的仰韶文化来源于本地区的前仰韶文化——老官台文化,这已为学术界所肯定[8]。根据现有材料已经明确知道宝鸡北首岭遗址和彬县下孟村遗址 H14 与半坡类型文化有一脉相承的因袭关系。因此,在渭河及其支流沣水和漆水经流的广大周原地区,特别是其中心地区岐邑一带,根据它们的这种"因袭关系",在考古工作原有的基础上,经过努力,继续发现:估计在此也能够揭开新石器时代前仰韶文化老官台文化的新篇章。

(二)半坡类型文化

当全新世(Q_4^3)时期,即距今 6800—5000 年间,亦如前所说,地表变得干旱,河流水量减少,河床大部分出露成滩,这时仰韶文化如半坡、王家嘴等十分繁荣。这种文化,这里称它为半坡类型文化。

半坡类型文化,沿着渭河基本上保持了它在中心地区的特点。特别是属典型的半坡类型文化,它的分布包括了关中甘肃东部,即整个渭水流域。由于那时气候干旱缺水,当时的人类聚落一般迁在低阶地靠水的近处。因此,在渭水流域,特别是它经流的关中西部周原地区河流低阶地台地上,或河漫滩和洪积扇前缘洼地上,先后经过调查到的已有仰韶文化遗址 57 处。其中扶风县有姜嫄村、牛西村、绛帐西门外、案板下河、赵家、飞凤山、益家堡、辛家台、高家咀、白龙村、柿坡村;岐山县有王家嘴、宫里村、屯子头、岐阳东、丁童家、魏家河、胡家底、赵家台、姜西沟、天柱沟、周公庙、柳沟、张家河、贴家河、庙北、仓颉庙、三家殿、刘家河、东太兹、原子头、谢家河、河北村、回家原、何家道、刘家壕、刘家新庄、东坡、春赵、牛家台、范家原、巩寺、原东—西沟、任家沟、麻家、永乐尧、罗家、令户;凤翔县有瓦岗寨南坡、横水、九龙、新庄河、东谢家庄、大塬、小旗务、水沟、马道口等;再加上漆水经流的 5 处,共有 62 处之多。所有这些遗址就地域分布特点来说,绝大部分也是符合当时坐落的地理规律。但这些半坡类型的遗址,在此经过发掘的只有三处:一处是周原地区西部的宝鸡北首岭遗址中层文化遗存。它出有小直口尖底瓶、葫芦口尖底瓶、圈底钵、瓮、甑、罐等陶器,有一定数量的彩陶,钵沿往往有宽带黑彩,文化面貌基本上与半坡早期文化相同[⑨];再就是周原地区东端漆水河西岸的游凤遗址,在此也发现有少量半坡类型的文化遗物,如平沿喇叭口尖底瓶和鱼纹小口细颈壶等。这两处遗址有一个共同特点,是类似的庙底沟类型的遗存压在半坡类型之上;就像宝鸡北首岭遗址上层遗存的仰韶晚期,它是从上层出土的双唇小口瓶、大口缸、唇部很厚的绳纹罐、敛口钵和有鸡冠耳的敛口钵等,都和泉护村遗址一期相同,与庙底沟非常相似,而叠压在该遗址的中层文化层以上。游凤遗址,主要的也是仰韶文化庙底沟类型的遗存和少量的半坡类型遗物,共存于同一遗址。而这种情况在周原地区新石器遗址中并不多见。

再次就属半坡类型在周原中心地区发现的遗址,还有案板遗址。案板遗址的文化特征,在半坡类型中更是增加了新的内容。根据西北大学考古专业实习队 1986—1987 年《陕西扶风县案板遗址第 3、4 次发掘》,CD 区仰韶文化很厚,分层明显,它作为半坡类型的文化,在周原中心地区明显地补上了这个空白。案板第一期文化陶器同河南陕县庙底沟遗址一期相比,有较多的相似性,如都以平底器为主,尖底器次之,都有少量的圈底器;都有重唇口尖底瓶、曲腹盆、叠唇盆、敛口钵等;彩陶纹样都以黑陶为主,以圆点、弧线三角、弧线为构图的主要元素。因此,案板第一期文化大体上可归属于仰韶文化庙底沟类型的范畴。但是它们之间的差异也较明显:既有半坡类型的特点,又有庙底沟类型的特征,应属于庙底沟类型较早阶段的遗存,其年代应早于庙底沟一期而接近于关中地区半坡类型晚期阶段的年代[⑩]。从案板第一期文化重唇口尖底瓶的演化规律看,经历了原始重唇口、典型重唇口、退化重唇口几个前后相连的演化阶段,代表了重唇口尖底瓶的发生、发展、衰退的全过程。而这种演化的全过程约与整个庙底沟类型相始终。由此推测,案板第一期文化年代,上与老牛坡类型相承,下与仰韶文化晚期相接。根据关中地区碳 14 年代数据[⑪],属于半坡类型的宝鸡北首岭中层年代,约为距今 6970 ± 1450(2K516)—6035 ± 140(2K498)年。

总的来说,半坡类型的文化遗址在周原地区发掘的还不多,但已发掘的,却也很典型。同时根据北首岭遗址地层叠压的关系看,它的上限与前仰韶文化——老官台文化相接,它的下限与庙底沟类型相接,或者与其共存于同一遗址中;根据案板遗存类型特征看,或者它的上限既与半坡类型相承,其下限又与仰韶文化晚期相接。这从考古历史的价值来说也是很有意义的。

从半坡期到庙底沟期,就庙底沟类型同半坡类型的关系综述来说,其中有不少因素是继承半坡类型发展起来的[12]。这从两者地层关系看,半坡类型都是被类似于庙底沟类型的遗存所叠压或打破的;在半坡 T_1(2)层叠压在(3)、(4)两层,前者出土回旋勾连纹陶片,与庙底沟者别无二致,后者出土尖底瓶、折腹盆、鱼纹和三角纹彩陶片等,都是半坡类型的典型因素;在姜寨有局部的叠压和大量的打破关系证明类似庙底沟类型的遗存晚于半坡类型[13]。案板一期的文化类型特征亦然[14]。在下孟村,又是类似庙底沟类型的灰坑 H_{14} 打破了半坡类型的房子 F_3,F_3 压着三个灰坑,其中 H_{31},又打破 H_{32},这三个灰坑也都是半坡类型的。在北首岭亦是类似庙底沟类型的遗存叠压着半坡类型[15]。半坡、姜寨、北首岭、下孟村、案板、游凤等几处遗址所在的地方,既是半坡类型文化的中心,也是庙底沟类型时期文化发展的中心。尤其是半坡中期,在北首岭上层、下孟村 H_{14}、案板第一期及游凤遗址所出土的器物,小口尖底瓶为重口,口缸为圆肩,敛口钵下腹斜纹,有的还有鸡冠耳,以及回旋勾连纹结构简单而紧凑等等,都和庙底沟第一期文化的特征基本相同;按照庙底沟类型本身的分期标准都是比较早的,如下孟村的地层关系表明 F_3 并不是半坡类型中最早的遗存,这就证明了半坡类型要早于庙底沟类型。

半坡类型文化分布在关中的除西安半坡(早期)、宝鸡北首岭(中期)、临潼姜寨(一期)、扶风案板第一期、武功游凤、彬县下孟村外,还有华县元君庙、华阴横阵等。C_{14} 年代测定:半坡(早期)距今 6005 ± 100 年;5585 ± 105 年;北首岭(中期)距今约 6790 ± 145 年;6053 ± 140 年;姜寨一期距今约 5970 ± 110 年;5745 ± 140 年。上述三组数据,半坡早期两个数据相差近 500 年,北首岭中层的数据相差约 700 年,姜寨一期的数据相差约 200 年。案板第一期年代已知与北首岭中层文化时间相同。这说明整个半坡类型文化延续和发展时间是相当长的,当不会少于 500 年至 700 年的历史[16]。如果根据北首岭遗址中层文化遗存 C_{14} 测定年代作个借鉴,由此估计,周原地区属于半坡类型的文化遗存,大体也有近 6000 或 6100 余年的历史了。半坡类型文化,类型与变体较多,但主要有半坡、庙底沟、秦王寨等类型。

(三)庙底沟类型文化

陕西和甘肃,其中在周原广大地区,都有大量接近于庙底沟文化的遗址。如陕西华县泉护村一期、西安客省庄一期、西安半坡中期、岐山王家嘴、彬县下孟村、宝鸡北首岭上层、甘肃天水罗家沟、甘谷渭水峪、武山西坪、渭源寺坪和临洮马家窑等处,总数约有三四百处。这些遗址的文化面貌非常接近,但与三门峡地区的不大相同[17]。而这类典型的半坡类型大都分布在渭河流域,同时大都也被类似于庙底沟典型的遗存所叠压或打破。周原地区这类文化地层的叠压关系也是这样。如周原地区西边宝鸡北首岭与东北彬县下孟村的这两个遗址中,也有由半坡类型到庙底沟文化的类型遗存。特别是周原中心地区也有王家嘴、案板二期、尚德、游凤和赵家来等多处遗址,它们亦有属于半坡类型到庙底沟文化类型的叠压地层特征;同时在此如王家嘴遗址发现了仰韶文化庙底沟和半坡晚期类型地层叠压关系[18]。在陕西也有半坡和庙底沟两种类型的文化往往交错存在:有些遗址,如周原地区的案板和赵家来等遗址同时也包含有两种文化的类型因素[19]。这些遗址对研究周原地区庙底沟类型文化的发展乃至整个庙底沟类型文化的分布都是很有历史价值的。现在就这些遗址的具体情况分述如下:

(1)王家嘴遗址。位于岐山县京当乡王家嘴子。根据关琳 1953 年[20]、陕西省考古所谓水队 1959 年[21]调查,特别根据 1982 年秋西安半坡博物馆复查进行的试掘[22],同时 1992 年我们(与地学家李昭淑、雷祥义等)就环境与文化关系对此再次进行了考查:该遗址北至箭括岭约 6 里,西到岐山近 5 里、至岐阳沟和双庵沟,东至齐家沟,东西南有三条大沟环绕,南低北高呈坡。它的西侧是双庵龙山文化遗址,东侧是周原遗址,遗址总面积约 20 万平方米。文化堆积厚约 4 米,内容丰富。遗址南区主要是纯的庙底沟类型遗存,典型器物有曲腹盆、曲腹钵、曲腹碗、敛口瓮、敛口盘、重唇尖底瓶等,器形以曲腹敛口为特点,钵多为平底和凹底,少数为环底。陶质有彩绘、绳纹、篮纹等。彩绘主要施在盆钵的器腹或口沿上,不见器内彩绘。彩绘以黑彩最多,也有少量紫红色彩、白彩等。图案母体除庙底沟类型常见的弧线三角、圆点勾叶外,最突出的是似凤尾纹的图案在遗址中占有一定比例,多绘在卷沿圜底盆上,显示了陕西西部庙底沟类型的特点。陶器除与庙底沟[23]遗址基本相同外,还与西安南殿村[24]、武功游凤[25]、彬县下孟村[26]等遗址的同类器形相同或相似。如王家嘴 I 式瓮与彬县下孟村出土的瓮相似[27]。遗址北区属庙底沟类型和半坡晚期类型,而主要的是半坡晚期类型。庙底沟陶器类型与南区相同。半坡晚期类型与南区不同,这在于它富于变化:陶质以泥质红陶为主,灰陶次之,黑陶较少,也有个别橙黄陶。其典型器物有侈口盆、折口盆、敞口碗、敞口盘、附加堆纹瓮、陶灶等。器形以浅腹为多,其中侈口盆数量最多,具有明显的特征。纹饰除素面和少量彩陶外,以绳纹、附加堆纹为主。这一遗存的折腹盆、敞口碗、附加堆纹瓮、侈口盆、敛口盘等均与西安半坡晚期[28]、临潼姜寨四期[29]的同类器物基本相同。值得注意的是这里的几种彩陶,无论以器形还是从纹饰、陶色上看,都接近于甘肃马家窑类型,具有甘肃仰韶文化的因素[30]。

(2)案板遗址。案板仰韶文化主要特征:陶质以泥质红陶为主,夹砂红陶次之;纹饰以绳纹为主,划纹次之;彩陶图样为圆点纹、弧线三角纹等组成图案。主要器形有:重唇尖底瓶、敛口凹圜底钵、深曲腹盆、夹砂罐、大口缸等。同庙底沟遗址一期文化大致相同[31]。这种类型,张宏彦把它分为案板二期文化。陶器同半坡遗址上层相比较为接近,如有一定数量的黄褐陶,篮纹极少,彩陶少而纹样简单,多施黑彩等。但案板遗址中与半坡上层相同或相近的器物均属第二期二段,而第二期第一段的器物如退化型重唇口和原始平唇口尖底瓶、宽沿折壁浅腹盆、大口缸等不见于半坡上层。这些器物既保留有庙底沟类型的某些特点,又有半坡晚期类型的特征,其年代应早于半坡上层,而接近于关中地区庙底沟类型较晚阶段的年代。同时,根据案板遗址陶器平唇口尖底瓶是由庙底沟类型的重唇口尖底瓶演化而来的,往下发展为案板第三期文化的喇叭口小平底瓶。据此推测案板第二期文化上承庙底沟类型,下接案板第三期文化[32]。

(3)尚德遗址。位于渭水北岸武功境漆水以西的扶风揉谷乡尚德村南。这里断崖暴露出大量袋状灰坑,堆积很厚,内涵丰富。仰韶文化中庙底沟类型的陶片到处都有,器形有钵、缸、盆、尖底瓶等,多为红色夹砂陶,泥质陶次之,纹饰有绳纹、划纹和圆点弧线纹彩陶。也有少量的龙山文化器物[33]。

(4)赵家来遗址仰韶地层。本地层土紫色,厚0.1—1米。出土陶片以红陶为主,灰陶极少。器形有重唇口尖底瓶、敛口勾唇钵、大口厚平唇深腹缸、敛口厚唇瓮、施黑彩的窄唇盆等[34]。此应属于仰韶庙底沟类型文化。

庙底沟类型文化经过发掘的还有华县泉护村遗址一期文化。出土陶器以深腹曲壁的碗、盆为主,不见圜底钵;彩陶数量较多,曲涡纹、三角涡纹、条纹和圆点纹等,组成规律不明显的纹饰。

(四)龙山类型文化

当全新世(Q_4^4)时期,即5000—3100年时,如前所述,地表物质分化亦较强,形成棕壤(河谷)和黑垆土(高原),河流水量充沛,高阶地和原面亦很湿润,这时人类大体已进入龙山文化时期。在黄河中下游地区龙山文化几种类型中,陕西省分布的有庙底沟二期文化和客省庄二期文化等两种。当时的龙山人聚落一般分布在高阶地和黄土塬上。

(1)庙底沟二期类型文化。庙底沟二期文化,是继半坡类型仰韶文化庙底沟类型仰韶文化、半坡遗址(4)期及泉护二期文化等几个递进的考古文化之后而发展起来分布于陕晋豫地区的一种文化遗存[35]。这类文化就其关系来说,半坡类型仰韶文化是以夹砂红陶罐作为炊器的,庙底沟仰韶文化早期流行的直口、铁轨式口沿的圜底陶釜,是从半坡型仰韶文化晚期的肥腰小底的夹砂红陶弦纹罐演变出来的。庙底沟型仰韶文化晚期的陶釜和早期的同类器形:一是口直和腹径的比例,晚期较大;二是早期的直口,且唇沿不明显,晚期的口沿外卷,唇沿显著。属于这类文化分布在周原地区的遗址,即庙底沟遗址二期文化遗存叠压在仰韶文化庙底沟一期文化之上;它们之间的早晚关系也是十分清楚的。这类遗址,在周原地区目前发现的是属于案板第三期文化性质并与庙底沟二期文化性质完全一致的遗址,还有浒西庄[36]、张村等,特别还有赵家来等。过去长时间,对仰韶文化发展的去向问题一直不甚明了。近年来,在周原地区随着扶风案板遗址第三期遗存和武功浒西庄、赵家来等遗址遗存的发掘,使得这个问题逐渐明朗化。同时,1984年宝鸡市福临堡发现的第三期仰韶文化遗存[37],即有一部分常见的陶器连体釜灶等,却在其他地区还未见到;连体釜灶似乎开干了晋南陶寺、古城东关、豫西庙底沟二期文化以及关中扶风案板等处龙山文化早期连体釜灶的先例。但在此常见的置双釜形式,却为上述龙山早期遗址所未见到。这些很可能既代表了福临堡遗址的地方特点,又可能说明这一期某些因素接近龙山早期的特征。这对研究龙山早期文化、即仰韶文化向龙山文化过渡也有一定的承上启下的历史作用。

案板遗址。在扶风县城约4公里沣水北原的台塬。根据该遗址第三期文化遗存研究表明:这类遗存有别于分布在关中西部以周原为中心的广大地区,时代属于龙山早期,与庙底沟二期文化大致同时。案板文化第三期在许多方面都继承了关中西部地区仰韶文化晚期的因素,这很可能是客省庄二期文化的前身[38]。

武功浒西庄遗址。位于漆水与沣水交汇处。遗址为凸出的三角形高阶地,三面临水,东北倚塬,台地广阔平坦,高出漆水河床15米。遗址范围较大,南北长约700米,东西宽约500米。本遗址有三个时期的文化遗存，即仰韶文化庙底沟类型、庙底沟二期文化类型和西周文化遗存，其中以庙底沟二期文化遗存地层最厚。遗物，采集的陶片以泥质灰陶和夹砂灰陶为主，泥质红陶和夹砂红陶次之。纹饰以粗、细篮纹和绳纹为主，辅之以附加堆纹、刻槽纹、戳印纹，素面陶也占相当比例。器形有钵、盆、鼎、罂、豆和灶等。

火张村遗址。位于渭北扶风绛帐镇罗家大张村，具体坐落在该村的断崖上。在此暴露有许多大型圆筒状灰坑，坑壁和底部都经过修整和加工，形状规整，堆积极厚，内涵丰富。在此暴露的还有许多墓葬和陶窑。从采取的文物看，有重沿、平沿尖底瓶、宽沿泥红陶盘、敛口罐、双唇盆、敛口钵等，以夹砂和泥质红陶为主，也有少量黑陶。纹饰多属于庙底沟二期文化类型，也有一定数量的龙山文化遗物[39]。

赵家来遗址。位于武功镇南3.5公里，地处漆水河岸北高阶地台地上。1980年经过调查[40]，发现在黄土台塬面向西坡的梯田上分布有不少仰韶文化至春秋时期的古代文化遗存，其中以庙底沟二期文化与客省庄二期文化之下最为丰富。在遗址西部靠近断崖处于客省庄二期文化之下只有庙底沟二期文化和仰韶文化的堆积。现在以T_{101}为例：在第三层有西周时期堆积，出土有绳纹灰陶鬲、罐、甗等，鬲多为"瘪裆鬲"，属于西周前期；在第四层有客省庄二期文化堆积，出土有短颈折肩罐、单把罐形鬲、双耳圆腹绳纹罐等陶器；在第五层才是庙底沟二期文化堆积，出土陶片百分之九十为灰陶，纹饰有篮纹、绳纹、带状附加堆纹等。器形有大口深腹罐、斜直腹刻槽盆、口部作喇叭状的宽肩罐、罂足等；六层以下，就是黄土生土[41]。从新石器文化来说，赵家来遗址在周原地区中剖面完整，是不可多得的。赵家来遗址发掘最重要的收获是取得了客省庄二期文化叠压在庙底沟二期文化遗存之上的地层证据。

总的来说，庙底沟二期文化，就尖底瓶和陶盆、钵、灶等器上着白色彩绘和涂白色，此是这一期的典型特征。陶器中常见的喇叭口、平折口沿、底呈钝角形的尖底瓶、体饰附加堆纹的大口缸、可用带器盖的碗形器、敞口宽沿的浅腹盘等，与半坡遗址上层、西王村、姜寨四期、大地湾和周原王家嘴等地仰韶晚期的同类器均相似或相同[42]。同时，这些遗址的有些文化因素并有龙山早期的特征，从而有由仰韶文化向龙山文化过渡的特点。

（2）客省庄二期类型文化。客省庄二期类型文化，根据文化类型及特征，从目前大量积累的资料看，把全省的相当于龙山时期的基本特征一致的古文化遗存，一并归入客省庄文化比较合适。因为陕西关中、陕北、陕南这类文化虽有各自的地域性特点，但它们的共同特征却是一致的，比如营造房屋都采用了双室半地穴式白灰面处理的技术；都是以农业为主饲养家畜、狩猎为辅的综合经济；都使用了反映宗教迷信的卜骨等。这表明它们的生产力发展水平、经济状况以及意识形态都处于相同的发展阶段[43]。因此，学术界把"客省庄二期类型文化"称为客省庄文化。他们把它区分为关中东部、西部、陕北、汉水上游和丹江上游等五块。关中东部以临潼康家为代表，即康家类型。西部以岐山双庵为代表，即双庵类型。

陕西关中中西地区新石器时代龙山文化遗存，经过考古发掘，目前公开发表的材料，有长安县客省庄、宝鸡市石嘴头东区、岐山双庵和武功赵家来等。双庵和赵家来"客省庄二期文化"与客省庄和石嘴头东区日用陶器等有较多相似之处。例如赵家来的凸字地窖式房基在石嘴头晚期就有发现，双庵的房基F_3、P_2挖有壁龛，而客省庄房基 H₉₈、H₁₀₈ 的外室墙壁上也挖有小壁龛（壁炉），双庵、赵家来的陶鬲口沿、鬲足、篮纹袋状鬲足、斝口沿、单耳罐、双耳罐、三耳罐、罐领部饰铆钉形鋬等同客省庄和石咀头等同类器形也相似[44]。

关中西部周原地区，相当于龙山文化时期的客省庄类型文化，解放以来先后经调查的遗址约 55 处。它们总的是分布在这里的高阶地或黄土塬上。具体分布：武功县有胡家底、黄家堡、烧台庵、西崆峒及赵家来，扶风县有火张村、姜嫄村、牛西、绛帐西门外、柳家、三人庄、龙蹄、青龙庙、西河、谢家河、案板下河、益家堡、辛家台、高家咀、铁章、下康、窑白、白龙及柿坡村，岐山县有双庵、王家嘴、宫里、流龙咀、岐阳东、姜西沟、魏家河、候下、任家、周公庙、杜家沟、天柱沟、庙北、三家殿、刘家河、河北村、回家原、何家道、刘家壕、刘家新庄、东坡、巩寺、牛家台、范家原、马江、永乐尧及罗家、凤翔有小旗务、水沟、玉祥、大辛、黄家台等。这类遗址遗存，其中双庵、西崆峒、赵家来和案板等在周原地区较突出。

双庵遗址位于岐山县京当乡东南 2.5 公里许的双庵村，离岐山县城约 30 公里，北距岐山 5 公里，东是王家嘴遗址，东北 2.5 公里处是周原中心地区岐邑遗址，东南有大沟环绕，西南是祁家沟水库，属台塬遗址。面积约 100 万平方米，分布在双庵村，北窑村和北祁村。双庵遗址基本上属于客省庄二期文化，要说有差异的话，是在陶质上有显著区别。客省庄二期文化以灰陶为主，而双庵遗址是以红陶为主[45]。客省庄二期文化类型，即客省庄双庵类型的遗址，武功也有胡家底、黄家堡、烧台庵等[46]。这个类型的文化遗存，主要分布在关中西部武功以西的周原地区，直到陕甘交界地区与齐家文化有交错分布的现象，甘肃灵台桥村也发现有此类型的遗址[47]；西崆峒遗址位于渭水北岸约 1.5 公里的第二阶台地上，遗址北部为西崆峒村所压，中心区有一条简易公路东西横穿而过。公路西侧断崖上发现有房屋、窖穴和墓葬等遗迹。西崆峒遗址主要以客省庄二期文化类型的陶片来按陶质、陶色可分为细泥灰陶、夹砂灰陶、细泥红陶和夹砂红陶，以灰陶为主，红陶次之。纹饰以篮纹、绳纹为主，素面次之，线纹、锥刺纹和方格篮纹较少。赵家来遗址第四层遗存和案板遗址龙山文化：赵家来第四层文化遗存，它包括客省庄二期文化遗存，陶器以泥质红陶为最多，加砂红陶次之，两者合起来约占总数的百分之六十五。其余的均为泥质灰陶和夹砂灰陶。纹饰以篮纹为主，绳纹次之，还有极少量方格纹和划纹，制法仍以手制为主。赵家来遗址第四层文化发掘的重要收获如前所提：是取得了客省庄二期文化叠压在庙底沟二期文化遗存之上的地层内涵证据[48]。所以本文化称之为客省庄双庵类型文化。而案板龙山文化遗存与赵家来早期龙山文化遗存相比，二者基本相同。它的时代特征应是案板第三期（龙山时代早期）到客省庄二期文化（龙山时代晚期），即前提到的案板第三期文化，很可能就是客省庄二期文化的前身[49]。

总的来说，陕西龙山文化遗址，发现的虽有 356 处，但目前发掘的也只有武功赵家来、扶风案板、岐山双庵、华县泉护村、梓里村、华阴横阵、临潼姜寨、商县紫荆、长安客省庄和西安米家崖等遗址。其中赵家来、案板、泉护村和横阵村等，都有属于龙山文化早期阶段的遗存，一般称之为"庙底沟二期文化"。但在这里龙山早期阶段的遗存，同分布在关中东部及豫西、晋南的庙底沟二期文化相比，有共同性因素，又有自身特点。

它们是代表了一种与庙底沟二期文化大体处于同一发展阶段而又主要分布在关中西部周原地区的一种新型文化类型[50]。在黄河中下游地区龙山文化的四种类型中，陕西分布的有庙底沟第二期和客省庄第二期文化等两种类型[51]。陕西龙山文化遗址的发现少于仰韶文化，但也遍及全省，尤以关中为最多。其中关中西部周原地区就有70来处；同时于此还有不少遗址地层关系，而且叠压在仰韶文化层之上或是压在周文化层之下。客省庄第二期文化既有河南后岗第二期文化因素，又有甘肃齐家文化因素，有的可能就是承袭庙底沟第二期文化发展而来的[52]。根据这种认识，从周原地区沣水支流的時沟河岸双庵、美阳河和沣水交汇的高阶地台塬案板、漆水河两岸第一台地赵家来和渭水北岸高阶地西崆峒等遗址有关于客省庄第二期文化类型的性质来看，都是大体相形一致的，可以统称为客省庄双庵类型的文化。

周原地区的龙山文化，从华县梓里客省庄第二期类型文化、武功赵家来客省庄第二期类型文化和庙底沟第二期类型文化出土木炭标本测定年代，前者最高为公元前2295±123年，后者最低为公元前2215±115年，即周原及其关中地区客省庄第二期文化遗存年代，大体在公元前2300—公元前2000年之间。

二、结　语

纵观周原地区原始社会新石器时代考古文化历史，陕西关中东路华县老官台文化和关中西路宝鸡北首岭遗址下层文化的类型——前仰韶文化——老官台类型文化，在周原地区本地范围目前虽然还没有发现，但此类文化总归在此，即是说在周原地区西陲邻近宝鸡北首岭遗址下层文化和东北越梁山到彬县下孟村遗址下层文化等遗存已有发现并发掘出土。因此，地处在渭水中游地带，特别是处在受到远古文化很有熏陶的周原地区，根据仰韶和龙山等遗址在此并有大量发现的情况来看，它们的就地渊源——"前仰韶文化"遗存的潜存，只要经过认真工作，也是要出现的。同时，根据周原地区武功境内多处遗址中发现的庙底沟一期、庙底沟二期、客省庄二期、先周和西周文化类型共存的特征来看，庙底沟一期文化和客省庄二期文化（即客省庄类型）的地层关系也是清楚的。同时，关于庙底沟二期文化和客省庄二期文化的直接地层层位关系，由中国社会科学院考古研究所武功发掘队1981—1982年对陕西武功赵家来遗址进行发掘，亦已取得了客省庄二期文化叠压在庙底沟二期类型文化遗存之上的地层证据。同时，对有关半坡类型的仰韶文化，由于宝鸡北首岭遗址中层文化遗存的发现，特别还由于武功游凤、扶风案板第一期文化以及岐山王家嘴遗址仰韶晚期遗存的发现；因游凤遗址文化特征是仰韶庙底沟文化类型遗存和半坡类型遗迹共存于同一遗址，或是因案板第一期文化年代上承半坡类型，下与仰韶晚期文化相接，或是因王家嘴仰韶半坡晚期类型的地层在周原地区又叠压在仰韶庙底沟类型地层之上等这些分布在周原地区的仰韶文化的叠压关系的具体特点来看，它们均属于宝鸡北首岭中层文化的年代，因而它们之间的文化层位关系无疑也是清楚的。因此，我们由此可以借鉴周原邻边地带的宝鸡北首岭、武功赵家来，特别是根据周原中心地区的扶风案板和岐山王家嘴等四个重要遗址的层位叠压序列关系，能基本上说明在周原地区原始社会新石器时代原始文化，彼此之间前后发展、具体相接的地层历史，其关系特征是很明显的。从而更进一步说明，周原地区新石器时代考古文化整个历史面貌特点也是繁荣昌盛的。

参 考 资 料

①史念海：《周原的变迁》，《陕西师范大学学报》（哲学社会科学版），1963（3）。

②《陕西凤翔兴平两县考古调查简报》，《考古》，1960（3）。

③③⑥⑥《陕西武功新石器时代及西周遗址调查》，1960（5）。

④⑲㉑㉒陕西文物管理委员会：《建国以来陕西省文物考古的收获》，《文物考古工作三十年》，文物出版社，1979 年 11 月。

⑤梁星彭：《关中仰韶文化的几个问题》，《考古》，1979（3）。

⑥郎树德、赵建龙：《关于老官台文化的新认识》，《考古与文物》，1984（6）。

⑦巩启明：《陕西新石器时代考古工作与研究》，《考古与文物》，1988（5—6）。

⑧⑩⑭㉜张宏彦：《试论案板遗址仰韶文化遗存的分期》，《考古与文物》，1988（5—6）。

⑨⑮《1979 年宝鸡北首岭遗址发掘简报》，《考古》，1979（2）。

⑪魏京武：《碳－14 测定年代与陕西地区新石器时代考古》，《史前研究》，1985（1）。

⑫⑰严文明：《论半坡类型与庙底沟类型》，《考古与文物》，1980 年创刊号。

⑬西安半坡博物馆：《临潼姜寨新石器时代遗址的新发现》，《文物》，1975（8）。

⑯巩启明：《试论仰韶文化》，《史前研究》，1983 年创刊号。

⑱㉒㉗㉚西安半坡博物馆：《陕西岐山王家嘴遗址的调查与试掘》，《史前研究》，1984（3）。

⑳《陕西岐山京当王家嘴子原始社会遗址》，《文物参考资料》，1954（10）。

㉑ 陕西省考古所渭水队 1959 年调查。

㉓中国科学院考古研究所：《庙底沟与三里桥》，科学出版社，1959 年。

㉔西安半坡博物馆：《西安南殿村新石器时代遗址的调查》，《史前研究》，1984（1）。

㉕西安半坡博物馆、武功博物馆：《陕西武功发现新石器时代遗址》，《考古》，1975（2）。

㉖陕西考古所泾水队：《陕西彬县下孟村遗址发掘简报》，《考古》，1960（1）；《陕西彬县下孟村仰韶文化遗址续掘简报》，《考古》，1962（6）。

㉘中国科学院考古研究所、西安半坡博物馆：《西安半坡》，文物出版社，1963 年。

㉙西安半坡博物馆：《临潼姜寨遗址第四——第十一次发掘纪要》，《考古与文物》，1980（3）。

㉛㊿《陕西扶风县案板遗址 1984 年试掘的主要收获》，《西北大学学报》（社会科学版），1985（2）。

㉝㊴罗西章主编：《扶风县文物志》，第二章第一节“新石器时代遗址”，陕西人民教育出版社，1993 年 5 月，第 10 页。

㉞㊵㊶㊽中国社会科学院考古研究所武功发掘队：《1981—1982 年陕西武功县赵家来遗址发掘的主要收获》，《考古》，1983（7）。

㉟张忠培：《客省庄文化及其相关诸问题》，《考古与文物》，1980（4）。

㊲㊷张天恩：《宝鸡市福临堡遗址 1984 年发掘简报》，《考古与文物》，1987（6）。

㊳㊾王世和、张宏彦、莫枯：《论案板三期文化遗存》，《考古》，1987（10）。

㊸巩启明：《关于客省庄文化的若干问题》，《陕西省考古所、西安半坡博物馆成立三十周年学术讨论会论文》，1988 年 11 月。

㊹戴彤心、张洲、王维坤：《宝鸡石咀头东区发掘报告》，《考古学报》，1987（2）。

㊺西安半坡博物馆：《陕西岐山双庵新石器时代遗址》，《考古学集刊》第三集。

㊻甘肃考古队：《甘肃甘台桥村齐家文化遗址试掘简报》，《考古与文物》，1980（3）。

第三章　周原先周文化

　　关于先周文化，一直是学术界的一个热点。"先周文化是指武王克商以前的早期文化。"[①]"先周"年代下限以武王灭商、西周建立为其标志。而先周文化的上限[②]，甚至还要更早更长一些，直至早到周族男性始祖弃后稷时代。

第一节　周人起源发展与周原圣地

一、周人的起源

　　《史记·周本纪》记载，古公亶父"逾梁山止于岐下"。徐广《集解》："(岐)山在扶风美阳西北，其南有周原。"骃案：皇甫谧云："邑于周地，故始改国曰周。"又据《诗经·大雅·緜》："古公亶父，来朝走马，率西水浒，至于岐下，……周原膴膴……筑室于兹。"故按太王曾与古公亶父迁居周，因周原之名，才改号为周，立都为京，称为周邦。但因周原这块地方，在古公亶父未到之前，就已经有名了[③]，故而"周人"、"周族"则因此也早就得名。

　　但另据记有"周方"、"周族"的殷墟卜辞来看，此皆为武丁时作品。但殷武丁与古公亶父不仅不是同时期人，且相距很远；武丁至帝辛已经过九个王，亶父至武王只经过四个王，此疑周人迁居周原，不是从古公亶父开始，而可能更早[④]。徐中舒先生认为，武丁卜辞中的"周方"是在渭水流域所建的母系社会的姜嫄国，"周原的姜族来源于西羌"，是和姬周族"世为婚姻的'有邰家室'"[⑤]。"这个周方就是商人对姜嫄国的称谓。"《诗·大雅·生民》："厥初生民，时维姜嫄"，姜嫄受祀之处，"即有邰家室"。毛传："邰，姜嫄之国也。"传疏："姜嫄国，《说文》：'邰，炎帝之后，姜姓所封，周弃外家国，右扶风釐县是也。'《水经注》：'渭水东迳釐县故城南旧邰地也'。"范仁全《眉县建置沿革》："《诗经》《大雅生民篇》注释(二)称：'姜嫄'是远古帝王高辛氏(帝喾)之元妃，周始祖后稷之母。姜是姓，嫄亦作原，是谥号，取本原之意。当时姜姓把武功、眉县、岐山南部一带之地，划给姜嫄作为封土立国，故址在武功，因眉地归邰国管辖，故叫'邰'。"(《眉县文史资料》第一辑，1985 年 10 月)由此看，"姜嫄国"商人称谓的"周方"从殷墟甲骨文武丁卜辞来断，在武丁以前很早，此地就称"周方"了。这种认识，同时也为扶风益家堡遗址地层——下层"京当型"商文化，其年代可延至晚商祖甲时期[⑥]而有所证明。即是说有"周方"、"周族"的殷墟卜辞的武丁时期和具有直接证明的益家堡祖甲时期的商遗址，在时代上或前或后相差无几，是可以相互补证的。这就是说，在古公亶父迁岐之前很早时期，周原这块地方就已是属于商代管辖的范围；岂止如此，看来更远的"姜嫄国"时期也被商人视为是周人的"周方"了。据此情况，在古公亶父迁岐之前,周人就已"更早"地迁居到周原来长久居住了。根据殷墟卜辞,"周方"、"周侯",即周人也早就是商的诸侯国了。因而此时周原的周人当然也可以说是商的诸侯国的周人了。"'周'之定名非因所居'周原',相反'周原'乃因'周'族而定居得名"⑦,此说由此看来也还有些道理。这就是说,周原地名似乎早就为周人自己称之为"周"了。但是,此时在周原地区繁衍生息的周人先民,究竟是些什么人呢? 能否确切地说就是当时在周原地区已经具有了文明的周族方国或诸侯国的当地土著姬周人呢?! 如果是,这种土著氏族集团和后稷氏族部落有无地缘、血缘关系?! 如有,其关系怎样?

一般来说,"以地缘关系为维系村民的纽带,同时还有维系父系家族公社的血缘关系。"⑧从地缘关系来看,黄怀信认为:"周族渊源的路线为:杜(姜嫄)——漆(弃)——闻喜(弃或后世后稷)——太原(不窋)——庆阳(不窋、鞠、公刘)——旬邑(公刘·古公亶父)——沣(文王)。"⑨怀信这一总的看法基本上是有道理的。"周族源于杜水、漆水流域","杜水源于麟游山中,东南流入乾县,武功一带又叫漆水。"⑩《诗·大雅·縣》:"民之初生,自土沮(徂)漆",这是有关周族活动地望最早的记载。对此,黄近期还在《周族的源地与迁转》一文进一步研究说:"'民之初生,自土徂漆',说明初'民'生地当在'土'。这里的'民'……显然就是周之始祖姜嫄之子弃,生地当在'土'。"同时在《诗经·生民》又言弃"即有邰家室",是说弃在尧舜时而被封于"邰"地。这说明周弃在最初时至少是到过"有邰"。由此来看,这里漆水的漆当为武功之漆水,世传古邰之地亦在武功而无疑。显然,这与"自土徂漆"的说法是相符的。这一点,黄在上文结语中说得更清楚,说:"《诗》既言弃'即有邰家室',说明弃不生于有邰,杜水发源于麟游西北,东南流入乾县境内,今仍叫'杜水河'。杜水下游,由乾县南入武功后入渭,即漆水,今称'漆水河','初民'沿河之上游来到下游,自是情理中事。"因而在此"外地来即"的"即"地"有邰",我们已知。但是至此迁徙的最初历史地望终指何地,并且如何看呢?

传说中的姬周始祖是黄帝,姜族始祖为炎帝。"黄帝以姬水成,炎帝以姜水成。"(《国语·晋语》)所谓:"姜,神农居姜水,以为姓。"(《说文》)"姜四岳之先,炎帝之姓。"(《国语·注》)姜水,据《水经注·渭水》云:"岐水又东,迳姜氏城南,为姜水。"有关此意,徐锡台释为:"岐水即好畤水也,今扶风法门,为美阳城,可能就是传说中的姜水城。美水当为姜水也。"⑪"炎帝神农氏,姜姓,母登华阳,感神而生炎帝于姜水,是此地也。"(《帝王世纪》)这就是说,今天扶风法门寺地区及美阳河流域,曾经是姜姓男性始祖炎帝神农氏活动的中心地区。

姜水之谓,据岐山旧志:是指横雍二水在岐山汇流后的后河,又称岐水。任周芳说:"在岐山县境内东西流向的河流只有一条,即沣水。那么,流经岐山县境一段的沣水被称作岐水的可能性很大。如果我们推测不错的话,岐水又经姜氏城南,为姜水,就不但可以说,姜氏城在沣水下游一段。如今在扶风的揉谷、法喜一带保留有姜嫄咀等地名,保留有姜嫄庙等古迹。在漆水和沣水交汇处,还有不少关于姜嫄的传说。人们起土为坟,以为是姜嫄墓。这些东西,许多属于附会,但为姜姓部落曾活动于此提供了线索。"⑫李学纯在《崆峒山道教传说中》亦云:"广成子,传说中仙人。赤松子,也为仙人，并是神农时之雨师。他与广成子居于崆峒山讲修炼之术，服水玉以教神农，能入火自烧。"[13]这种说法提出了炎帝最早还在陇东平凉崆峒山游动过。

但是，《国语·晋语·司空季子》所谓"黄帝以姬水成"。而此所指的姬水究属何地？对此徐锡台认为："其与崆峒有关。如《庄子在宥篇》曰：'黄帝见广成子于崆峒之上。'（彩版七）《五帝本纪》云：黄帝'至于崆峒'。关于崆峒地方，《汉书·武帝本纪》云：元鼎五年冬十月'幸雍·祠五畤，逐逾陇，登崆峒'。'原州平高县（今甘肃化平县）下有崆峒山，当即此地也。'《新唐书·地理志》它距甘肃六盘山的灵台、陕西长武等地出现的早周遗址不算太远。推测姬水可能也处在这一带。"[14]仇非在《天下道教第一山索隐》云："'崆峒亦空同。'《尔雅释地》作'空桐'，实同名异写。《姓氏考》亦载：'空同，亦作空桐。为历史上复姓来源。'空同为古氏族姓氏。这在王力《古汉语通论》有载：'上古有姓有氏，姓是一种族号，氏是族的分支。不少古姓如姜、姬、姚、嬴、姒等都加女旁，这暗示先民曾经历过母权社会。后来由于子孙繁衍，一族分为若干分支散居各地，每支有一特殊称号作为标志，这就是氏。'《百子全书·至游子》有《黄帝问篇》曰：'归自崆峒，复访皇人，究其之一，知微知真。'《道教源流谱》中也载：'初，黄帝访道崆峒，广成子受以至道而得跨龙飞升。'看来崆峒之为天下道教第一山，非今人杜撰，实有据可考也。"[15]仇非在此谈的这些崆峒传说均说明与黄帝早期到此活动有关。黄帝当时往西游确曾到了陇东崆峒山。实际上轩辕黄帝当时在继任西桥氏之后已经开拓发展了桥国西部疆土，直至六盘山，其中包括陇东黄土高原，特别是子午岭西麓宁县、正宁、合水、华池等县之地[16]。因而这里不仅有黄帝于此曾拜广成子问道的崆峒山，且之后还有他由此曾登上原州平高县（今甘肃省化平县）的鸡头山。随后由此往西并游峨眉山[17]、登于昆仑[18]。因此在陇东地区首先留下他对所谓姬水的种种揣测。在此，徐的姬水推断如果是正确的话，而泾水上游，正是从甘肃省化平县崆峒山的南麓脚下穿过，经今甘肃化平、平凉、泾川及陕西旬邑、长武、彬县等两省地区沿周原北缘而径流。这里的"姬"(ji)和"泾"(jing)二字声母字头音(j)均一样，两声母字尾音(i)和(ing)两者读音有差别，但其声韵似乎近似。因此，古时当地地方"方言"有无把"姬水"的"姬"又误读成"泾"的谐音，因而把古"姬水"叫成今天的沿袭下来的"泾水"，似乎也值得考虑。因而今天在此流径的泾水的泾字音是以当时姬水的姬字音来讹读，把姬念成了泾的字音也无不可。关于姬周黄帝族姬姓渊源这一说，进一步经考察还是言之有故！据《路史》云："黄帝姬姓子孙守桥山。"直至现在陕西黄陵县仍有姬姓居民近百户。同时子午岭东西麓均有丰富的仰韶文化遗存，特别在定边县西南，子午岭西麓有姬原（一作"姬源"）这一地名或水名，这是和姬姓先民的黄帝有关的地方[19]。而所有这些历史依据、实物证据，特别是其在陇东地区"姬原"或"姬源"的历史地名等，更能说明在陇东地区曾是有关于黄帝姬姓渊源的姬水古河区；或者具体说，就是当时曾经流入泾水的"姬源"水并与之汇流而形成的这样一个新特点：远古人对此有的也叫姬水呢！而有的则转叫泾水。这里，甘肃陇东地区这种姬水渊源说，如果说如此是可以成立的话，我们说这与《诗·大雅·縣》云："民之初生，自土沮漆"，《诗·生民》言弃"即有邰家室"，即当时与尧舜同时代的周族男性始祖弃，被尧舜封于有邰；就是说周族在周人弃时已居于有邰，且是从杜水、漆水外地来"即"——即封于"有邰"，这从地域迁徙规律来说，当然也在情理之中。"生态环境和人类的生产、生活与交通条件不大相同。这种情况对于史前人们共同体的形成和发展，他们的经济活动方向和各种文化特征的形成，都会造成巨大的影响。"人们对于自然条件的适应，利用和改造，"还可以从一个地方迁到另一个地方，可以随环境条件的改变而自行调剂生活的方向。还可以在不同的群体间进行物资和文化方面的交流。"[20]

这样，我们可以认为：弃被尧任命为后稷，舜时还参加了大禹治水的斗争。由于管理农业有功，被舜封在有邰。同时因系黄帝姓，周族也就以姬族支系姬为姓氏。"有邰"在武功漆水畔。已知：漆水上溯叫杜水，在乾县、永寿地带；杜水再上就到麟游山中。而麟游与陕西长武和甘肃灵台、庆阳、泾川、平凉等陇东地区则是毗邻相望。这样，对这一地区我们就可以据此推测说：它很可能就是古姬水径流的地域（即今泾水径流的地区）。而姬族先祖黄帝初时，曾经视此亦即陕北及陇东西桥国地方为其活动的中心地区。此时聚居在这里的远古先民中，很可能也就有原始社会时期在此活动的一支姬姓氏族"周人"，或即当时居住在此的当地"仰韶人"。嗣后，由于"生态环境"的不平衡，"生产水平"的不相同，随着环境条件的改变，"自行调剂经济生活的方向"。而与姬族同姓的另一姬姓氏族，即"仰韶时期"的"姬周"之氏族，即由平凉、庆阳陇东地区顺着泾水（即或其支流姬源姬水）迁徙旬邑、长武，再经杜水发源的麟游向东南入乾县境的杜水河；初民沿此河之上游来到下游这个地区——"自土徂漆"到"有邰"，更适宜于生产、生活的地方。因为"由于炎黄两个氏族融合后而形成的原始文化——庙底沟类型"这时也进入到宝鸡及其周原地区[21]。而这时由此出现的庙底沟文化也正是黄帝族融合炎帝传说文化以后，在周原地区惟一能可证姬周人此时，即仰韶文化时期在周原地区已经活动的一个文化源头。也就是说，姬周人当时确是经过这样的发育发展而在周原有了自己的文化渊源或者说是更原始的先祖氏族源头。而这一点也为以后的历史所证明。姬周族先民滞徙到此之后一个时期，看来在杜水中下游地区的活动过程中，弃之先祖则婚于姜氏族姜嫄在杜水流区麟游[22]而生弃。因姬弃好农有功，又受封于武功"有邰"。使姬周氏族从此也由弃开始从母系氏族过渡到父系氏族社会，这从当时来看确是合乎实际的。关于"有邰"地望，我们已知：在此还发现有客省庄二期文化，即陕西龙山文化[23]。特别是尹盛平、任周芳根据武功郑家坡先周文化遗址材料，撰文进一步提出："先周文化是在客省庄二期文化双庵类型的基础上发展起来的。"[24]这可证明姬周族在"民之初生、自土徂漆"。姬弃被封"有邰"后繁衍生息的文明活动，在当时来说是怎样的一个历史面貌，就不是很有意义吗！于省吾认为："姜嫄之生后稷，既弃而复又取之，当实有其事。"[25]因此，我们认为：姜嫄与弃，同是姬周族渊源看得见的直接源头。对于践臣人足迹而孕生的传说，史学界早已看作：它是反映了当时尚处在只知其母而不知其父的母系氏族社会，然而弃既被作为其第一代男祖宗，则又说明周族自弃以后就转入了父系社会。姬周弃早期时期，相当于陕西龙山文化的早期时期。总的来看，姬周族弃的整个历史时期，加上各个部族间发展的不平衡因素，弃的时代也必不会晚于原始社会末期。因而，从陕西龙山文化中，甚或从周原庙底沟文化类型中，来考察周族在父系社会甚至母系社会的历史渊源问题，也不是没有道理的。

姬周族由于受历史环境条件的影响，"自土徂漆"，来武功——"居于有邰"。有邰近渭水,主要在漆渭交汇的地方。因而古"邰"地区,即今武功漆沣这个地方,传说也有姜嫄墓,扶风法禧一带有姜嫄咀,甚或周原其他地区如岐山也有姜嫄祠、后稷庙等;而这些可谓周人早就在周原地区从事生产、生息时举为盛事的标志。既然地缘、俗缘情况在周原"邰"地是如此,但是,在山西晋南闻喜一带也有姜嫄庙、后稷庙等类似标志,而此又作何解释? 类似这种标志能否说在山西晋南也有陕西武功"邰"地姬周人迁到这里,并且也有如此活动的行为呢?! 对此,我们则答:是。由于政缘原因,姬周人当时确曾由陕西武功邰也曾迁徙到山西夏墟。因为在农业生产的早期,崇拜的是有关农作物植物神或种植神。我国上古把稷作为神就是这种表现[20]。稷是谷神,在氏族社会时代,祭稷,就是祭谷神。所以,不论"陕西武功邰"地周原的姬周人或是迁徙到了晋南夏墟去的姬周人,他们都起土作姜嫄墓或建立姜嫄庙、后稷祠,或是起地名姜嫄嘴,这些都是姬周人他们不同时间而分布在两地各自所表示自己同时祭祀种植神的意识标志。尤其是山西去的周人建庙祭祀后稷的事,其信念更是如此。但此处所提的这个问题,则更是涉及周人早期可能是由陕入晋这个重要的迁徙历史问题。因此问题内容复杂、面广,因而容见本章第三节:《先周文化东源说的渊源》。

二、早期周人在周原的定居与迁徙

我们分析了周人从周弃到不窋时期,他们当时均有由陕入晋的可能性。这从地缘角度来看,从当时山西"夏墟"即闻喜安邑向西到陕晋交界的地方——黄河经流的禹门遗迹,由此再西远到周原地区岐山县东北亦有禹庙俗迹的标志。而这一富有古代传说性标志遗迹的交通路线从汾渭盆地地理来说,是由陕西周原周边地区武功等地,沿北山南麓凤—韩塬区地带经耀县、澄城、韩城等地东北行,经禹门口过黄河到山西稷山至闻喜之间广大晋陕平原地区。"部族迁移所至即以该部族的族名或原住地的地名作为新居的地名,这是古代常见的事。"[27]而姬周后稷及其率领的族人从此步着这条看来是大禹治水时,为了疏导汾渭泾洛等河水患而往来于其所经之途径,即由陕至晋、到达山西闻喜夏墟地区,这是顺乎情理的事。因此,周人弃及其后人不窋做尧舜及夏后氏禹等后稷农官时,迎着尧舜及大禹政权的中心而进行政治迁徙:他们由陕西"邰"地、从此到山西闻喜,这从历史轨迹分析来看,完全也是可能的。"根据唯物史观,历史过程中的决定性因素归根到底是实现生活的生产和再生产。"[28]为了促进社会安定的发展,周人弃及其后代不窋作为后稷农官,追随唐虞夏禹政权中心组织发展农业,这也是合乎"社会系统的变迁"原理的[29]。

但是,在父系社会早期,周弃及子不窋做后稷农官时由陕向东入晋迁徙,是否把在陕的所有姬周族人都能带走呢? 这看来不可能。理由:一方面由于人类的活动和文化的发展都具有能动的原因,正如前述:它必是有组织地使一部分早期周人在后稷率领下入晋治水,并开拓发展农业。同时另一方面由于人类居住的自然区域在相当长的时期内,基本上是稳定的原因。因此留在武功邰地的先周早期姬周人,或者并包括遗留在陇东古姬源流区的原始姬周人,他们由于有生态环境适应这一面,因而他们依然遗留居住在周原这个地区,依旧生产生息,这也是事实。

如前所述:当时炎帝后裔姜族起初活动主要是在姜水,即岐山岐水扶风美阳河流域。而黄帝后裔姬周族活动主要是在姬水、泾水及杜水、漆水和渭水,实际可能即是由陕北黄陵、陇东庆阳地区的姬源古姬水到长武、旬邑、灵台、麟游、永寿、乾县、武功的杜水—漆水流区。炎黄子孙，特别是稍后发展起来的黄帝子孙姬周族早期活动的这种地域范围，从当时看也是先后连在一起了。而这个时期大体也是相处在距今5000—3000年之间，东南风转为优势，年平均气温13—15℃，降水量700—800毫米，河流水量充沛，高阶地和塬面亦很湿润，这时人类已进入到龙山文化时期㉚。《诗·大雅·生民》云："厥初生民，时维姜嫄。"这是周人在追述自己祖先历史时，他们把在心目中的姜嫄看成是自己最早最神圣的老祖母；我们说，所谓姬周部族是由姜炎部族集团中分衍出来的，由此来看，可能也就在这个时期。也就是说，在姜嫄后稷时代由于周原地区这种地域水源充足，土地肥沃，适宜于人类生活，是个天然宝地，一般来说他们在这里要遗留下来安定繁衍生息的。因此，在这样地区长久生活的姬周族人先民其中包括姜炎族人在内，他们当时是不会也不可能全部离开杜漆、美阳及泾渭等河区范围，即周原广大地区而都向东迁入晋的。

　　同时，再从姬姜两部族部落的血缘原因来看，即从他们两族当时通婚的关系来看，情况更是这样。前面已提，姜嫄是"有邰氏女"（《史记·周本纪》）、"炎帝之后"（《正义》引《说文》），当时她可能是姜氏族酋长，时代处在母系氏族公社制末期。世传姜嫄是践巨人足迹而孕生弃。所生之子，知其有母，还不知其父。这时人类还处在群婚时代末期。但姜嫄所生之子，是为姬周族第一代男性祖宗。因其主管农业有功，被封为后稷。姬周族从此以后，才转入父系氏族社会。而此时正是相当于陕西龙山文化的早中期。这从婚姻历史来看，姜氏族和姬周族根据传说来说，在其男性始祖弃后稷时与姜氏族就有了一种特殊关系。"传说周族是黄帝曾孙帝喾的后裔，帝喾姬姓，国号高辛。他娶姜姓有邰氏姜嫄为元妃，生后稷。"㉛同时，他们之间这种婚姻关系根据现有文献看，在以后时期而更频繁。如古公亶父娶的也是姜氏女。《诗·大雅·緜》云："古公亶父……至于岐下，爰及姜女，聿来胥宇。"《帝王世纪》记载古公为季历子昌（文王），也是娶姜女为妃。周武王姬发娶的也是姜氏女为妃，等等。纵观他们的婚姻历史，对姬周氏族来说，从后稷、太王、文王到武王等四个关键性历史人物，在婚姻关系上都和姜氏族有过坚固的婚姻联盟。同时这些婚姻的血缘关系和地缘关系也非常密切：都是发生在岐山、扶风和武功等地姜水与杜漆流域。由此来看，这时的周原地区可以说已是周人活动的中心范围了。因此，从这种可靠稳定的血缘和地缘关系来看，姬周氏族在周原地区长期聚居相处的特点，自然也是根深蒂固的。所以，至今周原地区还留有早期就世居于此的姬周遗人，就不足为奇了。因此，我们从这种特殊的血缘和地缘关系中，对于姬姓周人早期一直定居在周原的历史再做些分析的话，我们还可推知他们早期在此相互通婚的关系期间，即是在历史还处在族外对偶婚末期之时，他们之中与姜嫄同辈分的其他姐妹之间也会有与之通婚的事。他们这种婚配的结局：虽然也要生男育女的，但是，他们这些女辈生子是谁，这还不能像弃一样而有文献来记载。但是，人类包括姬周氏族在内，当时进行繁衍生息的这种历史事实是无须怀疑的。由此来看，姬周氏族在周原地区长期形成的根深蒂固的这种通婚关系，哪怕它还是处在母系社会末期，或是父系氏族社会最初阶段的血缘关系，只是由于这种固守性的历史特征，在当时要使他们尽跟姬周弃后稷或其他世后稷而要全部东行带到山西晋南闻喜等地去确也不可能。

总的来看,在周原地区从姬周弃"即邰"以后,直到古公亶父"来朝走马,止于岐下",或是至商王祖甲之时,即是在"先周文化"史前最早的记载时间以前,而于此所说的这些都与杜水漆水有关系。在杜水和漆水经流的地方,当时一直还有"姬周人"或"姜氏族"在此长期居住;当时在此居住的这些先民,或者可称之为早期"先周人",或是早期先周人之前周弃时代最初的"姬周人",甚或更早时期或可属于与炎帝后裔姜嫄时期有关系的黄帝族一支姬周族远祖。因为先周族早期的社会形态,或是早期姜氏族的社会形态,人际之间的关系,仍然都是以血缘和地缘关系为纽带②来维系的。而这个时期在周原地区的"先周人"姬周氏族或早期的姜姓氏族,实际上也就是当时在周原地区当地融合者姬周人。其源头仍然当是分布在周原地区当地的客省庄二期文化,即陕西龙山文化时期的龙山人。这个时期的绝对年代一般是距今4600—4000年左右,已经是处在中国古代文明产生的前夕了③。这个时期农业进一步发展,人口显著增加,到处都涌现出较大型的定居村落③。这个时期,姬周人早期先后在陕北、陇东及关中活动过的地方"有邰"、"北豳"、"古豳",周原以及泾渭杜漆流经地等,除北豳(今庆阳)在甘肃陇东外,其他皆在陕西西部。而早期的周人和姬周氏族应该是起源于陕西西部甚或说是陕甘等地区的土著氏族,这是完全可信的。他们主要是定居在周原;同时也有入晋迁徙的事。

三、"周"源于"周原"说

"周人"与"周原"何者为源的说法很多,我认为主要有三说。

(一)"周"源于周原地理环境说

《释名·释州国》以为"周地在岐山之南,其山四周也。"王先谦《释名疏证补》引毕沅语曰:"当云周舟也,在岐山之南,其山四舟也。"这里,从古字讲:周与州,周与舟通义。"周"源于周原地理环境说是有道理的。由于1976年在陕西岐山凤雏村发现了大型甲组宫室建筑基址,其中出土了殷末周初的甲骨文,其中有"周邑"、"祠,自镐于周"等周字,均作田形;在此,这个"田"字或因其形似周原地理地形,从而由此演化出这样一个形象的"田"字来,也是可能的。这里,与"周"同义的"州"字形象字"峀",与周原甲骨"田"字有无源头的联系后边待考。但文献有"周原朊朊"(《诗经》),"华周"(《左传》),"华州"(《汉书》)等音义相同的"周"、"州"这些字形出现;文献出现的这些同音同义人名、地名,尤其周原的地名"周"、"州"等字,均可补证文王时期周原甲骨文"田"字,甚或还可补证商武丁时期殷墟"田"字。而且由此证明:这些"周""州"字在演变过程中发育发展的特点:由峀(象形文)——卅(殷墟一期甲骨文)——从(周早期金文)——州(现体楷文);或由囗、囲、圀(均为殷墟一期甲骨文)——圐(西周早期金文)、思(殷末周初周原甲骨文)——围(周晚期金文)——周(现体楷文)等"周""州"两字这样演变发展象形的或者会意的现式楷体字来;而这种一直逐渐演化到现式楷体"周""州"二字的思路给人启示的是:可以说这些字的演化发展或者说其根源最终均是出不了陕西周原这个地理环境和地形条件;而像"周原朊朊"的"周",看来也正是这些同音同义的"周"或"州"从无到出现、从简到繁体,或者由形象的"州"演化到会意的"周"字出现;进而可谓"周原"地名"周"字的演化形成。"周"源于"周原"、"周原"

源于"周原"地理环境说:"周在岐山之南,其山四周也",言之有理。"周"字的象形发育、会意形成看来是离不开周原的。因为《诗经》亦谓:"周原朊朊,堇荼如饴",不光说的是周原自然环境好,而且谈的是周原地面广大、土地肥沃:西临千河、东濒杜漆、南涉渭水、北依岐山的广漠原区的确是属于适宜耘耕的好地方。"位于关中西部之陇东,南接秦岭北连岐山等低山丘陵,使周地'被山带河、四塞以为固'"⑤的这个周原原区,正是形似"四周"被山与河包围的周原地区。

(二)"周"之字形源于沟洫农业说

周和远古农业的发展关系也极密切。《诗》:"周原朊朊"的"周"字盖指囲之本字。因周为农业社会,以后稷为祖,"故造字象⊕中有种植之物以表之,纵横者,阡陌之象也。"⑥或为"金文周字作囲、作周从田中出来,可见周地是块活壤"⑦。周原甲骨文"周"字作囲(岐 H11:82)、囲(岐 H11:84)、甲(岐 H11:117)、由(岐 H11:52),殷墟甲骨文亦有作田(乙 2170)者,金文则可见甲(无画鼎)、⊕(莫鼎)、囲(散盘)、囲(善鼎)、囲(盂鼎)、囲(录伯簋)、囲(格伯簋)者更多。这些甲骨金文"周"字的特点:外纵笔上下多出头,可知象田土说不确,但仍离不开田间"田"的形象。高鸿缙说:"按田或囲字原象箱箧周密以藏宝玉之形,故托以寄周密之意"⑧。此说则更接近"周"之形象。这里,我们从"周"与"舟"两个同意通义字之中横竖笔画为特点,如果说它们此形可能正象征着早期周人在农田中阡陌纵横沟洫的土隔梁或垄坎而更有说服力了。因为"田"或"囲"等字更近于"田"字。灌溉农业:即沟洫农业在禹末与后稷时代就有了;而"田"和"囲"等这样的古"周"字在远古发展时期则之所以提出要从周原来考证,是因为它的形成也离不开周人及早在周原发挥开拓周原农业这个历史前提。我们知道,周先祖弃后稷的教稼事业首先就是从周原"有邰"兴起的。而"周"这个字当然最早也应从此而开始发萌,即是说它首先应从周文化本源说的周原地区当地来探索更适宜。同时,我们已知武丁卜辞中的"周方"是指在渭水流域所建的母系社会姜嫄国。这个"周方"就是商人当时对姜嫄国的称谓。这也是周弃的外家国。《说文》段注:"《渭水篇注》曰:'岐水又东迳姜氏城南为姜水。'"(按姜水在岐山南下周原一带。)这就是说,从武丁时我们就知道了周原这块地方已称为"周方"了。这里称谓的"周方"当然是指周原这个地望来说的。此所谓的这个"周方"就是对周原这个地望开始最早的称谓。"炎帝族和姬周族发展兴起的根据地可以说均在周原。这两个氏族,一个在此播种发明了农业,一个在此播种发展了农业⑨。"而我们从周原原始农业发展中来探讨"周"源于周原农业经济所反映的文字文化"周"字演化发展,这大概是一条可能正确的途径。

特别是武丁卜辞"周"、"周侯"和"周方",殷墟甲骨文的时间"正值武丁在位"⑩,亦即公刘下传七世高圉时。从当前来说,这类资料说明在殷墟卜辞中的"周"、"周侯"和"周方"肯定不是姬周族之"周"。因为古公亶父自"邠(同豳)迁岐周"的时代,大概就是《古本竹书纪年》和《后汉书》所载之武乙时代,因为这个时间离商武丁时代已经相隔了百余年,这说明"商周关系早在武丁以前就开始"⑪。也就是说在商武丁以前,我们知道了商人称"周"、"周侯"和"周方"的这个"周"是指"周原"的周,即是对周原的称谓了。而这是何等宝贵的资料啊!古《孝经纬》有言:"古之所谓氏者国也。"我们可由此推测,"古帝所探之氏国言,非指号言(原注:如盘古氏即盘古国也)。"因而

"周"、"周侯"、"周方"的周皆源于周原之"周"者则通⑫。这正说明"周"源于此和周人长期在周原经营农业、开拓文明而有着密切关系;对周原"周"字的形成,并由此这样推测其会意"周"字根据是可能的。

(三)"高平原"称周原的"周"说

"周"之字形还有人以为:是因其周族形成后,所居"高平曰原之地,才被称为周原"⑬的。这里的依据就是"氐羌"的"氏"字古音方言变读念周说。从周文化西源说来看,我们已知:"氐羌"氏族的一个种落,即氐古族也是周族周文化的一个源头。在殷商时期,它一直分布在今陕甘等省,从事畜牧和农业⑭。"氐羌"居岐以后,它谈到自己部族时仍称"氏"。但由于语音发生变化,它形成了新的方言,就是把"氏"念成了"周"。这个验证⑮是从古音方面可以得到的。刘起釪说:"顾颉刚先生曾启发我从语言上探索"周的来源,因此我注意了这个问题。他"试从'周'的语源上考虑",论证"周的古音渊源于氏,周字等于氏字的后起字,从而得到'周'原出于'氏'的结论⑯"。这里,有关"氐羌"情况,卢连成在《先周文化刍论》一文也说过。他说:"寺洼文化遗存所代表的民族,可能就是史籍、文献记载的羌氏。他们之中的一些部族已经和周人融合一体。在与商人的长期斗争中,羌氏民族和周人结成了稳固的后方基地。"同时他还说:"商周时期,寺洼文化曾进入至关中平原。凤县、宝鸡濛峪沟、竹园沟,扶风周原都发现过寺洼文化。根据天水庆阳等地资料,寺洼文化的下限或可延至西周晚期至春秋。寺洼文化的上限,目前没有发现明确线索,它的文化特征与先周文化相类似。其流行的年代也可能相当于商文化的殷墟阶段。更早的遗存,上限或可到早商晚期。"⑰这就是说,寺洼文化所代表的民族就是"氐羌",而且他们之中的一些部族已经分布在陕甘或周原,并同周人融合在一体。就文化来说,其下限已延到西周晚期至春秋时,而上限则可到早商晚期,即周人公刘时。这样,卢所谈的情况就给所谓的"周原"源于"氐羌"氏族古音方言变化念"周"说提供了文化依据,并且对其历史证明也可到公刘年代,即比商武丁卜辞"周方"时代还要早到150余年;岂止至此,甚或还要早到齐家文化时期。这样来看,"氐羌""氏"字的古音变化念"周"说也是可以成立的。但是这种说法所断定"氐羌"人所涉到周人来后的时间却不会太早。因为:第一,从"氐羌"氏族代表的寺洼文化分布来看,虽则上限时间"也可能相当于商文化的殷墟阶段",甚或"可到早商晚期",但此仅根据其文化特征与先周文化相类似的特点来分析的,并无"明确线索"来证明;第二,这个时期的周人高圉时,即商高宗武丁时,甚至由此向上再可索到七世至公刘时,而在这个较长时期的周人高圉或公刘还处在古豳旬邑或北豳庆阳"戎狄之间"活动⑱。此时,这些姬周人还未来到岐山和扶风等周原地区;至少这些周人这时还代表不上已到了周原地区的"氐羌"部族。因此,张天恩撰文在《先周文化早期相关问题浅议》中说的,"《诗·殷武》和武丁卜辞有关记载,说明在关中而与商文化发生过关系的有氐羌和周人。因而商文化遗址中的地方因素,应与氐羌或周有关。""或周有关",看来指的是原先遗留在周原一直没离开定居着的老户——姬周人。"也就是说这类地方文化因素,仍不失为寻找和确定更早的先周文化是个重要的线索。"⑲由此看,所谓"周原"高平曰原的"氐羌"变音方言念"周"的说法根据证明不仅也有力,同时由此认为周人的"周"源于"周原"的这类说法仍不失格调。

（四）周人和周原的"周"源于何者

这里我们主要谈了"周"源于周原地理环境说和农业文化说两种。同时，我们也谈了周原还源于早周文化西源说——"氐羌"部族"氐"字的古音变化方言念"周"说。这三种说法，我认为前两种说法更有道理。前两种说法，一方面不仅使从"周"源于周原的四周环境上而轮廓形象地说明了演化的这个文字"周"字的形成，并发展成为今天现体周字这样的一个特点。另一方面更重要的一点，使之从"周"字源于周原这个远古农业经济发展的过程中而历史地、富有规律性地使它演化发展成为今天这样一个现体"周"字。这从考古和文献资料看，"周"字的原生性、发展和形成的渊源地区就目前而言很可能就在周原。主要原因，是由于我们今天出土了殷末周初的甲骨文"田"字，或西周早期的金文"田"字不只是大量发现在周原地区，给"周"源于"周原"渊源的考证提供了充分证据，而且出土的这些甲骨或金文"田"及"田"字的正方框架及笔画与现体楷"周"字形状也很近似。就时间前后来说，殷墟甲骨出土商武丁时的"田"（乙2170）字，还与商武乙时时间相隔百余年，即周太王到岐后。而由周原出土当时的甲骨文"田"（岐H11:52）字经相比较，彼此之间的横竖笔画、正方框架不仅相同，而且它们两边纵笔上下出头的特点也很近似，特别是均含具有"田"字特点的内容而呈方块形。这就充分证明这类古"周"字在长期发育发展过程中与我国周原原始农业文化发展的特点关系的确是很密切的。同时我们已知，商武丁时殷墟文化甲骨"田"字所指的"周"地名，就是指当时陕西关中周原来说的。也就是说，周原的"周"名也还可证明到商武丁时，即由此前述的周人高圉时。这时，与"周"同"州"的另一个字形"州"，即殷墟一期甲骨文"州"字，此象形字与周早期金文"州"字三竖笔画呈纵笔弯曲，并在其中竖形笔画中腰部呈含田字形小方块。这类字形特点，明显地说明与沟洫农业发展有关。甲骨文"州"字形象的早期字与更原始的"州"的形象渊源字肯定在发展中是有关联的。但此字如果从周原的当时地理环境和地形以及其农业文化在发展过程中对其"周"字发育发展时所依赖的重要性来理解的话，是不无道理的。例如："州"的三竖，纵笔可否为其流经周原地的渭水、沣水和杜漆三水域，三竖其中间夹带的"州"三个小方形可否就象征着周原地区的田间塬区网络方块。因此，这个早期形象的"州"字，可否就是随着周原原始农业的发育发展，而渐次发展成"州"或"州"，直至成为即今楷体"州"字而不是不可能的。由此推想：周原的"周"字，其母体字或要受到在此发育发展过程中的影响，譬如说周原甲骨文"田"字可能在发展中而受到此种影响演化发展成为这样一个"田"字也不是没有可能。因此，我们就这个周原甲骨文"田"字，来联系周原地区的地理地形作个示意图解来说明"周"字的渊源雏形也不是没有道理的。例如田字两边纵笔形似周原南北两厢边的渭水及杜漆，顶盖横端如周原地区西边的千河，其中中间中竖可喻雍沣，两短横隔可为横（横水）龙（龙尾）横叉而呈"田"方状的周原田野，而中纵笔底梢所接"口"，犹如雍沣及杜漆二水支流最终汇集入渭时之"口"处。在此，我们来这样会意周原甲骨"田"的演化过渡到"周"字的发展特点，这不仅是对一个"周"字的母体字周原甲骨"田"字的象形图解，而且由此演化过渡到现体楷形"周"字也是很有可能的。"周"字在远古发育形成过程中，即是黄帝时代仓颉在周原传说中发明这个"周"字时，可能也不会离开周原这个地理地形条件和农业文化特征的启迪。"周"源于周原确是有理由的。同时由于今天分布在周原地区，即其岐山鲁家庄、西庄、周家、北阳、丁童家等村落，仍然有周姓族人于此世世代代定居的氏族史实也可以佐证。

四、武丁卜辞"周方"地望的试述

这里，周人是属于周原地区发展起来的一个部落族属，这在我们看来是没有疑问的。但是，周与周人周原族属的地望问题，而此在前虽有所提，但是他们早期在周原"周"的地望及渊源仍然是一个需要深入探讨的问题。

我们知道，关于古公亶父迁岐的事不仅文献有载，而且在殷墟卜辞中也有大量关于"周方"的记载。《殷墟甲骨刻辞类纂》收录有关周方的87条卜辞中，武丁时期的就占80条，其内容记载了商周之间发生过的一场大战和密切往来；武丁以后的卜辞只有7条，内容简略，不明详情。范毓周认为武丁的"寇周"、"戋周"是古公亶父去豳迁岐的原因[⑩]。但是据《古本竹书纪年》记载：武乙三十四年季历来朝，又记载文丁杀季历，可知季历在位约与武乙后期文丁前期相当，在武乙和武丁之间还隔有祖庚、祖甲、廪辛、康丁两代四王，因此古公亶父去豳迁岐绝不可能早到武丁时期；那么，照此推算武丁时期的周人应当还生活在豳地[⑪]这符合历史实际。这里，豳地大致在泾水上游地区，是指周人当时活动的北豳和古豳两地来说的。周人当时的活动区即豳地：实际上大致是在六盘山以东、陇山以北、子午岭以西这样一个群山环抱的半封闭地域，其西有寺洼文化、辛店文化，其东北有光社文化，其南有商文化。由于受到光社文化的逼迫，这时的周人活动就不可能向东北转移，向西也有辛店、寺洼文化的阻拦，因为这两种文化也试图向东扩展，其南部为商文化，也是不会容忍先周文化介入的。在这种情况下，早期徙走的周人只好回老家，与姜姓部族及原居在漆水流区的先周人联合，共谋生存和发展。这正是《孟子》所说的"去之岐山之下居焉，非择而取之，不得已也"的真实原因[⑫]。但是，在古豳范围长武这一带分布的也有先周文化遗址群，其年代大体在先周二期，这说明在古公亶父迁岐之后，而周人仍然有聚居在这里的[⑬]事实。特别是长武碾子坡文化早期的年代被估为稍早于太王迁岐时期，这时大致与殷墟二期文化相当[⑭]，即碾子坡人"早期居住遗址的年代可以早到太王迁岐之前"。这说明古豳在太王迁岐之前确是"周人所居之豳地"。因而就有人针对这种情况提出问题说：这是意味着武丁时期卜辞中所见的"周方也就指在此地（豳地）"[⑮]了。如是这样，就与我们认为的武丁卜辞"周方"所指的是周人对"周原"地名称谓"周"的说法有所矛盾了；同时由于商周关系早在武丁以前就已经开始。1973年8月在陕西扶风的白家窑修水库时曾发现有一批陶鬲、陶豆、陶罐，与河北藁城台西遗址中出土的相似，时代大体相当于殷墟文化第一期[⑯]。因此，邹衡认为："岐山、扶风一带确实分布有相当武丁以前的商文化遗址与墓葬。"[⑰]由此来看，周人当时在周原与古豳两地显示的同时存居的特点岂不就更加突出了吗?! 但是，这些涉及武丁时代称"周方"为"周原"或"古豳"周人地望问题，经我们从周人当时两地分布的族属关系来分析，实际上也是清楚的。

我们应该注意的是：古豳地在周人迁入之前绝不会是个中空地带。它是有其他人群。《史记·周本纪》云："古公亶父复修后稷、公刘之业，积德行义，国人皆戴之。薰育戎狄攻之……乃与私属遂去豳，渡漆沮，逾梁山，止于岐下，豳人举国扶老携弱，尽复归古公于岐下。及他旁国闻古公仁,亦多归之。"在此记载涉及了几种人群,有私属、国人、豳人、薰育戎狄、他旁国等,都是与碾子坡早期年代相当的[58]。但是他们的考古文化是否相同,碾子坡遗存是属哪种人所留,这须要分清。上面所举的人群有多种,而古豳地所见商周时期遗存,现知仅三类:其一是先周晚期到西周的遗存,年代较晚,无须多论;其二为寺洼文化,胡谦盈指称其为戎狄族——薰育的文化遗存[59],姑且认可,就算戎狄薰育文化有了着落;其三是碾子坡一类遗存,如将他旁国计在古豳的范围,再把私属和国人均作周人看待,但豳人和周人可否等同,是否使用相同文化,仍须考虑。我们知道,当初,刘家文化与先周文化的区分,就是从高领袋足鬲与联裆鬲的差异来认识的。而同刘家文化有渊源关系的碾子坡文化与郑家坡文化,它们是使用了不同系统的陶鬲,亦暗示了其代表的是不相同类型的文化体系。但是,碾子坡早期尚可见到少量联裆鬲,晚期却只有袋足鬲,似说明迁岐后先周因素联裆鬲随之而去了,留下的袋足鬲可能不是先周文化的因素。早期所见甚少的联裆鬲或周人居豳时对碾子坡一类遗存的影响,如果其不是周人的遗存,则系豳人文化的可能性尤大。同时我们还知:周人本为擅长农业的民族,史无异说。而碾子坡居址家畜骨头特多,表明其畜牧业发达,与史传相悖。但这反证了碾子坡遗存的确不属周人,而是豳人的文化遗留[60]。因此,在泾水上游继续寻找居豳时期的先周遗存将是该地区研究的一个新课题。但是,就目前所知,被认为早于太王迁岐,并被指称为早期先周文化或先周文化一个类型遗存,大致有三类:一、漆水流域的郑家坡早期为代表的遗存;二、宝鸡市附近以金河、石咀头等处为代表的刘家早期遗存;三、以碾子坡早期为代表的泾水上游地区的一类遗存[61]。其中第一类遗存在关中西部周原地区及其以北的长武、彬县等地我们已经知道。这些地方都发现了先周文化遗存,有的学者比较了这些地方的材料与郑家坡的异同,确定其年代在公刘之后,太王之前,与郑家坡早、中期相近,这就正好与公刘迁豳(指古豳)时先周早期文化相印证。以武功郑家坡早期为代表的先周文化遗存,是目前先周文化本源说在周原地区的主要内容;这说明了周原地区与古豳地区在此一点上是属于一个相同的文化类型而同时在古豳也有发展。第二类遗存,即金河等地刘家文化一、二期遗存,年代我们推断为二里冈上层和殷墟一期[62],与关中第二期商文化的年代相当或略早。但刘家文化一、二期的代表器物高领袋足鬲、单耳、双耳、腹耳的高领的圆腹罐,与益家堡一期关中地方因素的联裆鬲、折肩罐等,没有共同之处,可证益家堡的地方因素不是刘家一、二期的特征,即其不属于刘家文化。刘家文化与氐羌民族有关。因此益家堡的地方文化因素,也就并非与氐羌文化遗存有关。但在益家堡一期内,"其中完全确有两种不同来源的文化,其一就是刘家文化的因素。"这样就不难看出益家堡一期中的关中地方文化因素,实际就是郑家坡早期文化的反映。同时在关中地区从中还可看出,与商文化有关的氐羌文化既然已和刘家文化相对应,那么这类地方文化也应就是周人的早期文化遗存了。甚至与郑家坡早期的基本特点相同;由此所证明的郑家坡早期类型,就是目前所知道的先周文化的早期遗存。同时也证明了"碾子坡遗存的确不属周人,而是豳人的文化遗留"。而此也正是刘家类型的文化,亦即与之相对应的氐羌为代表的寺洼文化。如是这样,这也正是先周文化的一源。既是如此,可以说明在太王迁岐之后,属于古豳长武碾子坡早期的豳人文化也是属于依然留在古豳地带先周人的早期文化。而这样,就自然地出现了古豳地区这种先周文化,并与周原地区郑家坡先周文化早期阶段同时存在发展的局面。这就是说:原来仍留在周原的周人长期于此在继续不断地发展着;同时,以氐羌为代表的寺洼文化及其氐羌氏族,"殷商时期"也发展到周原来。氐羌部族居岐以后在此仍然也称"氐"。同时由于古豳长武碾子坡文化早期遗迹所证明;他们仍是遗留在古豳的"氐羌"人,与此同时一直在古豳活动着。这样,上古豳下周原先周人当时所分布的这些地方特点从考古文化范围来看:周原与古豳当时南北呼应,似乎也早就连成一片了。由此来说,武丁卜辞所谓的"周方",它当时被商人所指的地方不只有商武丁时期周人活动过的周原,而且也应含有与武丁同时期活动的周人高圉也在古豳活动的地方。武丁卜辞"周方"所要指的周原、古豳等这些地方,从当时的历史事实来看,也正是这样。例如:在商高宗武丁时期,当时居于豳地的商朝属国姬周族,经常受到戎狄的骚扰。我们已知,从公刘下传七世至高圉,正值商高宗武丁在位[63]时。高宗伐鬼方,三年克之(《周易·既济》),以高圉为首的姬周族同时很可能也参加了武丁对鬼方的战争[64],这说明商人和周人相处得很和睦。所以武丁卜辞对于当时散居在这些地方活动的姬周族人,泛称其为"周"、"周方"、"周侯"确是合乎实际的。特别是在公刘时期,即商代前期稍晚阶段亦即武功郑家坡先周文化早期阶段[65],是他还在北豳时,他"虽在戎狄之间,复修后稷之业,务耕种,行地宜,自漆沮度渭,取材用","百姓怀之","周道之兴自此始。"(《史记·周本纪》)这里"自漆沮度渭,取材用",是说他的姬周族人是由当时北豳庆阳地区南下"度渭"、"取材"时所经的地区"漆沮"而仍是周原地区。这说明公刘在"北豳"时,就为了"周道之兴",为了他们周人"原始宗邑到城邑国家的发展",在奋发开拓时还与周原地区往来着。这就是说,武丁卜辞中的"周"、"周方"及"周侯",其范围不只指到了周人高圉时,而且还可指到公刘在北豳和古豳时活动的范围及其周原连在一起这一大片的地方而称"周"、称"周方"及"周侯"了。同时其范围甚至于连在渭水流区"有邰"所建的母系社会姜嫄国也都包括到了。"周原的姜族来源于西羌,是和姬族"世为婚姻的"有邰家室"[66]。但是关于此点,正如徐中舒先生认为的,在此所谓的"周方"纯指是周原的地望来认识的。这就是说,周原原地名的"周"号由此来看,是可以追溯到姜嫄时代,或者可追到客省庄二期文化即关中西部龙山文化双庵类型中去,甚至向上也可追溯到客省庄一期文化,即周原庙底沟类型王家嘴遗址的仰韶文化中去。这样认识才是合乎规律的。

五、周原圣地

总的来说,姬周弃后稷当时作为周族第一代男性祖先,由于本身农缘(长于农业)、政缘(受封后稷于邰)的原因,特别由于地缘(尧舜禹其都具在山西,此地并是称为"夏墟"[67]的地方)以及俗缘等原因,他或不窋率姬周族早期一些周人由陕西武功有邰入晋到"夏墟"地带,参与夏后氏联盟治水,且管农业。由此分析的这一看法,应该说是可信的,因为"禹花了10年左右的功夫,治理了水患"。禹不仅带领群众平息水患,而且"尽力于沟洫",开垦土地,发展生产。在农业生产中他自己"身执耒臿,以为民先",带头劳动[68]。由此看,大禹请姬周氏族去晋参与治水并务农,这是顺理成章的事。同时,随着夏后氏政衰,"启死后,五个儿子互相争权夺位,刚建立的夏王朝又迅速地陷入到分崩离析的状态。"[69]颛顼后裔后羿,利用夏后氏的内部矛盾,迅速取代了夏的统治。后来仲康子相逃到帝丘(今河南濮阳)依靠斟灌氏同姓势力才又即位[70]。此期间约近百年。就在这个时期,入晋的周人也是失掉了后稷之官。《国语》记载不窋失官以后"自窜于戎狄之间",即当时太原一带。也即所谓的光社文化地区[71]。周人在此一个时期,渡河而西,到达陕北陕甘,经营于北豳(今甘肃庆阳一带)地区。

周族自弃以后,经不窋、鞠传到公刘,自不窋,特别是自公刘开始便发展北豳;并由公刘迁居到古豳或西豳(今陕西旬邑、彬县一带)。古豳这个地方,"相其阴阳,观其流泉"、"度其隰原、彻田为粮"[72]。这是种植黍稷的一个好地方。所以,周族到了公刘时重步始祖弃后稷之后尘,最早活动在庆阳,后又在长武、旬邑、彬县等地区经营发展。他在北豳经营时,为了发展农业,还曾使人远渡渭水来采取南山(今之秦岭)之磨刀石[73],"自土漆沮度渭、取材用",来往于北豳与"邰"地之间而没忘和周原的来往。由此可见,公刘经营北豳及古豳在姬周族早期历史上是有很大贡献的。

周人在北古二豳经营农业时间很长。公刘自北豳迁至古豳,经过庆节、皇卜、差弗、毁瑜、公非、高圉、亚圉、公叔祖类等又传了九世,到了第十三代祖古公亶父即太王时代。据石璋如在《传说中周都的实地考察》云:"周人先世选择他们居住的地方有一段曲折的历程。……迁徙到豳,即今陕西彬县、旬邑一带。在此居住了三百多年。"[74]这个时期周人经公刘、高圉、亶父等人的竭力经营,周族于此已经有了较为发达的农业和家畜饲养业,生产产品也有了剩余。这时,周人历史的发展阶段正处在原始公社制逐渐解体时期[75]。即处在从公刘到古公亶父属于原宗邑即中心聚落时代。这是一个不平常的阶段,是一个由史前向文明社会过渡的时期;从古公亶父开始是周人城邑国家确定的时期[76]。这时,已到了商代后期。周族首领传到古公亶父时,由于迫于北方戎狄的逼迫遂不得不离开古豳,在古公亶父率领下向南迁移。去豳逾梁山西至于岐下,即迁到今天岐山县箭括岭(即岐山)之南的平原地区——周原。

周人在周原,"乃疆乃理,乃宣乃亩,自西徂东,周爰执事。"[77]由于重视农业,所以他们对于天时的变化[78],节气的更易,利用水源、从事农田[79]等都很注意。由于这样经营,农业不断发展。周原确是先周发展农业的一块好地方。"周原膴膴,堇荼如饴",周人盛赞这块地方。由于周原土地肥美,宜于耕植,太王喜之,于是他们就此定居下来;从此开始正式称自己为"周方"了。之后,他们在此整顿部落组织,规划土地,营建房屋居邑,设置官吏;便开始从原始氏族社会跨入阶级社会,逐渐强大起来,建立了奴隶制国家就叫周。姬周人,他们在周原艰苦经营,又经过了一百多年[80]的努力:从太王经季历、文王到武王翦商,才正式建立了周代王朝[81]。

周人进而为了向东到河洛之间发展翦商,夺得更多更富庶的地方,因而他们更加凭借周原这块有水源、植被和森林的理想地区。这不仅适于农业狩猎,而且还能经常捕鱼:"猗与漆沮,潜有多鱼。"[82]同时这个漆沮之地的河流,虽小但有舟楫之利,过雍沛而南距渭河不远,渭河还可行船;周人迁到周原后,更会充分地利用渭水的交通条件。因此说,周原地区当时的自然条件,为他们积聚财富提供了优越条件,必然能够促进姬周氏族更加兴旺发达。

周原不仅是先周人长期坚持经营曲折奋进发展的历史宝地,更是周族强大进而翦商称王的历史圣地。先周族与周原的历史是中国文化史上光辉的一页⑧。

参 考 资 料

①②⑥邹衡:《再论先周文化》,《周秦汉唐考古与文化国际学术会议论文集》,《西北大学学报》增刊。

③史念海:《周原的变迁》,《陕西师范大学学报》,1976(2)。

④⑪⑭徐锡台:《西周诸王征伐异族的探讨》,《陕西省1984年4月考古学会论文》。

⑤⑥徐中舒:《周原甲骨初论》,《四川大学学报》丛刊。第十辑第3、4页。

⑦⑥王子今:《说"周""舟"通义——兼论周人经营的早期航运》,《第二次西周史学术讨论会论文汇编》(中)第536页,1992年10月于西安。

⑧㉖张紫晨:《史前民俗概观》,《史前研究》,1985(3)。

⑨⑩㉑黄怀信:《先周族及其文化的渊源与流传》,《周秦汉唐考古与文化国际学术会议论文集》,《西北大学学报》增刊。

⑫任周芳:《姬姜两族关系浅探》,《文博》,1986(3)。

⑬李学纯:《崆峒山道教·传说中的神仙与名道》,《平凉文史资料》,1981年6月,第二辑第144页。

⑮仇非:《天下道教第一索隐》,《平凉文史资料》,第144页。

⑯⑲穆长青:《桥国的版图与都城规模》,《中华文化》,1993(1)。

⑰柏明、李颖科:《黄帝与黄帝陵》,《陕西省地方志资料》丛书。

⑱《新唐书》。

⑳㉝㉞严文明:《中国史前文化的统一性与多样性》,《文物》,1987(3)第39页。

㉑㊴张洲:《宝鸡及周原地区原始农耕文化》,《93中国宝鸡炎帝节·炎帝与姜炎文化学术研讨会会刊:炎帝与姜炎文化学术研讨会论著题目》。

㉒黄怀信:《周族的源地与迁转》,《陈直先生纪念文集》,西北大学出版社,1992年5月。

㉓徐锡台:《早周文化特点及其渊源探索》,《文物》,1979(10)。

㉔㊱尹盛平、任周芳:《先周文化的初期研究》,《文物》,1979(10)。

㉕于省吾:《泽螺居诗经新证》卷下。

㉗谭其骧:《汉书地理志选释》,《中国古代地理名著选读》第1期,科学出版社1959年版第62页。

㉘《马克思恩格斯选集》第四卷第一本第477页。

㉙李星万、叶丽璨:《社会学基础》,湖南人民出版社,1987年1月,第358页。

㉚黄春长:《渭水流域全新世黄土与环境变迁》,《地理研究》,科学出版社,1989年8卷1期,第28页。

㉛段连勤:《先周的婚姻外交与周氏族的崛起》,《西北大学学报》(哲学社会科学版),1988(4)。

㉜刘军社:《对先周文化涵义的一点认识》,宝鸡市考古队。

㉟庞德谦:《试析西周文化的生态基础》,《第二次西周史学术讨论会论文汇编》,第590页,1992年10月。

㊱周法高:《金文零释》,《中央研究院历史语言研究所专刊》之34(台北,1951年)。

㊲余永梁:《易卦爻辞的时代及其作者》,《中央研究院历史语言研究所集刊》第一册第一分册(1928年)。

㊳高鸿缙:《中国字例二册》,台北广文书局 1960 年版,第 204 页。

㊵郭沫若:《中国史稿》第 141 页。

㊶方述鑫:《姬周族出于土方考》,《第二次西周史学术讨论会论文汇编》(上)第 339 页,1992 年 10 月。

㊷杨希枚:《再论先秦姓族和氏族》,《第二次西周史学术讨论会论文汇编》(中)第 618 页,1992 年 10 月。

㊸㊻刘起釪:《姬姜与氏姜的渊源关系》,《古史续辨》,中国社会科学出版社 1991 年版,第 188 至 189 页。

㊹《辞海》,上海辞书出版社,1979 年版第 1523 页。

㊼卢连成:《先周文化刍论》,《周秦汉唐考古与文化国际学术会议论文集》。

㊽㊿⑥段连勤:《丁零·高车与铁勒》,上海人民出版社 1988 年 6 月第一版,第 61—64 页。

㊾⑱⑳㉒张天恩:《先周文化早期相关问题浅议》,《第二次西周史学术讨论会论文汇编》(上),第 358 页。

㊿范毓周:《殷代武丁时期的战争》,《甲骨文与殷商史》第三辑,上海古籍出版社,1991 年。

⑤⑬⑮叶文宪:《先周史与先周文化渊源辨析》,《第二次西周史学术讨论会论文汇编》(上)第 378 页。

⑫刘军社:《太王"剪商"史事辨》,《第二次西周史学术讨论会论文汇编》(上),第 406 页。

⑭中国社会科学院考古所泾渭工作队:《陕西长武碾子坡先周文化遗址发掘记略》,《考古学集刊》,中国社会科学出版社。

⑯罗西章:《白家窑出土的商代陶器》,《文物》,1977 年,第 2 期,第 86 页。

⑰邹衡:《夏商周考古学论文集》,第 335 页。

⑲胡谦盈:《论寺洼文化》,《文物集刊》,1980 年第 2 辑。

㉕朱君孝:《周族的起源及其迁徙》,《第二次西周史学术讨论会论文汇编》(上)。

㉗"姜"、"羌"同源,参见郭沫若著《中国史稿》第一册第 142 页。

㉘㉙㉚同㉗第 132、138、139 页。

㉜㉝《诗经·大雅·公刘》。

㉞⑧石璋如:《传说中周都的实际考察》,《历史语言研究所集刊》第 20 本下册。

㉟江开任:《西周的丰京和镐京》,《长安史话》,西北大学出版社。

㊱王震中:《西周城邑文明的起源》,《第二次西周史学术讨论会论文汇编》(上),1982 年 10 月。

㊲《诗经·大雅·緜》。

㊳《诗经·大雅·云汉》。

㊴《诗经·小雅·白华》。

㉛《史记》——一〇《匈奴传》。

㉜《诗经·周颂·潜》。

㉝陈全方:《早周都城岐邑初探》,《文物》,1979 年,第 10 期。

第二节 周原先周文化的继承和发展

一、先周文化的焦点问题

30 多年来,特别是近几年以来,学术界比较关心先周文化。对于它的研究,目前也有很大进步。尤其是武功郑家坡，扶风北吕、刘家，长武碾子坡等早于西周的遗址、墓地资料的公布，引起了更热烈的争论。其焦点是对太王迁岐以前的先周文化早期的认识[①]；对先周文化的来源就有种种推测。如：有的提出，先周文化可以分为两期：第一期，以斗鸡台墓 N_3 和耀县丁家沟墓为代表，年代约相当于商的廪辛至文丁时；第二期以斗鸡台墓 K_4 和泾阳高家堡为代表，年代约相当于帝乙、帝辛时，并认为先周文化含有商文化、光社文化、辛店和寺洼文化诸因素[②]。看来，这是属于对其历史较晚的一种说法；有的认为先周文化是客省庄二期文化，即陕西龙山文化的基础上发展起来的[③]一种文化。看来，这是属于对其历史较早的一种说法；有的还认为先周文化以高领袋足分裆鬲著称，客省庄二期文化晚期以单把联裆罐形鬲为特征，两者不属于一个谱系。先周鬲是有渊源的，从这个角度看，很难把客省庄二期文化说成是周族的原始文化[④]。看来，这可能是属于其历史偏中时的一种说法。同时，史学界也有不少学者还认为周族起源于山西的汾水流域[⑤]，等等。我们认为这些问题其核心是确定太王迁岐以前的先周文化是什么？不这样看，就无法使这一课题深入讨论下去；认不出更早的先周文化，而去探讨诸如先周文化的渊源、发展和特征等问题，自然会出现逻辑上的混乱。当前学者认为早于太王迁岐以前，并指定为先周文化的遗存，大致有三类：（Ⅰ）漆水流域以郑家坡早期为代表的遗存；（Ⅱ）宝鸡市附近以金河、石嘴头等处为代表的刘家文化早期遗存；（Ⅲ）以碾子坡早期为代表的泾水上游地区的一类遗存[⑥]。然而，我们要确定姬周人早于迁岐以前的先周文化，首先仍是要从它的渊源入手来探讨。

二、先周文化的继承和发展历史

先周文化渊源问题，从它的起源发展特征来说，有其独特影响的一方面，也有相互关联的一方面。对它的起源问题只要探讨清楚了，其他问题也就会迎刃而解。但是探讨这一问题，首先碰到的是一个周原的"周"源问题。关于周原"周"的来源，正如前文所述，是在周人太王入居之前周原就已经有了[⑦]。太王迁岐，在此设置周邑；这个时间据岐山凤雏建筑遗址中之木柱炭屑经 C_{14} 测定为公元前 1095±90 年左右[⑧]，即武王灭商前文王至太王时代。看来不只在太王迁岐之前，推测甚至于还要早，如前所提要早到陕西龙山文化时期，就称周人的周原了。因为周原先周文化的早期阶段的双庵类型渊源也是到了这个时候，因而周原的"周"起于此时，也无不可。

先周人早期时代，我们知道他们在周原早就繁衍生息；当然同时也就有了他们自己当时的文化。但是，姬周人早期的文化是什么，有些什么类型，而渊源又怎样，对于这些，我在下面做些探讨。

周原早期先周文化一个主要的类型遗存，就是漆水流域的武功郑家坡早期为代表的文化遗存。

据《史记·周本纪》载："周后稷，名弃，其母有邰氏女曰姜嫄"；《诗经·大雅·生民》也说："诞后稷之穑，有相之道……即有邰家室。"《史记正义》引《说文》云："邰炎帝之后，姜姓所封，周弃家"，"封弃于邰"。而大量文献记载的周人早期活动的地方皆与有邰有关，而邰地具体地点如前所述，也都未出漆水河之下游[⑨]。《诗经·大雅·縣》云："民之初生，自土沮漆"，这说明周族初时活动的区域就是"自土沮漆"。据《汉书·地理志》"右扶风杜阳"下颜师古注："'自土沮漆'，《文诗》'自土'作'自杜'。"顾颉刚据此指出:"既知土当作杜,杜为地名,徂为动词和《緜篇》的'自西徂东',《天汉》的'自郊徂宫'诸句一例,就是周人从杜迁到漆的。"[⑩]杜漆二水都是渭水支流。周族始见文字记载的最早迁徙,即在陕西境内由杜水到漆水流域[⑪]。姬周族男性第一代始祖弃就是迁居有邰以后受封为后稷的。此后经很长时期,又到了周人首领公刘时;公刘是从北豳(庆阳)"自漆徂渡渭,取材用"[⑫],来改善北豳聚居时先民们的"居住条件和生产工具"。自公刘后经九代人而到古公亶父时,又"渡漆徂,逾梁山,止于岐下"。上述周弃、公刘及古公等所有活动说明,都与漆水有关。而漆水流经武功县境。它是发源于麟游,流经永寿、乾县的杜水,到武功后汇于沣水而注入渭河。在此,永寿之北的彬县、旬邑和长武,这些地又即"古豳",这也是周人公刘曾由北豳迁此而早期活动过的地方。由此,我们可以看到,周人早期曾经活动过的地方有:有邰、北豳、古豳、周原以及杜漆泾渭等流区,皆属于陕西西部偏北地带。这正说明周族是起源于陕西西部的一个土著民族。所以说,它的早期文化也必是就要分布在以周原为中心的陕西西部这些地区。

(一)先周文化与郑家坡早期特征

姬周族起源于陕西西部,这从武功郑家坡遗址等先周文化特征来看,是很具体的。它是由本地区融合成长起来的一个土著民族,在长期的活动中,创造了自己独特的民族文化[⑬]。姬周族作为一个土著民族所创造的先周文化,就其本地渊源来看,不论是早期或中晚期特点,郑家坡遗址均可谓典型一例。从时代看,郑家坡遗址中某些器物的风格和纹饰与殷墟商文化四期相似,绝对年代当与之相近,约在太王迁岐前后。郑家坡遗址早期出土的 A 型 I 式陶鬲与岐山双庵客省庄二期文化的高直领单耳陶鬲近似[⑭]。但是,客省庄二期文化的盆、双耳罐、单耳罐、三耳罐等器物在此就不见,客省庄二期文化盛行的篮纹在此也较少,这些都说明,此遗址的早期绝对年代要晚于客省庄二期文化。郑家坡早期较晚的遗存 YI 火堂内的木炭,经北京大学考古系碳十四实验室测定,年代为距今 3380 ± 60 年,树轮校正为 3635 + 130 年。郑家坡遗址的年代相当于商代二里头文化晚期至二里冈下层[⑮]。这里的郑家坡先周文化是在客省庄二期文化双庵类型的基础上发展起来的[⑯]。但是,"郑家坡遗址早期的年代固然比较早,但毕竟与客省庄二期文化之间有缺环,且其早期的年代(BC3380 ± 60)与后稷弃的时代也不相符,与此要晚几个世纪。因而还不能把它与弃后稷的传说相比附。"弃应是父系社会初期的人物"。"既如此,先周文化的源头、即应在龙山文化中"[⑰]去找才对。

为了对周原先周文化能够进一步去认识,考古工作者在乾县周城新庄也作了调查,由此并发现了属于郑家坡先周文化遗存的文化层还压在客省庄二期文化一个灰坑之上的现象。这从地层学角度证明了郑家坡先周文化晚于客省庄二期文化。客省庄二期文化主要分布在泾渭流域,范围较大。从岐山双庵遗址的发掘[⑱]和1981年宝鸡地区文化普查资料来看,陕西西部客省庄二期文化和关中中部(沣西客省庄为代表)客省庄二期文化总的来说是有一定差异的。这种差异有必要区分为客省庄和双庵两个不同地区类型,两者的区分界限是在漆水河流域。双庵类型的分布范围在陕西西部,最西可达到甘肃东部。目前掌握的先周文化遗存也分布在这个地区。先周文化与客省庄二期文化双庵类型的分布范围大体也重合。1961 年文物普查时,双庵遗址中发现了 10 件客省庄二期文化的陶鬲[19],与郑家坡遗址所出 A 型高领联裆鬲型大体相同,只是先周 A 型鬲没有单耳。客省庄二期文化的高直领单耳鬲当是先周 A 型鬲的祖型。郑家坡出土的 B 型鬲,与客省庄 H213 出土的陶鬲有较多的共同因素,二者全是桶状,口侈、腹较直,区别在于客省庄所出鬲的足为袋状,因而分裆明显,而郑家坡的 B 型鬲为手制,无袋足,联裆、无耳。先周 B 型鬲是在客省庄二期文化的直桶袋足分裆鬲的基础上由于简化了制作方法而产生的(图一九)[20]。

由于先周文化中存在着许多客省庄二期文化的因素和特征,又考虑到时代和地域上的因素,郑家坡先周文化和客省庄二期文化之间,大体上可以看出是继承和发展的关系。因此,如前所述,有同志认为先周文化是在客省庄二期文化双庵类型的基础上发展起来的这种看法是对的。先周文化早期分布则主要在漆水河流域。先周遗址的调查材料,漆水河流域最为丰富,大致有 20 多处[21]。先周早期常见的折肩罐及敛口瓮,在关中西部龙山文化双庵类型中,有相似的器物,虽不完全相同,但很近似。岐山、千阳等地发现的花边罐分布范围大体与双庵类型重合,其年代晚于双庵类型,早于先周早期,与夏代相当。从时间、分布地域及某些文化特点上,都显示出关中西部的这类花边罐为代表的遗存,与先周文化有密切的关系。所以,我们有理由推测关中西部晚

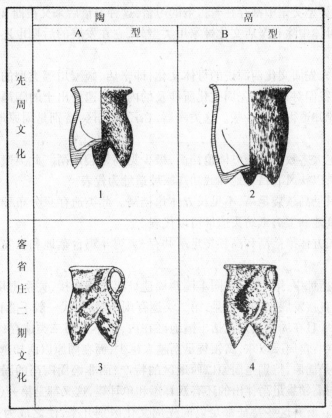

图一九　先周文化与客省庄二期文化陶鬲比较图

1. 郑家坡 H2:3　2. 郑家坡 H2:5　3. 客省庄 H 206　4. 客省庄 H213

于龙山,相当夏代或略晚的以花边罐为代表的土著文化,可能就是先周文化的真正来源[22]。总之,由客省庄二期文化双庵类型发展来的先周文化,在发展过程中,并受到刘家、二里头、殷商等文化不同程度的影响,最后形成了西周文化[23]。

(二)先周文化与辛店文化的关系

太王迁岐以前先周文化第二类遗存,即金河等处的刘家一、二期遗存,年代我们推断为二里冈上层和殷墟一期[24],与关中第二期商文化的年代相当或略早。但刘家文化一、二期的代表器物高领袋足鬲,单耳、双耳、腹耳的高领圆腹罐亦如前述,与益家堡一期关中地方因素的联裆鬲、折肩罐等,没有共同之处,足证益家堡的地方因素绝不是刘家的一、二期特征,即其不属于刘家文化。刘家文化与氐羌氏族有关。因此益家堡的地方文化因素,就不是与氐羌有关的文化遗存。关于先周文化与客省庄二期文化的关系,通过渭水与泾水流域的调查与发掘,使我们已知:叠压在仰韶文化层之上的为客省庄第二期文化,叠压在客省庄第二期文化之上的是周文化;在周文化和客省庄第二期文化之间,再没有文化遗存。同时,我们还知:客省庄第二期文化与甘肃齐家文化还有许多相似之处。它是属于先周文化的第一类型,即姬家店、石嘴头、晁峪—刘家—斗鸡台类型,母体可能是辛店文化的姬家川类型。它是在继齐家文化之后,而活动在陕甘交界的地方[25]。陕甘地区的辛店文化、寺洼文化,大体上都是属于西戎或氐羌氏族系统。而在这一类型文化中都存在着占卜的习俗,这种习俗后来又被商文化继承。所以说,先周文化母体中除有辛店文化姬家川类型外,它在发展的后期也还受到商文化的影响而形成[26]。

为了对周人先周文化西源说的母体文化,即辛店、姬家川等类型的特征进一步有所了解,在此,我们对其有关先周文化所涉及的内容从遗址出土的陶鬲特点上再做些分析,似乎更能知道得具体一些。这类陶器,在泾渭流区,特别是周原地区,有以下三类遗存:

第一类,绝大多数都是长方体瘪裆鬲,极少见高领袋足鬲。此类遗存只分布于周原和周原以东,以扶风北吕墓地和武功郑家坡遗址为代表。

第二类,只见高领袋足鬲,不见长方体瘪裆鬲。此类遗存只分布于周原和周原以西,扶风刘家墓地和宝鸡纸纺头遗址可以代表。

第三类,长方体瘪裆鬲和高领袋足鬲共存,宝鸡斗鸡台墓地和长安马王村遗址可以代表。

以上三类遗址中,第一、三类同丰镐西周遗址年代相衔接,关系密切,可以看出后二者是前二者直接发展来的。但是,第二类遗存则不然,年代一般不能直接相衔,文化面貌也有差别。且在周原从东包括丰镐地区在内,都不见第二类遗存;即使在第三类同时期的遗存中:自周原以东,高领袋足鬲越来越少,而在周原以西却越来越多。可见高领袋足鬲只是周原,特别是周原以西地区的特产,而非姬周陶鬲的固有作风。在第二类遗存中,与高领袋足鬲伴出的还有双耳罐和单耳罐,这又都是第一、三类遗存中少见甚至不见的。所有这些特征都足以同先周文化区别开来,使之成为另一种文化类型。既然其主要文化特征是高领袋足鬲,邹衡对此以前在论证时视其为羌姜族所有。所以,这种文化命名可以为"姜炎文化",有的学者也称之为"姜戎文化"[27]。

在周原等地区先周文化三类陶鬲中,具有第二类文化特征的器物高领袋足鬲,邹衡之所以论证"为羌姜族所有",这很有理由。对此我们亦做些分析:即从高领袋足鬲陶器文化系统来看,先周文化与辛店和寺洼文化等因素的西源说使其在认识上就更为明晰。此问题张天恩在《高领袋足鬲的研究》中给予了很好解释,对高领袋足鬲的性质,他除了将它排除在先周文化之外,同时将它并与辛店、寺洼文化也作了区别。他认为此"应是一支独立的文化"。"有人提出此应为姜戎文化,称作刘家'文化'[22],不无道理。"姜羌同源,已是定论。甘肃地区本是羌族的发源地。这里在远古文化中,无论是辛店文化、寺洼文化,还是更早的齐家文化,在许多方面都能找到与羌族联系的线索,因而这些文化很可能都是早晚不同,种属有差别的羌族文化遗存。在此,与这些文化面貌相似,分布地域也较邻近,而且来源也可能是以齐家文化高领袋足鬲为代表的类型文化,这自应也是羌族的一支。宝鸡地近中原,有较先进的夏、商、周族的文化影响,这一支文化就较其姜族为发达,由于地域关系,与先周文化交流影响也较多,因而互相或多或少地含有对方某些因素。因此,她们应是与姬周长期通婚的姜姓民族,其创造的文化,或为我们见到的这类文化,当然是"姜姓文化",或者似乎仍称为"刘家文化"较合适[29]。

由于地域关系,彼此相互影响,证明了"先周文化直接西源于姜炎文化(即姜戎文化),间接来源于甘青地区的辛店和寺洼文化"[30]这是对的。这也为更多的考古材料所证实[31]。

(三)先周文化与商文化的关系

商文化关中类型在此发展的三百年间,即发展的三个阶段。根据扶风白家窑和岐山京当、王家嘴等地所发现的商代遗址和墓地,可知至迟在殷墟文化的一期阶段,周原已被商文化势力所覆盖,即第一阶段是关中类型商文化活动的全盛时期。这时,以姬家店、石嘴头、晁峪等地所代表的先周文化遗存被势力炽盛的商文化逼居在陇山和秦岭北麓的丘陵、谷地。宝鸡西部的千水可能就是这两种文化遗存的交接线。在殷墟文化的二、三期,即第二阶段,关中类型商文化和先周文化在关中西部,即岐山、扶风、武功一带已经直接接触。《诗经·商颂·殷武》说:"昔有成汤,自彼氐羌,莫敢不来享,莫敢不来王",前人或谓氐羌的分布约在陕西的西部及附近。今在关中西部发现了与羌人有关的刘家文化,可证此说不误,也印证了《商颂》的记载,此可谓商文化的第一个时期[32]。而此时这两种文化相互交错、互有消长,但基本上还处在平和发展时期。根据殷墟卜辞记载,武丁时期,周人一直臣服于商,勤劳王事。彼此之间还保持联姻的关系。到了商文化的第二个时期,含商文化因素的遗址,向西已进到关中西部的扶风、岐山境内,扶风益家堡、岐山京当、礼泉朱家咀遗址可以代表;这些遗址中大多均发现有殷墟一期或殷墟二期偏早的遗存。可见这一期的年代约相当于二里冈上层偏晚阶段到殷墟二期偏早阶段,绝对年代不会晚于武丁以后。泾水和漆水下游在此期均有周文化遗址发现,而这正是此期偏晚的卜辞上发现有关周的记载,表明这是商周两种文化此时在这一地区的争夺[33]。而此时商周文化这种臣服争夺的关系一直持续到殷墟三期晚期文丁时,即其败退阶段。关中类型商文化退缩的直接原因是由于关中地区先周文化力量在其败下来时的崛起和急剧的发展。这时,即商文化的第三个时期,关中地区的商文化遗址发现甚少，仅在渭河南岸的袁家崖[34]等地稍有孑遗，而文化面貌与殷墟有所不同，年代相当殷墟三、四期。此期是商文化在关中全面退却。关中地区大部分已为先周文化所据。这时，关中平原广大地区，特别是周原地区，沿渭水及其支流千水、沣水、漆水、泾水、黑水、涝河，乃至沣水流域，都发现了先周文化的遗存。由于我们明显看出：先周文明的产生和发展，在其发展的过程中，一方面是受到了商文化的抑制和阻碍，另一方面却也受到它的影响和推动。现在我们能够知道最早的一批先周文化的青铜容器也是武功郑家坡出土的铜器群[35]，时代相当于殷墟文化的第二期。这批青铜容器，完全是由殷墟铜器文化中脱胎而来的。先周文化中青铜工艺是由商文化传播而来的。陕西地区，特别是青铜器故乡——周原地区出土的先周青铜容器，绝大部分是由周人自己铸造的。认真研究关中类型商文化和先周文化的内涵，存在许多相同和相似的特征，尤其是在殷墟文化二、三期以后，关中地区的商文化和先周文化之间更有着不可分割的联系。

同时，关于北方地区青铜文化朱开沟、石楼、绥德类型（分布北界在阴山、大青山两侧，主要在阴山以南，西侧接毛乌素沙漠，西南至子午岭，东界跨黄河至山西境内的芦芽山，吕梁山），其南界也可能深入到渭水流域。而且对于鄂尔多斯草原和河套平原北方地区的青铜文化朱开沟类型也应特别注意。至今，这里已经发现了从仰韶时期到龙山以至夏商时期的各种文化遗址[36]。朱开沟遗址在内蒙古自治区鄂尔多斯市，位于鄂尔多斯高原东部。1977年至1984年，内蒙古文物工作队先后四次在此进行发掘，获得了重要资料，基本上确立了鄂尔多斯地区从龙山阶段至夏商周时期的考古文化序列[37]。朱开沟遗址被划分为三期五段，四、五两段上限可到二里冈上层，下限不会晚于殷墟二期。朱开沟第五段墓葬中出土的有青铜容器鼎、爵和青铜兵器戈、短剑、刀、箭镞等。这些器类器形的特征表明，朱开沟、石楼、绥德类型青铜文化在其形成阶段就受到商文化的强烈影响[38]。近年来，鄂尔多斯草原朱开沟遗址[39]和陕北高原清涧县米家崖[40]、绥德县薛家渠遗址[41]的发现和发掘，揭示出与这些青铜器共存陶器的内涵，使我们发现北方地区青铜文化朱开沟、石楼、绥德类型遗存与先周—西周时期文化也有十分密切的关系。周原地区扶风庄白之伯戏墓葬的发掘，其中出工遗物能反映先周—西周时期周族与北方地区青铜文化相互融合的情况[42]。

关于陕西境内的商文化遗址，以前只有华县南沙村和扶风白家两处。近年来在蓝田怀珍坊，西安老牛坡，耀县北村，岐山贺家、王家嘴和扶风益家堡等都有发现。这里特别一提的是周原扶风益家堡文化的发现；我们说，第二期商文化中地方因素与第一期相比，大大增加。如经过发掘的益家堡，关中地方因素占40%[43]的比重。而商文化和关中地方文化的混合因素，加上商文化因素占58%，故将这一期定为殷文化势力的范围。但是到目前为止，在西安以西，尚未发现相当于殷墟文化晚期的商文化遗址；在周原发现最早的商文化遗址只是相当于北村遗址的第二期偏晚阶段，周原以西宝鸡地区尚未发现任何商文化遗址。这些说明：商文化势力未到达周原以西的宝鸡地区。该地区在商代始终为他种文化所占据。其中主要有姜戎文化。在早商早期，西安和耀县一线也许是商文化势力的最西边缘；早商晚期至晚商早期，商文化势力继续西进，直到周原；而到晚商晚期，大约在祖甲以后，商文化在西安以西地区却陡然销声匿迹，代替商文化的自然就是先周文化了[44]。

三、太王—文王时代先周文化的特征

周人的发展有一个漫长的历史过程。在这一个历史过程中，凡是他们迁徙发展聚居过的地方，都会有他们所创造的文化。当然，在不同地区不同时期而其哺育发展的文化性质和特征，则有所不同罢了。现在，我们要谈的主要是姬周族从太王迁岐以后至文王时期三代人在经营周原岐邑时先周文化的特征。这个时期，周人与古羌人的一支姜姓氏族又通婚、结成联盟；同时他们又与西北、西南其他部族也广泛联系，此在考古文化方面必然也会出现融合的趋势，而其文化面貌特征则更加鲜明。

（一）太王迁岐前夕先周文化变化的总特征

我们已知，周人在长期活动中创造了自己的整个文明，其中也创造了先周文化；有关它的形成，总的来说也是由于多种文化因素融合而成的。如前所述，其中组成部分从其影响来看，主要有三种因素：一是来自以殷墟为代表的商文化；二是从光社文化中分化出来的姬周文化；三是来自辛店、寺洼文化的姜炎文化[45]。同时，从周原当地周人土著文化本源来说，主要还有郑家坡文化类型。先周文化既是以这样的多成分特点来组成，因而也就可知它是在怎样的地区，怎样发展散布辐射了。所以，对太王—文王时期先周文化晚期阶段特点的总认识，势必还要从上述这些文化线索中演化发展的特点继续来认识它那更为复杂的特征。对此，1987年10月在中国西安周秦汉唐考古和文化国际学术讨论会议上，邹衡在他的《再论先周文化》一文进一步阐述说："先周文化的构成，除受到商文化的强烈影响（如铜器及其铭文、甲骨文、玉器、陶器以及腰坑等），还有所谓的东西二源。"先周文化直接来源于姜炎文化，间接来源于甘青地区的辛店文化和寺洼文化，现在已为更多的考古材料所证实（此前也谈到）；先周文化的西源如此。其东源，目前材料仍不甚丰富，但也出现了一些新的线索。例如关中淳化县黑豆咀 U_3 出土了先周时期偏晚的4件金耳环以及在山西石楼县桃花者、后兰家沟，永和县下辛角和太谷白燕等地出土的都完全相同。"这样，就明显地把山西—陕北—关中的商文化（包括先周文化在内）进一步联上了关系。"根据邹先生论述来看，先周文化主要是从偏晚分布地区而且面广的特点来说，应该说是散布辐射在陕甘、关中和山西地带相连的泾洛汾渭地区，但主要的应该还是属陕西西部周原地区。

根据目前所知道的考古资料，陕甘地区先周文化的两种类型遗存，都呈现出自西向东，自北而南的发展态势。首先是姬家店、石嘴头、晁峪类型遗存主要分布在渭水、泾水上游地区，这类遗存的聚落点是经由今旬邑、彬县、长武、灵台、麟游、泾川、崇信、平凉、陇县、千阳、宝鸡县，自东到西呈弧形包围分布在关中平原的西北边缘地区。这里是以北山山系，及北山山系和秦岭山系而相交汇的地段，自然地貌当以山地、丘陵、台塬为主，海拔高度约在700—1200米之间。姬家店所代表的社会集团经济生活应该是以河谷台地式的农业经济和畜牧、狩猎、捕捞、采集相结合的经济生活[46]。这类遗址年代我们已知，有的可能早到殷墟文化一、二期阶段。关于殷墟文化二期阶段以后，先周文化的两种遗存，即郑家坡早中期遗存和刘家墓地遗存均已进入关中平原西部，主要分布在渭水流域的中段及其支流沣漆两岸台地和秦岭北麓的山前台地，即主要分布

在今凤翔、岐山、扶风、武功等周原地区。在此,郑家坡遗存和刘家遗存所代表的社会集团都是以农业生产为主体的经济生活。关中周原地区土地肥沃,气候适宜,为农业经济的发展提供了优越的地理条件。因而使得先周文化在这一个时期更有了蓬勃的发展[47]。殷墟文化发展在三、四期时,约王季、文王阶段,即真正到了太王迁岐之后更兴盛发展时期,先周文化的两种类型,即北吕墓地遗存和斗鸡台墓地遗存均已推进到关中平原的中部,实际上除灞浐二水流域的局部地区尚属关中类型的商文化势力外,关中其他大部地区均为先周文化所覆盖[48]。

在陕西关中,特别是关中周原地区,先周文化在此形成和发展的过程中,如前所述不能不受到其他文化的影响。但是先周族既作为一个"单一文化共同体的总称",它也必须有自己一整套的风俗、习惯、语言和地域等。它应该也"是一个具有一定血缘关系、地域、文化特征、语言等民族的共同体"[49]。它的文化特征,不应包括其他族属的文化特征在内。先周文化的这种特征,从分布地区来说,其特征也正是如此。先周文化在陕甘地区,特别是在周原地区两类遗存的总特征:它们在此出现并不是交替出现发展,而是从始到终是共生共存的关系是相互之间不断融合交汇,形成先周文化内涵中缺一不可的有机整体[50]。近数十年来,在泾渭流域,特别是在周原地区,经过考古发掘的先周文化遗址有十余处。在此,除宝鸡斗鸡台戴家湾先周墓地[51]、长安沣邑先周墓地和遗址[52]、长武碾子坡先周遗址和墓地[53]、下孟村先周遗址[54]、甘肃崇信县于家湾先周墓地[55]、平凉庙庄先周遗址[56]等外,其他如凤翔西村先周墓地[57]、岐山礼村、贺家先周墓地[58],扶风刘家先周墓地[59],北吕先周墓地[60],武功郑家坡先周遗址和墓地[61]、黄家河先周墓地[62]等,都是分布于周原地区。根据发掘的这些遗址遗存分布特点,足能说明先周文化在周原地区是有明显的共生性和集中性这一总特征的。根据这一总特征,必然也能看出先周文化在陕甘西北,特别是周原地区先后发展的连续性和纵向性的层次特点。这从"殷墟文化一期"[63],即"关中地区最早的先周文化遗存"来说也是非常明显的。例如:如前所述,在此有石嘴头、晁峪类型遗存比较单纯,以高领袋足鬲为主,基本不见联裆鬲,但长武碾子坡先周早期遗存中,则不是高领袋足鬲和联裆鬲共存,而仍以袋足鬲系统作为主体遗存。郑家坡早中期,都以联裆鬲为主,但遗址中仍有一定数量的高领扁袋足鬲和高领圆袋足鬲;这种连续性和纵向性层次特点,在殷墟文化二期以后,先周文化的两种遗存均已推进到关中西部周原地区;两种类型遗存在关中中部及西部共生、共存,而不是互相排斥,这时,类似刘家墓地的遗存和类似郑家坡早中期遗存的聚落遗址,交错分布在周原地区渭水及其支流雍沣、漆水、時沟河和美阳河两岸的台地上[64]。但是,就其每处遗址特点来说,这两种文化遗存在埋葬习俗上,在主要陶器器类形态上,都存在较大的差异[65],各自相对独立地又都保持了自身主体的文化特征。武王灭商以后,在关中地区,特别是在周原地区,这两类文化遗存多存在于同一遗址、同一墓地,它们逐渐融合成为一体。在同一的时空领域范围内,这样两种不同文化类型共生、共存的聚落布局现在看来绝不是一个单一的民族、部族所能创造的。在先周文化的躯壳内,起码有两个或两个以上的胞体(民族或部族、大的部落联盟集团),共同开创了先周文明的曙光。这两个集团可能就是古代文献所记载的姬周集团和姜炎集团[66]。

（二）先周文化中晚期发展的两类不同个性

根据发掘和调查的考古材料,我们已知先周文化同时表现出各自不同的个性。第一类遗存发现和发掘的地点,以姬家店、石嘴头、晁峪—刘家—斗鸡台为代表;第二类遗存,可以郑家坡—北吕为代表[61]。

这里,就以第一类型遗址来说,首先由斗鸡台遗址揭示出的先周文化遗存二瓦鬲的主要形态是高领袋足,特征十分显著。50年代,宝鸡县姬家店[68]等遗址发现了高领袋足鬲,陶鬲形态和刘家文化陶鬲有较多的相似之处。而后,在宝鸡县晁峪、石嘴头、戴家湾等地先后又出土了较多的陶器标本。陶鬲从形态、纹饰、陶色、陶质都与姬家店陶鬲接近。80年代初,发现与发掘了扶风县刘家墓地[69]。已发现的刘家墓地,墓葬坑位排列整体有序,陶器组合有一定规律。刘家墓地陶器器类以鬲、罐为主。陶鬲均为高领袋足鬲,一类袋足鬲有双耳,一类袋足鬲无双耳,口部仅有两錾,袋足鬲的领部内敛,领部微曲外弧的现象减弱,三袋足的横截面也逐渐由扁椭圆向圆形发展,足根由扁舌形向圆锥形过渡[70],时代即文王前后[71]。地层打破和叠压关系也证明,这片墓地的绝对年代要早于西周初年。类似刘家墓地的遗物,先后在平凉、长武、千阳、凤翔、扶风、武功,以至丰镐地区先周文化遗存中皆有发现。扶风益家堡遗址的发掘,则提供了有关断定刘家墓地遗存年代的直接地层依据[72]。益家堡遗址分为三层,最下层为关中类型商文化,其年代下限可至殷墟二期后段,即祖甲时期。益家堡中期遗物相当刘家墓地一期墓葬遗物(扁足根高领袋足鬲)。益家堡上层发现联裆鬲和斗鸡台类型的圆锥足高领袋足鬲共存。刘家墓地一期墓葬年代相当于殷墟文化的二期阶段,即廪辛、康丁、武乙、文丁时期[73]。排比上述几类遗存的主要器类,可以明显看出刘家墓地遗存是姬家店、石嘴头、晁峪遗存发展到斗鸡台遗存的中间环节。斗鸡台遗存是西周文化的前身,丰镐地区出土了系统类似斗鸡台初期瓦鬲墓的遗存[74],这些遗存应该是文王作邑于丰时的遗物,它们和西周文化有着密不可分的血缘关系。

再就以第二类遗存遗址来说:

武功郑家坡—北吕类型的遗址遗存,主要是郑家坡先周文化遗址的发掘及其武功境内包括漆水、沣水及漠浴河下游的考古调查,迄今为止发现的先周文化遗址,其文化性质都是属于郑家坡遗址类型;没有发现纯粹的姜羌族或其他族的文化遗存。似乎可以说在先周时,在漆水河、雍沣河、漠浴河下游,特别是漆水下游地区,乃是姬周族先周文化的典型分布地盘[75]。据文献记载,周人早期活动在漆水下游一带,而郑家坡遗址正是处在这一范围里。在此发掘和获得的器物群,对于研究先周文化渊源和周族起源都极为重要。首先是一些研究者自己也改变了以前将高领乳状袋足分裆鬲当作先周文化典型器物的观点。

先周时期联裆鬲的发现,肇始于1933年至1937年斗鸡台墓地的发掘。斗鸡台墓地是袋足鬲墓葬同联裆鬲墓葬共存的墓地。先周晚期,在陇东和关中地区的先周墓地中都发现了高领袋足鬲墓葬和联裆鬲共存同一墓地的情况,但迄今为止,尚未发现这两类陶鬲共存于墓葬的实例。周原地区先周文化晚期的联裆鬲西周早期联裆鬲过渡十分自然,二者承袭关系相当清楚;而袋足鬲由先周文化晚期向西周文化过渡的时候,在制作方法上发生了较大的突变[76]。例如:北吕一、二期墓葬中仅有一座墓葬

FBBDM$_{21}$出土高领带足陶鬲,其余墓葬出土的陶鬲均为联裆折足鬲。可见,此处墓地仍是以联裆折足鬲为主体的先周—西周时期墓地[77]。这就是说,以袋足分裆鬲作为典型器物的观点显然是不妥的。郑家坡遗址典型、内涵丰富,除典型的陶器器物群外,还有房屋、陶窑、窖穴遗迹和生活用具,这些为研究先周时代的居住状况,生活方式,经济状态等都提供了新的资料[78]。

《史记·周本纪》云:古公亶父"逾梁山,止于岐下"。《正义》引《括地志》:"梁山在雍州好畤县西北十八里"。郑玄云:"'岐山在梁山西南',然则梁山横长,其东当夏阳,西北临河,其西当岐山东北,自幽适周,当逾之矣。"可见古公亶父定居时的周原泛指岐山之下,但还未确指周原四至。到了文王时,势力渐盛,疆域渐大,岐山之南,渭河以北的广大平原,始可视为周原范围。而具有两类不同个性的先周文化此时在周原地区就也发展到当时这样的境地。这种情况正如《诗经·皇矣》所说:"居岐之阳,在渭之将,万邦之方,下民之王。"针对此处所具有的两类不同体系的先周文化这种特点,陈全方在《早周都城岐邑初探》中说:"根据现有考古资料,当时周原在沣河两岸,从凤翔县东南的鲜家直至岐山县益店镇西南的范家源在不到20公里的范围内,分布西周遗址有10多处,在近岐山县的横水河西岸有西周遗址7处,由武功县普集镇到眉县陇海铁路沿线和渭河北岸的西周遗址并达16处。最密集的遗址墓葬区在今岐山县京当和扶风县法门及黄堆等地区,共约20多处。扶风召公乡也有西周遗址。在这些遗址区内,大都有早周(即先周)墓葬。而这些遗址的确也正好都在岐山之南、渭河北岸。从遗址分布范围来看,可见周人当时迁居周原,是由彬县、旬邑、长武出发,越过永寿、乾县的梁山,过杜水河沿今日的漆水河南下,东拐至大北河再往南下,西折沿沣河西上,而定居在今天扶风县北、岐山县东北30公里的黄堆、法门、京当等乡镇的一大片地区。以此为据点,逐渐又向西发展到宝鸡、凤翔,向东发展到武功(今漆水河沿岸地区),向南至渭河[79]。

关于先周遗址,经发现发掘和调查试掘的在陕西关中境内有渭水和泾水及其支流的宝鸡、凤翔、岐山、扶风、眉县、武功、兴平、周至、户县、长安、彬县、长武等地区(图二〇)。而此仅就周原及其相关地区有代表性的几个遗址,概述如下:

(Ⅰ)郑家坡文化遗址:位于武功镇(原武功老县城)以东半公里的漆水河东岸原上,原下漆水河自北而南流10余公里注入渭河;村北1公里处漠峪河自东北而来汇入漆水;村西南2公里处沣水河由扶风而来,在浒西庄村东与漆水合流。这遗址1981年2月发现,同年10月至1983年3月发掘,揭露面积2000平方米,取得了重要收获。

(Ⅱ)北吕墓地遗址:位于渭水北岸台地,1977年至1981年,扶风县博物馆先后六次在这里进行考古发掘,发掘先周—西周时期墓葬283座[80]。墓葬形制均为土坑竖穴墓,葬式多仰身直肢葬,没有发现叠压打破关系。共分六期,各期墓葬衔接紧密,其中一、二期墓葬划在王季前后至武王灭商以前,是对的。北吕墓地一期墓葬器形与郑家坡遗址中期接近,二期墓葬无论是从器类、器物组合方面都和郑家坡先周晚期墓葬基本相似[81]。

(Ⅲ)柿坡文化遗址:位于渭河北岸,扶风绛帐车站5公里,面积约20平方米,文化层厚达3米左右。地面暴露遗址十分丰富,在此采集的标本,如夹砂粗灰(红)陶

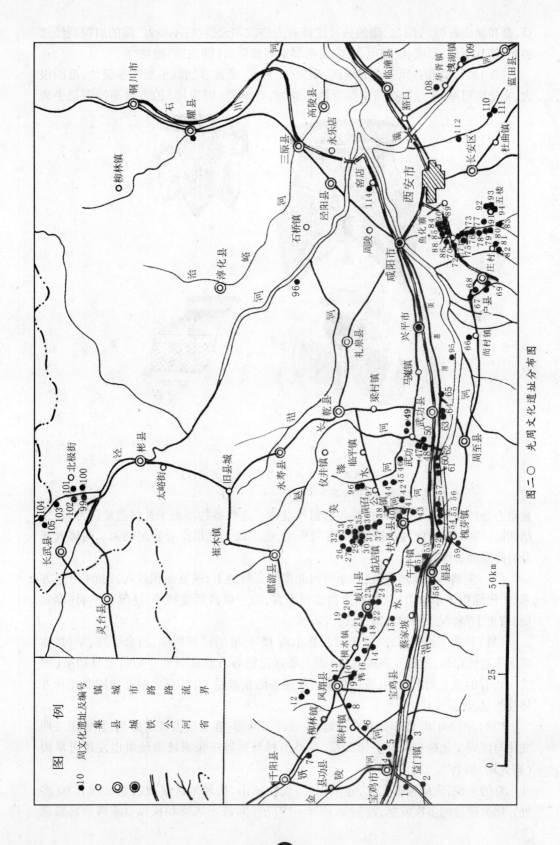

图二〇 先周文化遗址分布图

豆、甗和泥质灰(红)陶盆、罐的残片纹饰有方格纹和云雷纹,不少盆、罐的肩腹间经过磨光,就其质地、形成、纹饰而言,应属西周早期和早周(即先周)遗物[22]。

(Ⅳ)岐山县和扶风县交界地区,即樊村、贺家、董家、凤雏、王家嘴等遗址,范围很大,文化层很厚,经过勘查与试掘所得的遗物,有早周(即先周)的方唇高领带把手袋

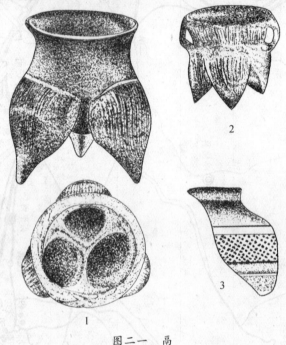

图二一 鬲

1. 鬲(长武县弥家山) 2. 鬲(岐山县礼村)
3. 盆(长安县下孟村)

足空心分裆鬲(图二一)、方格纹和云雷纹盆罐。这些器物都出于礼村遗址探方一、二第四层。同时在贺家村清理的54座周墓中,也出现了乳形空心袋足裆鬲。陶罐大部分肩腹间经过磨光。

(Ⅴ)宝鸡市戴家湾遗址:位于渭河北岸第二阶地上,遗址面积较大,约64万平方米,文化堆积2米以上,遗址和遗物也很丰富,除一般西周遗物外,还出现早周(即先周)带把手鬲,泥质陶的盆罐,上饰云雷纹。

(Ⅵ)长武下孟村遗址:位于长武县东南15公里的泾河两岸,与合子坪、柴村、弥家山等遗址相邻,遗址面积较大,地面上暴露遗物有方唇高斜领空心袋足分裆鬲(图二一),有的鬲上附有把手,或一对锯齿纹泥条附在领沿上,还有大量泥质陶磨光和方格纹的盆、罐等残片。

(Ⅶ)沣河两岸,即丰镐所在的地区:在沣河西岸,客省庄发现过仰韶、客省庄二期文化与西周文化遗存相互叠压关系,在马王村与客省庄张家坡遗址里也发现过早周(即先周)器物[23]。

总的来说,先周考古文化,建国以后,仅在岐山、扶风地区发现的遗址就有60多处。周原遗址的多次发掘,特别是1976—1977年对岐山凤雏和扶风召陈两处宫殿遗

址的发掘收获最大。出土了 17000 余片周代甲骨。两处建筑遗址保存基本完整。如凤雏村甲组建筑,有前堂、后堂、门厅及左右厢房。在中轴线的两侧布局均衡对称[81]。如此完整的周代建筑群还是首次发现。从而使我们对周代殿堂建筑的格局获得了比较明确的认识。

(三)太王至文王时代先周文化的特征

先周文化的特征,关于它的共生性,特别是它在周原地区分布的集中性,尤其是郑家坡—北吕类型在此集中分布的典型性而发展到太王至文王时期已经明显的展示出来。这在前面虽已论述到,在此就其陶器文化类型特征再作些试探分析,仍很必要。西周早期的陶器和先周陶器是有区别的。这从长安县马王村、张家坡、客省庄、岐山礼村、贺家、宝鸡县斗鸡台和长武县下孟村等遗址,都发现有西周早期和先周陶器,其中属于先周文化的陶器可以概括地有以下几个特征[65]:

第一,夹砂灰(红)陶,方唇,高斜领,带把手或附加锯齿状泥条双横耳以及无耳空心分裆袋足鬲,或圆唇高卷领瘪裆尖足鬲。

第二,有些盆、罐的壁中部饰方格纹,除长武县下孟村南台地区,长安县马王村、客省庄、张家坡,岐山县贺家、礼村,扶风县柿坡,宝鸡市戴家湾等地皆出现了雷纹中套乳钉纹的盆、罐等残片。在陶器上饰雷纹的作风,可能受了殷商铜器纹饰的影响,而在下孟村南台地区出现的盆、罐残片上,只见有方格纹与刺纹,但不见雷纹。再从陶器的质地、器形和纹饰上看,下孟村南台地区出土的陶器比礼村、贺家、马王村、张家坡、客省庄早一些。

第三,泥质灰(红)陶盆、罐的腹壁上较薄,肩腹上都为素面磨光,但也有个别器物腹下磨光。

第四,在早周(即先周)文化层内不见豆、盂等器物的出现,特别在贺家村清理的54 座周墓,未见簋、豆、盂器物。这些器物在张家坡西周墓中经常出现。

第五,贺家村墓葬中无腰坑和狗架出现,这大概反映了周族的固有文化特点。

在陶器中,陶鬲是人们使用的主要饮器。郑家坡遗址出土的鬲的数量较大,型式也很多。由此来说明先周文化的特征,是更富有典型意义的。

从郑家坡遗址简报[86]看,在此将它初步分为四型 15 式。四型鬲的共同特点是联裆,裆以上是内瘪。从早到晚,各自发展变化的脉络比较清楚。

A 型鬲的侈沿逐渐变为平沿,由圆唇变为方唇,由高直领变为低直领,领部内缘由弧到有折度,裆由高变低,足由肥变瘦。

B 型鬲由低卷沿变为侈沿,由无肩桶形腹变为束领有肩,由弧裆变为平裆,由矮锥足变为柱足,其他演变过程与 A 型相同。

C 型鬲的口沿全是泥条拼接而成,所以一般都为方唇。从早到晚,C 型鬲的领由低到无,裆由高变低,足由肥变瘦。

D 型鬲发展趋势是腹部最大径逐渐上移。

郑家坡遗址晚期文化与西周早期相比,承袭连续性是十分清楚的(图二二)。陶器形制上 A 型鬲可以延续到西周早期,B 型、C 型、D 型鬲一直延续到西周晚期。由此说明西周文化主要是由郑家坡遗址文化发展来的。

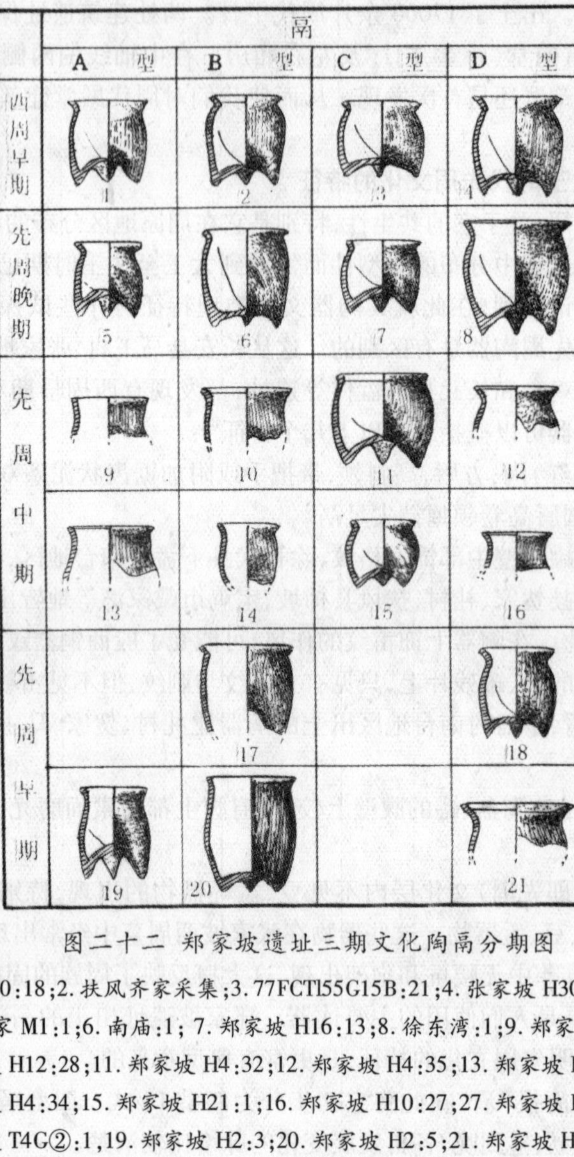

图二十二 郑家坡遗址三期文化陶鬲分期图

1. 76FYM20∶18；2. 扶风齐家采集；3. 77FCTl55G15B∶21；4. 张家坡 H301；
5. 岐山贺家 M1∶1；6. 南庙∶1；7. 郑家坡 H16∶13；8. 徐东湾∶1；9. 郑家坡 H12∶27；
10. 郑家坡 H12∶28；11. 郑家坡 H4∶32；12. 郑家坡 H4∶35；13. 郑家坡 H15∶19；
14. 郑家坡 H4∶34；15. 郑家坡 H21∶1；16. 郑家坡 H10∶27；27. 郑家坡 H9∶16；
18. 郑家坡 T4G②∶1，19. 郑家坡 H2∶3；20. 郑家坡 H2∶5；21. 郑家坡 H2∶8。

郑家坡遗址陶器的早、中、晚三期是同一文化的不同发展阶段。晚期坑中出土的盆、鬲、罐、瓮等器形与张家坡遗址西周早期所出同类器物相似。鬲仍然通体饰绳纹，变形重菱纹、方格乳钉纹还比较普遍。这些都表现出较早的特征。张家坡遗址早期年代约在文王作丰时[67]。郑家坡遗址晚期年代与之相当。

郑家坡遗址中期的某些器物与遗址晚期的较接近；所出的深腹盆与殷墟 YC64 丙近似[68]。特别是跟郑州上街商代遗址中出土的盆相近[69]。某些器物的风格和纹饰与殷墟文化四期绝对年代相当接近，均在太王迁岐前后。

郑家坡遗址早、中期遗址之间有较大缺环。早期出土的 A 型 I 式陶鬲与岐山双庵客省庄二期文化的高直领单耳鬲近似[70]。但客省庄二期文化的盉、双耳罐、单耳罐、三耳罐等器物在此根本不见，客省庄二期文化盛行的篮纹在此较少，这些都说明，此遗址的早期绝对年代要晚于客省庄二期文化。郑家坡早期的尊与二里头文化晚期的陶尊相似[61]。郑家坡早期的圜底罐与郑州南关外所出相似[62]。方格印纹是二里头常见的纹饰，但当时多施通体。郑家坡早期的方格印纹已变成区段的形式，时代当稍晚。早期较晚的遗存 YI 火堂内的木炭经北京大学考古系碳十四实验室测定，年代为距今 3380±60 年，树轮校正为 3635±130 年。据上述诸点判断，郑家坡遗址早期的年代如前所述也相当于二里头文化晚期至二里冈下层[63]。

郑家坡遗址出土的有陶器、石器、骨器、卜骨等，陶器主要是生活用具，有鬲、罐、尊、豆、钵、盆等。鬲以联裆上凹瘪为主要特征，尊、罐以折肩为常见，盆多见于深腹。石器主要是生产工具，有铲、斧、刀等，骨器有针、笄等，卜骨有钻无凿，不见卜甲。这些特征基本上反映了先周文化的面貌。而它与以高领乳状袋足分裆鬲为代表的姜戎文化有着明显的区别。所以，正如前述：姬周族最早起源于陕西西部，是在本地区成长起来的一个土著民族。在长期的人类社会活动中，创造了自己独特的文化[64]。进而到晚期太王至文王阶段最终发展成为同一统一的周文化。

郑家坡发掘的先周遗址以及在漆水河下游调查发现的先周文化遗址，与文献记载的邰地，即周人先公的活动地区相吻合。时代也没有矛盾。郑家坡遗址的文化遗存在周原地区，无疑是西周以前姬周族的早期文化，应属于先周文化[65]。

先周文化从时代来说，一般指的是周人自古公亶父迁于岐邑、文王迁丰，三代人经营了岐邑。《诗·鲁颂·閟宫》："后稷之民，实维太王，居岐之阳，实始翦商。"说明古公亶父时，周人的势力已经发展壮大，三分天下有其二。岐山凤雏村殿堂遗址发现的甲骨文记载：H_{11}：68 之记载"伐蜀"，H_{11}：110 记载"征巢"，应该说是周势力当时发展壮大的记录。这在文献记载中是没有的。它补充了文献记载的阙如[66]——这一历史时期的周人文化。它同时是为我们提供了武王灭商以前先周时期整个历史而被认识的基础。

四、结语

通过对先周文化的焦点，周原先周文化渊源、继承和发展，以及太王—文王时代早周文化特征三个主要问题的探讨，不仅使周原周人早期阶段的先周文化——郑家坡遗址及其类型文化早期阶段的历史，亦即它是由陕西龙山文化，特别是由陕西客省庄二期文化，即双庵类型演化而来的先周文化历史，是有一个比较明确的认识：先周文化是在客省庄二期文化双庵类型的基础上发展来的。我们有理由推测关中西部晚于龙山，相当夏代或略晚的以花边罐为代表的土著文化，可能就是先周文化的真正来源。同时也知道了：郑家坡的早期绝对年代要晚于客省庄二期文化。郑家坡遗址早期较晚的遗存距今为 3675±130 年，相当于商代二里头文化晚期至二里冈下层。它毕竟与客省庄二期文化之间尚有缺环，而且其早期年代与后稷弃的年代也不相符，要晚几个世纪。在此，同时对于周原周人先周早期阶段的文化发展并与之有关系的西源说，即与有母体性辛店文化的姬家川类型和周原地区文化共生共存、相互影响的特点也有了一个比较清楚的认识。它是在继承齐家文化之后，而活动在陕甘交界的这个地方；证明了周原先周文化直接西源于姜炎文化（即姜戎文化），间接来源于甘青的辛店和寺洼文化，甚至由此也可找到齐家文化这个源头。它的系统大体上是属于西戎或氐羌氏族。由此我们不仅看到了辛店文化姬家川类型与先周人在周原本身文化的共生共存、相互影响，同时也认识了它从另一侧面对于郑家坡遗址与客省庄二期文化要晚几个世纪这个历史缺环并作了充分补充。再次，使我们对于商文化发展到陕西、关中，特别是发展到周原地区对周人先周文化中晚期阶段在此地的历史影响也有了系统的了解。这里，扶风庄白伯貮墓葬的发掘，其中遗存反映周族与北方地区青铜文化相互融合的这一事实，可谓为其相互影响的突出一例。早商晚期至晚商早期，商文化势力西进至周原地区，到晚商晚期，即约在祖甲以后，商文化在西安以西地区陡然消失。而此时在周原地区代之而起的正是姬周族的先周文化，即是由殷墟青铜文化中脱胎而来并含有先周文化本身的风格，同时可称之为由郑家坡、北吕文化类型为代表的先周晚青铜文化而占有了。这里特别要说明的，是我们对太王迁岐时期的中晚时期先周文化在周原地区的变化、融合、发展这个总的源头，即通过以殷墟为代表的商文化和光社文化中分化出来的姬周文化与来自辛店、寺洼类型的姜炎文化，以及周原当地周人的土著文化，即郑家坡中晚类型等，多种文化拥壅发展演变、相互融合后，所具有的共生性和集中性这一总特点，并和太王至文王时代周原地区晚期先周文化具体发展的特点和风格最终所显现的本质变化，即最终而融合成为一体，亦即发育形成为一个"单一文化共同体的总称——先周文明曙光"的认识也有了一个较明确的看法。周人先周文化以周原为中心，经过以陕西客省庄二期文化双庵类型为其发展顶端而直到西周初期，千余年过程中，经过漫长发育、融合、发展，最终发展成为中华民族历史上灿烂的统一的周文明，这实在是我们伟大民族在人类历史上所描绘的最辉煌的一笔。

参 考 资 料

①②㉒㉝㊱张天恩：《先周文化早期相关问题浅议》，《第二次西周史学术讨论会论文汇编》（上）第 354 页。

②邹衡：《论先周文化》，《夏商周考古学论文集》。

③《建国三十五年来陕西考古工作的主要收获》，《考古与文物》，1984（5）。

④张忠培：《客省庄文化及其相关诸问题》，《考古与文物》，1980（4）。

⑤⑥⑯⑳㊹㊺尹盛平、任周芳：《先周文化的初步研究》，《文物》，1984（7）。

⑦⑦㊽㊼陈全方：《早周都城岐邑初探》，《文物》，1979（10）。

⑧高明：《略论周原甲骨文的族属》，《考古与文物》，1984（5）。

⑨⑪⑫⑬⑭任周芳：《姬姜两族关系浅谈》，《文博》，1986（3）。

⑩顾颉刚：《周人之崛起及其克商》，《文史杂志》1 卷 3 期，1941 年 5 月。

⑭⑲㊿陕西考古所渭水队：《陕西凤翔、兴平两县考古调查简报》，《考古》，1960（3）（图一）。

⑮㉟㉖㉘㊻陕西周原考古队：《陕西武功郑家坡先周遗址发掘简报》，《文物》，1984（7）第 14、15 页。

⑰黄怀信：《先周族及其文化的渊源与流传》，《周秦汉唐考古与文化国际学术会议论文集》，《西北大学学报》增刊。

⑱西安半坡博物馆：《陕西岐山双庵新石器时代遗址》，《考古学集刊》第 3 集。

㉑刘军社：《太王'翦商'史辩》，《第二次西周史学术讨论会论文汇编》（上）第 395 页。

㉔㉙张天恩:《高领袋足鬲的研究》,《文物》,1989(6)。

㉕㊳㊷㊻㊼㊽㊿(63)(64)(65)(66)(67)(70)(71)(73)(76)(77)(80)(81)卢连成:《先周文化与周边地区的青铜文化》,《陕西省考古研究所与西安半坡博物馆成立三十周年学术讨论会》,1988 年 11 月。

㉖(84)陕西周原考古队:《陕西岐山凤雏村西周建筑基址发掘简报》,《文物》,1979(10)。

㉗㉚㉛㊹(72)邹衡:《再论先周文化》、《周秦汉唐考古与文化国际学术会议论文集》,《西北大学学报》增刊。

㉘(59)(69)陕西周原考古队:《扶风刘家姜戎墓地发掘简报》,《文物》,1984(7)。

㉞张天恩:《先周文化早期相关问题浅议》注⑤。

㊱《内蒙古西部地区原始文化座谈会记要》,《内蒙古文物考古》第 4 期。

㊲㊴内蒙古文物考古研究所:《内蒙古朱开沟遗址》,《考古学报》,1988(3)。

㊵张映文、吕智荣:《陕西清涧县米家崖古城遗址发掘简报》,《考古与文物》,1988(1)。

㊶徐天进:《陕西绥德薛家渠遗址的试掘》,《文物》,1988(6)。

㊸孙华:《陕西扶风益家堡遗址分析——兼论晚商时期关中地区诸考古文化的关系》,北京大学考古系 1987 年硕士研究生毕业论文打印稿。

㊾(75)刘军社:《先周文化涵义的一点认识》,宝鸡市考古队。

(51)苏秉琦:《斗鸡台沟东区墓葬》,《48 年北平版国说》,1954 年中国科学院出版。

(52)(87)中国科学院考古研究所编:《沣西发掘报告》,文物出版社,1963 年。

(53)长武碾子坡先周文化遗址和墓地迄今一直没有发表简报或报告,这些资料散见于胡谦盈先生以下的几篇论文中:《试谈先周文化及相关问题》、《中国考古学研究——夏鼎先生考古五十年纪念论文集》第三本,科学出版社;《太王以前的周史管窥》,《考古与文物》1987(1);《姬周族属及文化探源》,载《亚洲文明》一书。

(54)陕西省考古所泾水队:《陕西彬县下孟村遗址发掘简报》,《考古》;1960(1)。

(55)甘肃省文物工作队:《甘肃省崇信于家湾周墓发掘简报》,《考古与文物》,1986(1)。

(56)平凉庙庄及其他地点的先周遗存可以参见平凉地区博物馆编:《平凉文物》一书。

(57)韩伟、吴镇烽:《凤翔南指挥西村周墓的发掘》,《考古与文物》,1982(4)。

(58)岐山县礼村、贺家村先周遗址及墓地资料可参见:陕西省博物馆等:《陕西岐山礼村附近周遗址的调查与试掘》,《文物资料》丛刊第二期;徐锡台:《岐山贺家村周墓发掘简报》,《考古与文物》,1980(1);陕西省博物馆、文管会:《陕西岐山县贺家村西周墓葬》,《考古》,1976(1)。

(60)陕西周原考古队:《扶风北吕村周人墓地发掘简报》,《文物》,1984(7)

(62)武功黄家河先周—西周时期墓地由中国社会科学院考古研究所发掘,资料待刊。有关这片墓地的概况可以参见:卢连成、刘随胜:《陕西武功县新石器时代及西周遗址调查》,《考古》,1983(5)。

(68)考古研究所渭水调查发掘队:《陕西渭水流域调查简报》,《考古》1959(11),588 页,图版壹,1。

(74)中国社会科学院考古研究所沣西发掘队:《1962 年长安张家坡西周墓葬的发掘》图三,《考古学报》,1980(4);中国社会科学院考古研究所丰镐发掘队:《长安沣西早周墓葬发掘记略》图二、三、四、五、八、九、一〇及图版壹,《考古》,1984(9)。

(82)(83)(85)徐锡台:《早周文化的特点及其渊源的探索》,《文物》,1979(10)。

(88)邹衡:《夏商周考古学论文集》第贰篇:《试论殷墟文化分期》图一。

(89)河南文化局文物工作队:《河南郑州上街商代遗址发掘报告》,《考古》,1966(1)。

(91)(92)同(88)《试论夏文化》图六,图三。

(96)陕西周原考古队:《陕西岐山凤雏村发现周初甲骨文》,《文物》,1979(10)。

第三节　先周文化东源说

一、先周文化东源说的历史渊源

所谓"东源说"，"是指先周文化部分文化因素（陶器、铜器、铭文等）与山西、陕北及内蒙古河套一带的光社文化或受其影响的它种文化有关系"的一种说法。邹衡先生又称其为东北方的来源。30年代钱穆先生提出："周人盖起于冀州，在大河之东。后稷之封邰、公刘之居豳，皆今晋地。及太王避狄居岐山，始渡河而西。"[①]70年代，邹衡先生也认为：周人曾是"来自山西省"[②]。持此看法的还有吕思勉[③]、陈梦家[④]、李仲立[⑤]、徐中舒[⑥]、王玉哲[⑦]、李民[⑧]、杨升南[⑨]、刘起釪[⑩]、方述鑫[⑪]、朱君孝[⑫]等。关于光社文化说，提出最早的是邹衡。他在《论先周文化》一文中说，先周文化有三，其中一种就是所谓的东北说（在此泛称东源说），即是在光社文化中就分出了姬周文化[⑬]。这一说法，他在《再论先周文化》一文进一步指出：先周文化的东源，目前材料仍不甚丰富，但也出现了一些新的线索，例如其中1982年在关中淳化县黑豆咀M3出土的4件金耳环，其形制与陕北清涧县解家沟寺墕出土的6件金耳环完全相同，与往年在山西石楼县桃花者、后兰家沟，永和县辛角，以及太谷白燕等地出土的大致一样。这些发现明显地就把山西（太谷、石楼、永和）—陕北（绥德、清涧）—关中（淳化）的商时期文化（包括先周文化在内）进一步联系起来了。在此，邹先生关于先周文化东源说的说法和他对此有关的其他两种说法一样，不仅"打开了对先周文化讨论的契机，而且在活跃其文化学术研究之风也起了积极推动作用"[⑭]。对此持有不同看法的，主要有两种意见。

一种意见认为关于先周族文化起源于大河之东的论点，证据还很薄弱。如高明在《略论周原甲骨文的族属》一文指出："光社文化资料甚少，当年解希恭同志在太原北部的光社村只是试探了一条4×4的探方，所掘的面积充其量也只有16平方米，从此之后再也没有进行发掘。如此一块地方能有多少资料出土？把这样一点资料称作一种独特文化的代表似乎不够。至于说提到的两个族徽，都属于光社氏族，也还需要研究[⑮]。"又如黄怀信在《先周族及其文化的渊源与流转》一文也说："邹衡先生认为先周文化分化出来的姬周文化是和来自辛店、寺洼文化的姜炎文化相互融合而形成的。然而既是由这三种文化因素形成，其时代必然就不会很早。据邹先生自己所说，'先周文化的年代，大约相当于商代祖甲以后直到商纣灭亡'，显然，这只能是指太王迁岐以后的先周文化，而非早期的先周文化。"[⑯]

另一种意见，是根本不同意东源说。如高明根据考古发掘的资料在上文进一步分析说："属于先周的遗址和遗物，目前已找到好多处，如30年代在宝鸡斗鸡台的发掘，其中有九座初期瓦鬲墓都属于先周的时代。苏秉琦先生指出：'折足瓦鬲在中期末叶已发展成颇近周式铜鬲的形态'，语意表明，在中期前叶至初期瓦鬲当属先周。"[⑰]还说"像岐山县礼村、京当、贺家村，长武县下孟村，长安县马王村[⑱]以及沣西张家村[⑲]等遗址出土资料，有的相当于商代早期，与二里冈期同时。根据陕西省考古研究所的调查和发掘,关于先周文化的层位和关系也比较清楚。叠压在客省庄第二期文化之上的是周文化,在周文化和客省庄第二期文化之间的再没有文化遗存⑳。因此他认为传统的说法是可信的,周族发源于渭、泾两河的沿岸,即今甘肃东部和陕西境内㉑。这里,高明先生只是坚持本源说或西源说,根本就不提东源说。——梁星彭先生在《〈论先周文化〉商榷》一文也说:光社文化的陶鬲、陶罐与邹衡先生所认为的先周文化联裆鬲和圆肩罐并无必然联系。不同文化的某些器物往往是会有某些类同之处的。然而它们之间未必就有文化性质上的联系。仅用一两件形式近似的器物去说明不同文化之间的渊源关系是靠不住的,更不用说所选的标本型式上是根本不同的了。他还说:石楼一带出土有弓形饰等特殊器物的窖藏这一系统的文化,与先周文化不属于同一文化系统。……从文化特征来说,晋西北、陕东北这类遗存与泾渭一带的先周遗存也很难看出有什么联系。像石楼、绥德一带的青铜遗存中的弓形饰、蛇首匕、金耳环、铃首剑、长条形刀、带铃豆等具有特殊风格的器物,在目前可以确认的先周文化中都根本未见过。如果说先周文化来源之一是石楼一带所出的青铜器,现在已发现了多种族徽,可是只有早年传出的寿阳一带铜器上有"冘"形徽识。倘若弓形饰果真就是"冘"族徽实体,何以在这类遗存中从未见过有"冘"字徽呢㉒? 由此,梁星彭先生否定了先周文化的东源说法。

至于对早期的先周文化,即太王迁岐以前至公刘,特别是关于周族男性始祖弃(后稷)以来的先周文化东源说持有不同看法者,也如高明认为的"近年有人如钱穆仅据豳字晚期可以作邠,解为汾水之汾,闻喜有姜嫄墓,以及稷祠、稷亭、周原堡等后人所附会的地名,实难令人信服"㉓。黄怀信亦说:"关于姜嫄、后稷以来的早期先周文化,邹衡先生大致上也遵钱穆之说。如谓豳、邠古今字,皆得名于汾水汾,因而,依据证据不足。"㉔等等。

对这一问题,黄怀信分析认为:"关于姜嫄、后稷以来早期先周文化,30 年代初钱穆先生在《周初地理考》断言:'周人起初皆在晋,其后越汾达河,渡河而达于韩。'这一观点,今天实际上已经失去了存在的价值。因为大量的考古发现已经证明,陕西西部曾是先周人活动的基地,从地域看:《诗经·大雅·绵》云:'民之初生,自土徂漆。'这是有关周族最早的活动地望的唯一记载,司马迁把它归于古公亶父,这是错误的,前人已有证明。'自土徂漆',向来有多种不同的解释。实际上,此句与该诗第四章'自土沮东'句法完全相同,'自'为介词,西、东与土漆均为名词,沮为动词,是往、去的意思。沮字是徂字之误。因而,'自土沮漆',就是从'土'去到'漆'的意思。漆为水名,也无异议,因而,'土'也当为水名。然而根据《水经注》:古漆水有四,此处漆水究竟于何地? 我们认为这个漆水应是与土水接近或有联系的漆水。土古与杜通,因而漆为武功漆水无疑。《诗经·生民》言弃'即有邰家室',而武功恰是世传古邰地所在。显然,这与'自土沮漆'说法是相符的。武功郑家坡先周文化遗址地处漆水下游,与文献记载之古邰地望相符,但其时代到不了后稷,因而,它还是弃以后的周族文化遗存。郑家坡先周文化遗址早期年代与后稷的时代要晚几个世纪,与客省二期文化之间也有缺环。"㉕这里,怀信的认识是有见地的。他赞同了先周文化和周族本源于陕西西部武功县境杜水—漆水流域的说法;同时,对于姜嫄、弃(后稷)周族早期以来的先周文化从时代上和地域上他还说了自己独特的看法,这些认识也是对的。尽管如此,黄怀信在自己文章中进一步探讨时却讲道:"郑家坡遗址早期的时代固然比较早,但毕竟与客省庄二期文化之间有缺环,而且早期的年代(BC3380±60,树轮校正为3635±130)与后稷的时代也不相符,还不能说郑家坡先周文化从年代、地望、文化性质都可与文献记载相印证。因为传说中周人之始祖弃在尧舜之际就被举用,封为后稷,时间在公元前22世纪前后。"由此来看,关于姬周族弃(后稷)以来先周文化的早期东源的说法,怀信的认识"实际上"也是作为一个有异议的问题提出来看待的;这种看法和邹先生东源说的本意是有着根本的不同的。

综观上述两种认识,一个是东源说的说法证据不足;另一个是说在时间上、文化上,即在郑家坡先周文化和客省庄二期文化等两种类型文化时期上还有缺环。实际上要讨论的仍是姬周族早期历史阶段在弃(后稷)时,特别是在由弃至弃子世后稷不窋时这段历史如何认识的问题。对这一阶段历史,有两个具体历史问题:一是早期周人"由西到东"、"由陕入晋",即由陕西武功"有邰"到山西闻喜"夏墟"这样一个关键性历史迁徙问题。二是周人入晋后继续发展,"由东而西"即由晋、陕北到庆阳,大约至公刘时的这一大段约计500余年的曲折历史,今天我们如何认识的问题。这两个问题特别是后一个问题,触及了先周早期阶段整个历史的实质性问题。这两个问题讨论清楚了,则早期先周人东源渊源问题也就疏缕清楚了。

二、先周文化东源说三个基本问题析论

对这段曲折历史的认识,关键在于对其中的历史时间、地域迁徙和文化分布等三个基本问题的认识。

(一)历史时间

这里提到的弃(后稷)时代,如黄怀信所说当在"公元前22世纪前后"。这个时间,同郭沫若在《中国史稿》中提到的是在"公元前二十一、二世纪"[26]时间基本上是一致的。

关于这一点,怀信在《周族的源地与迁转》一文中根据于省吾先生《泽螺居诗经新证·卷下》所谓:"姜嫄之生后稷,既弃而复取之,当实有其事。"由此他进一步分析道:既然如此,"那么,姜嫄与弃,就应是周族的源头。对于践大人足迹而孕生的传说,史学界早已看作:它反映了当时尚处在只知其母而不知其父的母系氏族社会。应该说这是比较可信的说法。然而弃既被作为第一代男性祖宗,则又说明周族自弃开始转入了父系。加上各部族间发展的不平衡因素,弃的时代也必不会晚于原始社会末期。也就是说弃必是夏代以前的人物"。周人第一代男性祖宗弃(后稷)之名,最早见于《尚书·舜典》。《舜典》记载,舜初即位任命百官:"弃!黎民阻饥,汝后稷,播时五谷。"可见"后稷"之职为舜所封。其时既在舜初即位,说明自尧之时弃已在朝。而《史记·周本纪》所言尧"举弃为农师"及"后稷之兴,在陶唐虞夏之际,皆有令德"之事,也当非属于无稽。又《国语·周语》有"昔我先王、世后稷以服事虞夏"的记载,也说明"后稷"事确始于舜。既然如此,则弃与尧、舜同时代当无疑问。同时,就尧、舜时代的考古文化而言,目前虽无人提出直接佐证,但二里头下层文化相当于夏代文化,则已没有疑问。那么从相对年代来说,尧舜时代的考古文化,就应早于二里头下层文化,与龙山文

化晚期之时代相当。这与弃为原始社会末期人物的时代推定,显然是一致的。因而,先周文化的源头,应在龙山文化之中[27]。

周族男性始祖弃(后稷),活动时间公元之前22世纪前后,与武功郑家坡先周文化遗址早期年代3380±60年(树轮校正为3635±130年前后)还要差四至五个世纪,即黄怀信所谓的:"要晚几个世纪。"而郑家坡早期的这个年代只相当于二里头文化晚期至二里冈下层[28]文化这个晚期。于此之后,即早商晚期,商文化势力不断西进,直达周原这个地方[29]。含商文化因素的遗址向西已推进到关中西部扶风、岐山县境内。扶风益家堡[30]、岐山京当[31]等遗址可以代表。因此,此期之间,就其整个时间历史来说,却要经过一个夏代(从禹到桀共传十四世十七王)四百多年[32],并且还要经过包括商代早期("玄王勤商、十四世而典"《国语·周语下》,在此即是还要经过包括由太乙'汤'至仲丁6世11王)百余年时间在内,即总共有27世、500余年的时间。在此期间的文化,是二里头类型文化;其上是龙山文化,其下是商代早期文化[33]。但先周族,自太王至文王三代人在周原经营百余年[34],自公刘至古公亶父九代人在豳(古豳)经营300余年[35],而总起来看至多也不过500年左右,而由此向前推测顶多就到早商晚期这个时期,即是在殷商太戊及仲丁前后这个时间。对此,据蒙文通推算:"公刘下传七世至高圉,正值商高宗武丁在位时。"[36]即换句话说,公刘时期正当在高圉以前七世时,也即约在早商晚期太戊前后。这里推算的与我们推测相符。这个时期,正是"商朝的统治处于相对稳定的时期"[37]。也是先周历史顺利发展时期。但是,从时间来说,由此向前追溯,即由公刘时向前追溯,有文献稽考的姬周人,只有弃——不窋——鞠——公刘4代人,这4代人若与同时间内长期400年以来的14世夏代人际世代关系不仅不能相比,同500年前后再加6世商代人际的世代关系则是更不能相比。如果要作个比较的话,与之同时期内时间的姬周族,由弃至公刘时的4代人同夏14世代和商6世代要相差10代或16代人。在此,这种"参卢"与"帝榆罔"的现象(《史记索引》"五帝本纪"部分)特别明显。对此,王震中根据《史记·周本记》,武王灭商之前,周人先公王的谱系为:姜嫄——后稷——不窋——鞠——公刘——庆节——皇仆——差弗——毁喻——公非——高圉——亚圉——公叔祖类——古公亶父(太王)——季历——文王——武王,在这谱系中,从后稷至文王仅15代,而知《周本纪》说"后稷之兴,在陶唐、虞、夏之际"。这样,从虞夏到商朝的灭亡,根据《竹书纪年》、《史记》、《汉书·律历制》的推算,至少有1000余年。据此,考察周人的早期历史他也认为:"以15代世系填充千余年的历史,显然不近情理。……自谯周以后,怀疑不窋为弃之亲子者甚众。大概后稷(弃)与不窋之间,不窋、公刘间,处于戎狄之中,巫祝失职,世系多有遗漏。自公刘以后的世系,不会有什么问题。[38]"对此,卢连成在他的《先周文化与周边地区的青铜文化》一文也提到:"据测定的12个碳14数据,关中和陇东地区客省庄二期文化的年代,大致计定在公元前2300年—公元前2000年之间。现在所知的先周文化最早的遗存当不会超过公元前1500年,二者之间几乎存在500年以上的缺环。[39]"同时,穆长青也有同样看法[40]。从时间上讲,要相差四至五个世纪。它与夏商同时代人际世代的历史并存时间很不相符。这个时期姬周人在世代序列上不只严重不清,它的文化面貌,即早期先周族的文化面貌从历史上看也是不清的。由于有这样一个问题,姬周人自弃以后至公刘这一段先周文化历史的渊源问题,从它的东源渊源来看,当然也就是一个关键性问题。这对先周族整个历史来说,当然是会有密切关系的。

(二)地域迁徙

先周族早期氏族历史的时间,从地域迁徙上来说,关键是自公刘上溯到世后稷不窋、再至周族男性祖宗弃后稷这段"四至五个世纪"的历史,由于分布地域的不同,从迁徙上来说如何认识则就成为一个关键性问题。这里,主要的是对姬周族男始祖弃后稷、世后稷不窋当时很可能要由陕入晋,甚"或祖於彼(武功有邰)迁于此(山西闻喜)",即由陕西周原地区的武功"邰"地经韩城禹门口入晋到稷山闻喜地带的"夏墟",他们当时很可能有这样一次属于政治性的地域迁徙历史。

第一,周人由陕入晋的可能性

首先政缘拭探

传说中周族男性祖先后稷弃,据《诗经·大雅·生民》,可知弃成人后,"即有邰家室。"故世知弃之居地在邰。《山西闻喜县志》载:翟象、陆方伯、凤翥著《田水编》云:"武功即有邰稷所封。或祖於彼、迁于此乎。抑武功其食邑乎。"这里也肯定了两点:①后稷"所封""有邰";②后稷生居地也属"有邰"。弃"是周族的源头",也"是夏代以前的人物"。他因勤好农耕,帝尧"举为农师";因天下兴利有功,舜初即位,封之为"后稷"。"后稷之兴,在陶唐、虞、夏之际",《史记·周本纪》谓舜"封"弃于邰,而被封之古邰地,世传在陕西武功。此须说明的是:邰字在《汉书·地理志》作"斄"字,此经怀信训诂认为:"《汉书》之'斄'即古之邰,当无疑问。[41]

为了证明周源于陕,再看弃之生地究竟在何处,就更有必要。如前所述:此据怀信考证:"民之初生,自土徂漆。"说明初"民"生地当在"土"。这里的"民",与《生民》诗"厥初之民,时维姜嫄"之"民",无疑应指同一实体。这个实体,显然就是周之始祖、姜嫄之子弃。因而,弃之生地当在"土"。"漆"为水名,世无异议。世传之古邰地在武功,而武功恰有漆水,这显然与"自土徂漆"及"即有邰家室之事相吻合"。"漆"既为水名,"自土徂漆"之"土"自然也应是水名,与"漆"同词类。王念孙释"土"为"杜",完全正确。邹衡以为:"土即卜辞所见土方,也就是今天山西南部的石楼县。"证明周人来自山西省。这种说法,从实际看欠妥。"杜"到底在何处?《汉书·地理志》:"杜阳(县)"下班固自注:"杜水南入渭。《诗》曰:'自杜'。"杜阳由杜水得名。古城在今陕西麟游县西北。杜水发源于麟游西北,东南流入乾县境内,今仍叫"杜水河"。说明周族的始祖弃之生地在麟游,邰地确应在武功[42]。再从考古文化来看,武功郑家坡先周文化遗址,恰在传为古有邰之地的漆水之滨。郑家坡遗址的年代早于古公亶父,说明该遗址不是从岐山方面过来的周人遗存。众所周知,古公以前周人居豳,而更不会有人来此聚居。这样郑家坡遗址就只能是弃以后的有邰氏文化基础上发展起来的周族遗存了。据此,我们更可以肯定地说,古邰地确在武功。西周族的源地在渭水支流漆、杜流域。

《潜夫论》云:"郮(同周),黄帝后。"言周人是黄帝姬姓后代。《玉篇》亦说:"郮古国、黄帝后,封在岐山之阳,所谓'周原胝胝'者,在今天陕西渭水流域。"那么,这个渭水流域的"郮古国"又是什么样的方国呢?徐中舒认为,武丁卜辞的周方是在渭水流域所建的母系社会的姜嫄国,"周原的姜族来源于西羌",是和姬族"世为婚姻的'有邰家室'"[43]。这个周方就是商人对姜嫄国的称谓。《诗经·大雅·生民》:"厥初生民,时(是)维(为)姜嫄。"姜嫄受祀之处,"即有邰家室。"毛传:"邰,姜嫄之国也。"传疏:"姜嫄国,《说文》:'邰、炎帝之后,姜嫄所封,周弃外家国,右扶风斄县是也。'《水经注》:'渭水东迳斄县故城南,旧邰城也。城东北有姜嫄祠,城西南百步有稷祠。'……古斄(邰)城在今陕西乾州武功县西南二十五里。"又《说文》十二下:"姜,神农居姜水,因以为姓。"段注:"《渭水篇》注曰:'岐水又东迳姜氏城南为姜水。'引《帝王世纪》:'炎帝神农氏姜姓。母女登游华阳,感神而生炎帝,长于姜水是其地。'"按姜水在岐山下周原一带,今岐山县蔡家坡渭水南还有姜太公垂钓的古迹,当即《水经·渭水注》引《吕氏春秋》"所谓'太公钓兹泉'"的"垂钓之所"。从上可以说明,"那种认为陕西岐山下的周原之名是古公亶父时代由姬族从山西的周原(大原)西迁后以原来所居住的旧地名说法,恐怕是站不住脚的。"[44]殷商武丁时期的甲骨文第9条卜辞说:"周从嫇?周弗以嫇?"明明就是卜问周人是否携秦女来献。《史记·秦本纪》说秦之先人曾"在西戎,保西垂(陲)",说明周与秦在武丁时代亦不应当在晋南,而应在陕西的渭水流域。"岐山、扶风一带确实分布有相当于武丁以前的商文化遗址与墓葬"[45]。说明二里冈时期商人也在渭水流域周原等地。"从文化上给予土著居民以影响"[46],而不是"山西说"[47]给以影响。

根据上述析探,我们已可清楚地知道,周族既是源于陕西关中西部漆、杜流域,而在山西晋南闻喜一带却为何又有周人的传说遗迹和传说民俗呢?而且周人自己亦何以又自称"有夏"并与之从政治上"结成密切的联盟"呢?这就是我们要重视的所谓的关键性历史问题。关于这一问题,我们首先得从周人与夏的关系来分析。

周人尊夏,而以夏人后裔自居。《尚书》中《康诰》:"王若曰:……惟乃丕显考文王……用肇造我区夏,越我一二邦,以修我西土。"这是周公告诫康叔到东土后要追念文王功绩。"我区夏"意即我小夏、我小周。《立政》:"(周公)曰:'乃评我有夏,式商受命……'"还有《逸周书·商誓解》"昔在后稷,惟上帝之言,克播百谷,登禹之绩",《诗·闳官》"赫赫姜嫄,其德不回。……是生后稷……缵禹之绪"等等[48]。这些文献应当说明的是:周族确曾在禹夏时已经居住在非常邻近夏人的地区,并与之结成联盟是有根据的。《尚书》、《史记》等书都还认为周族首领与禹、契、伯益等同为尧舜时代的大臣,并聚在靠近尧、舜、禹等部落的同一地区。尧都平阳、舜都浦阪、禹都阳城,分别在今山西临汾、永济、夏县一带,三者相互距离不出200里[49],同属姬姓支部落。由于"亲属关系和领土毗邻关系"[50],我们认为:入晋的周人后稷弃或不窋到此与禹他们结盟治水可以说是"人和地灵"的事。所以,周代后世称自己与夏的早期关系为"我区夏"、"我有夏""我小周"这种密切的联盟关系是有道理的。这一点朱君孝等所认识的是对的。同时周人到晋的时间,仍如前述,弃在尧帝之时已被举用,已经在"朝"。那么,弃在尧时就有入晋的可能。帝舜即位,封弃后稷,弃成了正式的"朝廷"官吏,更无居家之理。因而弃必早居到晋了。《史记·高祖本纪》正义引《括地志》曰:"《竹书纪年》云:'后稷放帝子丹朱于丹水。'"《山海泾·海内南经》注引《竹书》同。是后稷有放丹朱之事。显然,这也是弃曾在"朝"的一个佐证。又据《国语·周语》载登公谋父之言曰:"昔我先王,世后稷以服事虞夏。及夏之衰也,弃后稷不务,我先王不窋用失其官,而窜于戎狄之间。"《左传》载周詹桓伯之辞亦说:"我自夏以后稷……"这些记载说明,周之先人又曾为夏代后稷,而且自不窋以世代为之。《史记·周本纪》云:"后稷卒,子不窋立,不窋末年,夏后氏政衰,去稷不务,不窋以失其官而奔戎狄之间。"此说无疑本之《国语》,只是忽略了"世"字,误不窋为后稷之子。对此,谯周、孙颖达、罗泌等人早有辨证,认为是后稷失其代数[50]。戴震也认为:《史记》不曰"弃",而曰"后稷"卒,是"书法也。世中阙莫知其名,继弃而为后稷,谨修官守以至不窋,是不一人。及最后为后稷者卒,其子不窋立,末年而失其世世守官"云[52]。其说或是。总之,周之先人自不窋以上世代为夏之稷官,当为事实。周之先人既为世代修其官守,必无为官者继续居邰之理。因而,弃之子孙后嗣亦必曾入居夏都。相传夏代第一代国君启建都安邑,在今山西夏县。那么,即弃不入晋,其子孙后嗣亦必至晋。这就是说,由于政缘:周人由陕入晋,"禹合诸侯于涂山,执玉帛者万国"[53]。表明夏后氏盟主地位的确立,在闻喜地带加入禹夏联盟不仅已是事实,而且还是从尧舜始、至夏启止,有一段很长的历史。同时,由于这种联盟,当时连"共工氏的代表四岳"都来参加了,因而自称"有夏"的"有邰"周人当然更应去参加了。否则,就像由陕未去晋南加盟治水的有扈氏一样,而要被武力打败就是反证。

其次,俗缘分析

入晋周族先人自弃以来既有入晋可能,这点从俗缘来看也顺乎情理。如上分析:他们既入居晋南,不可避免地就要与当地其他部落发生联系。所谓"虞夏之际",他们与舜禹等部落结成了联盟;由于擅长农业,其首领便在"联盟"负责农业、播种之事。而夏朝建立后,由于周夏两族关系亲密,其首领自然仍是要为夏朝的稷官。同时,弃后稷他们当时既是来事虞夏的,也不可能只身前往,必有其族属(部分)相随,加之世代繁衍。因此,自弃之后,不窋之先,在晋地就不可能不产生并留下有关他们的传说和遗存。周族当时活动的主要地区在稷山、闻喜、新蜂等地,这些地方恰与夏都所在夏县相毗邻。因而至今这里仍有稷山、稷王庙、姜嫄庙、姜嫄墓等传说古迹,恐怕就是周人当时到此的影响而致[59]。就以"稷山"来说,试想当时"相随"他们的子孙后裔,根据附近山上之石像五谷而谓之五谷石,并命其山为稷山,附会出教稼之类的故事以示纪念,就不无发生的可能。至于姜嫄墓,正如《闻喜县志·田水编》所载李汝宽之语所云:"墓者,慕也,圣人殂之,四海若丧考妣:殊俗之人各各起土而坟,是以所在有焉。"殊俗之人尚然,何况其后裔子孙?因而,有其墓不等于真葬其人。因此,晋南有"稷山",也有"姜嫄墓"、"稷王庙"等,这并不奇怪。古人迁徙时,时常把原住地的地名一起带走,如商都屡迁皆称亳,楚都屡迁依旧称郢,地名迁徙现象在古代是屡见不鲜的。异地相同地名恰似路标指示出了古人迁徙的路线。异地的相同纪念性的俗志古迹也应该是这样来看待。我认为:晋南出现的"稷山"、"姜嫄墓"等俗志古迹,也应如此看待;是周族先人弃及不窋等世代后稷当时对在陕西武功"邰"地的姜嫄、弃后稷的传说古迹迁徙入晋时一起传播带到山西晋南去的。叶文宪等以为:"武功一带的先周遗存年代都在殷墟后期,……而晋南地区的夏代为二里头东下冯类型分布区,在商代为商文化区;如果周人是关中土著,那么无法解释他们为什么要祖居地名与祖先遗迹搬到异族居住的晋南去。"⑤坚持关中土著说的尹盛平、任周芳认为:"先周文化是在客省庄二期文化双庵类型的基础上发展起来的。"⑤"周族起源于武功境内的漆水下游当无疑问。"⑤"先周文化早期则主要分布于漆水流域。"⑤由此看,还是关中土著说理由充分。早期周人由陕入晋并"加盟"也被证明。据郭璞(东晋人)审定、刘光第(清末人)修订《闻喜县志·田水编》云:"稷佐尧及舜,又不必辩矣!"这里只要情由既明,可"不必辩矣"!此处方志为闻喜历代名人所编,不仅可信性强,而且这里所言也不无道理。

再次,地缘分析

"后稷始稼","稷播百谷","稷勤百谷",到了山西闻喜地带"佐尧及舜",这不只为政缘,也为周人当时到此所产生的传说俗志俗缘所证明。同时这些方志传说及遗存又比较集中地分布在稷山、闻喜等地,这些又"恰与夏都所在的夏县相毗邻"。因而,《左传》定公四年称此地为"夏墟"。《闻喜县志》:"武功有邰乎,闻喜稷山乎?"这从志书看,陕晋两省对此地望在历史上虽早就有争议,说明历史上不但早就有人谈到周人曾有入晋的问题,同时亦说明早就有人从地缘上也提出了周人早期而往来于陕晋之间的路线路标问题。《闻喜县志》云:"武功即有邰稷所封,或祖於彼迁于此乎。"显然这是晋不承认周人早就有由陕西向东迁徙到山西这回事。但是,从地缘具体看,陕晋的通往,钱穆在30年代考察写的《周初地理考》一文,首先就提出:"周人起初,皆在晋,其后……渡河而达于韩。"这就是说,周人当时经韩城过黄河往来于陕晋的。这里,由韩城过黄河,自然要经过陕西韩城禹门口。禹门口称龙门,挟黄河天险于其中。《名胜志》云:"导河积石于此,河水自山直下千仞。"禹门自古为秦晋交通要道。钱穆当时主要依据山西闻喜晋南地区有姜嫄墓、稷山、后稷庙等俗缘传说遗迹,提出了自己的看法。他据此提出了"周人起初"在晋,而"渡河达韩"的事,这从地缘角度考虑还是能启迪人思想的。它从反面证明了:周人早期很可能就是由陕西关中西部武功"邰"地往东经韩城禹门口这个地点而迁徙到晋的。这就具体说明了我们认为的周人早期进行东迁不仅由于有政缘、俗缘的原因,且是也有地缘的理由更是不无道理了。

总之,由于这些地缘、俗缘之故,特别还由于政缘的原因,弃后稷或世后稷不窋才有可能带上他们的族人,由武功(邰)地经陕西关中渭河盆地凤翔—韩城断层原区地带并经禹门口跨黄河而至山西晋南闻喜夏墟地带"佐尧及舜",继而为禹夏稷官,参与治水,播种百谷,开发农业。他们进行这样一次政治性的迁徙,确是很有可能的事。

第二,周人"自窜"晋陕北方及庆阳之事

I.世后稷不窋失官的概述

《史记·周本纪》曰:"后稷卒,子不窋立,不窋末年,夏后氏政衰,去稷不务,不窋失其官而奔戎狄之间。"《国语·周语》说得更确切:"昔我先王世后稷,以服事虞夏。及夏之衰也,弃稷不务,我先王不窋用失其官而窜于戎狄之间。"由此可知,不窋早期也袭后稷官,在夏政权中也是担任负责农业的官员。所谓"夏政衰",如韦昭所说,是太康失国时。理由是:羿、浞夺夏权,夏统中绝;作为夏的同盟,周人不愿屈从夷人,只有"弃稷不务",只有在"世后稷"不窋时"自窜"。因此说,不窋是在夏初,因羿、浞之逼而迁离周族在晋南的住地⑤。但是不窋所奔的"戎狄"在何处?有的或以为在关中西北和陇东,有的甚或以为是从晋南渡黄河到达武功。朱君孝认为:"不窋逃出晋南,其第一步应是晋西北及陕北。"羿、浞"代夏政",控制了夏的中心地区,周族住地相对于夏的中心区偏,要是西迁,西南之行对他们而言是个危途。远古的秦晋高原不像现在这样贫瘠,而是一片宜农宜牧的地方。因而不窋率领族人先奔晋中、晋西北,再渡黄河至陕北,逐步西迁,辗转而达陇东。《周语》韦昭注说,不窋之迁在邠(豳),地近陇东。对于古邠地域的分布,徐中舒说得更明白:"古代邠地极为辽阔,从甘肃庆阳邠地以东至山西汾水流域皆属古代长林丰草野猪出没的黄土高原地带[61]。"对于不窋"自窜于戎狄之间",黄怀信在《先周族及其文化的渊源与流转》及《周族的源地与迁转》等文,根据文献《国语·周语》载晋建国初,"戎狄之民实环之"而分析说:"不窋失官以后,自窜于戎狄之间,当指太原一带,也就是所谓的光社文化地区。"据《正义》引《括地志》云:"古唐城在绛州翼城县西二十里。"即是说晋初封之古唐国之地,在今山西翼城西(翼城以北全属光社文化区域)。而周人当时大概就在这个地区游动了一个时期之后,便渡河而西,到达陕北,进而开始经营于北豳(今庆阳)。综上所述,从政缘看,特别是从地缘来看,不窋"自窜"于晋陕北部及庆阳等地区的地域迁徙历史,他们这样分析认为的理由也是切合实际的。而这正是周人此时发展的一部曲折历史的合乎实际的过程。从理论上讲,这也符合"时空"统一原理。

Ⅱ. 从族缘看不窋在晋北的族源

不窋"自窜"于晋中翼城西北和晋北太原一带活动,这一带根据徐中舒《西周史论述》(上)说:"春秋时代,这里还是许多不相统一的姬姓白狄部族屡世居住的所在","他们老早就居住在山西境内。"这里"周与白狄并不是种类的不同,主要原因就是他们的经济文化还停留在粗耕阶段,风俗习惯与戎狄无异,因而遂名之为狐(胡),为戎,为狄。""春秋时代姬姓白狄就是沿袭其先祖不窋居戎狄间的旧俗,虽经历了四五个世纪之久,犹无所改进。……白狄就应是中国北方的原住民而不是什么外族。"[62]这里徐中舒的意思是说,姬周族与姬姓白狄的族源相同。王玉哲也有类似看法。他在《先周族最早来源于山西》一文中说:"山西的姬姓戎狄,一定不是周的封国。他们这些原始的姬姓氏族,理应老早就住在山西境内。"若是如此,我们则可以认为:"姬周的先祖实在应该是自不窋开始。不窋末年,去稷不务,失其官而奔戎狄之间,说明当时姬周人还停留在粗耕阶段而与戎狄同俗。"[63]由此我们就可以推出:当时"自窜"于戎狄之间的不窋,当然可为白狄的先祖了。《国语·郑语》:"北有卫、燕、狄、鲜虞、潞、洛、泉、徐、蒲。"韦注:"鲜虞,姬姓在狄者也。"《穀梁传》范注谓:"鲜虞,姬姓白狄也。"此姬白狄之鲜虞"长期飘忽于山西的北部"[64]。

总之,姬周族与山西姬姓戎狄的族源是相同的。不窋"自窜"于"戎狄之间"的地方,即今山西翼城西及其以北、黄河以西的广大地区;在夏代都应为"戎狄"之地。同时,这里的"戎狄"之地,又恰与邹衡所言的光社文化区域大体相当。因而,光社文化区的先周文化,当与不窋有关。这就是说,从这里的地缘迁徙地方,从这里的族源源头来找"世后稷不窋"四五个世纪短缺的周人"代数",就有了具体探讨的线索了。

Ⅲ. 从俗缘看不窋公刘在庆阳的定居

不窋因避夏乱而自窜于戎狄之间,其迁避之地据方志称:在今甘肃庆阳一带。正如黄怀信在《周族的源地与迁转》所谓的:"在一地必不会滞留很久,因而有可能'窜'

得较远。世传甘肃庆阳有不窋城，当非不虚。不窋最终所止，当就在庆阳一带。"不窋避夏乱时，避乱之地诸家皆谈曰在今甘肃庆阳一带，可是迄今为止庆阳一带还未发现可靠的先周遗存，更未发现早到夏代时期的先周遗存[65]。但是，"不窋在夏代就已迁出晋南，武丁时周人已经定居豳地。"[66]在此期间，据《史记·周本纪》说不窋为后稷子，公刘为不窋孙，其间世系肯定有脱漏；而此依似前述，也只有由民族学、考古学容后探讨。目前在此能探讨他们定居活动的，只有靠世传古迹和民俗学来谈。

　　不窋在北豳的活动，从处境上来说，他和当地的戎狄头目相处是融洽的。这大概因他是著名人物的后稷弃之后，又任过夏政权的"农业大臣"，因此戎狄们很敬重他[67]。从职业上来说，他可以自由身份在那里从事农业活动，并以农业专长在戎狄之间发挥"农业顾问"的作用（戎狄以畜牧业为主，但也有少量的农业经济）。正因如此，戎狄对他印象很好，其头目允许他有一批农业追随者，并允许他在北豳单独筑城[68]。不窋在北豳所修的城池，不但史有记载，而且至今遗址犹存。《三和志》：不窋城"在州治东南三里，即今府治。夏政衰，不窋失官、自窜于斯、所居成聚，故连城而居焉"[69]。《括地志》云："不窋故城在庆州弘化县南三里，即不窋在戎狄所居之城了。"[70]这里，二志所说之"州治"、"府治"、"庆州弘化县"均为今甘肃省庆阳县治。《庆阳府志》载："周祖遗踪，即府城东山周祖不窋所居也。高阜平衍，远眺俯览，城郭山川豁然在目。"又说："不窋，后稷之后，值夏德衰乱，窜居北豳，即今之庆阳也，子鞠陶、孙公刘。"[71]北豳一带纪念他们的庙祠一直延续到清代，甚至到新中国之初还有保留。《庆阳府志》载："不窋庙，在府治南，有塑像。"又载："公刘庙，在城外西南八十里。"可见，不窋和公刘在北豳这块土地上是留有足迹的。

　　Ⅳ. 不窋"自窜"晋陕北部至庆阳的途径

　　晋中翼城北、西至晋北太原，在夏代确为戎狄之地。同时在此"与之平行的黄河以西广大地区"，从族缘上看，不只"应属"而且也确是戎狄之地。据《陕西县情》看，在黄河以西的陕北：榆林地区，夏商时，在神木、府谷、绥德、米脂、佳县、清涧等地属于古"雍州翟（狄）境内"，"周代为雍州白翟（狄）一部[72]；公元前11世纪在延安地区有延安、延长、延川、子长、安塞、洛川、宜川等地，古时亦属雍州之域，皆是周人活动的地区。"春秋时为白翟（狄）部族居住。"[73]同时，在陕北北部，即榆林地区最西端毛乌素沙漠的南部边缘定边和西南部无定河上游，北部与内蒙古自治区乌审旗、鄂托克前旗接壤的靖边，分别处在陕北黄土高原与内蒙古鄂尔多斯草原过渡地带；春秋时也为眗衍戎所居，或"分属晋魏"，此地有戎狄杂居。在陕北南部，即延安地区西南黄陵县与甘肃正宁县为毗邻，富县等县还同甘肃合水、宁县接壤。在此境内有洛河的支流"沮河和葫芦河发源于甘肃省华池县，西北东南流向，它们于境内河口，或咀头村分别注入洛河"。在此如此：陕北以北以南两个地区，前者"古称桥国"，"汉称翟道县"，后者"夏商属西河国也"；而这些地方也不无古代戎狄遗留下的许多足迹。因而在陕北的或南或北都有古代戎狄，特别是白狄分布的存在。陕北在米脂、延安、安塞、洛川等地有这些白狄族人的分布，尤其于黄河西岸：即陕晋隔河相望的神木、府谷、佳县、延川、宜川等地带散布着白翟（狄）族人这个居民特点，这可以说是山西晋北西戎狄，尤其是周人不窋姬姓白狄，由晋西北过黄河"自窜"到此（陕北）而滞留在这里的同宗族人。这就是说，不窋同他们的姬姓白狄族人，伙同戎狄朋友确实是由山西晋北"自窜"滞留到陕北。这里，《陕西县情》为此提供了使我们从地缘和族缘来分析认可的重要依据。所以，使我们认识到：他们是从戎狄、白狄汇合于陕北而散布在这些地方；从而并从此才渐次继续最终"自窜"到甘肃庆阳地区而始定居下来。同时由此，为我们探讨不窋"自窜"于晋陕北部到庆阳的迁转路线，特别是关于他们在此"自窜"而跨黄河的关键性地点并提供了宝贵资料。

世后稷不窋，由晋北到陕北，"自窜"到庆阳，其迁徙途径目前能探讨到的看法有几说，沿黄河上下而横跨通过的渡口，现在推断来看也有六处。晋陕东西之间，尤其北部由黄河南北穿过，径流长，东倚山西吕梁山，西为陕北黄土高原，互相遥望。而此其中可以视为古道者：有陕西最北端的府谷，它东与山西河曲、保德县隔河相望，今修黄河大桥；有榆林地区东南部的佳县和吴堡，它们与山西临县、柳林、中阳县隔河面对；还有榆林地区东南角、无定河下游、东濒黄河的清涧县和位于延安地区东北部北与清涧县接壤的延川县分别与山西石楼县、永和县隔河相视；特别是位于延安地区东南部的宜川，南与韩城毗邻，东临黄河与山西吉县、乡宁、瀼汾、临汾等地区相望。这里有黄河壶口瀑布，是我国第二大瀑布，今修公路大桥，是秦晋交通枢纽。《水经注》记载："禹治水，壶口始。"传说是公元前 2140 年禹治水凿石导河之处。以上这六处河口从地望及族缘来看，很可能均属黄河古代往来通道，尤其是河曲，保德与府谷、临县、柳林与佳县、吴堡、石楼与清涧、吉县与宜川等处，在周人不窋当时由晋北西向陕北东渡黄河而"自窜"时，都有作通道的条件和可能。其中山西石楼与陕西清涧之间的古代徒道，当属周人当时曾由晋往陕"自窜"的重要渡口。因此，邹衡、黄怀信等，探讨周人早期从此过河，将此处认为是晋陕北部通途过黄河的地方的确是言中了。"至于渡河之地，或如邹衡先生所论，就在山西石楼，从石楼渡河而至庆阳，其路线当是经陕北延安以南一线。"[③]邹衡在《再论先周文化》一文说："这样，就明显地把山西—陕北—关中的商时文化（包括先周文化在内）进一步联上了关系。"不窋是由晋中翼城北西，是由晋北太原戎狄之地"自窜"于庆阳活动直至公刘时。他们当时在此活动的具体地方"不窋故城"、"公刘庄"，以及"不窋庙"、"公刘庙"等俗缘标志传说遗迹等，均为这种"关系"的联系提供了佐证。周人是自石楼过黄河，经陕北黄土高原米脂、绥德、清涧等北方地区"南下过北洛水，再道跃县、淳化、乾县而进入周原"地区的。这样我们不仅把庆阳（北豳）与旬邑（古豳）能连在一起考察，甚或与周原等大片地带能连在一起来认识提供了共识。胡谦盈在《试谈先周文化及相关问题》一文，就把"北界达到甘肃省庆阳地区；南界在秦岭山脉的北侧；西界在六盘山和陇山的东侧；东界的北端在子午岭西侧，南端以泾河沿岸为界"，"其地望大致相当今日陕西省咸阳地区和宝鸡地区以及甘肃省的庆阳地区和平凉地区的东半部"[⑤]的广大地区也能连在一起来认识了。实际上，由世后稷不窋到公刘时，他们是由山西晋中翼城、晋北太原辗转晋西北石楼来到陕东北清涧、绥德，"经陕北延安以南一线"转陇东庆阳地区（北豳），之后并由庆阳（北豳）南下到陕西关中旬邑（古豳）这块地区，太王时又由彬县旬邑迁至周原岐邑这个宝地。

小结

Ⅰ. 从地缘来看，当时在山西稷山、闻喜、绛县及夏县等地，我们已知这里有尧都平阳、舜都蒲坂、夏都安邑等历史都邑,晋人当时由此西行,沿途也要经由晋向西到陕晋交界处,即黄河经流的渡口——禹门口这个地方。这里有大禹治水时凿开的禹门遗迹(《水经注》、《吕氏春秋》、《淮南子》)。传说此处还有"禹王洞"、"禹坟"、"禹王庙"等。经此再西而往渭沣流域的周原岐山等地,沿途也有禹王庙等传说俗志;这里的这些传说遗迹标志,从汾渭盆地的地望来说也是有天然的条件。笔者在《周原地区新生代地貌特征略论》中曾指出:"在鄂尔多斯……南界是通过凤翔、耀县、澄城、韩城的大断层,它的东南是新生代的汾渭盆地;北边可通太原以北,西南则通到宝鸡以西。……从汾渭断陷的东北西南向半月形的大范围位置来说,近东北向,黄河流经在陕西与山西交界处的一段明显地也能与基岩地层走向一致。"⑦⑧这说明周原—禹门—夏墟的地缘,确是天然地处在汾渭盆地古河谷的峡道通途地带。因而也就能说明:周人初期可能是由陕西周原地区武功等地沿关中北山南麓的凤—韩断层塬区地带,经耀县、澄城、韩城等地北东行而经禹门口过黄河,走大禹当年由晋经禹门口到陕疏导水患时走过的通道而入晋到山西稷山闻喜地带⑦⑨。如果不是如此,不仅是经由晋南闻喜地带到禹门口以至西到周原而沿途的这些传说俗志古迹,特别是有关大禹的这些传说古迹具体要表明的这个古道标记,就会失去当时称为"龙门"要道的历史价值;而且同汾渭盆地"凤—韩断层"由此形成从陕通禹门口至晋而所出现的天然河谷通道,实际上也就被否定了。所谓大禹治水经此而往泾渭,甚或漆沣流域有效疏导,治理水患的历史功绩,似乎也都成了一句空话。同时,从地缘再看,我们说,"不窋逃出晋南,其第一步应该是晋西北及陕北。"远古晋陕高原,属黄河水系。黄河在陕北主要有源于定边白于山的无定河、洛河,及源于靖边的延河等三大支流。全区"干流深切,支流密布",北南纵横。网布特点:有的如无定河在陕北北部经靖边、横山、榆林、米脂、绥德、清涧;有的如延河在陕北中部经安塞、延安、延长,此处是东西横贯而流;有的如洛水在陕北南部经吴旗、保安、甘泉、富县、洛川,与无定河均为西北东南流向。这三大干流的源头,均在榆林地区西端,毛乌素沙漠南缘,南靠甘肃环县等地,处于陕北黄土高原与鄂尔多斯草源过渡带,南下与陇东庆阳地区相呼应。因此,这里不仅有"宜农宜牧的沃野,大量考古发现表明,这里还有非常发达的古代文明"。说明这里曾经很适宜于人类生息。"不窋率领族人先奔晋中、晋西北,再渡黄河,逐步而迁徙、辗转而达陇东。"周人"用戎狄之俗,过游牧生活",游徙"自窜"在晋陕北部及陇东时,无不与这里广布于戎狄滞留的这些河流地区有着极为密切的关系。

Ⅱ. 从俗缘分析来看,周人早期有无东迁,似乎更能说明问题。

山西闻喜一带姜嫄墓、姜嫄庙和后稷陵、后稷庙的建立,如前所述:这是属于当地周人或推崇者所修建。这也是周人由陕迁徙到山西闻喜一带后,从事农业种植,并推崇祖先后稷——农业神而立祠建庙的一种传说标志。周人早期活动过的主要地区,属于这种民俗标志的有陕西武功姜嫄墓、扶风姜嫄咀、岐山后稷祠等,都被周原当地武功郑家坡、扶风北吕和刘家等先周考古遗存而证明;在甘肃庆阳地区,也有纪念不窋和公刘的庙岳,这些不只为当地传说古迹"不窋城"、"公刘庄"等遗迹证明,同时也被《元和志》、《括地志》、《庆阳府志》等所佐证。至此,陕西周原和甘肃庆阳两个地区周人早期阶段的民俗遗迹标志,充分说明周人当时在陕甘两地的确有过活动。照此来推测:那么当时分布在山西闻喜一带周人早期活动过的民俗传迹标志,同样应该也是真实地反映了周人当时到此后活动过的历史足迹了。这里的民俗特点,虽因"东下冯类型的大致年代相当夏末商初"而"晚于东下冯龙山文化"而还不能证明虞夏时弃后稷入晋"佐舜"的事,但"东下冯遗址文化性质正处在传说中的'夏墟'范围之内",因而在"探索夏文化"时,同样也能探讨研究周人的"有夏"文化,即先周早期文化在此分布的情况,此也有证明的历史作用。因此,它像周原和北豳两地的民俗传迹一样,也能具体地起到佐证历史的作用。

Ⅲ. 由上述情况看,不论是由于政缘、地缘、俗缘,或是族缘等缘故,姬周族弃后稷或其子不窋世后稷,由陕西武功"有邰"东迁入晋至山西闻喜"夏墟"一带这一史实,即使还没有得到有力的直接旁证,但也是合情合理的。在此假设的这一历史事实,笔者以为是能够用历史地理学、考古学和文献方志学等资料,特别是用民俗学和民族学等资料,来证明的。这样,才使得先周早期父系氏族发展时期的历史,即弃后稷、不窋世后稷及公刘在陕晋、晋陕至庆阳等北方地区,并由此辗转南下到关中西部周原地区的地域迁徙及"自窜"发展过程就合时有序了。

(三)文化分布

周人和夏人、商人一样,是一个并存的古老部族,其历史与夏、商一样悠久。但由于夏商时代,周人自己并未建成国家,因而也没有他们自己的成文史。所以文献史籍中有关于周的历史,即先周史的记载扑朔迷离,异常简单。因此,在前面我们只能就历史时间和地域迁徙两个方面,即对先周"自姜嫄生弃至不窋:弃在虞夏之际任后稷、被封于邰,弃的后代世为后稷直至不窋失官;自不窋至公刘:不窋因避夏乱而自窜于戎狄之间,其迁避之地据方志称在今甘肃庆阳一带",从地缘、俗缘、族缘,尤其是政缘等资料和原因方面作了一些初步探索。现在我们再从文化分布方面,尤其是考古文化考证方面再较深入地作些探讨。主要谈周族在北方地区的青铜文化,特别是周人早期弃后稷乃至不窋世后稷时期的先周文化及其历史等问题是如何看的。这里,我们就以人文文化和地区文化两个方面来作些考察。

第一,人文文化

为了对姬周族先周历史进一步有所了解,在这里对其早期活动有关文献方志记载的弃后稷、不窋世后稷及公刘等三个突出历史人物,从时间、地域,特别是从文化方面给以考察,试探他们的史地位置。

Ⅰ. 周人第一代男性祖先弃后稷

这里,主要就弃的生地、封地和官地三个地方史地位置作些探索。

黄怀信在《周族的源地与迁转》一文中说:

"民之初生,自土徂漆",说明初"民"生地当在"土"。这里的"民",与《生民》诗"厥初生民,时(是)维(为)姜嫄"之"民",无疑应指同一实体。这个实体,显然就是周之始祖、姜嫄之子弃。因而,弃之生地当在"土"。

"漆"为水名,世无异议。世传之古邰地在武功,而武功恰有漆水,这显然与"自土徂漆"及"即有邰家室"之事相吻合。

"漆"既为水名,按照古汉语惯例及"自西徂东"之文例,"自土徂漆"之"土"

自然也应是水名,与漆同词类。……可见"土"实在是不能当"土方"讲的。

王念孙释"土"为"杜",完全正确。但不必指"唐杜氏"。因为"唐杜"既非水名,也非等于"杜"。……那么"杜"到底在何处呢?考《汉书·地理志》,"杜阳(县)"下班固自注:"杜水南入渭。《诗》曰:'自杜。'杜阳,由杜水得名,故城在今陕西麟游县西北。"杜水发源于麟游西北,东南流入乾县境内,今仍叫"杜水河"。杜水下游,由乾县南入武功然后入渭,即漆水,今称"漆水河。"初民沿河之上游来到下游,自是情理中事。因而,"杜"指此——杜水当无疑问㉗。

叶文宪《先周史与先周文化渊源辨析》及方述鑫《姬周族出于土方考》两文也说:"《诗经·大雅·生民》:'厥生初民,时维姜嫄。'姜嫄受祀之处,'即有邰家室'。"或称后稷"'即有邰家室'。《史记·周本纪》也说舜'封弃于邰',历来注家都认为邰在今武功县"。

这里,黄、叶、方三人就上述文献考证分析,说明周族的男性始祖弃生地在陕西麟游,其所就封后稷"即有邰家室",即之邰地确应在武功。这从考古文化也能找到佐证。因此,据传弃后稷为姜嫄践巨人足迹而生。按此:其生地自然就是在陕西麟游的杜水流域,因主管农业有功,被舜封于武功漆水流域的有邰,称后稷。周族从弃开始,即进入父系氏族社会,这个时间相当于陕西龙山文化中晚阶段。弃后稷是姬周族由母系氏族社会跨入父系氏族社会的第一代男性酋长。如前所述:传说中的周弃在尧舜之际就被举用,封为后稷的时间是在公元前 22 世纪前后。"也就是说,弃必当是夏代以前的人物。"

今天的实物资料、科学论述,即肯定了这样一个事实:"周族源于杜水、漆水流域。"杜水源于麟游,漆水流于武功㉘。已知《诗经·大雅·緜》:"民之初生,自土徂漆"的"自土"王引之以为"土"即"杜"(《经义述闻》),陈梦家从其说(《殷墟卜辞综述》)。杜就是源于麟游的杜水,它与流于武功的漆水相连。史念海对此也是这样认识的㉙。由此说明,周人最初的地望都在陕西。《尧典》记舜初即位任命百官,弃"后稷"之职为他所封。其时既在舜初即位,说明自尧之时弃已在"朝"。那么《史记·周本纪》所言"尧举弃为农师"及"后稷之兴在陶唐虞舜之际皆有令德"之事,当非属无稽。由此可见,《尧典》之文固非当时实录,而所言此事则大致可信。由此析探:弃正式为后稷时之官地,当在舜任命百官时的安邑(今运城市),即弃已经入晋,也正式成了"朝廷"的官吏。同时,这也为郑家坡、北吕、刘家等先周文化遗址从地域上证明;且在陈全方、徐锡台、戴彤心、尹盛平、黄怀信、任周芳等作的科学论证:说明陕西武功是世传古邰之地。它与周人先祖弃最初"自土徂漆"地望完全相符。充分说明:周人第一代男性先祖最初在陕,不是晋。因此,犹如前谈:由于地缘、俗缘,尤其政缘的原因,当时弃后稷入晋时,他可能是由陕西武功"邰"地入晋到闻喜地带的。到晋后,他可能在晋南汾河下游的平阳(今临汾)、田水流域的安邑(今运城)和晋阳(即旧解虞县,今重划:解归运城市,虞属夏县)㉚等唐虞及夏都搬迁在此的中心地区,亦即黄河中游地带的稷山、闻喜、绛县及夏县等地活动。他率姬周族人在此"佐尧及舜",又追随大禹治水勤农,"播种百谷",这是很有可能的事。因此,在闻喜地带也就有姜嫄墓,以及稷山、稷祠、稷亭㉛(《闻喜县志》)等"后人所附会的地名",这的确是事出有因。这些传迹俗志,经分析推测,可以表明:是周人由陕入晋活动,其后人为纪念他们祖先而筑置的标志。"例如在稷山闻喜一带也有稷王庙、后稷陵和姜嫄墓",有此附会,当然总会是"有些影子"的(邹衡语)。由此当然也可看出,弃后稷,或不窋世后稷当时入晋到闻喜地带,这段史地位置的总地望是不能被忽略的。

30年代初,钱穆在《周初地理考》断言:"周初在晋","源于山西闻喜一带。"他当时虽是依据姜嫄墓、后稷庙等后人所附会的民俗标志来谈姬周族早期文化东源说的,但由于当时考古实物文化尚不发展,而他在当时这样谈,也不是没有道理。

周弃同尧舜汤都是同时期各自民族的男性祖宗,因而他们应该都有各自创造的自己氏族的民族文化。由于实物文化的充分发展,随后并已证明,例如:夏早期有二里头或东下冯类型文化;商早期有后岗二期文化;姬周弃后稷时代,他当然也应该有自己所创造的独具风格的早期周族的文化。

这里,姬周族在陕西渭河流域早期文化有一个主要源头,就是客省庄二期文化,亦即陕西龙山文化。在此分布的这个重要源头,文化面貌基本已搞清了:尹盛平、任周芳等经过长期研究,终给予了肯定回答。但是,周人弃后稷到山西后活动的先周文化东源说,即其早期文化情况到底怎样,特别是晋南"夏墟"说,其中早期的先周因素——尤其是此而与当时在陕西武功的有邰说,以及甘肃庆阳的北豳说等,它们的彼此特点和共同特征、即龙山文化源流的这个关系,最终到底怎样;特别是它们彼此之间的类同性的差异性各具何种特色等等这些问题,其中有些我们是有所了解,但有些还是很不清楚。这些还需要我们继续探讨。因此,对周弃至不窋时期,直到不窋到公刘时对周人弃这个早期阶段的先周文化所谓的东源说来讲,不论是源于晋南闻喜"夏墟"中心地区的东下冯类型说,或是晋北翼城太原等地的光社说,这些源头从根本上来说,现在来看不仅不能否定,相反根据已经发掘的考古文化以及为人已经知道的氏族文化、民俗文化等,还要进一步来探讨。针对先周文化东源问题,在其早期就考古文化而言,发掘和研究:如东下冯遗址的发掘,也发表了报告,做了不少工作;但总的来说,直至今天在晋南等地区还没有深入地开展起来;或者说:"关于姬周先世在山西汾水流域的活动和先周文化的勘察研究,而至今都没有公布资料[8]。因此,还不能把它与陕西周原地区和中国北方广大地区已经发掘的龙山文化这个总源头科学地联系起来,并全面深入地进行探讨。但先周人始祖弃后稷及其子不窋世后稷在晋南中心地区,乃至晋北—陕北等广大地区创造的先周文明则是无可置疑的。这种文化还有待于进一步开发,并继续深入地来研究弃后稷在姬周早期文化历史中的首创贡献。

Ⅱ. 姬周族世后稷不窋

索隐《帝王世纪》云:"后稷纳结氏女,生子不窋"。《史记·周本纪》记载:"后稷卒,子不窋立,为后稷。不窋末年,因夏后氏政衰,去稷不务,不窋以失其官而犇戎狄之间",《国语·周语》:"自窜于戎狄之间。"在此,文献《史记》及《国语》所载的这些周人情况虽说是些零星的,但却也是重要的。因这里记载的事,能说明的正是所谓不窋"自窜"于山西晋北光社文化及陕西戎狄活动的分布地区,以及甘肃庆阳(北豳)的最终定居地区活动的历史和文化。

据前所言,弃在帝尧时就已被举用,已经在"朝"。相传尧都平阳,当在山西临汾。

但是,不窋是如何去晋的呢? 又如何"自窜于戎狄呢? 而此黄怀信在他的《周族的源地与迁转》一文又作很好的书释——文称:

> ……《国语·周语》载祭公谋父之言曰:"昔我先王,世后稷以服事虞夏。及夏之衰也,弃稷不务,我先王不窋用失其官,而自窜于戎狄之间。"《左传·昭公二十九年》载周景王使者詹恒伯之辞亦曰:"我自夏以后稷。"这些记载说明,周之先人又曾为夏代后稷,而且自不窋以上世代为之。《史记·周本纪》云:"后稷卒,子不窋立。不窋末年,夏后氏政衰,去稷不务,不窋以失其官而弃于戎狄之间。"此说无疑本之《国语》,只是忽略了"世"字,误不窋为后稷之子。对此,谯周、孔颖达、罗泌等人早有辨证,认为是后稷失其代数※[1],戴震以为:《史记》不曰"弃"而曰"后稷卒"、是"书法也。世中阙莫知其名,继弃而为后稷,谨修其官守以至不窋,是不一人。……及最后为后稷者卒,其子不窋立,末年而失其世世守官"云※[2]。其说或是。总之,周之先人自不窋以上世代为夏之稷官,当为事实。

> 周之先人既是世代修其官守,必无继续居邰之理。因为,弃之子孙后嗣必曾入居夏都。相传夏代第一代国君启建都安邑,在今山西夏县。那么,即弃不入晋;其子孙后嗣亦必至晋。

按:《国语·周语》有:"世后稷以服事虞夏",这一语道破了《史记·周本纪》有"后稷失其代数"的历史关键问题,同时由此提出了"及夏之衰,弃稷不务,不窋因失其官,而自窜于戎狄之间"的历史窜行徙问题。周之先人既曾世代居夏守官,则周人自称"有夏"更非无端。十分明显:不窋"自窜"原因是失后稷之官,而失官的原因,又是夏朝廷"弃稷不务"。那么"自窜"的目的,就无非想在夏朝治外寻找一片可以重修后稷之业的土壤。这块"土壤"必然就属"戎狄"之地,由此来创造自己的文化。但这块"戎狄"之地究竟在何处? 这在《国语·周语》里我们已经看到:当晋建国之初,"戎狄之民实环之。"说明当时的晋便在戎狄之间,晋初封在古唐国地,在今山西翼城西。封晋之时在这一带既有戎狄之民,那么当不窋时这一带就更应属于戎狄之地。邹衡在《夏文化及其相邻各文化分布图》里提到:翼城以北全属光社文化地区,而翼城以西恰为其边缘。看来翼城以北在夏代确为戎狄之地。于此,正如怀信所言:距夏朝统治中心并不遥远的翼城北既属戎狄之地,那么与其平行的黄河以西广大地区,无疑也应是属于戎狄。由此可见:这里的"戎狄"之地,恰与邹衡所言的光社文化区域的地区也是大体相当。因而,光社文化区的先周文化,当与不窋有关。对于不窋"自窜""在夏之衰"的时间上,这里也有两种不同意见。朱君孝在其《迁徙》文自称:所谓"夏之衰",有人说是夏末(崔东壁),我以为如韦昭所说,是太康失国时。理由是:羿、守、浞夺夏权,夏统中绝;作为夏的同盟,周人不愿屈从于夷人,只有"自窜";反之,若在夏末,国君虽淫乱,但与周族弃并未发生矛盾,家为立国之,稷官不可废。按:我同意"不窋是夏初人,因羿、浞之逼而迁离周族在晋南"夏墟"之地,而往晋中翼城以北晋北太原"戎狄"地区"自窜"。另一种意见,是黄怀信在《周族的源地及迁转》文自称:而此"衰"据戴震所考系批孔甲乱夏。考夏世系,禹至孔甲共12代。那么周之先人为夏后稷者亦必大体相当,时间当不下二三百年。二三百年居夏都守夏之官,其族人自然就可以真作夏人了。尤其是夏为商族灭亡后,周人更会去怀念他们的故国,以致传留后世,沿为习惯。所以,周人自称"有夏",或者为其一支,或者不必全与夏族同源而受夏文化影响。按:认为不窋失官"是在夏之衰"的"衰",可在夏之末系批孔甲乱夏。我觉得这有待进一步考证。因为不窋"世后稷"果真能有二三百年居夏之都,长期为夏后稷之官,这一点在时间上是可以肯定,但即是在这样一个漫长的历史时间内,他们绝不会只能按一个不窋的名字在"朝廷"世世守官;从而更不会是一个有"失其代数"的问题。

《史记·周本纪》曰:"不窋卒,不鞠立。"不窋的后代,也跟他在晋陕北部及陇东一带"自窜"。(他们在此如果要创造自己的文化的话,而在此滞留活动散播的这类文化当然可能也有十分复杂的特点。)现在来看,北方地区草原和平原的原始考古文化,即是在此的青铜文化、龙山文化,甚至于仰韶文化,必然就成了考察他们当时在此创造先周早期文化的主要渊源。在此从事农业最早的周人祖先当然要数不窋,不窋是在这种复杂历史环境中从事创造和传播这类复杂历史和文化的代表人物。因此,首先要围绕不窋这个复杂的历史人物在此活动的线索,对周人当时在此"自窜"活动的内容特点及历史过程进行探讨,也就是症结关键了。谯周按《国语》说:"'世后稷,以服事虞夏',言世后稷官,是失其代数也。若以不窋亲弃之子,至文王千余岁惟十四代,实亦是不合理的事情。"毛诗疏亦云:"以理而推,实难据信也。"这种"市榆罔式"的问题,如前所述古代人也早就指出过。由此来看,弄清自不窋上溯到后稷弃之间的代数问题是如何的重要了。而此问题之所以很复杂,也因在"光社文化区域,在古代民族为复杂。光社文化包括的族属当然也不会是单纯的"。商代时的鬼方、土方、舌方、燕京之戎、翟(狄)等等,都是分布在这个区域。这些地方民族,当不窋到此"自窜"滞留时早就存在了。先周之氏族同这些地方古族差不多都要发生关系[80]。因此说,围绕不窋世后稷来探讨先周历史问题,确是一个很复杂的地域史和世代史问题。

《诗经·豳风·七月》云:"九月叔苴,采茶薪樗,食我农夫。"公刘复修后稷之业,民以富实,乃相土地之宜,而立国于豳之谷。先周族这时,始定居下来,周人才结束了长期的游牧生活[81]。从此以后,先周的氏族史和文化史在时间和空间上始能够说得清楚了。但是,周人先周早期的历史和文化,则从周弃,经不窋至公刘之间这个三四百年的历史和文化都有缺环。这种缺环,从人际关系来说是要短四至五个世纪。因而从公刘上溯到不窋,直至弃后稷时的周人世代问题,即在"自窜于戎狄之间"这段很长的历史内容和特点,大体还是不很了解。然而肯定地说:世后稷不窋在此一定创造有自己氏族特点的民族文化,此文化目前还不能具体说是什么。但从公刘上溯到不窋至周弃之间大约四五个世纪,其中至少还有 20 代人的家谱,真是从时代、人际和地域上弄清楚,不仅对不窋在历史上的地位,特别是对姬周人早期先周史所谓的东源说,以至有邰、夏墟、北豳,乃至古豳和周原等地弃后稷及其子不窋世后稷等时期的先周文化分布问题等,自然而然地也就清楚了。我们已知:周人不窋、鞠等长期"自窜"于戎狄之间这种特殊的环境中,必要产生自己具有独特性的氏族文化。因此在此,当我们从关中客省庄二期文化和客省庄二期文化双庵类型这些与其有缺环的文化中,来探讨其东源渊源问题的同时,也要从北方地区的龙山文化中,即不窋"自窜"于戎狄地区生活中的这个重要源头:即是从山西汾水流域的闻喜说,亦即东下冯类型说,或是翼城太原地带的光社说,或是晋陕北部即戎狄地区的龙山文化源流说等等,深入地来加以探讨;特别是要从鄂尔多斯草原地区如朱开沟等龙山文化类型遗址中更要深入地来加以探讨。只有如此,才可能使这段历史与文化得出一个正确答案。

"不窋自窜于戎狄之间",怀信指在"当时太原一带",这是对的。因为不窋在夏权"衰"时失去世后稷之官而"自窜"于此,同时,也是由此他才"自窜"于北豳"戎狄之间"西筑有"不窋城",留下了这种遗迹。因此,按这一历史特点,谈清东源说先周时不窋在此活动过程的整个历史和文化,当然也就有了前提。

Ⅲ. 关键性历史人物公刘

为了能深入探讨周人早期的先周文化,周人先公公刘迁豳的历史和文化就成了一个关键。对公刘来说,他为何要迁豳?并从何迁豳?即是说:他首先是由何处要迁到距武功"邰"地而尚有400华里以外的甘肃庆阳——北豳呢?到北豳后,他为何又由定居的此地而南下迁到古豳(或称西豳),即陕西关中旬邑彬县地区呢?公刘由北豳南下到古豳的迁徙,学术界没有分歧意见。

"不窋自窜于戎狄之间",不窋在北豳,不窋卒,子鞠立,鞠卒,子公刘立;经过不窋时期,他们就这样传至公刘。由此也就明显地看出:公刘首先出现在戎狄活动的地区就是北豳,即今庆阳一带;而相反他并没有首先从陕西武功"邰"地迁徙的事。同时,为了发展周人事业,他也是从北向南,而不是从南向北;他是由着北豳即庆阳向南迁到古豳旬邑地区的。我们认为:应该说,这可能就是公刘当时开始活动时的地理位置。

公刘迁豳,记载于《诗经·大雅·公刘》。《诗》云:"笃公刘,于豳斯馆。涉渭为乱,取厉取锻。"怀信解释:既言涉渭,其地必不在黄河以东,因而世传豳在今陕西旬邑豳、彬(邠)县一带的说法当有依据。而且考古材料已经证明,古公以前的周人,在这一带曾在活动⑧。因而豳地的位置似应肯定,旬邑、彬县在庆阳地区以南,地势相连,迁转不难。公刘自庆阳地区迁于旬邑、彬县一带,完全可能。《诗经》毛传谓公刘自邰迁豳,其说大误,没有根据。齐思和据毛传而谓豳当滨渭⑨亦误。公刘去迁的原因,其诗也说得明白:"匪(非)居匪(非)康,迺场迺疆,迺积迺仓……思辑用光,……爰方启行。"这里,"匪居匪康",是说"不是居住的不康宁"。这里,"思辑用光",犹言"思成大功"。可见公刘"启行"的目的是想成就更大的功业。就也说明,周人在公刘迁豳以前已有一段长期的定居生活,而且已经开创了相当的基业。可见今庆阳地区有不窋城、公刘庄等有关周族的遗存及传说,并非没有来历。因而,公刘自庆阳一带迁豳当无疑问。

公刘在北豳时,按穆长青《略论周先祖在北豳的创业活动及南迁》⑩一文所论述情况看:公刘经营北豳,发展经济,繁荣文化,主要是做了三件大事,其历史功绩是很大的。一是发展农业经济,"不怠业","复修后稷之业,务耕种,行地宜";二是争取民心,施行教化,"时序其德,遵修其绪,修其训曲,朝夕恪勤,守以敦笃,奉以忠信。""行者有资,居者有畜积,民赖其庆,百姓怀之。"三是改善人民居住条件和改进生产工具,"自漆沮渡渭,取材用。"因此,"百姓怀之,多徙而保归焉,周道之肖兴自此始。"同时,自"不窋自窜于戎狄之间"至公刘,他们一直很重视和当地土著"戎狄"异族打交道,而且非常诚恳。因此,他们在此立足的一至三个世纪里,史书或口头传说中都无他们同戎狄之间发生什么纠纷的说法。按穆长青论述:"公刘一开始就在北豳地区经营开发农业。"公刘曾经生活在庆阳,并教民稼穑,播种百谷,影响深远⑲。

为了更进一步发展,公刘始又由北豳才迁古豳。公刘由北豳迁徙古豳时,他首先前往:"相其阴阳,观其流泉"、"度其隰原,彻田为粮"⑳,遂定居于豳(古豳)㉑,即今陕西旬邑境。《诗经》在此描写了公刘率族人迁居豳(古豳)地方的自然风光:是说周人当时满装干粮,携带着弓矢干戈,一路上视察地形,选定了古豳这块有丰富水源的沃野,开垦耕地,从事农业。自此以后,周人的社会生产日益增长。他们不但开垦了大量土地,种植麦、稻、黍、豆、瓜等粮食和蔬菜,并且养蚕种麻,饲养家畜,"行者有资,居者有畜积,民赖其庆。"㉒这说明:公刘是由北豳迁到古豳来开拓的。

第二,地区文化

这里,按关中的"有邰"和晋南"夏墟"两个中心地区与晋陕北部至甘肃庆阳北方广大地区周人的早期文化而分布的特点而分述如下。

Ⅰ.陕西关中武功"有邰"地区

古"有邰",原属周原漆水河流域武功境内周弃后稷受封的一个中心地带。武功境漆水与渭水交汇处——冲积原区,据调查,在漆水下游和渭河北岸一带发现先周文化遗址共27处。其内涵与已发掘的郑家坡遗址一致。也可以分为三期,中晚期一脉相承,而早中期之间缺环很大㉓。即与龙山文化,或禹夏之间缺环很大。先周文化、刘家文化(姜羌文化)、商文化是商代关中地区最主要的三种政治力量,通过我们的分期、分区,大致可以看出这样一个现象㉔:西安、铜川南北线以东为商文化区;扶风、岐山以西的宝鸡地区属刘家文化(姜羌文化)区;两者之间则为先周文化区。这三种文化均可分为六期,第一期,约当二里冈下层时期;第二期,约当二里冈上层时期,可合并为早期;第三期,约当殷墟文化一期;第四期,约当殷墟文化二期,可合并为中期;第五期,约当殷墟文化三期;第六期,约当殷墟文化四期,可合并为晚期。其中先周文化早期则主要分布于漆水河流域,中期主要分布于泾水上游地区,晚期则遍布关中大部地区。从考古文化看,这里的考古遗址如前所述恰在传为古"邰"之地的漆水之滨。郑家坡遗址的年代早于太王迁岐。它的早期年代,应相当于殷墟文化一期左右㉕,上限能早到二里冈上层时期。它的时代约相当二里冈时期—殷墟晚期,说明该遗址不是从岐山方面过来的周人遗存。众所周知,太王以前周人居豳,与关中道没有多少来往,更不会有人来居住。那么,郑家坡遗址只能是弃就即以后的有邰氏文化基础上发展起来的周族遗存。据此,我们则更可以肯定地说,古邰地确在武功。周族及其文化的主要源地也确在渭水支流漆、杜流域。

先周早期陶器,联裆鬲最富特色,由于多数裆上部凹瘪,亦常称为瘪裆鬲。此类陶鬲,很可能就是源于漆水流域为中心的关中西部㉖。早期联裆鬲有一个显著特点是流行花边口沿。除直接做于唇部外,不少是在沿外加泥条后做成花边。在关中西部周原地区岐山的双庵见到一种花边罐,除陶色多红褐色外,形制与二里冈及商文化花边罐均较相似。年代可能与关中东部二里冈花边罐相当。这就是说,关于花边陶器文化的源头可从关中龙山文化双庵类型中找到线索。先周早期的鬲、甗等器口沿多呈花边状,做法有一致性,这就不能排除先周文化对它的继承(图一九)。实际上在渭漆及周原地区就有贺家 H11:1 鬲(图二一二)和 H23:1 鬲(图二一三)、郑家坡 H2:3 鬲(图二一四)与康家龙山文化中 T2H4：4 鬲(图二一五)、客省庄二期文化中 H68：8(图二一六)和双庵龙山文化中 H2：4 联裆锥足鬲(图二一七)近似[97]。

先周早期文化还有常见的折肩罐及敛口瓮。此类陶器,在关中西部龙山文化双庵类型中,有其相似的器形。岐山千阳等地发现的花边罐分布范围大体与双庵类型重合。"其年代晚于双庵类型,早于先周早期与夏代相当。"[98]这从时间、分布地域及某些文化特点看,都显得关中西部的这类花边罐为代表的陶器遗存而与先周文化有着密切关系。从联系看,我们认为先后相连接的关中地方文化,继承和发展的可能性也最大。

因此,由上我们有理由推测关中西部晚于龙山,相当于夏代或略晚的以花边罐为代表的土著文化可能就是先周文化的真正来源。所以持土著说的考古学家如安志敏、徐锡台、尹盛平等都认为客省庄二期文化就是先周文化的祖型[99]。关于三足瓮渊源,近年徐锡台说：周原地区扶风召陈村出土 $T_{165G1①}$：20、$T_{165G2②}$：25 三袋足瓮(图二六四)和扶风上宋东渠村出土三足瓮(图二三)等。其渊源曾有人认为它是从山西忻县张村、太谷白燕、太原光社、内蒙古准格尔旗大口、夏县东下冯等三足瓮[100]演化而来的。最近在扶风揉谷乡太子藏发现龙山文化两件袋足瓮[101](图二六六),其中一件为敛口、平沿、小唇、筒

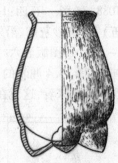

扶风县东渠村陶三足器 (图二三)

腹微鼓。圜底下有三乳状袋足。全身细绳纹,通高 68 厘米,口径 32 厘米,系夹砂红陶质,泥条盘制成的。这两件三足瓮的出现,不但能否定西周三足瓮渊源于山西龙山文化中的三足瓮,而且相反正说明,它是由陕西龙山文化中三足瓮演变而来的；至于陕西龙山文化中三足瓮,可能起源于渭南北刘仰韶文化中 M13：3. H35：19 的三足罐[102]。由此来看,三足瓮的渊源是在陕西关中周原地区。

自公刘至古亶父居豳(古豳)时的古豳地区,在长武县司马河[103]、碾子坡[104]等地也发现了先周文化遗址,以碾子坡为重点,进行了大面积的科学发掘[105]。长武、彬县一带也有分布密集的先周文化遗址群,其年代大体在先周二期,这说明在太王迁岐以后周人仍有聚居在此的。按：只有碾子坡先周文化一期遗存的年代："遗迹与郑家坡相比,陶器有些相似,分裆鬲与联裆鬲比例相当。"经分析推断略早于古公亶父太王时代,大致与殷墟二期文化的年代相当[106]。这些考古遗址证明,先周人不仅确曾在此定居过,而且证明自太王迁岐之后确曾留有周人继续在此长期定居。同时,这里出土的考古遗迹也补充纠正了"豳人举国扶老携弱,尽复归古公于岐下"载记的失误。

Ⅱ. 山西晋南闻喜"夏墟"地区

在东源说的中心地带,即在晋南稷山、闻喜、夏县等地区,也有所谓先周文化东源说的文化源头：商文化、龙山文化,甚或在夏文化中所含的源流的发现。其中夏县东下冯考古遗址的发掘就是其中重要的一例。由此,使东源说在晋南中心地区的"夏墟"也有了探索先周早期文化内涵的实际考古资料了。从此,使我们把先周文化东源说在本地区打开的科学探讨也提高到一个新水平；这对笔者来说,而由此来探讨复原先周文化的所谓东源说的历史工程,不能不说也是一个突出条件。所以说,东下冯遗址的发掘也是晋南考古工作方面令人高兴的一件事。它的史料价值,显然使得我们把先周

文化东源说的范围——晋陕北部至甘肃庆阳,特别是晋南"夏墟"中心地区与关中周原及武功"有邰"地区从文化的内涵特征和类型风格上,终都找到了相同的源流或者近似相同源流枢纽的关系。前面已谈:在中国北方地区同陕西关中周原地区龙山文化遗址中出土的陶器三足瓮、联裆鬲、折肩罐等这些器物,在晋南东下冯遗址中也有同类型而类似的出现。例如:器形肥硕,窄沿敛口、无鋬、圜底、底附三乳形袋足。标本H23:2(图一三一,2;图版六〇:1),腹下部外鼓,口径41.2厘米,通高70厘米的Ⅰ式蛋形瓮(图二四)※;领外卷,口径小于腹,而大于足距。绳纹较浅,排列稀疏。标本T088:3(图一五四:1;图版七二:1),口径14厘米,残高18.6厘米的Ⅰ式鬲(图二五)※。夹砂灰陶、沿外侈,窄肩弧形上拱,腹壁微弧缓收,凹底近平。标本F4:14(图一二九.1;图版五六:1),沿以下饰绳纹,并加饰不规则弦纹数圈,口径18厘米、底径9厘米、高29.4厘米的Ⅰ式折肩罐,等。而这些由晋南东下冯遗址所出土的这些典型同类型陶器来看,这就在它们彼此之间相互关系中,相似比较中所联系的具体见证。

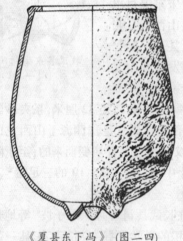

《夏县东下冯》(图二四)
三足瓮H23:2

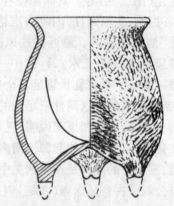

《夏县东下冯》鬲F1088:3 (图二五)

东下冯遗址,东倚中条山,北枕鸣条冈,位于山麓下闻喜地区的黄土平原地带;即为与闻喜县成为毗邻的夏县城北东下冯村。遗址分布在青龙河两岸台地上,由此"发现了东下冯类型文化层和龙山文化层直接叠压的层位关系"。(其东区文化层内涵,主要是商代前期文化遗存和"二里冈文化东下冯类型"遗存,简称东下冯类型。)东下冯类型文化层直接叠压在龙山晚期文化层之上。出口的有大口尊、单耳罐、甗等陶器,与"东下冯类型"文化同类器相似。东下冯龙山文化的年代,据陶器的器形和纹饰推断,它的早期相当于庙底沟二期文化,或更早些。而它的晚期,据^{14}C测定,白灰面距今4030±125年[10]。晋南古有"夏墟"之称,东下冯龙山文化晚期为公元前2000年左右,它还在夏纪年之内。这里的龙山文化,如果说"它为探索夏文化提供了实际物质资料"的话,由此我们也要说:根据同类文化特点来讲,在山西闻喜地带东下冯类型和龙山文化中,它为探讨早期先周文化东源说也创造了条件。并打开了契机,使之与从夏文化同源中继续认识、探讨早期先周文化东源说在搞清源流方面也提供了客观条件。由此,"稷佐尧舜","稷勤百谷",从陕西武功"有邰"而到山西晋南稷山闻喜地带"夏墟"的说法,可能就更有成立的实物基础了。

东下冯类型文化,以山西夏县东下冯文化遗址为代表,其分布主要在山西省南部。据中国社会科学院考古研究所山西工作队调查[⑩]:在夏县东下冯、闻喜大泽村南、大泽村西、永济东马铺头,运城阎家村,翼城西王村、北木坂、张桥,河津庄头村、燕掌村、稷山西礼村,绛县赵村,新绛泽掌村,曲沃曲村、东白塚、里村东沟、王村、安吉村,侯马西阳呈村,襄汾南大柴,临汾大苏村、小苏村等,都发现了东下冯类型夏文化遗址[⑩]。这些围绕"夏墟"中心地区而分布的有关"东下冯类型文化遗址",它对其东源说来说,显然也是有益的。

Ⅲ. 晋陕北部至庆阳地区

解放初期,在山西太原地区发现的一种青铜时代文化就是光社文化,它以太原北郊光社遗址[⑪]为代表,其时代早期约相当夏文化晚期至早商阶段。分布地区:其西应该包括陕西东北部分地区在内。影响所及,可能远至河套地带[⑪]。其南或可至所谓河东地区的吕梁山一带[⑫]。这类青铜器文化分布的地区,就是卢连成所讲的"鄂尔多斯草原和河套平原是北方地区青铜文化朱开沟、石楼、绥德类型值得注意的一个地区"。也就是我们在此探讨的所谓先周文化东源说分布在晋北、晋西北及陕东北的广大地区。这里广袤肥沃,为早期农业和畜牧业的发展提供了良好环境。这里很可能就是当时朱开沟类型文化遗存育成的地区之一;因而具有它自己青铜文化特征并与中原地区夏、商、周时期青铜文化有密切联系的特点。同时,在此还发现有从仰韶时期到龙山至夏商时期的各种文化遗址[⑬]。特别还发现了分布在内蒙古中部、西部地区至黄河两岸的青铜文化遗存和先周文化的关系。这些,对我们由此探讨先周文化东源说提供了很有利的条件。

朱开沟遗址如前所述,是在内蒙古自治区伊克昭盟,位于鄂尔多斯草原的东部。1977年至1984年,内蒙古文物工作队在此进行了发掘,获得了重要的考古资料。基本确定了鄂尔多斯地区从龙山阶段至夏商时期的考古序列[⑭]。朱开沟遗址被划分为三期五段,实际上朱开沟四五两段遗存的主要陶器器形比较接近,其间并没有太大的区别。这两段的上限可到二里冈上层,下限不会晚于殷墟文化第一期,最晚的墓葬可能到殷墟文化二期。朱开沟五段出土的青铜器有鼎、爵和青铜兵器戈、短剑、刀、箭镞等。根据已经公布资料,黄河两岸朱开沟、石楼、绥德类型青铜器大体可分为四期:第一期,相当于殷墟文化第一期,年代约在盘庚、小辛、小乙时代;第二期,相当于殷墟文化第二期,年代约在武丁、祖庚、祖甲之时;第三期,相当于殷墟文化第三期,年代约在廪辛、康丁、武乙、文丁时代;第四期,相当于殷墟文化第四期,年代约在帝乙、帝辛之时。而朱开沟、石楼、绥德类型的青铜器在北方地区明显可分为两类:第一类,是以各种青铜容器为代表的铜器群,有鼎、甗、簋、壶、瓶、尊、卣、罍、爵、觚等,器类、器形和纹饰都和商文化青铜容器无大差异。如石楼桃花者出土的直线纹簋、龙纹觥,保德林遮峪出土的铃、豆等,都能看出是从商代器形中脱胎而生的,受商文化影响很大。第二类是以各种青铜兵器和青铜用具、工具为代表的铜器群。典型器类有马首刀、条形三銮刀、条形刀、蛇首匕首、环首三齿刀、管銮斧、管銮弓、铃首剑、蛇首弓形饰、蛙首笄等。这类青铜器不同于常见的商文化青铜器,表现出浓郁的地方特征。值得注意的是与这类青铜器同存的还有不少黄金制品如耳环饰、弓形饰等,这也是北方地区青铜器类型不同于中原地区商文化的一个突出特点。近年来,鄂尔多斯草原朱开沟遗址、陕北高原清涧李家崖城址[⑮]和绥德薛家渠遗址[⑯]的发现和发掘,揭示了与这些青铜器共存的陶器群的内涵,发现了北方地区青铜器文化与先周—西周时期文化是有着十分密切的关系。举例来说,在这些遗址中与铜器共出的陶器群中,其典型的器物如三足瓮就其发展序列我们拿来比较是清楚的。三足瓮主要作容器,有时作瓮棺葬葬具,深腹微鼓、器形较大,器底处下部接三矮足,足多作袋足,个别为实足,它可能是由关中和晋南地区龙山时期的三足斝演变而来,或者如前所说,它就是由关中周原或晋南地区同类文化陶器类型文化辐射发展而来的。据目前所知,这种器类主要曾在河套和黄河两岸原区流行,时间最早可上溯到龙山文化早期,下限可到西周时期[⑰]。三足瓮并由内蒙古中南部向东传至河北张家口地区[⑱]。向东南可能就到晋北太原至光社一带[⑲]。在晋南东下冯类型遗存中确也有这类器形[⑳]的出现。它的辐射主要是由关中地区的先周—西周文化圈内,即关中地区的周原遗址[㉑]、丰镐遗址[㉒]以及此处其他地点的先周早中期遗址等都发现有这类器物[㉓]。同时,还有分档鬲的主要特征,前面已说:是卷沿、分档,有肥大的三袋足。它和关中周原等地区的姬家店、石嘴头、晁峪—刘家—斗鸡台类型的高领袋足鬲属同一系统[㉔]。并在晋南"夏墟"地区东下冯遗址也有出土。由此明显地看出,这些陶器特征不仅能证明正如卢连成说的:"我国北方和西北地区青铜文化朱开沟、石楼、绥德类型,辛店文化姬家川类型和先周文化姬家店、石嘴头、晁峪—刘家—斗鸡台类型,都是分档袋足鬲主要遗存的分布地区",这一看法是很有见地的;而且这类陶器特征还能佐证邹衡先生曾所说到的,山西光社文化陶鬲与先周文化关系中陕西周原漆水"邰"地所出的联裆鬲"有所联系"的看法也是很相似的。同时由此,并证明了邹衡先生曾经根据陕北绥德清涧和晋西北石楼等地青铜器文化遗存中出土的弓形饰、蛇首匕首、金耳环、铃首剑、长条形刀等青铜兵器、用具、金制装饰品以及陶器联裆鬲等,作为先周文化东源说法的依据资料来提出先周文化东源说的内容看法还是有特色的。"陕北高原与河套地区的青铜文化几乎同步进入早期的青铜时代。"这里所谓的东源说,已经是被当地发现和发掘的更多的原始文化,尤其是其中更多的龙山文化和草原文化而所丰富和证明。陕北黄土高原北接毛乌素沙漠,通过黄河谷道与鄂尔多斯草原连通,东跨黄河与晋西北黄土高原相望,西至子午岭与甘肃陇东庆阳相连,南到关中平原。地势西北高而东南低,海拔高度在 1000—1600 米之间。高原区覆盖有发育良好的深层黄土,沿河川道适宜早期旱地农业的发展,因而自仰韶文化至龙山文化阶段,沿黄河、窟野河、无定河、延河、洛河流域而发现了数以百计的原始聚落遗址[㉕],这些新石器时代遗存如前所述,都与关中地区和河套地区同时期遗存保持了较多的一致性[㉖]。这对我们进一步探讨先周文化东源说,特别是姬周族早期阶段,即弃到公刘时代的先周文化和先周族氏族史都是十分重要的。

同时,发现的窑洞文化,也是我们佐证周人在北方黄土原区早期活动的一个重要方面。

这里,不窋至公刘活动在庆阳地区的历史由此被证也是一例。不窋至公刘时期,方志文献、传说古迹,对他们当时"自窜"最后定居在甘肃庆阳的事虽已有所证明,可是至今在此还没有发现可靠的先周遗存,更未发现早到夏代的先周遗存。但在陇东庆阳地区的窑洞文化却给提供了可供证明的线索。

《诗经·大雅·緜》载周人"民之初生,自土沮漆"时,当时居住的还是"陶复陶穴,未有家室";这是说周人当时"初生"居邰,没有地面房屋建筑,过着穴居生活。从庆阳民俗看,不窋、公刘到此后,仍然过着穴居生活。但先周人所居之穴,到底是什么样子呢?本来"陶复陶穴",已经一语道破。但长期以来著述家对"陶复陶穴"的解释不一。《淮南子·氾论篇》说"古者民泽处复穴",高诱注:"复穴重窟"。钱澄之《田间诗集》:"西北多窑居,皆于峭壁凿穿,内开屋舍,或上下两层,意上即陶复、下即陶穴。""峭壁凿窟"有之,但周人所居"上即陶复、下即陶穴",此释未必妥当。"复",《说文》从穴作覆云:"地室也。"又于穴下云:"土室也。"土室地室如何区分?段玉裁注云:"《毛传》云:'陶其土而复之,陶其壤而穴之。'土谓坚者,坚则不患崩压,故旁穿之,使上有覆,盖陶其土,旁穿之也;壤为柔者,柔则恐崩,故正凿之,陶其壤谓正凿之,直穴之中为中霤也。"徐中舒在《黄河流域穴居遗址考》中正确指出:"段氏以旁穿为复,正凿为穴是对的。但他以土坚壤柔崩压不崩压来区分复和穴是想当然的。"高亨在《诗经今注》以陶假借为掏说:"从旁掏的洞叫做覆,即山洞(或窑洞),向下掏的洞叫做穴,即地洞。山洞地洞之释亦难使人领悟。陶与窑同,古之谓陶,今之谓窑。""陶复陶穴"是先周人根据不同的地理环境,创造的两种不同形式的窑洞。高平为原,低湿为川。在原上,正凿的窑洞为陶穴,在川地台上,河流两岸的平山腰间,或在原边的沟壑之地,旁穿的窑洞为陶复,陶复是半穴居的窑洞,在今庆阳一带,乃至陕北及关中广大农村中仍广为存在。群众至今犹有居住在旁穿之窑的窑洞和正凿之窑洞(现名地坑庄)。先周时期,周人先祖弃居邰(陕西武功),称"有邰家室",即在邰地时就有这种穴居地面建筑。而不窋公刘居豳时,继先祖"穴居"文化传统,"陶复陶穴"并有很大发展,实际情况是周人在居住习俗上继承和提高。《周本纪》言不窋曾为夏之稷官,以后"去稷不务",奔于戎狄之间。据《括地志》讲:"宁原,庆三州,秦北地郡,为文渠戎周不窋公刘居之。"不窋故城在庆州弘化县(今庆阳县城)南3里,即不窋在戎狄所居之城也。"清人赵本植氏编《庆阳府志》载:"按《旧志》:不窋,后稷之后,……子鞠陶,孙公刘俱历世为兹人"(卷31)。文献和方志都肯定了先周族不窋至公刘间数代人曾生活在庆阳一带。因此,作为庆阳民俗的窑洞文化是直接来源于先周,也是周人活动在庆阳地区遗风的佐证[12]。同时,根据《周本纪》:定居在庆阳公刘"自漆沮度渭"、"取材用";此也说明:周人当时由此洞居发展的同时亦在开拓屋居的历史。

三、先周文化东源说早期一个关键历史问题的试释

周人公刘到底是由何处到北豳而古豳呢?说法不一。但公刘迁豳在先周史研究中是个非涉及不可的问题。但对这个至关重要的学术问题,在当前研究工作中存在两种倾向:一种没有做出应有的交代。例如郭沫若在他主编的《中国史稿》第一册中只是说"周人原处在黄土高原,那里适于种黍稷,很早就是一个经营农业的部落。到后稷三世孙公刘时,农业更为发达,遂定居豳(今陕西旬邑)。周人的诗歌《公刘》描写了公刘带领族人迁居于豳的情景。"[13]又如范文澜在他所主编的《中国通史》第一册中只是说:"弃(后稷)子孙世世重农,公刘迁居豳(陕西彬县),改善农业,颇有蓄积,部落兴

旺起来。从公刘到古公亶父几十代,都位于豳地。"⑫再如翦伯赞在他所主编的《中国史纲要》第一册中也只是说:"自后稷十几传至公刘,迁居于豳(今陕西旬邑)。"⑬以上对公刘从何地至豳,均无交代。而且此处交代的"至豳",所指的显也是古豳(即陕西旬邑),并非北豳(即今庆阳地带);有的就是有些交代,但交代得也不在理。另一种倾向是有所交代,但所有交代的是有所失误。他们交代的不是由北而南、先北豳而后古豳进行迁徙。例如白寿彝在他所主编的《中国通史纲要》一书中说:"弃居住在邰,据说在今陕西省武功县。弃的曾孙公刘开始在豳(今陕西省彬县、旬邑一带)定居。"⑬又如王力在他主编的《古代汉语·文选·注释》中说:"《公刘》是歌颂周的远祖公刘率领本部落从邰(今陕西武功县,他原来在这里)迁豳。"⑬段连勤⑬、戴彤心⑬、陈全方⑬等人也有此类似看法:言公刘当是由"邰"地迁邠(即豳,今长武、彬县、旬邑一带)⑬。所有这些认识,从"时空观"来领悟,公刘由"邰"地至豳(今陕西旬邑),此虽有故,但还是简单化了些。

姬周族弃后稷,或其子不窋世后稷,则同陕西武功"邰"地东迁入晋至闻喜地带这一史实前面已述,应该说这是历史实际,是应该肯定的;从而由此使之不窋失官后,而"自窜于戎狄之间",即晋中翼城北西、晋北太原以及晋陕北部与陇东庆阳等地区;最后定居在庆阳,即北豳地区,之后至公刘时而由北豳(今庆阳)开始始向古豳(今旬邑)发展。这是我们对这一问题的研究所得。有关这一段历史的这一特点,也为下面诸历史事实得到证实。

公刘迁豳(古豳)是从北豳(今甘肃庆阳、宁县一带)迁至豳(古豳,今陕西旬邑、彬县一带)的。这一点,《史记·周本纪》的记载本来就比较明确,加上方志如《庆阳府志》和《宁州志》的佐证,其来龙去脉就更清楚。有些先生之所以把公刘迁豳误认为是"从邰……迁豳",其原因如穆长青在《略论周先祖在北豳的创业活动及南迁》一文⑬曾说的:一是没有细读《史记·周本纪》中后稷不窋"子鞠、孙公刘"的系数。二是没有注意地方史志中的"有关记载"。同时,更重要的是他们多没有注意到从政缘、地缘和俗缘等方面来对弃后稷及其子不窋世后稷则是由陕西武功"邰"地向东迁到晋南闻喜地带"夏墟"的可能性作出应有的研究,因而"误认为周室之族在豳之前,一直是在邰"⑬。有的却没有坚持"时空"统一观点,从而未做出恰当分析。例如:就像不窋"自窜"到北豳地方(即今庆阳),并且由此经他嗣后传至公刘;而由此到了公刘时,公刘则是从此,即从北豳才向南迁徙而发展到了今之宁县、正宁等地。这一点从《庆阳府志》、《宁州志》中就可以清楚地看到,但是诸多研究者并没有由此注意到这一事实。再像公刘迁豳(古豳)之前,在北豳地区,占有今之庆阳县、宁县、正宁县、合水县之一部分,主要是平原(实则黄土高原)部分。这一部分地方适于先周族耕耘而不适于林牧。戎狄主要从事林牧,因此习惯于山区、林区活动。公刘在此有大的发展之后,他于此据有今四县之塬区,戎狄活动范围小到大约占有今天之华池县、环县、镇原县之大部分,及其余数县之山区林区部分,就实际控制地盘来看:戎狄居其六,公刘先周之族居其四。关于这个判断《史记》也可以佐证。《史记·周本纪》云:"公刘……自漆、沮度渭取材用。""材"就是木材。公刘之所以"自漆、沮度渭"以"取材用",正因原为农区,缺乏林木;至于北豳,据《庆阳府志》(旧志)记载,古代和上古之时"林木葱郁"。由于山区林区为戎狄所控制,所以公刘得不到木材。故而,北豳的山区林区为戎狄控制范围,塬区则为公刘活动控制的范围,这是确定无疑的[139]。由此看,公刘当时在北豳的发展势力可以说是强大的;若是这样来看,公刘当时究竟从何地迁豳(北豳)的事不就自然很清楚了吗。

公刘为什么还要由北豳而迁往古豳呢?这是因为他在此活动和控制的范围还是有限的,影响了他更大的发展。同时,他探明了古豳一带的土地更为广阔,而且这一带又没有强大的统治者,因而决计由此迁至古豳。"公刘迁豳",具体的迁到何地?据《括地志》云:"豳州三水县西十里有豳原,周先公公刘所都之地也,豳城在此原上,因公得名。"按三水县即今陕西旬邑县,古豳即在今旬邑之西原上。"三水县西10里是豳原的东端,古豳在此原东端以西方向大约30里处,距今旬邑县城约40里。"[140]故而现在的彬县虽属古代豳(古豳)范围,但彬县县城却不是古豳。公刘迁古豳后,以豳原为中心,其势力范围大约拥有今之陕西旬邑、彬县、淳化、耀县、宜君、黄陵等六个县的全部或大部分。如果再加上原有的北豳四县,则公刘迁古豳后其活动地区就约有今天的十县之大,而相当今天一个地区的地盘[141]。由于自北豳迁到古豳,先周就进一步出现了繁荣昌盛的局面。"笃公刘!于胥斯原"(《诗经·公刘》),自北豳的中心(今庆阳)到古豳的中心(今旬邑县),旅程总计400公里[142],可以说也是当时的一次胜利长征。这就是说,不窋奔于北豳传至公刘,公刘是由北豳迁至古豳的。至此,这一段关键症结历史从地望原因来说,也就完全清楚了。但是,周先祖不窋又是何地何时迁至北豳的呢?是"不窋自窜于北豳"的吗?笔者认为不是;前面已说,这中间可能还经过了一段曲折的历史过程。正如史念海在《由地理的因素试探远古时期黄河流域文化最发达的原因》一文说的:"周人最初居于有邰,后来经过一些曲折,据说曾窜于所谓戎狄之间,而后定居于豳。"这里所说的历史问题症结之谜,正如笔者前面从"地域迁徙"一节中分析的那样:弃后稷,或其子不窋世后稷当时由陕入晋迁徙至闻喜一带活动的论证是有道理的。即是说,不窋经过这样一段曲折的历史,或者由陕西武功"有邰"至晋南"夏墟",并从他曾经"自窜"于游牧的戎狄地区,而后迁徙至安定的农业地区北豳,即今甘肃庆阳这个地方而最后定居在这里的。

从这个意义上来说,东源说是有道理的。从不窋至公刘由戎狄地区晋北北西至陕东北北西逐步又到甘肃庆阳即北豳地区;在此定居经过一个时期发展而由公刘率领族人南下又到古豳(今陕西旬邑、彬县)而定居发展。这种发展,正是符合历史实际;这样分析,如果成立,就能把姬周族从公刘开始一直向上推溯到弃后稷,或者说具体能推溯到弃子不窋世后稷,不窋子鞠,以至在谱系繁衍中还有许多不知其名字的系代,即推溯到姬周族先周时代早期谱系问题而突出存在的世代问题的缺环中。面对这类问题而从断代史上来搞清楚;这对恢复和复原当时姬周族与夏商两族而同时互相呼应的同世世代氏族谱系序列问题,肯定会有很重要的学术价值和历史价值的。而且进而对搞清姬周族从先祖弃时代起,直至以后周族早期阶段先周文化发展的整个历史面貌特征,则是创造了更为有利的先决条件。因此说,进一步深入地探讨先周文化的所谓东源说,是很有必要性和学术意义。现在来看,其东源说的最终渊源也在周原的本原土著说。

四、结语

前面以先周文化东源说的历史渊源、三个基本问题的析论和早期一个关键历史问题的试释等三个方面，对姬周族先周时期，特别是它的早期阶段即从关键历史人物公刘追溯到环境复杂的人物不窋和周人第一代男性始祖弃后稷的历史阶段，通过民俗学、社会学、民族学、史地学和考古学等学科以及古文献方志等来对它进行综合性的调查研究，探讨论证、比划复原，这样就基本上符合实际地廓清了周人在先周时期，特别是它的早期这个时候在东源说方面整个的历史发展过程和文化演变线索及其类型特征。在此，主要是通过对历史时间、地域迁徙、文化分布和一个关键历史等问题的具体研究，特别是对先周早期阶段弃后稷时，弃由西向东，即由陕西武功"邰"地入晋至闻喜地带活动的历史论证复原问题；后稷弃子不窋末年，夏政衰不窋失官后"自窜"于戎狄地区，即翼城太原等地的晋北北西、陕北北西到北豳（即今庆阳地区）至公刘期间周族区域历史和世代关系的探讨问题，以及公刘时，公刘由此向南，即他初时在北豳而由此修复后稷之业后迁徙到古豳（即今旬邑等地），来扩大开拓祖业这段关键历史的论证定性问题等这些主要问题的研究，因而取得了一些突出新颖的认识。

由于这些新的认识，通过考古文化，不仅对先周文化东源说总的在北方地区对于有关先周人的历史民俗标志而所印证外，而且对其在晋南中心地区闻喜地带有关先周人的民俗标志，通过"夏墟"东下冯考古遗迹也有印证。这里，被印证的这些民俗标志和考古文化，使之对于遗留在陕西关中有关周原地区并被证明了的俗志历史和实物文化，即先周文化也是终于找到了彼此之间有关的内在联系；这种有关内在联系的同类型文化：在陕西关中周原等地区就是叠压在仰韶文化层位上边为客省庄二期文化，叠压在客省二期文化之上的是周文化，或者就是二里头类型文化，其上是龙山文化，其下是商早期文化；而此类文化与山西晋南"夏墟"发现的东下冯类型文化地层与龙山文化地层直接叠压的层位关系，即主要是指的商代前期文化遗存和"二里头东下冯类型"的遗存文化层位性质基本上是一致的。与此同时，在有关东源说的北方广大地区，还发现从仰韶时期到龙山夏商时的各种文化遗址，即就说与此同时基本上也确定了从龙山阶段至夏商时期的考古序列，这样不仅使得东源说的北方广大地区总的能同它的中心地区"夏墟"地带从考古文化层位性质上找到了相似的关系。而且在文化类型上从总的方向同陕西关中周原地区的同类型文化层位也找到了相近的关系。在此，晋陕北方地区和晋南中心"夏墟"地区，同陕西关中周原地区龙山遗址中出土的同类型陶器三足瓮、联裆鬲等陶器文化就属这三者相互联系的典型一例。而这对我们继续从文化分布类型上并及地层关系上全面而深入地来研究晋南中心地区闻喜夏县地带的先周历史和文化，特别是其中早期的历史和文化不能不说是创造了前提；从而为我们从政缘、地缘和俗缘方面深入析探周人东源说的渊源时，也不能不说：晋南"夏墟"的周先祖，他们可能是在弃后稷或世后稷不窋时，由陕西杜漆流域武功"邰"地迁徙入晋的。

参 考 资 料

①钱穆：《周初地理考》，《燕京学报》，1958（10）。

②㊺(54)邹衡:《论先周文化》,《夏商周考古学论文集》页342。

③吕思勉:《先秦史》,开明书店,1941年,117—118。

④陈梦家:《殷墟卜辞综述》,科学出版社,1956年,292。

⑤李仲立:《试论先周文化的渊源——先周历史初探之一》,甘肃省《社会科学》,1981(1)。

⑥㊸徐中舒:《周原甲骨初论》,《四川大学学报》丛刊第10辑,1982年。

⑦㊾王玉哲:《先周族最早来源于山西》,《中华文史论丛》,1982年第3辑。

⑧㊽李民:《释〈尚书〉"周人尊夏"说》,《中国史研究》,1982(2)。

⑨㊼杨升南:《周族的起源及其播迁》,《人文杂志》,1984(6)。

⑩(117)(123)(124)(126)刘起钎:《姬姜与氐姜的渊源关系》,《古史续辨》,中国社会科学出版社,1991年。

⑪㊹(63)(64)方述鑫:《姬周族出于土方考》,《第二次西周史学术讨论会论文汇编》(上),1992年10月,339。

⑫(59)朱君孝:《周族的起源及其迁徙》,《第二次西周史学术讨论会论文汇编》(上)。1992年10月,381。

⑬邹衡:《论先周文化》,《1979年中国考古学会第一次年会论文集》,文物出版社,1980年,153。

⑭刘士莪:《初论寺洼安国式遗存与周文化》,1988年4月陕西省考古学会宣读论文。

⑮㉑㉓高明:《略论周原甲骨文的族属》,《考古与文物》,1984(3)。

⑯㉔㉕黄怀信:《先周族及其文化的渊源与流转》,《周秦汉唐考古与文化国际学术会议论文集》,西北大学学报编辑部,1988(4)。

⑰苏秉琦:《瓦鬲的研究》,《斗鸡台沟东区墓葬》附录,1984年,《国说》1964年。

⑱⑳(99)徐锡台:《早周文化的特点及其渊源的探索》,《文物》,1979(10)。

⑲《1967年长安张家坡西周墓葬的发掘》,《考古学报》,1980(4)。

㉒梁星彭:《〈论先周文化〉商榷》,《考古与文物》,1982(2)。

㉖㉝㊲郭沫若主编:《中国史稿》第141页。

㉗㊶㊷(74)(78)黄怀信:《周族的源地及迁转》,《陈直先生纪念文集》,西北大学出版社,1992年5月,67。

㉘任周芳:《陕西省武功郑家坡先周遗址发掘简报》,《文物》,1984(7)。

㉙(95)(96)(98)张天恩:《先周文化早期相关问题浅议》,《第二次西周史学术讨论会论文汇编》(上),1992年10月于西安,354。

㉚孙华:《陕西扶风县益家堡遗址分析——兼论晚商时期关中地区诸考古文化的关系》,北京大学考古系1987年硕士研究生毕业论文,打印稿。

㉛王光永:《陕西岐山县发现商代铜器》,《文物》,1977(12)。

㉜《史记·夏本纪》、《汉书·法律志》。

㉞㉟《史记·匈奴列传》略有所记:"夏道衰而公刘失其稷官,变于西戎,邑于豳。其后三百有余岁,戎狄攻太王亶父,亶父亡走岐下,而豳人悉从亶父而邑焉,作周。其后百余岁,周西伯昌伐畎夷氏,后十有余年,武王伐纣而营雒邑,复居于邦鄗"。

㊱段连勤:《丁零,高年与铁勒》,上海人民出版社,1986年6月。

㊳王震中:《西周城邑国家文明的起源》,《第二次西周史学术讨论会论文汇编》(上),1992年10月,442。

㊴卢连成:《先周文化与周边地区的青铜文化》,《陕西省考古研究所与西安半坡博物馆成立三十周年学术讨论会论文》,1988年,11月。

㊵(67)(68)(88)(137)(138)(139)(141)(142)穆长青:《略论周先祖在豳的创业活动及南迁》,《西北大学学报》(哲学社会科学版),1985(2)。

㊻张忠培:《客省庄文化及其相关诸问题》,《考古与文物》,1980(4)。

㊿摩尔根:《古代社会》。

(51)〔1〕※分别见于《史记·周本纪》索引,《诗经·大雅·緜》疏,《路史》。

(52)〔2〕※戴震:《周之先世不窋已上阙代系考》,《戴震文集》卷一。

(53)《左传》昭公七年。

(55)东下冯考古队:《山西夏县东下冯遗址东区、中区发掘简报》,《考古》,1980(2)。

(56)尹盛平、任周芳:《先周文化的初步研究》,《文物》,1979(10)。

(57)尹盛平:《从先周文化看周族的起源》,《西周史研究》,《人文杂志》丛刊,第2辑。

(58)刘军社:《太王"翦商"史事辨》,《第二次西周史学术讨论会论文汇编》(上),1992年10月,395。

(60)《古黄土高原是草丰林茂的千里沃野》,《科学动态》第58期,1980年。

(61)(62)徐中舒:《西周史论述》(上),《四川大学学报》,1979(3),84—92。

(65)(66)叶文宪:《先周史与先周文化渊源辨析》,《第二次西周史学术讨论会论文汇编》(上),1992年10月于西安,375。

(69)(70)《元和志》、《括地志》均编纂于唐代,其资料取自周秦汉魏六朝之典籍,故从中亦可窥知古代之原始记载。

(71)《庆阳府志》有明代韩鼎编纂本、清代顺治年间杨风藻修订本、清代乾隆年间赵本植修订本三种。三者大同小异,今所见者通常为赵本植氏版本。

(72)中共陕西省研究室、陕西省统计局:《陕西县情·第十编榆林地区》第933、952、959、989、998、1006、1021等页,陕西人民出版社,1986年6月。

(73)《陕西县情·第九编延安地区》第808、821、830、837、845、853、888、896等页。

(75)《夏鼐先生考古五十年纪念文集》,《中国考古研究》,科学出版社,70—71。

(76)(77)张洲:《周原地区新生代地貌特征略论》,《西北大学学报》(自然科学版),1990(3)。

(79)(85)徐锡台:《西周诸王征伐异族的探讨》,陕西省1988年4月考古学会论文。

(80)史念海:《周原的历史地理与周原考古》,《西北大学学报》,1978(2)。

(81)史念海:《由地理的因素试探远古时期黄河流域文化最为发达的原因》,《历史地理》第三辑。

(82)《闻喜县志·田水编》(本"志"据笔者1992年调查时,听山西闻喜文化馆张英俊谈:由东晋郭璞审定,清末刘光第修订)。

(83)(105)(134)戴彤心:《试论先周文化》,《周秦汉唐考古文化国际学术会议文集》,西北大学学报编辑部,1988年4月。

(84)邹衡:《关于夏商周时期北方地区诸邻境文化的初步探讨》,《夏商周考古学论文集》第六篇。278—281。

(86)(104)胡谦盈:《太王以前的周史管窥》,《考古与文物》,1987(7)。

(87)齐思和:《西周地理考》,《燕京学报》第31期。

(89)(127)李仲立:《庆阳民俗历史源流析》,《第二次西周史学术讨论会论文汇编》(上),1992年10月,447。

(90)《诗经·大雅·公刘》。

(91)(92)《史记·周本纪》,中华书局,1959年9月第一版。

(93)《关中漆水下游先周遗址调查简报》,《考古与文物》,1989(6)。

(94)刘军社:《郑家坡文化与刘家文化的分期及其性质》(待刊稿)。

(97)徐锡台:《早周文化特征及其渊源的再探讨——兼论文武时期的青铜器》,《陕西考古研究所与西安半坡博物馆成立三十周年学术讨论会论文》,1988年11月。

⑩王克林:《试论齐家文化与晋西南龙山文化的关系——兼论先周文化的渊源》,《史前研究》,1983(2)。

⑩⑪《扶风发现新石器时代大型三足瓮》,《文博》,1986(1)。

⑩⑫《渭南北刘遗址第二、三次发掘简报》,《史前研究》,1986(1、2)。

⑩⑬《陕西泾水上游调查》,《考古》,1962(6)。

⑩⑥胡谦盈:《论碾子坡与岐邑、丰邑先周文化遗址(墓葬)的年代分期》,《陕西省考古研究所与西安半坡博物馆成立三十周年学术讨论会论文》,中国社会科学院考古研究所西安研究室,1988 年 11 月。

⑩⑦运城行署文化局编:《河东文物·东下冯遗址》,1984 年 5 月,92。

⑩⑧《考古》,1980(2),97。

⑩⑨邹衡:《试论夏文化》,《夏商周考古论文集》,第三篇 136 页。

⑪⑩解希恭:《光社遗址调查试掘简报》,《文物》,1962(4、5)。28。

⑪⑪内蒙古历史研究所:《内蒙古中南部黄河沿岸新石器时代遗址调查》,《考古》1965(10),441。

⑪⑫邹衡:《夏商周考古学论文集》第六篇(图一)258 页。

⑪⑬⑪⑭内蒙古文物考古研究所:《内蒙古朱开沟遗址》,《考古学报》,1988(3)。

⑪⑮张映文、吕智荣:《陕西清涧县李家崖古城遗址发掘简报》,《考古与文物》,1988(1)。

⑪⑯徐天进:《陕西绥德薛家渠遗址的试掘》,《文物》,1988(6)。

⑪⑱张家口考古队:《蔚县考古记略》,《考古与文物》,1988(4),12。

⑪⑨寿田:《太原光社新石器时代遗址的发现与遭遇》,《文物参考资料》,1957 年 1 期,57。

⑫⑩东下冯考古队:《山西夏县东下冯遗址东区、中区发掘简报》,《考古》,1980(2),103 页(图九)7;中国社会科学院考古研究所山西工作队:《晋南二里头文化遗址的调查与试掘》,《考古》1980(3),208 页《图六》.2。

⑫⑪罗西章:《扶风出土的商周青铜器》,《考古与文物》,1980(4)。19 页(图一六)。

⑫⑫中国科学院考古研究所编著:《沣西发掘报告》图版柒、2,文物出版社,1962 年。

⑫⑤参见中国科学院考古研究所图书资料室:《中国原始社会遗址地名表》(征求意见稿)中有关陕北部分新石器时代遗址遗存情况。

⑫⑧《中国史稿》这部通史是以郭沫若先生为主编而集体编写的,1976 年版末署其他编写者多。

⑫⑨《中国通史》这部通史是以范文澜先生为主编而集体编写的,一至四册系范先生亲撰,故而西周史这一部分是范先生亲自写的。

⑬⑩《中国史纲要》这部通史是以翦伯赞先生为主编而集体编写的,西周部分(隶属于先秦部分),由翦伯赞、吴荣曾二同志合撰。

⑬⑪《中国通史纲要》这部通史是以白寿彝先生为主编而集体编写的,西周部分(隶属于先秦部分)由杨钊同志负责。

⑬⑫见《古代汉语》上编第一册。据序,这一部分系由肖璋、刘益之、许嘉璐、赵克勤等同志执笔,全书则由王力先生通审。

⑬⑬段连勤:《先周的婚姻外交与周民族的崛起》,《西北大学学报》(哲学社会科学版),1989(4).49。

⑬⑤⑬⑥陈全方:《早周都城岐邑初探》,《文物》,1979(10)。

⑭⑩参看《中国历史地图集》西周部分。

图(23)※和图(24)※均见《夏县东下冯》标本 H23:2 三足瓮(图一三一.2)同标本 T1088:3 鬲(图一五四.1),文物出版社,1988 年 1 月。

第四章 周原西周文化

第一节 岐邑京当古城选建与迁徙原因

周原遗址在岐山县和扶风县北部:东起扶风许家河,西止眉麟公路,北至岐山脚下,南至扶风纸白、岐山的范家营地区。这是周人太王兴建岐邑京当古城的基址。当时这里气候湿润,水源也较丰富,农业发达,森林茂密,文化历史条件较好,并有岐山作为天然屏障。周人以此作为政治、经济和文化中心,成为我国选建古城最早的遗址,有着很高的科学水平。由于地震灾害和政治等其他原因,周人将京都从岐邑京当古城迁移到(今长安)沣河西岸,而周原岐邑京当古城,因为历史和文化的传统影响,并未失去政治文化方面的光彩。

周原位于关中渭河盆地西部渭北黄土高原。远在周人于此建都之前,人类早就在这里的岐邑活动。在这里先周文化层分布很厚,全新世地层中,新石器文化遗址遗迹有50多处,其中不仅有全新世早、中时期的大村落遗址,如庙底沟类型王家嘴,粟稻谷物遗迹如案板遗址;而且陕西龙山文化类型双庵遗址等也在此出现。同时,全新世早期黑垆土文化地层在该区朱家、齐家等地也有出露。因此,周人当时选此建立岐邑京当古城[暂以凤雏宗庙基址为准:见凤雏甲组宫室(宗庙)建筑基址平面(图二六①)],相当西周早期国都,以此作为政治、经济、文化和军事开拓发展的中心;之后一个时期由于地震威胁和政治的需要,又由此将都城迁至丰镐。

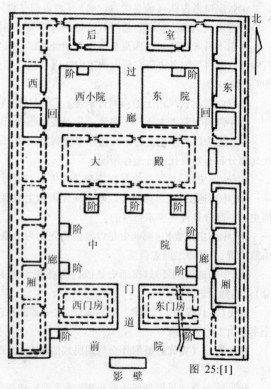

图二六 凤雏甲组宫室(宗庙)建筑基址平面

一、周人在周原建都的地貌条件

周人选择周原岐邑筑城确无文献具体佐证,但据岐山县京当乡凤雏村宫室遗址

(整个建筑物以院落为单位,以庭院为中心,围绕着中轴线的主要建筑物配置和次要建筑物的左右均衡对称的平面布局,充分体现了我国古代奴隶社会中建筑工程设计的伟大成就)特点,显然说明当时周人的政治、经济、军事中心,就在凤雏。周原岐邑京当古城:北以岐山为界,南至扶风法门镇的康家、庄李村,东到扶风黄堆乡的樊村,西及岐山祝家庄乡的岐阳堡。东西宽约 3 公里,南北长约 5 公里,在总面积 15 平方公里的这个范围内[②],构成周代文物遗迹分布的区域。

京当凤雏村大型宫室建筑基址,就其环境中的地貌类型来看,有低山,特别还有洪积平原、黄土台塬以及渭河冲积平原等三个原区连在一片的完整原区(图二);背山环水,地形北高南低,从渭河至山地,呈台阶式高起,不同的地貌类型由于生态环境不同,构成了周原农业资源多样丰富的有利条件。

1. 低山:岐山或称乔山,俗称"野河山"。山地以断层与洪积平原相接。地面大致以 800 米海拔高度为界,断层走向 NEE,倾角 60°—70°,出露地层以古生界为主。大部为奥陶系石灰岩、泥灰岩、寒武系灰岩、页岩和砂岩等,地层呈现向北倾的单斜构造。山地走向和构造线一致,也呈东西向。山岭海拔多在 1000—1400 米,瓦罐岭是最高峰(1579.8 米),呈雁列式分布。山区沟谷多呈"V"字形,相对切割深度 200—300 米。其岩受溶蚀作用,喀斯特地貌不发育;往往顺着断裂带或裂隙形成喀斯特泉,如西观山九眼泉(彩版六)、跑马泉、五眼泉、凤泉等。基岩之上通常为风化壳,厚 2—4 米。风化层之上多覆盖剥蚀残余黄土层,山峰形似黄土戴帽,如西观山东侧 1049 米山峰。从人工开挖剖面看,黄土地层仅保存中更新世中期黄土。低山区田地坡度陡,平均坡度都在 20 度以上,降雨量多于黄土台塬,故流水侵蚀强烈。

2. 洪积平原:山前洪积平原,根据形态和结构分为三部分。即前缘溢出带,洪积扇中部和顶部(图八)。洪积扇纵长 10—13 公里,溢出带宽约 2—2.5 公里,分布在益店、青化和法门等地。地面平缓,地下水埋藏浅。每当连阴雨过多时,潜水上升,溢出地表导致地面浸润形成湿地,或长期积水(明水),大面积出现渍涝。如 1983 年 9 月 10 日关中连阴雨过多,时间很长,隆水量大,在溢出带渍涝十分普遍。特别是在一些人工土壤和洼地积水,直至 1993 年青化乡许多明水湖泊还未消失。洪积扇中上部,随着地形增高,坡度不断变陡,一般都在 3℃—5℃ 以下。京当、凤雏、云塘、黄堆等地,位于洪积扇顶部。

洪积扇平原含水层结构复杂,为非均质含水层。洪积扇顶部和中部,全新世有三种堆积相:一是黄土状土堆积,二是洪积砂砾堆积,三是沟谷冲积堆积。洪积扇中更新世和早更新世洪积砾石层,多为钙质胶结砾岩;砾岩出露从孙家向上,随着沟谷深切,露头愈明显,以上家河村最完整,上游沟深 16 米,下游随着流水下切和溯源侵蚀,在顶部较厚的砾岩形成 40 余米高陡坎(图五:彩版五),砾石最大径 1.25 米。洪积扇潜水随着纵向变化,从顶部的黄土夹砂砾层至前缘单一黄土状土。含水层的贮水能力和渗透性由强变弱。潜水从山前流动径流逐渐增强。潜水位在前缘壅高,故潜水埋深自山前至洪积扇前缘不断变浅。

3. 黄土台塬:地面平坦,台塬区的黄土地层完整,由早更新世、中更新世、晚更新世和全新世黄土组成,总厚度 100 余米。沣河沿构造线纵贯其间,七星河和美阳河向南汇入。七星河常流量 $0.02 m^3/S$,年径流总量 547 万 m^3,美阳河常流量 $0.05 m^3/s$,年径总流量770万 m³。这两河是周原中心岐邑地区的主要河流。沣河在该段海拔500—510米,台塬面海拔550—560米,河谷相对高差约50余米,河谷宽1.5—2公里。

二、周人周原古城遗址的选择

周原岐邑洪积扇地层,和台塬地貌一样,形成于早更新世、中更新世、晚更新世和全更新世。根据洪积扇的物质组成和构造,可知其沉积过程,是和黄土堆积相伴生。早更新世黄土洪积物质堆积最厚,中晚更新世较薄,全新世最薄。全新世洪积扇在不同地貌单元有三种堆积相:(1)在较高的位置上,以黄土状土为主,地表为耕作层土,其下为黑褐色垆土层,如朱家北西土壕;(2)洪积砾石堆积,主要成分为砂砾石,砾石成分以石灰岩为主,沉积厚度不稳定,大体看到有两个层次,新石器及先周文化等遗址多在此处两个层中。如凤雏宗庙基址之下还压有龙山文化地层就是典型一例;(3)沟谷水流冲积层,在沿较大的沟谷里,该层的分布也很普遍。如周家、贺家、孙家及青化等,都有出露。从对野外地层剖面的观察、对比、研究,全新世地层初步分为早、中、晚三个时期。全新世的早期,还是洪积扇发展时期,当山谷洪流流出山口之后,不受沟谷约束,流速迅速减缓,水流分散,呈扇状展布,堆积下砂砾,随着堆积物淤堵,水流不断改道,故洪积扇上的砂砾层多成透镜体状。中期,受新构造运动影响,山前拗陷大幅度下沉,洪积扇水流归槽,雨量减少,洪积扇漫流危害少。晚期为黄土状土堆积时期,相当周原岐邑京当建造古城时期。

岐邑京当洪积扇,是由两个规模较大的扇地组成,即以七星河和美阳河上游水系组成的洪积扇地。周人在西周早期,即太王时,选准七星河和美阳河洪积扇之间的顶部洼陷地区,兴建了周原岐邑京当古城。

据《诗经·大雅·緜》的记述,古公亶父率领族人由豳迁岐后,令有司在岐山之南的周原营筑了周人的第一座城邑宫室。从此周人国号为"周",古公亶父也被后人称为"太王"。太王在此营造城邑的条件是:

(一)岐邑京当的地理位置选择

岐邑京当古城选建在七星河和美阳河洪积扇之间的顶部洼陷地区,主要由于这里地形较两边都要低,同时正好也有七星河支流王家河径流在其间;地下水埋藏较临近地区浅,对于岐邑京当古城、贺家、云塘等处供水都有利。同时它也是城市排洪和污水的河道,故岐邑京当古城位置的选择对城市建设来说都十分有利。

(二)岐邑京当古城与岐山资源

岐邑京当古城距离岐山山地仅约3公里,城市建筑木材、手工业冶炼、烧制陶器和生活燃料等,完全可依靠砍伐山区的森林材源,运输也方便。同时也是狩猎的好场所。山区生长着茂密的森林,故成为当时都城建设的动力资源和建筑材料资源。

(三)岐邑京当古城与洪积扇平原农业资源

岐邑京当的气候大致和今天一致,属大陆性半湿润性季风气候,土壤肥沃,雨量丰沛,有利于农业发展,周人种的作物有大豆、小麦、糜子、麻、瓜等。洪积扇和原区在历史上曾是粮食和经济作物的主要产地。至今该地仍是粮食的主要产区。

(四)岐邑京当古城与岐山屏障

周代文化遗址大都在山前洪积扇上。说明在政治上,特别是在军事上有着重要意义。岐山南侧,断层崖壁立如削,山体地形高起,具有天然的屏障。居高临下,进攻退守都较有利,在军事防御上,有着十分重要的意义。

(五)洪积扇黄土与烧制陶业

洪积扇黄土状土堆积物,是制烧陶器较好的原料。石灰岩风化的红土,经流水搬迁,堆积在洪积扇上,含有粘粒成分较高,有利于陶器的制作。

(六)周人制城时岐邑洪积扇平原地貌特征

全新世早期洪积扇尚处在发展阶段,暴雨时,山区洪水携带有大量泥沙、砾石和黄土状土物质,当流至洪积扇时由于水流不受约束流速减缓,携带物质大量堆积,尚无固定河道,随地形变化形成散流,因沟槽不固定,堆积物质变化很大,如周家沟50年下切4米(图二七);全新世中期因受上升新构造运动的影响,山前拗陷加大,七星河和美阳河已形成,周人建筑的居民点受洪水威胁则减少。

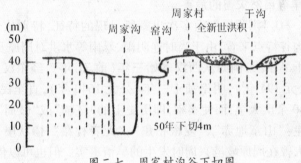

图二七　周家村沟谷下切图

总之,周人到古公亶父时,因受戎狄侵逼凭借岐山屏障,定居在肥美的洪积扇平原周原岐邑,并在岐邑这样的地理位置筑城,作为政治、经济、文化中心来开拓发展,历史证明:是正确的。

三、岐邑京当古城迁都原因

这里可以从两方面加以分析。一方面是环境的地震、旱涝灾害威胁,另一方面是政治原因。

(一)周文王八年地震的严重危害

关中地区是我国华北地震区汾渭强震南带,新构造运动活跃。第三纪以来,秦岭、北山上升,盆地强烈沉陷,地震活动强烈。据历史记载,关中曾发生 M>6 级地震 8 次,6>M>4 级地震 41 次,占全省地震同项总数的 88.9% 及 57.4%(陕地震表)*[1]。1556 年 1 月 23 日华县发生了强度达 8 级的地震,震中莲花寺达 11 级,是死亡人数最多的一次地震。这次地震受灾面积达 10 万平方公里,波及 10 个省,当然也波及到周原岐山"房屋倾倒、民多压死","确给人类带来巨大灾害"。从有史记载至 1976 年,发生 4—5 级以上地震在岐山,即岐州(又岐周)、岐雍地区的地震次数也有 27 次之多③。周原西侧陇县—岐山—马召断层,是一个活动较强的断裂,总体定向 NN50°,倾向北东,倾角 50°—80°,长达 210 公里。这组断层曾多次发生中强地震,对周原文化发展造成严重影响。关中"汾渭地堑"就是一个地震构造区,当周人还处在筑城兴周发展时期,周原岐邑当时发生的地震灾害,即地震在"汾渭地堑"北西向西端的宝鸡灾难,确是严重地威胁了周人周原岐邑古城安全，周人迁都势在必行。

《吕氏春秋》卷六《制乐篇》云："周文王立国八年，岁六月。文王寝疾，五日而地动东西南北。……不出周郊。群臣皆恐。曰：'请移之。'文王曰：'若何其移之也。'对曰：'兴事动众，以增国城。其可以移之乎。'文王曰：'不可。夫天之见妖也，以罚有罪也。我必有罪，天以此罚我也。今故兴事动众，以增国城，是重吾罪也。'"由此可知，当时地震之大，使得周文王及群臣极大震动。群臣力谏文王，请命迁移"国城"。

公元前1189年，即周文王八年地震，是我国有历史记载最早的一次地震，震级4—5级，当时对周人都市破坏甚为严重。因之，众臣要求迁都。虽然未立即进行，但是此次地震，可能就是周代文王后来迁都到沣西的主要原因。这一特点嗣后从周幽王二年（即公元前780年）的地震（震中在岐山北纬34°30′，东经107°48′。震级6—7级，8级，规模："泾、渭、洛三川皆震。岐山崩"，）所造成的危害从侧面也被佐证。

（二）周原干旱等自然灾害的危害

从更新世（Q_2—Q_4）洪积层剖面多次出露所呈现的特征，特别从全新世末期洪积层以后所出现的沟谷特点来看，由于当时连阴雨、暴雨等水洪对周原及其岐邑的危害；同时也从历史上干旱原因：例如从西汉本始三年（前71年），经东汉永元元年（前89年）、兴平元年（公元194年），明崇祯十三年（公元1640年），直至民国十八年（公元1929年）等共约60余次大旱，而使秦雍，即历史上的"三辅"或"岐周"，或现今的岐扶周原地区时有发生："山童地赤"、"麦根枯焦"、"死者枕藉"，惨状屡见不鲜。这些历史现象虽不是周人曾在周原岐邑兴周时发生的旱情事实。但也可以借鉴来认识；能说明周人当时在此也会遇到这种干旱，以及风灾、冰雹、霜冻和干热风等灾害的影响，特别是暴雨等这样的灾洪，从而使粮食生产量低而不稳，不能满足生活之需要。从自然环境来说，这可能是迁都的另一原因。

（三）文王东迁于丰的政治要求

周人随着政治、经济、军事的迅速发展，周人到亶父之子季历时，周族势力日益扩大；国家的形成也具规模，其子姬昌——文王继位，并臣服了许多小国和部落，进一步扩大了领土，使周已成了威胁殷商的强大力量。特别是灭了殷在沣水上游的一个强大的崇国（今陕西户县）之后，为了巩固胜利，继续向东发展；作邑于丰，从政治、军事来说这也是必然的。《诗经·大雅·文王有声》记载："文王受命，有此武功，既伐于崇，作邑于丰。……考卜维王，宅是镐京。维龟正之，武王成之。"周文王膺受天命，大举征伐，灭掉崇国，在沣水西岸又营建了丰京，文王从周原岐邑迁都于此。后来周武王占卜，又易居镐京。"丰、镐近在咫尺，隔水相望，可以说它们是一个城市的两个分区。"丰镐自然也就成了西周王朝新的国都。也就是说，周族文武两王迁此建立丰镐都城，从而成就了他们在西方的崛起，并成为与殷商坚决抗衡的周的统治中心。这从政治上看，也是个重要原因。

另一方面，从周原岐邑同长安丰镐两地地震活动分布特征对比再来做些试析。从古地貌特征和现代地理环境比较，丰镐地区也确比周原岐邑地理位置优越，其特征具体是：

根据考古资料看，位于沣水两岸的丰、镐遗址，南到终南翠峰，地处号称沃野千里天府之国的关中中部，属于渭河盆地的黄土台塬平原地区。这里塬区辽阔，一望无垠，气候温和,雨水适度,周人择此而都,更是很有见地的[④]。当然,这里也是分布在"汾渭地堑"内,是属"汾渭地震带"关中中部的剪切断裂地区,但"地堑"处在这里的特征:而是剪切应力在此的构造活动显著的不易集中。它与周原西侧的陇县—岐山—马昭断层地带地震活动规律还是有所不同的。

地处在"汾渭地震带"剪切断裂地区的长安沣河两岸的西周丰镐都城遗址(图二八[⑤]),它坐落在"地堑"自西南端(宝鸡)至东北端(灵石)断陷盆地的构造地带中部;在此而震中分布的密集带为"汾渭地震带"[⑥]的乾县—兴平—长安断裂条带。历史证明:长安丰镐比之周原岐邑来说还是个比之更好的古环境。因此,我们说,长安丰镐古地貌位置也比周原地区优越。因而姬昌当时将古都由岐邑迁丰镐,历史环境说明也是有眼光的。长安丰镐,即西安,周人迁都于此作为国都,由此开创了中国历史上在此建都之首,这也是周文化对中华民族以及人类历史的重大贡献。

图二八　丰镐地区位置示意图

四、结语

总的来说,周原地区,背山环水,地势优越,气候温湿,雨水充沛,原野辽阔,生态环境很有特色;土地肥沃,农业发达,文明程度也很高。周人早期选此,兴建岐邑京当古城,使周人由此充分利用资源发展农业,利用地形天险在军事上获得优势,从而使自己由此迅速崛起,这是有着非常重要的意义。周原岐邑京当古城,是我国最早的国都之一。

具体来说,西周早期,周人之所以以凤雏宗庙基址为准,在此选建都城,因这里北部近靠岐山,具有天然屏障。同时这里虽是处在洪积扇平原地区,但在当时来说,还是平野辽阔,尤其是岐邑古城在此建筑在七星河和美阳河洪积扇之间的顶部洼陷地带,此处依山、近水、面原,并有得天独厚的历史文明,更有利于农业发展。周人当时选此而都，当属最佳地区。周原岐邑京当古城的出现，是我国奴隶主国家出现以来正式建立的并具有世界文明的第一个都城，这是周人有远见的一个重大创举。

周原岐邑洪积扇平原，由于自然环境的变化，随着洪积平原的发展，洪积扇上的沟谷逐渐发育起来（即在龙山文化末期洪积扇遗存出现之后）。尤其当西周早期文王姬昌时五级地震在岐山，即周原岐州（同岐周）地区发生，这对周人创建的岐邑都城形成严重威胁，遂成了姬昌由此迁都丰的主要原因。同时长安丰镐地区之处在渭河盆地的黄河平原地区，原野更辽阔，生态环境也比周原岐邑地区更优越。因此，周人进此而都，不仅更有见地，同时也是政治上的迫切需要。

文王迁丰之后，周原岐邑虽已不是西周政治中心了，但因它还是周族的发祥地，祖庙所在，仍享有极高的地位，金文累见的"周"即指岐邑。所谓"王在周、格太庙"，"王在周、格太室"，"王在周、格新宫"，是说王还在周地，到太庙、太室、新宫去事事就是例证。周原岐邑京当古城的选建和迁移作为历史的丰碑，永远要载进史册的。

但是，从周平王五年（前774年）到十八年（前787年），在不到20年的时间，岐周成了秦戎必争之地；特别是（前841年）当申侯勾结犬戎入丰镐，幽王被杀之后，致岐邑古城和丰镐都城先后均被湮没。周平王继位乃于公元前770年被迫东迁洛邑，而称东周。

参 考 资 料

①《岐山县志》编纂委员会："凤雏甲组宫室（宗庙）建筑基址平面图，1∶400"，《岐山县志》卷二十四"文物"，陕西人民出版社，1992年8月，590。

②陈全方：《周原与文化·早周都城的地理位置及其范围》，上海人民出版社，1988年9月，13。

③同①，即《岐山县志》卷三"自然灾害"第四章"地震"第75—76。

④保全：《西周都城丰镐遗址》，《文物》，1979（10），70。

⑤同④，即《西周都城丰镐遗址》图一：丰镐地区位置示意图第69。

⑥张伯声、王战："'汾渭地堑'的发展及其地震活动性"，《地壳波浪与镶嵌构造研究》，陕西科学技术出版社，1982年8月，149。

＊〔1〕788年安康东南6.5级地震震中位置有争议，疑在湖北竹溪内（陕西省水文地质二队）。

第二节　周原与丰镐地区的青铜文化

周原岐邑地区青铜遗址及器物出土数量，与周原一般地区及周边宝鸡、眉县、武功等地区以及关中陕南陕北等一些地方比较，居于首位。同时，就其铜器出土的稀世精品和有铭铜器珍贵价值的，依器物数量及遗址规模来看，周原岐邑仍占首位（丰镐不仅占次位，就是陕西关中等其他一些地方亦占少数）。由此就可看出一个突出特点：周原不仅是中国历史文明的摇篮，青铜器文化的故乡，同时充分证明：在西周历史发展的过程中，虽随着政权东迁而中心转移到丰镐，但周原依旧占有重要地位。由于先周文化的影响，特别由于青铜文化在此所占的首要的历史地位，因而迁都以后，周原仍然是周人当时开拓中国文明之要地。

西周青铜文化在周原之所以灿烂发展，一方面是因周人的文明程度高，特别是因农耕文明开发的历史悠久。另方面，确因周原的自然环境一直很优越。当然更重要的原因，还是由于周人在文武三公时期的奋力开拓，兴国灭商，奠定了西周盛世，即西周时期政治和经济国力上的空前强大，给文化发展、特别是对青铜器文化的发展繁荣而创造了殷富的社会环境。

周原原始文明，特别是原始农业及传统农业文明，在中国文明史上均占有重要地位；这里不仅是姬周族农耕文化和周人文明的发祥地，同时也是炎帝及炎帝农业的发祥地。周原是中国优秀文化的发源地之一，不仅原始文化在此开拓发展，周人的先周文化、尤其农耕文化，在周原地区经过弃开拓、公刘重修，特别是到了太王时期更进一步发展。这种奋发进取向上、创造开拓创业性的精神文明和文化特征，确为周人在周原青铜文明的出现和发展创造了精神智慧和物质条件。例如周原在当时原始农业和传统农耕文化接踵繁荣和发展；手工艺如京当古城的选址和兴建；还有凤雏甲骨的精雕细刻以及铜器如墙盘、折觥等稀世珍品的冶制技艺等等，足见其才思高超，巧夺天工，闪烁着周人高智能的聪慧和才能，以及丰富的创造性和深邃的想象力，周人是一个开拓性、创造性都很强的民族。同时他又能扬长避短、兼容并蓄，对殷商文化，特别是其青铜文化的精华能大力吸收。所以，从历史看，西周的青铜文化能从周原兴起发展，就绝非偶然。

同时，回顾环境历史：在周原，不论炎帝在此发祥原始农业，或周弃至太王在此又发展农耕；在这样一个文化发展的历史时期，如前我们在《周原地区第四纪环境变迁》一文所述：正是处在"全新世距今 6800—5000 年古土壤（So）和 5000—3100 年古土壤（So）第二旋回前段"这个时期的气候特点：温带半干旱森林草原植被；正是炎帝在此发祥原始农

2000 年春于杨凌后稷雕塑像前留影

业，周弃及太王在此发展传统农耕，正是周原经原始农业文化的发展走向繁荣后又脱离了原始状态而进一步进入到一个新的阶段，即传统农耕出现："禹稷躬耕"，由后稷发展并一直到太王开拓时期（特别是太王开拓时）；这时即公元前 11 世纪之后，气候环境处在距今 3100—1040 年这个黄土状土（Lo）第三旋回前段，亦即周秦到汉唐的这个时期。我们说：从黄土堆积地层性质看，这时古地层黄土状土（Lo）地层所反映的这种气候特点，比之第二旋回时是较温寒了些，但其环境仍是适宜于人类生息，生存和发展的。因此，据我们所知，那时关中有两个农业基地，一个是周原，一个是丰镐。西周时期，两个基地文明高度发展的历史证明：这个时期的自然环境和气候特点，对周原的开拓和发展都很有利；周原当时亦未因地震等原因在西周发展时期而萎缩，相反却在顺利发展。但在这个时期，渭北地带的东部地区，却较荒凉，主要还是周人的狩猎区。

因而由此来看,西周时期的周原,仍然是周人经营经济文化的中心,当然也是发展农业的主要地区。所以,青铜文明在周原繁荣发展并占首位,这也是历史的必然。

关于环境所反映的这个特点,在周原地区再从青铜器窖藏、墓葬和车马坑等遗址地层剖面共同所具有的特征来看,这些遗址被打破的地层剖面,当时大部分也是分布在全新世近期表层(MS)之下黄土状土(Lo)地层之间的。黄土状土(Lo)属于全新世的中期堆积。周原地区这时于此所出现的这类遗址地层:凤翔有大辛遗址的第四层,扶风有齐家窖藏第四、第五层,特别岐山和扶风还有凤雏宗庙遗址及黄堆墓葬等第三层;这些遗址地层共同特点:都是分布在周原地区的同类地层,即黄土状土(Lo)地层之中。黄土状土(Lo)在此的特征:土质淡灰褐土疏松绵软,富含大孔隙,气候寒温带半干旱①;如前所述:它还属有反映 3100—1040 年黄土状土(Lo)第三旋回前段内这个气候时间特点(这个气候特点也相当于今天周原的气候)。所以,先周及西周,特别是西周时期的青铜文化,它的发展和繁荣在周原这样一个自然环境之中,不能说不理想。

总之,由于历史和自然的条件,特别是因西周社会当时国力的强大,因此才使周原及丰镐地区的青铜文化,在中国文化史上盛开争艳,特别是在周原地区使之遍地开成而永不凋谢的奇葩!

一、周原岐邑遗址与青铜文化

《诗经·大雅·緜》说:"周原肫肫,堇荼如饴。"这里所描述的肥美土地,如前所述:其中心地区就是岐山县城东北 30 公里的京当和扶风县法门黄堆等三个乡镇所辖的地带。它是北依岐山,南临渭河,东到武功,西至宝鸡,拥有岐山和扶风县的大部,东西长70 公里,南北宽 20 公里,包括现在岐、扶、凤、武、杨(凌)五县区大部分和宝、眉、麟、乾四县的小部分。三千多年前,这里就以土地肥沃、气候温和、雨量充沛、物产丰富,自然条件优越著称于世②。周原始于《诗经》,较今周原为大③。这里是西周的发祥地。殷商后期,定居在彬县、长武、旬邑一带古地经营的周人,由于戎狄所迫,在古公亶父率领下从此迁岐,立国周原,因号曰"周",宫城名京,即京当④,在此所建的都邑史称岐周或岐邑。周人在岐邑经历了古公、王季、文王三代,发展兴旺,东向灭商,建立了西周。从古公亶父到西周灭亡,大约 300 年间,周原岐邑一直是西周王朝政治、经济、文化的中心⑤。就内容特征来说,周原遗址就是指周原地区西周文化说的;但一般讲,也泛指周原。因此说,西周青铜器文化在周原地区的分布,有广大地区泛说之谓,即其广泛性;也有周原遗址的具体叫法,即其密集特点,因此,要论述周原青铜文化,在此就要进行多方面的探讨。

(一)周原岐邑青铜文化与宗庙基址

(1)岐邑青铜文化分布特点

周原中心遗址——西周青铜器岐邑遗址,位于今天岐扶两县北部的交界处⑥,古所谓的"中水乡",具体村落有:在岐山县有贺家、礼村、凤雏、周家桥、京当、朱家、周家、童家、青化、良田、罗家、董家、岐阳堡、王家嘴、呼刘家、屯子头、衙里、南北祁家、流龙咀、乔家、刘家、双庵;在扶风县有任家、唐家、齐家、张家、召陈、李家、刘家、强家、云塘、庄白、齐村、齐镇、下务子、铁庄、官务吊庄、白家、黄堆、官务窑、下唐、下樊、纸白、杨家堡、美阳、召李、唐西原、元村、吕宅、东河等共 50 个村子(表一〇:[1]*)广布在周原岐邑地区(图二九);在此分布的范围大约有八九平方公里的地方。这里早就有人称为"周原的中心地带"[7]。在此出土的青铜器(其中有商遗址3处)西周遗址有254个,其中窖藏遗址130个,墓葬遗址68个,其他遗址56个(表六)。这个遗址在周原属于一处规模很大的文化遗址[8]。

自西汉以来两千年间,京当、法门、黄堆及青化、召陈等地带,一直是我国西周重要铜器出土地点。由此出土的青铜器,其数量之多,铸造之精,铭文史料价值之高,都居全国之首。因而,周原也就成了驰名于中外的"青铜器之乡"[9]。

周原岐邑遗址,自汉至今已经出土的西周铜器约有920件,其中窖藏554件,墓葬307件,其他占59件(表七)。(实际数字可能比这还要多一些。)驰名的器物有:(1)

表六　　周原岐邑及其眉县等地区商周青铜器出土器物简表　　1993.10

类别＼地区	周原岐邑地区					周原及其区边地眉县宝鸡等							分类合计
	岐山		扶风			岐山	扶风	凤翔	武功	眉县	宝鸡	麟游	
	京当	青化	法门	黄堆	召陈								
窖藏	81	2	21	20	6		9		6	3	1		149
墓葬	39		14	14	1		9	9	1		11	1	99
不详	41	3	4	5	3	27	18	4			4		109
分区	161	5	39	39	10	27	36	13	7	3	16	1	357
合计	166		88			103							357
总计	254					103							357

说明:
(1)窖藏遗址:岐山有83个(京81、青2);扶风有56个(法21、黄20、召6、扶原9),其中岐扶分布在岐邑地区有130个,扶原边区只占9个,周边占10个。
(2)墓葬遗址:岐山有39个(京39);扶风有29个(法、黄各14、召1)其中岐扶分布在岐邑地区有68个,扶原边区只占9个,周边占22个。
(3)不详遗址:岐山有71个(京41、青3、岐原27);扶风有30个(法4、黄5、召3、扶原18)。其中岐扶分布在岐邑边区共有56个,岐扶广大原区及周边在此占有53个。

表七　　周原岐邑及其眉县等地区商周青铜器出土器物简表　　1993.10

类别＼地区	周原岐邑地区						周原及其周边地带								分类合计
	岐山		扶风			合计	岐山	扶风	凤翔	武功	眉县	宝鸡	麟游	合计	
	京当	青化	法门	黄堆	召陈										
窖藏	81	2	137	294	40	554		46	16		19	2		83	637
墓葬	39		133	128	7	307		24	37	18		(913)255	7	325	632
不详	41	3	7	5	3	59	27	13	5			27		72	131
小计	161	5	277	427	50	920	27	83	42	18	19	(913)284	7	480	1400
	166		754												
分区合计	920						(1135)480								1400

说明:
(1)宝鸡青铜器墓出土的913,其中有茹家庄 M_1 180 和竹园沟墓 202、M_4 359 三个大数组合,但此三个大数属礼器主要统计的只83件(分别为47、15、21),而其他最大多数即共有658件则为工具、兵器或车马器等。因此墓此项统计数应由此三个数的礼器83件为准来统计。因而墓这项的实数统计时,应按913－658的255数作为根据,因此宝鸡出土器总数于此统计时,此项数应为255＋2＋27,即284,则为宝鸡出土青铜器的总计数而较客观。

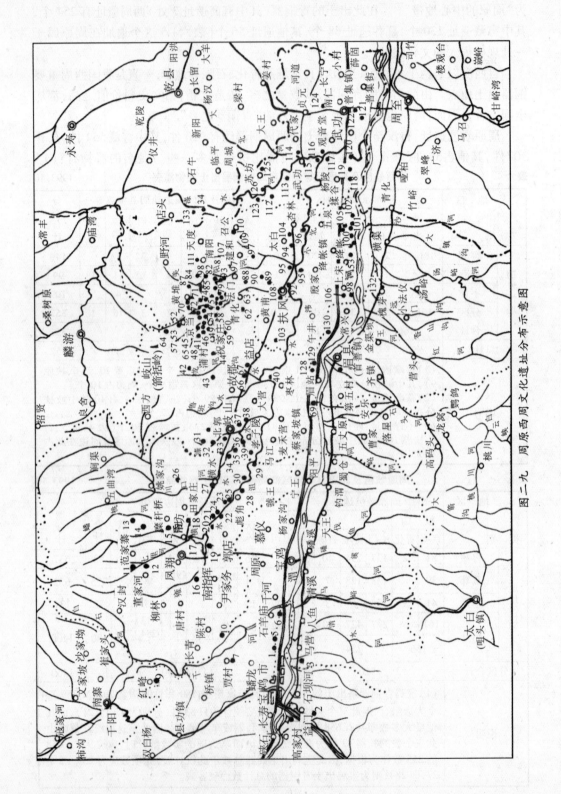

图二九　周原西周文化遗址分布示意图

图中数字表示的遗址所在地

宝鸡
1. 桑园圃
2. 汝家南庄
3. 姬家店
4. 十里铺
5. 戴家湾
6. 斗鸡台
7. 贾村塬
8. 唐家村（空）

千阳
9. 齐家底下

凤翔
10. 马道口
11. 周公庙
12. 张家沟
13. 西 村
14. 太相寺
15. 水沟村
16. 大辛村
17. 纸坊村
18. 劝读村
19. 东鲜家
20. 王家庄
21. 丁家河
22. 新庄河
23. 黄家台
24. 石家河
25. 董家庄
26. 河北村
27. 横水镇
28. 付家村
29. 铁炉头
30. 高庄（空）

岐 山
31. 周公庙
32. 北郭村
33. 黄家河
34. 付家村
35. 刘家源
36. 庙底下
37. 柳沟村
38. 帖家河
39. 粉王村
40. 范家塬
41. 宫里
42. 郑家庄
43. 赵家台
44. 薄家村
45. 呼刘家
46. 流龙咀
47. 上桥沟（空）
48. 岐阳村
49. 屯子头
50. 京当
51. 周家桥
52. 凤雏村
53. 朱家村
54. 董家村
55. 贺家村
56. 礼村
57. 罗家
58. 南北祁家
59. 祝家庄
60. 双庵
61. 王家嘴
62. 青化
63. 丁童家
64. 刘家
65. 简里
66. 周家庄
67. 李家庄
68. 流龙巷
69. 巨家台

扶风
70. 强家村
71. 黄堆村
72. 云塘村
73. 下樊村
74. 齐镇
75. 庄白村
76. 齐家村
77. 纸白村
78. 康家村
79. 任家村
80. 召陈
81. 上康
82. 召李
83. 齐村
84. 张家
85. 李家
86. 刘家
87. 下务子
88. 下康
89. 铁庄
90. 官务吊庄
91. 官务签院
92. 扶风南关
93. 案板村
94. 浪店
95. 法家
96. 召宅
97. 吕宅
98. 昌阳
99. 美东渠
100. 柿坡
101. 姜塬西村
102. 太子藏
103. 五郡
104. 早杨
105. 白龙
106. 北吕
107. 沟塬
108. 益家堡
109. 大陈家村
110. 唐西原
111. 豹子沟
112. 东河（空）

武功
113. 焦阳
114. 石家山
115. 梁家堡
116. 许西村
117. 北店
118. 圪塔店
119. 坎子底
120. 胡家底
121. 闫家
122. 史家
123. 福驼子
124. 北坡村
125. 回龙村
126. 任北村
127. 潍沱（空）

眉县
128. 李村
129. 杨村
130. 王家兴
131. 首善西北
132. 槐芽

乾县
133. 北郑村（空）
134. 马里村（空）

大盂鼎,现存中国历史博物馆,清道光初年出土于礼村,重153公斤,此鼎有铭19行、293字。从铭文就可以知道,当时奴隶主将奴隶像朝服、车马一样当作赏赐大臣的物品,这为研究西周社会性质提供了非常重要的实物史料;(2)毛公鼎更有特点,鼎上的铭文多达497字,是我国迄今出土铭文最多的西周青铜器,现存于台北故宫博物院;(3)裘卫器四器,1975年京当乡董家村民平地时,在地表约1米深的地方,一次就挖出37件青铜器,轰动一时。其中"裘卫四器"的铭文记载了裘卫在当时的社会地位以及买卖、交换土地的事情,这是研究西周中期土地制度变化难得的资料;(4)朕匜,虎头羊足,造型奇特,腹底和盖内共有铭文157字。这是记载2700年前一件诉讼案例的记录,此可以说是我国发现最早的一篇法律判决书;(5)牛尊,1967年贺家村出土的青铜器,现存陕西省博物馆。牛的造型传神逼真:圆瞪双眼,张耳抱角,翘首伸头作吼叫状,牛体浑圆健美,身披花纹,腿蹄粗大结实,牛嘴作流口,牛尾卷成环状作把,又是那样自然巧妙。牛背开方口置盖,盖上有虎纽。虎大头、细腰、长脊、昂首、竖耳、翘尾,四腿粗大有力,身躯微向后缩,作升攫状。真是一件精美的艺术珍品;(6)小盂鼎、外叔鼎、王作仲姬方鼎等青铜器也是周原岐邑出土千百件中的稀世国宝⑩。

西周青铜器从时间看,出土最早的也在周原岐邑分布,例如:西汉神爵四年(公元前58年),《汉书·郊祀志》记载:神爵四年"美阳得鼎献元";东汉建初七年(公元前82年),美阳再次出西周铜器,据《宋书·符瑞志》记载:"汉章帝建初七年十月,右扶风禁上美阳得铜器于岐山,似酒尊。"汉美阳县治故地在今扶风县法门镇,其辖区就是今之扶风、岐山二县北部。汉代美阳县曾两次出土过西周青铜器物:即有名的尸臣鼎和酒尊⑪。这两件铜器在陕西乃至全国也是西周青铜器出土年代最早的有名器物。

殷周青铜文化,在周原岐邑高度发展,确富创造性;特别是西周铜器文化,明显是由周原而影响到全国。从公元前17世纪开始到公元前221年秦始皇统一中国,在历经殷商、西周、春秋、战国诸朝代长达1400多年的历程中,在中国青铜文化史上,周原岐邑占有重要位置;在中国文明史上,这个期间的社会生产力较前有了一个伟大变革性的发展。中国是从这个时期摆脱了愚昧落后的野蛮时代,而进入有文字记载的灿烂的青铜文明时代。

殷商时代青铜文化,在我国有突破性发展;铜器的种类和数量,及其冶铸技术都较夏王朝先进。这时陕西也是商代青铜器的重要分布区域之一。新中国成立以来,关中西安、蓝田、周至、户县、耀县、铜川、泾阳、三原、宝鸡、陇县、千阳、麟游、岐山、扶风、武功、陕南城固、陕北清涧、子长、绥德等地,都发现了大批商代铜器,早、中、晚三期都有⑫。尤其在关中周原地区有惊人的发现:1953年于岐山县礼村出土了一坑商代青铜器,计有交宁父乙方鼎、瓠、爵、觯、尊各1件;1955年在岐山县贺家村出土了商代晚期的戈爵和门卣各一件;1972年于岐山京当出土了6件,并在贺家一号墓又出土了35件商代铜器。1959年在武功县的浒沱村也出土了9件青铜器:簋2、鼎5、瓶1、罍1;还有生产工具、兵器和车马器等14件。商代青铜器,在周原岐邑及其周边武功等地区大量出土,不只说明商代青铜文化由此而出的重要性,同时也证明这类文化遗址和墓葬在此分布的也较集中和丰富,是有深刻的学术价值和科学价值;这对埋藏很深的先周文明及当时在陕西封国的鬼方地望、封国文化⑬等,都创造了研究条件。同时,由此出土的玉器、陶器等,无论从史料价值、艺术价值等方面来说也都是无价之宝。

(2)岐邑宗庙基址分布特点

周原岐邑除青铜文化外,解放后 70 年代还发现宫室、古建遗址和手工业作坊等文化遗存。其中最主要的要属 1976 年开始发掘的西周早期大型宫室建筑基址和大批的甲骨文。

位于岐山京当乡凤雏村的岐邑宗庙建筑基址,宫室坐北朝南,南北长 45.2 米,东西宽 22.5 米,共 1469 平方米。这组建筑始建于武王灭商以前,距今 3000 余年,是我国目前所知最早的一个布局严格对称的四合院式建筑。其用途是王室的宗庙。在此发掘时,其西厢二号房间内有两个对称作"龟室"的窖穴内,先后出土了占卜用的甲骨21050 片。发现带字卜甲 292 片,总计 1000 多字。刻辞内容涉及面很广,有卜祭、卜告、卜年、卜田猎、卜征伐、杂卜等,并有人名、地名、官名及月相词语等记载,具有很高的史料价值。据研究,这批甲骨文的年代,其上限约为周文王晚年,下限约康王初年。这是无法估价的西周王室档案资料。西周甲骨文由此出土,这在我国还是首次,提供了史书上所没有的资料,与几十年前殷墟甲骨发现的重要性有同等意义。甲骨文字更运笔劲健,豪放潇洒,变化自如。有一块指甲盖大的卜甲上刻有 30 多个粟米小字,笔画细如毫毛,借助于五倍放大镜方能看清楚,雕刻技巧可与如今的微雕相媲美,真是不愧为我国最早的微雕艺术瑰宝[14]。

位于扶风地区的古建遗址,也有:召陈甲区建筑群基址(甲)、召陈乙区建筑群基址(乙)和召陈丙区建筑群基址(丙)。

召陈甲区建筑群基址:位于召陈村北,从 1976 年以来,先后发掘八次,共揭露面积6375 平方米,发现西周建筑基址 15 座,以地层关系区分可分为上下两层。上层有西周中期建筑基址 13 座,编号为 F7—6、8,10—15;下层有西周早期建筑基址两座,编号为 F7、9。从建筑规模看,上层建筑群规模宏大,可分甲乙两组。甲组在前,乙组在后稍偏东。甲组有基址 10 座,分为东、中、西三排。东排有基址一座编号为 F3,保护比较完好,为目前发现的西周单体建筑中最大的一座高台建筑。台基东西长 24 米,南北宽 15 米,室内共有柱础 41 个,布局规整。室内有南北向土墙两道,将 F3 分隔成三室。东西两室、南北各有柱础两排,间距 3 米。每排南北六个柱础,间距 2.5—3 米。中间部分东西三排,间距 5.5 米,每排南北五个柱础,但中柱左右的两个柱础均向中柱靠近1.1 米,并在外侧又都附加一个柱。F3 共六间,总面阔 22 米,进深 13.5 米。中排有房基七座,编号为 F5、6、8、10、11、13、15。西边一排有 F1、F14,F14 同在一条东西中轴线上,居于 F12 之后。乙组破坏较严重。

甲区 F3 东侧是一条南北向的大壕沟,南北走向长约 1000 多米,通过发掘,可知沟上有一夯土通道,连接深沟两岸。甲区基址内还出土了大量西周板瓦、筒瓦和陶、瓷器残片,瓦的大小不一,均饰绳纹,有些上有 1—2 个瓦钉或瓦环。可复原的陶器有鬲、簋、缸、盒、豆、瓮等。在一件陶簋残柄上,发现有刻辞"器髟議书成为王"七字。

召陈乙区建筑基址:位于召陈村东北,距黄堆 200 米处,已揭露面积 1000 多平方米,发现西周晚期建筑基址两座,房基周围出土了大量西周残碎瓦片,已复原的就有100 多件,从形制大小,胎坯薄厚看形制工艺已趋向完善。遗址出土的鬲、罐、豆等陶制生活用具,都具有明显的西周晚期特点。现已复原的石磬有 3 件。还出土了两颗用蚌壳制作的欧罗巴人种圆雕头像,有很高的学术价值[15]。蚌壳人头雕刻精细,造型生动,也为艺术界所重视。

召陈丙区建筑基址:位于召陈西南方向 300 米处,当地群众称为"白家裤裆"。1960 年这里曾出土过"散伯车父"铜器窖藏。在此虽未进行考古发掘,但在 1982 年平整土地时发现了很多柱础、瓦片和瓦当。瓦当形制大而上饰重环纹,是我国迄今发现最早的有纹饰半瓦当[16]。从出土物分析这个遗址的时代为西周中晚期。1960 年由此出土 19 件青铜器,其中有散伯车父鼎所示:散伯车父是武王时重臣散宜生之后,说是这处建筑群基址可能就是散氏的宫邸[17]。

总的来说,岐山凤雏和扶风召陈两个宫殿基址的发掘,收获很大。两处建筑基址保存基本完整。如凤雏村甲组建筑,有前堂、后堂、门厅及左右厢房,在中轴线的两侧布局均衡对称[18]。如此完整的周代建筑群基址还是首次发现,从而使我们对周代宫殿建筑的格局获得了较明确的认识[19]。1976—1977 年,周原考古队在凤雏村西南又发掘出一座先周宫室(宗庙)建筑基址;由此而东约 2 公里的召陈村又发掘出一座西周中期偏后的大型宫室建筑基址,与凤雏西周早期宫室建筑,遥遥相对。同时在此两大建筑群之间的强家村发现有石子铺筑的散水面,这里的石子散水面与已发掘的召陈西周一号房基散水面完全一样。据此也可说明:东至下樊、召陈,西至董家、凤雏村,是早周(先周)都城岐邑宫室(宗庙)的分布区[20],即岐邑京当古城的分布区。

周原早周(先周)宫室(宗庙)建筑基址,或即岐邑京当古城基址选建在岐邑,这不仅已被由此出土的青铜文化和原始文化密集分布的特点所佐证;同时,还由于在研究方面,新技术的采用(如遥感测试),特别是结合其他学科(如利用地学)对岐邑洪积扇地貌的具体研究:周原早周(先周)宫室或岐邑京当古城而使周人当时选此兴建(这虽是无文献资料可证,但周人当时选此兴建,所表现的高超智慧和实际经验,确是具有远见性的历史创举),这在世界历史上都属首位。近期,我们一些史学工作者,在各自的研究方面[21],也都有突破性进展。周原岐邑青铜文化和宫室古城文化在中国文明史上确是异彩四射。

(二)周原岐邑文化地层与环境堆积特征

(1)窖藏地层与环境特征

在周原岐邑考古发现中,青铜器窖藏遗址的分布是主要的,它和建筑基址的分布有着密切的关系。因而就岐邑窖藏遗址地层特征来说,也很有重要意义。

周原地区岐邑遗址,窖藏铜器的发现由来已久。解放前出土窖藏铜器有扶风康家的函皇父器群和任家的梁其诸器[22]。解放后出土的主要有:1960 年扶风齐家村出土几父壶等 39 件西周中晚期铜器[23];1960 年扶风召陈发现散伯车父器共 19 件,其中两件壶都是散伯车父为其家人做的祭器[24];1961 年春扶风齐家出土瑚我父簋 3 件[25];1962 年底扶风齐家东断崖上发现 6 件铜器,其中方彝、觥、尊三件花纹铭文相同,属西周前期,另外盘、匜、盉 3 件,属西周晚期[26];1974 年扶风强家出土师臾鼎、即簋等 7 件铜器,其中师臾鼎高 80 多厘米,是近年周原出土青铜器中最大的一件[27];1975 年岐山董家村出土裘卫诸器等西周中晚期铜器共 37 件[28];1976 年扶风云塘出土伯公父、伯多父器 9

件[㉙],器形有甗、壶、勺等,可能为西周晚期时器物;1976 年扶风庄白村南出土微史家族折、丰、墙、瘐四代人的铜器等共 103 件[㉚];1978 年秋岐山凤雏村出土伯宽父盨以及伯尚鼎等 5 件铜器[㉛]。

这里,我们从图三〇与图三一就可看出窖藏遗址在此的分布是非常集中的。它的范围正好就是所谓的岐邑宫室分布的地区。因此从这些铜器窖藏密集分布的地区,我们首先来考察周原岐邑遗址的地层特征。

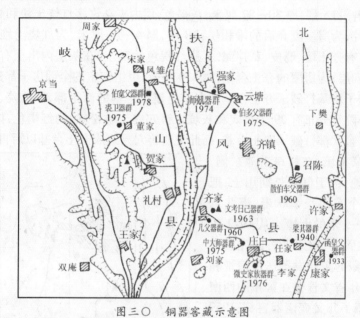

图三〇 铜器窖藏示意图

●西周铜器窖藏 ■大型建筑遗存 ▲西周基地

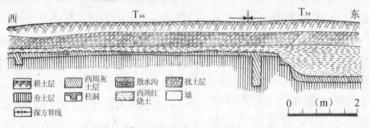

图三一 t34.44地层图

周原青铜器窖藏埋藏窖坑很浅,最浅的距地面仅 26—30 厘米,最深的也不足 3 米。如官吊一号,贺家一号,庄白一号、三号等窖藏坑口距地面仅有 26—40 厘米左右,齐家几父壶等器窖藏坑口距地面 1.1 米,董家裘卫器窖藏坑口距地面 35 厘米。最深的北桥一号窖藏距地面也不到 3 米,但此窖藏较深的原因并不是当年埋藏较深,而是由于后来地面加高之故。从地层关系看,坑口距西周晚期文化层的顶部也不过 70—80 厘米之深[㉜]。

同时,周原岐邑青铜器窖藏,有不少地层关系也非常清楚,其窖藏坑口就开在西周文化层中。如庄白第二号铜器窖藏坑口就打破了西周晚期灰坑,因而在这些窖藏中又都有西周晚期的铜器。同时也可确定这些铜器窖藏窖坑都是西周晚期的遗址[33]。窖藏遗址坑口开口在西周文化层,或有些窖藏并打破了西周晚期灰坑,这表明周原岐邑窖藏遗址青铜文化地层的特点,这是很有意义的。为了更能说明问题,由此不妨再以岐山凤雏村西周建筑基址甲组宫室(宗庙)地层剖面资料来引申说明。本遗址地层可分为四层(图三一):第一层,为现代耕土层,厚30厘米左右。第二层,为汉代以后的扰乱层,厚28—40厘米,出土宋元瓷片,土色灰褐、土质较硬。第三层,为西周文化层(分A、B两组):3A层,厚30—87厘米,灰褐色,层内夹杂许多红烧土块和少量的西周晚期绳纹瓦片,为房屋废弃后的堆积层;3B层,厚4—11厘米,为红烧土堆积层,属房屋倒塌堆积,有夯土墙、墙皮、草拌泥,下压红褐色的灰土,在灰层内出土有西周陶鬲、瓷罍等。第四层,为房屋的夯土台基,厚130厘米,甲组宫室的全部房子都建筑在此夯土台基上,房子墙基打破了夯土台基。在整组建筑房基的西半部,即前院、西厢房、前堂偏西、西小院等分布有29个窖穴和灰坑。窖穴内土质松软,为红褐色,内有红烧土和墙皮,所有窖穴都打破了夯土台基,而此说明窖穴是筑成夯土台基以后再挖的[34]。

扶风齐家东壕,在村口涝池东侧,原是一片高地,由于群众长期用土,把这里挖成一个东西长200米,南北宽120米,深1—5米的大壕。从1972年以来,陕西文管会、周原考古队先后在紧靠八号窖藏的东侧发掘居住遗址和墓葬。1960年省文管会在窖藏的西南150米处发掘了几父壶诸器窖藏;1959年群众在窖藏的西北50米左右处发现它鬲4件铜器窖藏;同年2月群众又在窖藏以北约30米处发现了珊我父簋3件铜器窖藏;1962年群众再次在窖藏以北50米处发现了它盘诸器等6件铜器窖藏[35]。这次发现的八号窖藏,位于齐家村东壕南崖中段,距齐家村口约100米(图三二)。窖藏为一长方圆角形土坑,南北宽58厘米、东西长

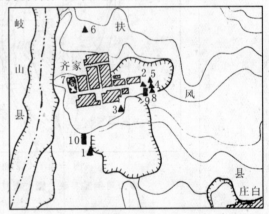

图三二　齐家铜器窖藏分布图(1:15000)

1.36QJ₁ 出土两罍;　2.59QJ₂ 它器窖藏;
3.60QJ₃ 几父器窖藏;　4.61QJ4 珊我父簋窖藏;
5.62QJ₅ 日己器窖藏;　6.66QJ6 出土编钟;
7.84QJ₇ 出土鸟纹鼎等2器;　8.84QJ8 珊我父簋盖窖藏;　9.78QJ₉;　10.60QM₈

72厘米,坑底距地表130、坑口距地表90厘米。坑口开于西周晚期文化层的顶部。从断崖剖面来看,其上为厚约35厘米的耕土层,耕土层以下为厚约55—80厘米秦汉以来的扰乱层,内含有秦汉至唐末的陶瓷残片。第三层为厚约55—60厘米的黄褐色土层,土质较坚硬,内含草木灰、兽骨、红烧土块和少量西周中晚期灰蓝色绳纹和素面的陶片。可辨认的有鬲、罐、豆、簋、壶、盆等器。第四层为厚15—110厘米黄灰色土,土层较疏松,内含大量料姜石块、草木灰、兽骨和少量西周中晚期陶片。第五层为厚50多厘米的深灰色土,土质较四层更为疏松,内含大量草木灰和西周中晚期陶片。其下便是黄色生土层(图三三)。在四五两地层内,包含的陶片中,可辨认的器形有鬲、罐、

图三三　地层剖面图 (1:20)

1. 耕土层　2. 扰乱层
3. 西周晚期层
4. 西周中晚期层　5. 生土层

簋、豆和三足大瓮等。从器形看,有早期的,也有晚期的,从数量看中晚期居多。

八号窖藏器物放置比较整齐。四个方座簋倒放在坑底平面上。两口朝内相对,中间夹一簋盖两耳在上下两侧(图三四)。器物的空隙处,填满草木灰和少量的杂色土,其中有少量小骨器和陶片。

从上述环境看,窖藏挖筑在西周居住区近旁,是临时仓促挖坑埋藏的㊱。

在周原岐邑青铜器窖藏中,有些地层关系很清楚,窖口开在西周文化层中,庄白第二号铜器窖藏还打破了一个西周晚期铜器灰坑,而各个窖藏中又都是西周晚期铜器,因而可以确定这些铜器窖藏灰坑均属于西周晚期。还有齐家东壕众多起窖藏,不论从地层关系和出土器物来看,都在厉王之后。齐家陂塘窖藏,出土的㝬簋为厉王自作之器,器形之大,为簋中之冠,有"簋王"之称。同出的丰井叔簋的铸造也在厉王之时;这就是说,在这样一个同时期,并在这样一个有限范围,分别能埋藏这么多铜器,这显然不是一般偶然现象。黄盛璋在考证微史家族铜器时认为:这些铜器是国人之

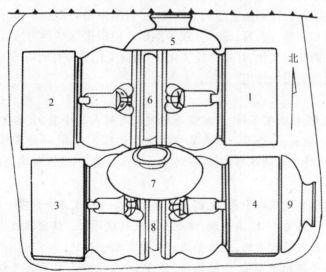

图三四　84QJ₈平面图 (1:2)

1-4. 方座簋　5-9. 方座簋盖　6-8. 瑪我父簋盖

乱厉王奔彘时埋入的㊲,郭沫若认为:是犬戎乱王室东迁时仓促埋入的㊳。由于这些窖藏埋藏的比较集中、密集性强,两位先生这样的认识是很有道理的。周原岐邑地区,青铜器出土频繁,而有"青铜器之乡"、"青铜器产地"之称。这对众多铜器窖藏埋藏时间问题来说,普遍被认为是属于同一时期,同时认为必然也是在西周王朝遭到一次重大

变故之际。这种看法是正确的。但是也不能一概而论。具体窖藏还得作具体分析。从齐家七号窖藏看,瓦纹盨为共和以后之物,其埋藏时间应在犬戎入侵之时的可能性极大。再从八号窖藏看,其开口在秦汉文化层下西周晚期文化层的顶部。根据这一地层关系,特别根据并由此出土的瑚我父簋又是厉王以后所铸之物等这样的理由,得出这个窖藏埋藏的时间应当在幽王十一年(公元前771年)犬戎入侵之时,奴隶主贵族在逃跑时仓促埋藏的结论[39]。总的情况经分析:厉王奔彘时的窖藏数量绝不会太多,绝大部窖藏的时间应在犬戎入侵之时[40]。同时,有些窖藏,如任家梁其诸器窖藏和庄白一号窖藏,窖穴规模,器物数多,埋藏精细,并在器物之间的空隙中,填以草木灰,作了有效的保护措施,丝毫看不出有仓皇出逃临时草率埋藏的迹象。这类窖藏是奴隶主贵族平时为积攒财富而窖藏的[41]。

(2)墓葬地层与环境特征

墓葬遗址在岐邑的分布也很有意义。周原岐邑地层特征,不仅窖藏埋藏很有规律性,而且墓葬地层的分布也有规律性。

30年来,周原岐邑遗址已发掘了300多座早周和西周墓葬[42]。其中可知道的西周墓葬就有68个(表六)。类型一般都是中小型长方形土坑竖穴墓。墓中填土都经过夯打,年代早晚不一。本地区发现的周人墓,墓具皆为木棺和芦席。葬式,绝大部分为仰身直肢葬,极少数为侧肢或屈肢葬。这里,不论岐山礼村、双庵、衔里,和扶风齐家、齐镇、云塘、黄堆等村所清理出的西周早、中、晚等时期的墓葬,其形制与长安沣西张家坡出土的西周墓形制也基本相同[43]。这里出土几批早周和西周中、小型墓可分为早周与西周早、中、晚四期。特别是上述的早周墓,尽管墓中随葬器物不多,只出土一些陶鬲、罐、瓮、壶、缸和铜鼎、卣、簋、斝、戈、戟等器物。但根据这些器物特点,已使我们得知早周文化与陕西龙山文化、甘肃寺洼文化、河南商文化等是有密切的关系,这些对探索周文化渊源会起到很大作用[44]。

[注释]

从随葬品来看,岐山贺家村、王家嘴等地发现有周人的小墓,大都是随葬一陶鬲、一鬲一罐、一罐一铜戈、一壶等。少数墓中有青铜礼器。陶鬲,一种多作高领袋足,无耳或附双耳;另一种是高领锥形足,再一种是高领瘪裆尖足,这三种陶鬲是早周典型之物。

扶风刘家村所发现周人小墓,大都是随葬着二鬲一罐或三鬲六罐。陶鬲多作双耳或双耳把;陶罐,一种为小口,高直领,单腹耳把或双腹耳把。这些器物作风,很有可能受寺洼文化影响而发展起来的,成为早周文化因素之一。

早周与西周早期的中型墓,出随葬物,如:1966年于岐山贺家清理出一座周墓,有铜鼎、簋、甗、尊、角、罍等容器17件,另外还有兵器及车马器。青铜容器中有一件史話簋。根据簋的形制、纹饰作风和铭文中有"毕公",推断其为成康时期的墓葬。1973年于贺家又发掘了一批周墓,其中一座墓在墓室的一端有壁龛,随葬物都存放于壁龛内。随葬青铜容器有鼎、簋、斝、卣、瓿、罍、斗和兵器等,根据斝和甗的形制、纹饰作风,与商器相似,因此,推断墓葬年代可能属于早周文王晚期的。1976年于贺家又发现了57座周墓,其中112号墓中出有"乍宝用簋"(带盖)一件,该器通体饰夔纹,铭文简短而肥胖,故推断其为西周成康时期墓葬。113 号墓被 112 号墓打破,墓中出铜器有鼎二、甗一;陶器有鬲、罐、盂、釉陶豆各一件,另还有玉器、石器、蚌器、漆器和丝织品等,根据出土器物特点以及此墓与 112 号墓叠压关系,判断其年代为早周文王晚期墓葬[⑮]。

在岐邑密集墓葬遗址,由于出土了早周,特别是西周时期青铜文化的地层关系,特点也很有意义。在西周文化地层中,例如在岐山贺家墓葬中,由于 113 号墓葬被 112 号墓葬打破等叠压关系的特点,从而由此得知:在周原岐邑遗址青铜文化地层中,自然也能看出在考古方面的历史价值和学术意义。为了进一步认识,这里,就以扶风黄堆西周墓地这个典型遗址为依据,对其意义深入地再做些分析。

图三五　黄堆墓地位置图

黄堆村位于岐山主峰箭括岭稍偏东的前山脚下,南距扶风县城约 20 公里。这里地势背山面原,北高南低,属周原岐邑遗址地区的北部边缘地带,岐山凤雏西周"宗庙"遗址和扶风召陈西周宫室建筑群基址就在它的南面约 3 公里处(图三五)。1980 年 4 月,黄堆农民在村东土壕取土时,发现西周铜器 8 件,查明这批铜器系一座西周墓葬出土。附近断崖和壕底还暴露出一些墓葬和车马坑。为了确保地下文物的安全,对该地墓地还进行了小面积的钻探[⑯]。由此围绕铜器出土地点进行了两次钻探,可以看出,黄堆墓地范围很大,应在百亩以上(图三六)。

1980 年 8 月到 9 月和 1981 年 3 月到 6 月,根据已经暴露的一些墓葬和车马坑对黄堆墓地进行了清理:共清理出西周墓葬 5 座,车马坑 3 座,均为土圹竖穴。这里地层分为三层:

(Ⅰ)耕土层:土色褐黄,土质疏软,厚 0.3—0.4 米。

(Ⅱ)挠土层:土色灰褐,土质较硬,结构较紧密,含有汉唐以后的布纹瓦片,周代遗物很少,厚约 0.6 米。

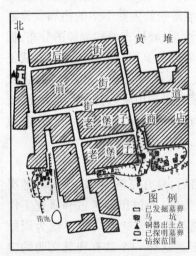

图三六　黄堆墓藏分布图

(Ⅲ)沉积层:土色红褐,土质坚硬,内含砾石、粗砂和一些腐殖质,属岐山山洪冲刷冲积形成。厚约 1.1—1.6 米。西周墓葬开口处就在这层下面。此层下面就是原生黄土[⑰]。在此所谓的墓葬地层"3 层:沉积层",即山洪冲积层,它与岐邑凤雏宫室建筑基址第三层是属同类性质的地层。在岐邑这类地层为"砂质粘土(So)",一般出有"哺乳动物化石及灰陶片"。所以,黄堆墓葬遗址 M 口全压在此三层之下,这符合实际。因为这个时期的自然环境在此也正处在全新世时黄土状土堆积时期,而此地层在这里所反映的环境特点,也正是当时人类在此宜耕宜室的时期。因此,西周墓葬地层特色由此所反映的气候环境,从岐邑地区直到周原整个来看,也是有普遍意义。

从这次清理的 5 座墓葬看,出土器物也可作为断代依据:M16 出土的铜簋,腹部饰瓦纹,过去认为瓦纹出现较晚,但盖沿及口下所饰夔纹应是穆王时代流行的形式[48]。而作器人彧和 1975 年扶风庄白出土的伯彧诸器中的伯彧应为一人[49]。伯彧是穆王时有名的战将,所以彧簋的出土为穆王时期铜器断代,又增加了一件新的标准器。M4 出土的两件生史簋,器形同于 1954 年长安普渡村出土的甶簋[50]所饰分尾长鸟纹是穆共时期较常见的形式[51]。出土的夔纹鼎无论从器形、纹饰来看都应归于这一期。M1 出土的窃曲纹簋与 M16 所出的贰簋是有明显的差异,其圈足下所附三兽首吐舌状扁足,兽首耳的兽鼻卷起上仰,兽耳也耸起,盖子握手的边沿也加厚,都表明其时代要晚于彧簋。所出的陶鬲形同张家坡 M56:2 陶鬲[52];张家坡 M56 的时代为穆王前后,黄堆 M1 时代应与之相当。M22 所出的 1 号鬲,器形与扶风云塘 M20 出土的陶鬲相同[53]。云塘 M20(简报)将墓葬时代定在西周早期。据此,黄堆 M22 应属西周早期偏晚;M4、M16 应属于西周中期;M1 应属于西周中期偏晚或晚期前段[54]。

黄堆墓地的发现,无疑是周原岐邑地区考古的又一较大成果。从现在掌握材料看,黄堆墓地范围很大,而这次清理和钻探的面积仅是其东南和西南的一小部分,其中心地区还压在黄堆村下面。在周原岐邑区内,同时还有齐家、庄白、康家、刘家、礼村、贺家等周人墓地遗址,都是同居住遗址掺合在一起,不是墓葬打破遗址,就是遗址压着墓葬。但是黄堆墓地却很特殊,墓地内既无遗址,也无灰坑、灰层,且墓较大,随葬器物以铜器为主,大多数墓葬随葬车,另置马坑。这些都说明这个墓地的主人,生前是有一定身份的。整个墓地延续时间较长,墓地方向基本一致,排列有序,没有发现互相打破现象。也无叠压现象,方向基本一致,均朝北。地层较简单,最上为耕土,二层为汉以后的扰乱层,三层为扇积层,墓口全压在三层之下。这是否可以说明西周时期确实有《周礼·春官》所说的"掌凡邦墓之地域,为之图,……正其位,掌其度数"的墓大夫一类的官职呢[55]?有同志认为"黄"、"王"两个字韵母相同,可以通用,在古代黄、王不分,认为黄堆就是王堆,可能是周王墓地。此种说法,现在虽还拿不出依据来证明,但黄堆墓地及其地层特征所显示的特殊内容表明:黄堆墓地是一处为数不多的西周贵族墓地,这应是无疑的。周原考古,大量重要工作还有待于今后,岐邑古城和周陵的分布,据《逸周书·作雒解》:"武王既归;乃岁十二月崩镐,殡于岐周",又曰:"元年夏六月葬武王于毕。"据此,既殡于岐周,葬地毕当距岐周不远。且从今扶风县黄堆乡之名推测(古代黄王不分),可能与西周王陵有关。岐邑地处僻野,从废弃以来历来未曾在此大兴土木,而此处的遗址保存又是比较完好。因此周原岐邑墓葬遗址的发掘,仍将继续重视,其重要性不亚于殷墟,而且学术研究前景,从某种意义来说,可能还要优于殷墟[56]。

(三)周原岐邑遗址历史与沿革

周原岐邑青铜器文化遗址,既密集深厚,又承先启后,具有完整、系统、丰富的地层特征。这点我们从窖藏、墓葬和居住基址分布等特点方面,通过田野考古和研究工作已经有了一个深刻认识。岐邑遗址不失为"中国青铜器的重要产地";也不愧为周原地区重要中心遗址——中国青铜文化的重要宝库。但是这样一个富有智慧文明的宝库是怎样形成出现的呢?!本遗址古代何名何属,历史地位怎样[57],历史沿革怎样,这些问题应该继续讨论。对此,有些学者的认识已很有见地。笔者在此根据这些看法,再谈点自己认识。

(1)"文献"考察

周太王和文王所都岐邑,李学勤曾在《青铜器与周原遗址》一文论述得很清楚了。说《汉书·地理志》云:"右扶风美阳县,《禹贡》岐山在西北中水乡,周太王所邑。"《说文》云:"邠(岐),周文王所封,在右扶风美阳中水乡。"两说相同。李还说:清代吴卓信《汉书地理志补注》卷三据此考订,称:"按美阳本秦孝公所置,故城在今凤翔府扶风县北二十里,地名崇正镇。"吴氏说的崇正镇,即今扶风法门乡所在地。笔者由此看,太王止于岐下,一直到文王即位时的都邑,即中水乡的位置,与周原地区中心遗址岐邑的方位是符合的。为了更能廓清这个范围位置,李还在清嘉庆《扶风县志》所引刘世瑞《中水乡考》云:"县西北曰饴原,古周原地,取《诗经》'堇荼如饴'之义,自岐山县之青化镇入县界,北尽岐之箭括岭,南抵沣水(按即雍水),西至岐山之麻叶沟,东抵鴐沟河,方可四十五里,所谓中水乡成周聚也。"这个范围正恰将周原岐邑遗址地区包括在内。同时,还据他查看的清光绪《岐山县志》所说,在此遗址西部凤雏、董家、贺家、强家等都是中水乡所辖地区。

综上所述,李学勤从文献上所论述认定的,完全是正确的。而此处也正是历史上开始形成的周原中心遗址——岐邑遗址所分布的地区范围。

但是,文王迁丰、武王居镐以后整个西周历史时期,此遗址又归何处?对于这个遗址有关历史经过过程,李在此同样也作了深刻探讨并为廓清:

郑玄《诗谱·周南召南谱》云:"周、召者,《禹贡》雍州岐山之阳地名。……文王受命,作邑于丰乃分岐邦周、召之地,为周公旦、召公奭之采地。……周公封鲁,死谥曰文公;召公封燕,死谥曰康公。元子世之,其次子亦世守采地,在王宫,春秋时周公、召公是也。"对此李释为:周公之所以为周氏,是因为文王把旧都岐周分封给他,作为世袭的采地。周公死后,由其次子君陈继承。召则是从周分划出来的。如《毛诗正义》所说:"其召、是内之别名也。"但是,周公采地究在何处?李又论证:前人多认为即太王所居,《史纪·鲁周公世家》集解引谯周说:"以太王所居周地为采地,故谓周公。"《周本纪》正义引《括地志》:"故周城,一名美阳城、……即太王城也。"《鲁周公世家》索隐也说:"周,地名,在岐山之阳,本太王所居,后以为周公之采地,故曰周公,即今之扶风雍东北故周城是也。"……金代王祎《周公庙记》:"周城,今为岐阳镇,遗址犹存,广袤七八里,四周皆深沟。"李认定:按金岐阳镇即清崇正镇,志乘考据甚详。

综上我们又可以说,根据文献记载,周原遗址在晚商时为周太王所居,文王迁丰后封为周公采邑称为周城。总的来说博引文献评述,对我们认识周原周城——岐邑的历史沿革很有收益。

(2)"金文"考察

周原中心地区岐邑遗址,即周公采地周城,我们还可以从当地所出青铜器铭文方面找到很多证据。在此我们举例来说:

例一,1976 年在陕西扶风庄白一号窖藏发现的史墙盘和痹钟,当时庄白村南窖藏出土 103 件青铜器,包括微氏一家折、丰、墙、痹四代所制礼器,其中史墙盘追述先代事迹,提到:"粤武王既戈殷,微氏烈祖乃来见武王,武王则命周公舍寓,于周俾处。"[38]"于周俾处"即"俾处于周"——按:李学勤认为,微氏的高祖本来是商朝微子的史官,商亡时投奔武王,武王把他收留下来,命周公分给他居地,从此居于周,世代代任周朝的史职。铭文里的"周"显然是已分封给周公的周城。西周晚期的痰钟,沿用史墙盘的语句,说"粤武王既戈殷,微氏烈祖来见武王,武王则命周公舍寓,以五十颂处"。盘与痰出于周原地区中心遗址岐邑,说明当地就是周公采邑。

例二,1974 年在扶风强家村窖藏发现即簋,强家村窖藏当时发现的 7 件青铜器,是虢季家的礼器。李认为:虢季家世为周朝的师氏,其第三代人名叫即。即簋铭文记载,即受周王之命,"司琱人𤫊𤫊"。琱是地名,𤫊、𤫊是守卫宫门的奴隶的族称[39]。在西周铭文中,琱与周通用字:指周城,可能是为了与周朝的周区别,加上了一个偏旁。即这个人既受命管理在琱的宫人,自应居于琱,虢季这家大约就在此时迁到周原。

例三,在遗址若干地点发现的周氏器物。琱(周)氏青铜器在周原遗址屡次出土,有记录可稽的有:(1)1933 年扶风康家窖藏出土的函皇父为琱妊所作的铜器群;(2)1961 年扶风齐家窖藏出土的琱我义簋;(3)解放前扶风某沟出土的琱生鬲[40]。

据此,李学勤认为:琱妊或周妊(《大系》128 蘦),函皇父为她制作的礼器是成套的。据函皇父盘铭,"有自豕鼎降十又一、簋八、两罍、两壶"。按周代礼制,天子用 12 鼎,此组器有 11 鼎,器主人身份的尊显不难想见。前人均以函皇父对证《诗经》曾任太师:卿士的皇父,是有道理的。李还认为:与琱妊器同出一窖的,还有函父仲簋(《陕释》66)及会妊鼎(《文物》1973[11])。父仲可能是琱妊的弟兄,会妊之名则说明函氏与姓郤国有一定关系,两者都是琱妊母族的器物。李还认为:周原遗址出土的琱生鬲,而此处说到的琱生是西周晚期的重要人物。同时根据琱生簋[41]铭文进一步证明琱即今之周。师蘦簋有"宰琱生"之名,周人世官为宰:"宰琱生"就犹如《左传》僖公五年、九年所见"宰周公";看来琱生后来终于继位为周公了。

总的来说,李学勤根据金文中的琱(周)用为氏名,指周公的周氏;用为地名,指周公的采地周城。记有两者的青铜器出于周原中心遗址岐邑,都是该遗址即周公封邑周城的重要证据。

周都岐邑在文王作邑于丰以后,虽失主都城地位,但它是周人的发祥地,而宫室(宗庙)始终未废,许多奴隶主贵族死后,也埋在这里。还有不少奴隶主贵族在此封有采地,有的如周公、微子的后代等世代仍然居此。周人称此为"周",此区别于新营的成周王城和镐京"宗周"。据陈梦家研究,先秦文献中记载的"周",如《尚书》中《召诰》、《康诰》、《洛诰》、《逸周书·世俘篇》、《孟子·滕文公下》引《逸周书》,以及西周青铜器铭文中的"周",都是岐周,亦即岐邑所在之周地[42]。这里,正如前面提到:庄白一号西周青铜器窖藏出土的史墙盘铭文记载:史墙的烈祖因参与武王伐商有功,"武王则令周公舍寓于周",这说明岐邑直至西周后期仍称为"周"[43]。岐邑当与西周王朝相始终,它的湮没当在周平王东迁洛邑前后,因戎人入侵,岐邑毁于战火,成为废墟[44]。

《史记·秦本纪》记载:秦襄公"十二年,伐戎而至岐,卒"。《竹书纪年》记周幽王"十一年(前 771 年)春正月,日晕,申人郑人及犬戎入宗周,弑幽王及桓公。犬戎杀王子伯服,执褒姒以归。平王五年(前 774 年)秦襄公帅师伐戎,卒于师。""十八年(前

787 年)秦文公打败戎师于岐,来归岐东之田。可见在这不到 20 年的时间内,岐周就成了秦、戎必争之地,发生了几次大的战役,致使岐邑故城毁坏殆尽,许多奴隶主贵族仓皇逃窜,这也是这里不断发现青铜器窖藏的一个重要原因⑥。

二、陕西关中与其周原青铜器遗址分布特点

(一)青铜遗址在周原地区与岐邑地区比较

位于岐山、扶风、凤翔及眉县、宝鸡等地的周原及其周边地区,距西安 200 华里,在陕西省关中西部,近些年来,考古工作者在此进行了大规模的发掘和清理工作。其范围如前所说:北倚岐山,南临渭河,西到千水,东至漆水,其中间有沣水(凤翔段称雍水,岐山段称后河,扶风段称沣水)由西北向东南纵向穿过。这个范围就是我们所谓的一般周原地区,亦即青铜遗址分布的一般周原地区。青铜器遗址在这个范围,其特点虽有分布的密集性,铜器在此出土数量和铭器物价值虽也突出,但它与周原岐邑地区青铜器遗址在此分布的特点来比,还是远远比不上的。

(1)青铜遗址及器物分布在不同地区概率区别

周原地区青铜器出土遗址当前共约有 357 处*(表6)。其中属于周原及其周边广大地区分布的遗址有 100 多处。这些遗址在岐山有:北寨子、庙王村、张家场、牟家、宋家、叩村、薄村、赵家台、郑家庄、祝家巷、杨村、八亩沟、帖家河、刘家原、粉王村、东沟、土桥沟、王家村、魏家河、巨家台、永窑、东团庄、曹家沟;在扶风有:北桥、穆家、早杨、孙家台、五郡、白龙、神坡村、天合寺、唐西原、下河、北吕窑院、法家、沟塬、益家堡、豹子沟、七里桥、大陈村、小西巷、东渠;在凤翔有:河交、化园村、西村、河北村、高庄、劝读村、大辛村、水沟村、黄家台、新庄河、丁家河、董家庄、横水镇;在宝鸡有:虢镇、斗鸡台、贾村塬、唐家村、张家村、五里庙、九耀、桑园堡、茹家庄、竹园沟、纸坊头、峪泉村、高泉村;在眉县有:李村、杨家村;武功有:漠沱村、北坡村、回龙村、任北村;麟游有蔡家河等。而在这些村落分布的遗址,仅占周原地区的 28.25% 左右。属于周原岐邑地区的遗址有 254 处;在此分布岐山有:京当、周家桥、衙里、礼村、凤雏、贺家、刘家、乔家、王家嘴、双庵、呼刘家、董家、南祁家、青化、丁童家、北阳、周家、良田村、岐阳堡;扶风有:上康、齐家、庄李、刘家、美阳、杨家堡、召李、庄白、元村、官务窑院、白家、召陈、黄堆、齐镇、云塘、强家、官务吊庄、任家、务子、吕宅、东河等村落,而这些要占周原地区总遗址的 71.75% 左右。由此看,充分说明周原岐邑地区,是比广大周原地区及其周边地带近 100 处居聚地址所分布的青铜器遗址密度显然要大,特别集中。当前就出土青铜器数量来说,周原地内外所有地区,历年来共出青铜器 1400 件*(表七),其中 480 件*(表七)是周原周边及一般地区出土,只占周原青铜器总数的 34.21% 弱;而周原岐邑出土青铜器共有 920 件,要占周原出土青铜器总数 65.78% 强。从青铜器出土遗址和出土器物总数来看,其比例都要大至三分之二左右;也就是说,其铜器分布的地区:从村落说,周原周边与一般地区比其岐邑地区要多出近两倍(73∶42);但从出土遗址和器物数量来看,周原岐邑和周原周边及一般地区来比,岐邑均要高出三分之二上下(遗址∶254∶100;器物∶920∶480)。青铜器分布,从周原地区来说,其突出特点无论遗址或器物的数量,岐邑都要占绝对优势,内容特征也居首位。

这个突出特点，就青铜器物出土数量单项来看，情况也是如此。周原周边及一般地区有：墓葬遗址 31 处*（表六），出土器物 325 件*（表七）；窖藏遗址 16 处，出土器物 83 件；其他遗址 53 处，出土器物 52 件；而这些单项数字和周原岐邑相比，总的来说，它与其岐邑遗址出土的器物平均数也要低好几倍。周原岐邑遗址有：墓葬 68 处*（表六），出土器物 307 件*（表七）；窖藏遗址 130 处，出土器物 554 件；其他遗址 56 处，出土器物 59 件。而此三项比数明显都高；同时，再就其窖藏遗址一项看，其特点仍然如此：历代至今共发现窖藏 179 座*（表六、八），而均出土在陕西境（也为其他省区少有），其中在周原地区就占有 149 座，占总数的 83% 左右；其中属岐邑出土的遗址就有 130 座，在周原地区内也要占 87.25% 强，同时从关中及其长安等大的范围来说，在总数中也要占 72.63% 强；而陕西省境的其他地区出土的铜器窖藏只占 17% 左右。由此可见，青铜器窖藏遗址在周原地区内，不论是分布在周边与一般地区，或是中心地区岐邑，或是在关中乃至全省全国，均可称为首位。周原地区的青铜器窖藏遗址及其出土器物，在当前来说是无与伦比的。而遗址分布的地区特点正好也说明：关中是西周王都所在，当时在周原、丰镐一带聚居着许多奴隶主贵族，经济发达、社会繁荣，他们平时积攒财富也下埋窖藏保存；另外同时也说明在厉王奔彘、平王东迁时，周人的发祥地及周都镐京曾遭到很大破坏，周族重要的奴隶主贵族在逃离之后，很少回到故土，启取原来的窖藏[66]。因而西周青铜器器物，大量出自于埋在周原或丰镐地区，这实在是得天独厚的历史环境所赐。

（2）青铜遗址及器物分布在不同地区特征区别

周原周边及一般地区西周青铜遗址及其器物数量，总的来说是不能与岐邑相比的。但从局部看，特别从文化内容来看，在一些遗址出土铜器之多，器形之精致等，亦可以与其相比。例如：扶风美阳河东岸与渭水交界处的建和乡北桥村 1972 年 12 月，窖藏出土铜器有鼎、簋等 9 件；太白乡早杨村 1973 年 8 月，窖藏出土铜器有瓿、甗、铸、斧等 13 件；凤翔雍水南岸高庄村 1979 年 10 月，墓葬出土铜器有鼎、壶、鏊等 16 件；眉县渭水北岸马家乡杨家村 1985 年 5 月，窖藏出土铜器有钟等 13 件[67]。以上所有这些都说明：它们与岐邑地区一些窖藏或墓葬所出土的青铜器器物质量与数量来看，也并不逊色。特别是一些遗址出土的有铭铜器资料，其价值之高、遗址之重要，更可与其并论。例如宝鸡市贾村塬 1965 年出土的铜器何尊，它为成王五年时器，铭文上记载了成王五年开始营建成周都城，对武王举行"丰福"之祭，在四月丙戌日的祭典上对宗小子宣布诰命，其中讲到文王得到上天赋予统治天下的伟大使命，后来武王攻克商朝都城，灭了商王纣，祭诰上天说：我要建都于天下的中心，从这里来统治人民[68]。而这些记载和《尚书·召诰》文献所记载的内容基本相符。这是一篇价值很高的金文[69]。它与鸟尊、象尊、强季尊等珍品现收藏于宝鸡市博物馆[70]。又如：眉县位于渭水北岸的李家村，1955 年窖藏出土了盠驹尊、盠方尊、方彝等 5 件西周中期铜器[71]，其中方尊与方彝的铭文是叙述盠统率护卫王室的"六师"，兼管镇抚殷，与"周礼"相合，反映了统治者对于马政的重视[72]。又如：位于武功漆水东岸的回龙村，1971 年 2 月窖藏出土 1 件驹父盨盖[73]，与鲁方彝、公臣簋、兮甲盘等同是西周中晚期铜器，铭文内容均是记载当时有关工商赋税的事，表明西周晚期已经有了比较发达的商业。譬如公臣簋记载虢仲命公臣"司朕百工",即管理虢仲家族的手工业作坊;鲁方彝记述齐生鲁从事贸易而获利;而驹父盨盖是记载周宣王的重臣南仲邦父命令驹父去南淮夷征收贡物[74]。又如:1981年春,岐山流龙咀村西出土了1件齐生鲁彝盖,铭文贯通在器盖两边。铭文释为:"齐生"乃作器人鲁之子,"宾"李学勤释"贾",可从。"肇"作始解,"定鼎"有"定肇从趞征",《康诰》"用肇造我区夏越我一二邦"均可证,意即齐生鲁始行贸易之事。"赢"训为利,"户"意为开导。从铭文可知,此器系齐生鲁在贸易获利之后,为纪念自己的父亲"乙公"的教诲而铸的[75]。此器铭文内容还可作上述"鲁方彝"记述齐生在鲁从事贸易而获利的佐证。

又如:1981年在岐山祝家巷东北沟地出土了周代兵器两件。其中新邑戈1件,上铸铭文"新邑"两字。"新邑"一词,金文、文献习见,有些同志认为是周成王时周人对洛邑的称谓[76]。西周铜器新邑戈出土在周公庙东侧的西周遗址;从遗址的重要性来看,这是一个很值得深思的问题。这个遗址不仅面积很大,而更重要的是这一带多年以来,常有西周青铜器出土。这次新邑戈的发现,说明这里在西周以前很可能就是周人在岐邑西侧的一个重要聚点[77]。事实上,在岐山县境除位于京当青化两乡所辖范围出土青铜遗址166(京161、青5)座、而更是密集性西周遗址外,并查明还有周代遗址27处*(表六)分布在岐山境内祝家庄、北郭、蔡家坡等乡镇所辖之周原地区。尤其是出土新邑戈的周公庙遗址和出土有铭太保(即召公)玉戈等重要器物的召亭墓葬遗址的发现[78],对今后考古来说更是大有作为的。《水经注·渭水》:"雍水东径召亭南,故召公之采邑也"。《括地志》:"召亭在岐山县西南50里。"今查太保玉戈出土地刘家

图三七 对罍

原,旧名召亭村,此村位于今岐山县城西南约8里之处[79],与郦道元记述相符合。又如:1973年在凤翔田家乡劝读村南200米处,平整土地时发现了青铜器对罍(图三七)1件。经调查:这里背靠北山,面临平川,由山腰向南,地势缓缓降低,尽南端横水河由西北向东南而去,地理优越,为一处大面积西周遗址。第一、二层台地,依山向东,与岐山、扶风的遗址为一片[80]。本遗址据当地农民讲:他们在平整土地时,曾发现多边形毛石块聚拢在一起的遗址数处,上部铺置平整,下面建筑密实,遗迹平面呈圆形,直径约在1米左右。这种情形与扶风县黄堆乡召陈村的西周宫殿遗址内柱础的铺置情形完全一样[81],推断这数处用石块聚集的圆形遗址亦应为建筑物的柱础,该建筑物的规模一定也很大。铜器对罍即由此地表下1.5米深的灰层中出土[82]。

对罍口沿内壁铸铭文8行,重文二,共25字(图版一)。而铭文记的是对其父日癸作祭器,并祈求多福多寿。铭文末一字当为族徽,ᐃ家族的器物见于著录的不少,近年来亦有所发现[83]。如1973年春辽宁省喀左县北洞村二号穴地有ᐃ父辛鼎[84],1974年扶风杨家堡出有ᐃ鸟纹丁簋[85]。而本处除对罍外,在凤翔的还有丫ᐃ爵。ᐃ氏族在商代就很活跃,其器物在凤翔境内就有两处发现,这对研究其族属活动和迁徙情况提供了新的资料,值得重视。同时,1970年还在横水供销社收购站征集了1件重要铜器虢

图版一　凤翔田家乡劝读青铜器遗址《对罍铜器铭文》

爵[83]，在一柱侧铸有"虢乍（作）"二字，内铸"父癸蚚"三字，铭文连读。首一字谛审为虢字异体，左从虎又从歺，歺或为寽之省形。古时字之所从，左右上下无定位，此字即为一例。横水地近周时小虢故地虢王。此爵极可能出自虢王或其附近[85]。从上两例，也可看出横水径流经的西周铜器遗址也很重要。

另外，1978 年 7 月，还从凤翔彪角镇董家庄出土铜器鱼爵 1 件，出土地点位于雍水北岸的二层台地上。这里是一处面积很大的西周遗址，文化层厚 3 米左右[86]。鱼爵鋬内铸铭文"鱼"一字。

以上所述几处西周铜器遗址，都分布在周原广大地区的凤翔县境雍水与横水径流经的台地上，从遗址分布范围和出土有铭铜器资料价值看，雍水及其支流横水径流分布的遗址也很重要。

其例特别还有：1972 年 5 月，在眉县渭水北岸的马家乡杨家村窖藏出土了 1 件西周旟鼎[87]。它与淳化大鼎、勾连雷纹鼎、㝬鼎、康季鼎、毛公鼎、师酉鼎、外叔鼎、禹鼎、多友鼎、大盂鼎、大克鼎等，都是我国从周原地区乃至全省境内出土的一批西周时期著名的宗庙重器[88]。这些青铜器，不仅体积高大，造型美观，大多数还铸有长篇铭文，为奴隶主贵族宗庙重器，传遗子孙，永世保用。而由此出土的周初大鼎——旟鼎：通高 77 厘米、口径 56.5 厘米，最大腹围 187 厘米，重 785 公斤，形制深厚，文字古朴，均为周初之特征[89]；口沿内有铭四行，27 字，铭文正是记着王姜将三块田和田中有待收获的禾稻一并授予一名叫旟的人[92]。由此也可看出王姜和周王一样，她对土地也拥有至高无上的支配权。

综上所述，周原周边及一般地区已经出土的西周青铜遗址的特点：除分布密度、出土器物数量与岐邑遗址不能相比外，而另一方面，由此出土器物之多、资料价值之大，以及一些遗址的规模和所出铜器之典型等，与岐邑遗址及其遗迹特点也是可以相比的。周原地区青铜文化在周边及一般地区所反映的这些特征，正如前比较的，在此所呈现的一般遗址类型和岐邑地区所反映的典型遗址类型，它们彼此之间明显地有区别性；同时明显地也有一致性这样一些特点。这些特点也正说明了周原周边及一般广大地区的西周铜器文化发展的繁荣，是由周原中心地区岐邑向四周辐射，逐渐发展，普及到整个周原全区的。周原地区的青铜文化也正是具有这样一个文明灿烂并向一般广大地区辐射发展的特点。周原堪称中国青铜器之乡。就此类文化珍品出土而言，其数量优势仍属周原岐邑。

（3）青铜遗址分布在不同地区地层区别

关于周原西周青铜文化地域形成的历史地理特点，陈全方在《早周都城岐邑初探》中说：古公亶父起初定居的周原，泛指岐山之下，未曾确指周原的四至，到文王势力渐盛，疆域逐渐扩大，岐山之南，渭河以北的广大平原，都是周原的范围[38]。同时还说：根据现有的考古资料，当时的周原与以后史地学家推论的周原不同。在沣水（即岐水，扶风段称此名）两岸，从凤翔县境东南的东鲜家直到岐山县境的益店镇西南的范家塬，在不到20公里的范围内分布西周遗址10多处，在近岐山县境的小横水河两岸有西周遗址7处，由武功县境普集镇到眉县境内陇海铁路沿线和渭水北岸等处的西周遗址也达16处。最密集的遗址，即窖藏、墓葬区在岐山京当和扶风法门及黄堆乡镇范围内。这些遗址地区大都并有先周墓葬。这些遗址正好面向岐山之南渭河北岸[39]（图二八,图三八）。在此除论述的考古资料虽说是1979年前使用的,但这些与近期得到的新资料佐证仍是正确的。周原的周边、一般及中心岐邑等地区也正是我们在前所述范围。

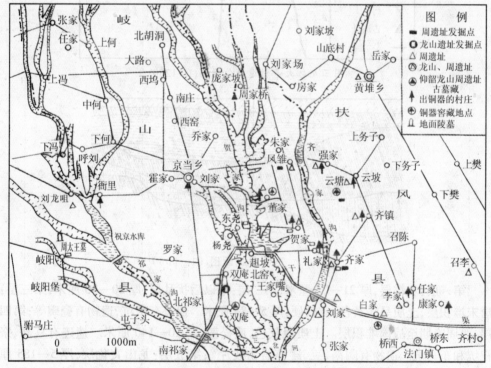

图三八　周原岐邑遗址分布图

关于周原青铜文化地层的特征，从周原周边及一般地区来说，位于凤翔县境的大辛遗址可谓是一个典型例子；它与周原中心地区岐邑遗址地层特点很相近似，可作比较。

大辛遗址位于凤翔县城西南4公里的大辛村东，北依雍水（即岐水凤翔段称谓），面积约13500平方米（图三九）。1980年7月至1981年5月对遗址进行了发掘，发现龙山文化窖穴22座；西周至战国时代墓葬9座，祭祀坑和车马坑各2座。遗址地层共

分五层,以 T4 西壁剖面为例(图四〇)。说明如下:

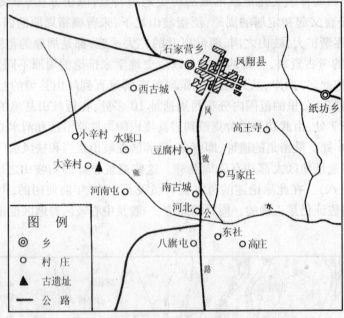

图三九　大辛村遗址位置图(1:11250)

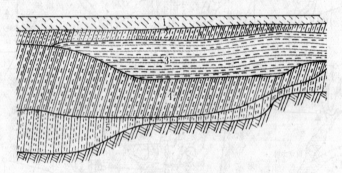

图四〇　T4西壁剖面图（1：100）

　　第一层:农耕层,厚21—23 厘米;第二层:宋以后扰乱层,厚20—30 厘米;第三层:唐宋堆积层,土质呈浅黄色,质较硬,厚5—85 厘米。遗迹有灰坑,遗物有瓷碗等;第四层:西周晚期至战国堆积层。土质浅灰色,质松散,厚10—140 厘米。遗迹有墓葬、祭祀坑和车马坑。遗物有陶鬲、豆、罐等器物残片[65];第五层:龙山文化层,厚5—185 厘米。第五层以下为原生土层。

　　这里所说的第四层,即凤翔大辛遗址西周晚期至战国的地层堆积层:土呈浅灰色,质松散,厚10—140 厘米,遗物有陶鬲、豆、罐等器物残片,而与岐邑地区两个遗址的近似地层,即岐山县境的凤雏西周建筑基址第三层[66]和扶风县境的黄堆墓葬遗址出土剖面第三层沉积层[67],就其遗址层位特征来说,基本上是相同的。

[注释]

　　大辛遗址第四层文化堆积时代:M4、M10 出土的工式鬲、豆是西周晚期的典型器物。因此这两座墓的时代应为西周晚期。M6 出土的Ⅱ式鬲,其时代应为春秋早期。M7 出土的Ⅲ式豆的形制与《略论陕西春秋战国秦墓》文中第三期豆相同[⑩],故 M7 时代应接近文中的第三期,即春秋时期[㊲]。

因为,凤雏西周建筑基址(甲组宫室"宗庙")地层剖面的第三层,即西周文化层(分 A、B 两层)3A 层,厚30—87 厘米,灰褐色,为房屋废弃后的堆积层;3B 层,厚4—11 厘米,下压红褐色的灰层,层内出有西周陶鬲、瓷罍等。对此,笔者等根据地貌调

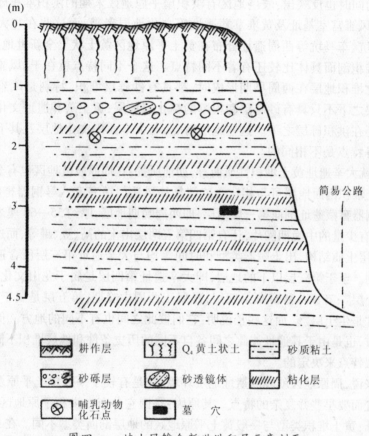

图四一　岐山凤雏全新世洪积层示意剖面

查,全新世凤雏基址地层堆积的剖面(图四一;彩版八):(一)耕作层;(二)黄土状土,而凤雏基址文化层、即"第三层"就分布在此;(三)砂质粘土(So):上层砂质粘土,内含砂砾,并有砂砾胶结透镜体,厚约0.70 厘米,下层砂质粘土,内含五条近似黄土状土堆积的粘化层,彼此之间距离不等,厚2.6 米,在第一条粘化层中,即在砂砾层之下紧接的第一条粘化层中,还出露有哺乳动物化石点及灰陶片。而在第五条粘化层之后,可能接的就是本遗址地层的原生黄土层[㊳]。黄堆墓葬第三层地层,如前所述:土色红褐,土质坚硬,内含砾石、粗砂和一些腐殖质,属岐山冲刷洪积形成,厚1.6 米左右,西周墓葬开口处就在此层下面。而此层之下就是原生黄土。由上所述,这两个遗址的第三层地层均出有西周文化的基址或墓葬,其文化内容及剖面特征均与大辛第四层西周文化及剖面特点基本相同;这里之所以基本相同,因为西周青铜文化分布所具有的地层特

点:不论窖藏或墓葬一般均分布在全新世地层的耕土层与垆土层之间的黄土状土地层之中;其遗址的打破层均分布在灰垆土地层。直至底层,即"全新世下界底部(So)",亦即所谓的"原生黄土"或"出土层"地层。这方面的典型黄土剖面,我们在此所谓的:即其岐邑地区,可与广大地区如大辛西周文化地层基本相同而能与比较的遗址剖面,主要还是指齐家西周八号青铜窖藏遗址第三层等地层的同类型遗址地层来说的。当然北依雍水流区的大辛西周遗址地层,在与其岐邑遗址同类文化地层相互比较的同时也反映出:岐邑地区有洪积扇平原地区末期的洪积堆积砂砾遗迹特征,如西周凤雏宫室基址及黄堆墓葬遗址等文化地层者是;而这些在与大辛遗址的墓葬、祭祀坑、车马坑等西周遗址分布在黄土平原地区黄土状土全新世地层剖面,即风积黄土堆积剖面具体比较还有着不同特点。这个不同特点就在于:凤雏宫室和黄堆墓葬文化堆积地层在西周早期形成时,都具有砂砾层堆积,特别是凤雏宫室基址西周文化层之下不只具有砂砾层和很厚的粘化层地层;黄土墓葬遗址文化层开口处打破地层还在洪积砾层之下。这些地层特点,与大辛西周文化地层及其下具有的灰垆土地层等特点是不相同的。

同时,就大辛遗址黄土堆积性质而言,如前所提:在周原岐邑地区也有全新世完全相同的黄土堆积剖面地层可与相比。这就是扶风法门镇齐家八号铜器窖藏[20]。齐家西周八号铜器窖藏遗址剖面第三层地层,即西周晚期地层,厚约55—60厘米的黄褐土层,在此出有少量的中晚期陶片,还有第四第五两层出土的鬲、豆、罐等,而这类遗址特征:不论地层土质结构、出土陶器类型和时间等均与大辛遗址第三层所含遗迹遗物内容基本相同。至于第三层以下的地层,即大辛遗址第四层是属于龙山文化地层;第五层才是生土层[21];齐家八号窖藏第四层,是属于西周中晚期,第五层是属于西周早期,而第六层才是生土层[22]。而这些正说明:它们彼此之间也有不同的地方。但这些遗址不同的地方,也是由于其遗址彼此之间各自不同的历史条件和地层堆积不同的地貌性质以及地层特点来决定的。

总的来说,周原地区就岐邑遗址地层环境,它是有较于一般黄土平原及其周边地区西周遗址而要早些并复杂的特点。其原因:是因它分布在洪积平原地区;由于洪积堆积的特征:黄土堆积类型与一般黄土平原地区的地层剖面类型不同。在一些遗址如与其黄堆墓葬遗址[23]的剖面特征,不只在局部层位并有基本相同的一面,而且从文化堆积地层的位置来说也较一致。但从根本上来说,在岐邑地区局部地方也有风成黄土的堆积地层,如扶风齐家和岐山朱家土壕黄土地层出露剖面堆积类型及文化内容,与周原黄土原区大辛遗址所述的特点内容等则又是相同的。因而这些特点说明它们之间在"第三层"地层,即周文化地层中共同所具有的这个特征还是相同的。由此来看,西周青铜文化所分布的地层不论处在何种范围,但其均是处在全新世地层的黄土状土堆积地层中,而这种黄土状土就堆积剖面来说,不管是在部位的哪一种黄土状土堆积范围,而要所出的西周文化同一类型地层关系,则它均是共有的,由此完全可以说明,周原广大地区及周边地带所分布的西周青铜器遗址,就其黄土范围、层位堆积和类型性质来看,也是离不开周原中心地区岐邑这个源头;它还是从周原岐邑遗址中辐射发展而来,并分布在周原广大地区及周边地区。

（二）青铜遗址在陕西关中及长安丰镐与周原地区比较

解放以来，陕西关中渭水、泾水及其支流沣水等流区的长安、蓝田、临潼、渭南、澄城、周至、陇县、长武、淳化、永寿、礼泉、泾阳、铜川、耀县、咸阳等地区（表八）都发现有商周青铜文化遗址。在周原中心地带岐邑青铜遗址，我们已知：文化堆积层很厚，经过勘查和发掘，"在这一地区经常出土西周早、中、晚时期的铜器。"同时在另一个重心地区，即沣河西岸，亦即丰镐所在地区：在沣河西岸，客省庄二期文化与周文化遗存相互叠压关系[⑯]，也发现西周文化遗址，出土有西周青铜器。周人自古公亶父迁于岐邑，三代人经营了岐邑。《诗经·鲁颂·閟宫》："后稷之孙，实维太王。居岐之阳，实始翦商。"说明在古公亶父时，周人已有了灭商的意图。至文王时，周的势力发展壮大。三分天下有其二，而迁京于丰。文王都丰。后到武王灭商，又由沣河西岸丰京而迁至东岸镐京，武王都镐。由于两处遗址所出西周铜器文化这件历史事实，正好也说明了它们彼此之间前后发展的历史渊源（表六、七）。

西周历史，大家都知道文王"作邑于丰"，武王"宅是镐京"，丰镐二京是西周王朝的都城。西周丰镐遗址在今陕西长安县[⑯]。其所在位置，文献中不少记载为沣河两岸。20世纪50年代，中国社会科学院考古研究所多次沿沣河两岸进行更为广泛的调查。调查表明：沣河两岸都有面积相当大的西周文化遗址，分布在沣河两岸的客省庄、马王村、新旺村、张家坡、大原村、泉北村、普渡村、花园村、白家庄、斗门镇一带，面积总约10平方公里。推测丰镐二京很可能就在这个范围之内[⑯]。为了更确切地知道丰镐二京的遗址范围，根据韩保全1979年时在《西周都城丰镐遗址》一文进一步调查研究看：汉唐以来，史书记载丰镐位置，多以附近的水道，如沣水、鄗水、滴池和昆明池为据，另外还用当时的城邑，如汉长安城、户县城、唐长安城的互相方位关系引证。但随着鄗水、滴水的湮没，昆明池变为良田，人们对古沣水的位置就辨认不清了。解放以后，根据考古资料，在东以沣河为界，西至灵沼河，北至客省庄、张家坡，南至冯村、西王村，总面积约6平方公里的范围，是一个面积广大，内涵丰富的周代遗址。这与史书记载的丰邑在沣水西、靠临沣水，位于汉长安城西南、户县城东或唐长安城西的记载是相符的（图二八：⑤）。因此，丰邑的中心不会超出这个遗址的范围。同样，在昆明池遗址西北的洛水村、上泉村、普渡村、花园村和斗门镇一带，在总面积约4平方公里的范围内，也是一个面积很大，内涵丰富的西周遗址[⑯]。

丰镐遗址，建国以来历经发掘，有许多收获，但工作侧重于沣河西岸的丰，沣东的镐京一带相对较少[⑰]。镐京又称宗周，是西周200多年的首都，本极重要，但却没有多少青铜器发现[⑱]。30多年来，只有1954年清理的普渡村长甶墓，出土了较多的青铜器[⑲]。丰镐遗址青铜器不如周原遗址所出丰富。对于这里遗址的性质连一些学者都怀疑[⑩]。

西周青铜器周原地区与丰镐地区两个遗址分布的特点：

周原地区西周青铜器遗址，当前出土情况如前所说：共有357处（表六），出土铜器共约1400件（表七），其中墓葬632件、窖藏637件、其他132件。而丰镐遗址约有35处（表八），出土铜器共约340件（表九），其中墓葬193件、窖藏147件。周原和丰镐两遗址出土青铜器共约1740件，其中周原地区要占80.48%强，比丰镐遗址出土铜器多了三倍多,丰镐遗址仅占19.52%强。再就遗址类别来比:周原地区青铜遗址出土器物件数仅就墓葬和窖藏两个单项同类器物数量相比,也要大至三倍或四倍以上。

表八　　　　　　　　陕西长安等地区商周青铜器出土遗址简表

地区	类别	遗址性质			分地合计		备　注
		窖藏	墓葬	不清	小计	区计	
长安	新　旺	5			5	35	(1)此处35属丰镐地区西周青铜器遗址;在此除与周原岐邑同类遗址254个外,此处的35在关中地区尚属分布最多的地区。
	马　王	3	1		4		
	张家坡	1	11		12		
	其他	1	13		14		
蓝田	寺坡	1			1	9	(2)在关中除周原岐邑254个青铜遗址外,其他地区如宝鸡、眉县(共103)及长安蓝田(共44)等20个市县区共还有172个青铜遗址在关中分布。
	怀真坊	1			1		
	其他	7			7		
临　潼		1	2		3	3	
渭　南			1		1	1	
澄　城			1		1	1	
周　至			1		1	1	
陇　县			5		5	5	
长　武			2		2	2	
淳　化			3		3	3	
永　寿		1			1	1	
礼　泉		3			3	3	
泾　阳			1		1	1	
铜　川			2		2	2	
耀　县		1			1	1	
咸　阳			1		1	1	
清　涧			1		1	1	(3)青铜器在陕南(4)陕北(2)出土较少,在此分布一共只有6个遗址。
绥　德		1			1	1	
城　固		4			4	4	
分项类计		30	45		75		

　　岐邑遗址254个、出土铜器920件(表六、七);丰镐遗址35个、出土铜器340件(表八、九),两个遗址出土铜器共为1260件,由此来比较:岐邑遗址要占总数的73.02%,也多近三倍,而丰镐仅占总数的26.98%。就遗址数额来说,周原岐邑比长安丰镐分布要多出219个,明显占绝对优势。在陕西关中,除周原周边及一般广大地区的武功、眉县、宝鸡、麟游等县区外,同时其他地区如临潼、陇县、永寿、铜川等县境,不论铜器出土遗址或器物,周原岐邑位置也都占优势。从遗址数额看,与陇县(5个)比,要占14.3%;从器物数看,与临潼比,也要占60.58%,在永寿窖藏遗址(40个),也占80%以上。铜器出土遗址在陕南陕北城固(4个)、绥德(1个)、清涧(1个)共6个,同丰镐遗址数比,仅占14.63%,从分布地域来看,比例就更为悬殊。但从青铜器物出土数量来看,陕南城固窖藏出土239件,在此而要占41.28%,而丰镐只占58.72%,比例不大;但与岐邑比:城固只占20.62%,而周原岐邑仍占近80%;由此看,丰镐也比不上岐邑。

表九　　　　　　　　　　陕西长安等地区商周青铜器出土器物简表

地区	类别	窖藏	墓葬	小计	分区合计
长安	新旺	9		9	340
	马王	84	28	112	
	张家坡	53	53	106	
	其他	1	112	113	
		147	193		
蓝田	寺坡	11		11	35
	怀真坊	8		8	
	其他	16		16	
		35			
临潼		151	55	206	206
渭南			52	52	52
澄城			18	18	18
周至			1	1	1
陇县			24	24	24
长武			7	7	7
淳化			35	35	35
永寿		40		40	40
礼泉		9		9	9
泾阳			14	14	14
铜川			13	13	13
耀县		6		6	6
咸阳			24	24	24
清涧			11	11	11
绥德		23		23	23
城固		239		239	239
分项类计		650	447	1097	1097
说明					

事实上正如前述:周原及其周边地区共有青铜遗址 357 处,遍布在此地的 42 个村落,而丰镐出土青铜遗址只有 35 处,仅分布在长安沣河两岸新旺村、马王村、张家坡等 9 个村落。从密集性来说,丰镐青铜遗址远在周原岐邑及其周边等地之下的。当然丰镐西周遗址也有自己的特点:例如有些遗址出土铜器铭文资料价值之高,遗址范围之大等,与岐邑遗址,乃至周原整个地区来比,也是有它独特的地方。这也是由于历史条件而赋予丰镐地区的环境条件来影响的。

丰镐遗址主要特点,是由于它在沣西和沣东有很多西周时期的墓葬和不少西周时期的灰坑及车马坑。这些墓葬、灰坑和车马坑的随葬器物,绝大部分是以陶器为主,只有少数墓葬、车马坑和窖藏才有铜器[⑪]。

就墓葬来说,它在丰镐遗址地区,特别是在张家坡附近的分布最为集中。1955—1957 年和 1967 年两次发掘[⑫]就有 250 座。出土器物绝大部分是陶器,而铜器很少,自 1961—1984 年,从 5 个遗址 11 座墓葬先后出土的铜器才只有 47 件[⑬]。而此出土在丰镐墓葬遗址来说,还算是出土件数最多的一个村落墓葬地区,要占丰镐地区墓葬遗址出土铜器的 26.55%。

丰镐的墓葬遗址共有 25 个,其中除张家坡一个村落有 5 个遗址,11 座墓葬外,还有 20 个墓葬遗址,14 座墓葬分布在丰镐地区的普渡村、白家堡、马王村、花园村、大原村、河油村等村落。这些墓葬遗址出土铜器共约 143 件。而丰镐地区的 25 个墓葬遗址出土西周铜器 193 件和周原地区岐邑的 68 个墓葬遗址出土的西周铜器 307 件如要比较,岐邑无疑也占优势。但是,西周青铜器在丰镐地区的一些遗址出土:如张家坡就有 5 处遗址出土铜器[⑪];就其密集性来说,这和岐邑地区贺家及齐家遗址出土青铜器的特点完全是可以相比的。同时有些墓葬出土的铜器铭文资料价值也并不低。例如:1954 年在沣东普渡村发掘的一座西周长甶墓[⑫]出土了青铜器 29 件,其中一组铸有长甶作器铭文的铜器,可知长甶即墓主,其中的长甶盉铭文有穆王生称,为该墓的年代提供了明确的依据。又如:1984—1985 年在沣西张家坡发掘了一批西周墓[⑭],其中有几座墓葬都出土有井叔作器铭文的铜器,说明这里可能就是井叔家族墓地[⑪]。

就窖藏来说,在丰镐也有 10 个遗址,出土青铜器 147 件,分布在马王村、新旺村、张家坡、下泉村等 4 个村落。例如:1961 年在张家坡还发现了一个青铜器窖藏埋有铜器 53 件,其中有铭文的 32 件,西周早、中、晚期都有。而此器群非一家之所作,一些是姬姓的媵器[⑱]。1967 年在马王村发现的一个铜器窖藏埋有铜器 6 件。其中有铭铜器 1 件,是西周晚期鼎,是“鄦”为姜姓世子所作媵器。“鄦”即文献中的许,姜姓,男爵,与鼎铭相合[⑲];1973 年在马王村发现的一个铜器窖藏埋有铜器 25 件,其中有铭文的 10 件。从铭文看,大都是一个名“卫”的所作之器,大多是西周中晚期器[⑳];1973 年和 1982 年在新旺村先后发现有两个铜器窖藏,一个出土一鼎一盉,一个出土两件鼎。特别是 1980 年在长安县斗门镇下泉村发现了一个窖藏,出土了 1 件铭文资料价值很高的青铜器多友鼎[㉑],它与夷王世的克鼎、禹鼎并列。它记载了夷王时期抵御猃狁侵扰的战斗情形[㉒]。(其年十月,猃狁进犯京师,武公命多友率领他的战车抗击,先后在邦、龚、世、杨冢等地进行战斗,获得胜利,前后共杀死敌人二百五十六,俘虏二十八人,夺回了猃狁掳去的筍地的全部周人,缴获战车一百二十七辆,在杨冢一战缴获的战车无法带回,只好放火烧掉,而将马带回[㉒]。)

以上所述就已说明了丰镐窖藏遗址所出土青铜器情况,如前所述:与周原地区岐邑遗址窖藏出土青铜器就数量、类型比较,显然是比不过的。

同时,在沣西和沣东都还发现了西周时期的车马坑,经发掘和清理的已有十多座。但是这些车马坑都是墓葬的随葬坑,车马坑内大都埋有殉人一个,应是驭夫,车和马在坑内放置的都比较整齐,车未见有拆散的现象,马大概是事先致死后埋入的[㉓]。有些坑如张家坡清理的几座车马坑保存得比较完好,有的还出土了完整的一套西周马具[㉔]。而车马坑在周原遗址还未发现;丰镐遗址发现车马坑,这也是丰镐遗址的一个独特特点。

综上所述,陕西关中长安丰镐青铜文化有铭器物资料价值,有些可与周原及其岐邑地区青铜有铭器物等来比较。但在遗址分布、器物数量等方面还远不能比。周原是中国青铜器文化的故乡。

三、结语

陕西地区出土西周青铜器(并有极少数商代铜器)大约有 2497 件。其中周原及其周边地区有 1400 件(其中并有岐邑遗址 920 件)、丰镐地区 340 件,两个地区合计共 1740 件;此占陕西省境出土青铜器的三分之二左右。主要特点:就其件数周原地区占主要地位,其中属岐邑遗址出土数量最多,要居首位。根据我们调查收集资料:从《周原岐邑及眉县等周边地区商周青铜器出土一览表》(表一○:[1]*)和《陕西长安等地区商周青铜器简目表》(表一一:[2]*)来看,其中有 1489 件器物因其收藏单位和地方不了解外,其他尚能了解落户单位的地方有:陕西省博物馆:藏品 176 件;宝鸡市博物馆:藏品 18 件;周原博物馆:藏品 263 件;扶风县博物馆:藏品 244 件;岐山县博物馆:藏品 96 件;上海博物馆:藏品 200 余件;中国历史博物馆 4 件;台湾省故宫博物院 1 件;湖南省博物馆 1 件;内蒙古博物馆 1 件。对于 1989 年这批青铜器物收藏地方具体不详的单位经分析,可能被如下这些有关单位存放着,其中有:北京故宫博物院、中国科学院考古研究所、天津市艺术博物馆、河南省博物馆[126];西安市文管会,以及历博、陕博、宝博等单位;或者被有关个人收藏着。举例来说:在陕西省博物馆的珍品有师㝨鼎、㝬鼎、善夫山鼎、梁其壶等;在中国历史博物馆的珍品有禹鼎[127]、盠驹尊、盠方彝等;在宝鸡市博物馆的珍品有史喆簋、师克盨等;在台湾省故宫博物院的珍品有毛公鼎、散氏盘等;在天津市艺术博物馆的珍品有克镈[128]。国外如美国、日本、法国、丹麦、澳大利亚等国家的博物馆(院)或有关个人也有收藏。这就是说,周原地区的青铜器,特别是岐邑遗址出土的青铜器[129]文化,不仅在陕西境内很有地位,而且在全国直到国外一些重要地区也占有主要地位受到极大重视。

对于中国古代青铜器的研究已经有 1000 多年历史,通过文化继承关系,器物纹饰分析:早期青铜器起源地等方面的综合考察,我们认为:我国古代青铜器纹饰源于黄河中下游地区的龙山文化,我们还推测:黄河中下游一带仰韶文化陶器上的纹饰,大概是中国古代青铜器纹饰最古老的渊薮[130]。由此看来,中国西周青铜器文化大量集中在周原地区的出现,并占全国之首;对此,我们要探索其文化渊源,而也应从周原本地区龙山文化即双庵类型和仰韶文化即半坡类型或庙底沟类型的继承关系和器物纹饰中去寻找,特别是应从周文化的先周文化以及夏商文化在本地区的发展和影响中去寻找。同时,就其文化的青铜冶铜原料、冶铜作坊、冶铜技术等历史文明资料问题,也应沿着探讨青铜文化渊源等问题的同时在本地区就地去探索。对于这样一个重要课题,不仅史学工作者应提到日程上;同时其他科技工作者就冶金史、冶铜史、科技史的研究也应对其进行开拓性的探讨。事实上周原岐邑地区已发现有西周时期的手工业作坊遗址;在此主要有冶铜、制玉、制陶、制骨等作坊,其中冶铜作坊遗址已发现有 3 处。分布在扶风:(Ⅰ)庄李村遗址:1980 年调查时发现大量陶模、范残片、炉渣、铜刀、铜具、陶石生产工具等,在白家村东土壕断崖上还暴露有大量红烧土块、炉渣等;(Ⅱ)齐镇村遗址:曾发现有大量炉渣、铜汁渣和陶范残片等;(Ⅲ)齐家村遗址:1974 年平整土地时发现有大量炉渣等青铜器的冶铜工具及其遗迹的发现[131],这些对我们从周原地区直接探讨西周青铜冶铜技术及铜源等问题而提供了研究证据和线索。这些对我们由此来直接开拓研究而更是增强了信心和信念。让周原青铜文化的奥秘在中国历史上更放异彩。铜源的秘密在周原及其陕西关中等地一定会被揭开。

参考资料

①雷祥义:《黄土高原南部晚更新世黄土地层划分、显微结构及力学性质特征》图1,《第四纪研究》,1992(2)。

②史念海:《周原的变迁》,《陕西师范大学学报》(哲学社会版),1976(3)。

③④⑧(57)(78)(107)李学勤:《青铜器与周原遗址》,《西北大学学报》(哲学社会版),1981(2)。

⑤㉑(98)张洲、李昭淑、雷祥义:《周原岐邑建都的环境条件及其迁移原因试探》,《西北大学学报》(自然科学版),1976(4)。

⑥⑮⑯(127)(131)中华人民共和国地方志丛书:《扶风县志·卷二十·文物志——周原遗址》(油印稿)。

⑦徐锡台:《早周文化的特点及其渊源的探索》,《文物》,1979(10)

⑨⑩⑭李秋虎:《周原探宝》,《陕西日报》,1988年11月12日。

⑪㉛(66)(68)(70)(74)(75)(90)(122)(123)(126)(129)吴镇烽:《陕西商周青铜器的出土与研究》,《考古与文物》,1988(5、6)。

⑫⑬陈全方:《当代陕西省文博》,三秦出版社,84—88。

⑰罗西章:《扶风县文物志·周原遗址·一、居住遗址》,陕西人民教育出版社,1993年。

⑱(82)(83)(86)(87)陕西周原考古队:《陕西岐山凤雏村西周建筑基址简报》,《文物》,1979(10)。

⑲《建国35年来陕西考古工作的主要收获》,《考古与文物》。1984(5)。

⑳(56)(64)(65)(93)(94)陈全方:《早周都城岐邑初探》,《文物》,1979(10)。

㉒据《青铜器图释》函皇父诸器于1933年出土于扶风任家。

㉓《扶风齐家村青铜器》,文物出版社,1963年。

㉔史言:《扶风庄白大队出土的一批西周铜器》,《文物》,1972(6)。

㉕《陕西宝鸡扶风出土的几件青铜器》,《考古》,1963(1)。

㉖梁星彭、冯孝唐:《陕西长安扶风出土西周铜器》,《文物》,1972(6)。

㉗吴镇烽:《陕西扶风强家村出土的西周铜器》,《文物》,1975(8)。

㉘岐山县文化馆:《陕西省岐山县董家村西周铜器窖穴发掘简报》,《文物》,1976(5)。

㉙㉚周原考古队:《陕西扶风县云塘庄白二号西周铜器窖藏》,《文物》,1978(11)。

㉜㊵㊶罗西章:《周原青铜器窖藏及有关问题的探讨》,《周文化论集》,三秦出版社,1993年7月。

㉝丁乙:《周原的建筑遗存和铜器窖藏》,《考古》,1982(4)。

㉞(96)周原考古队:《陕西岐山凤雏村西周建筑基址发掘简报》,《文物》,1979(10)。

㉟《考古》,1963(8)。

㊱㊴(99)(101)周原扶风文管所:《扶风齐家村七、八号西周铜器窖藏清理简报》,《考古与文物》,1985(1)。

㊲1975(8)《文物》吴镇烽:《陕西省扶风县强家村出土的西周铜器》一文注释:见《扶风齐家村青铜器群》页6。

㊳1975(8)《文物》:《陕西省扶风县强家村出土的西周铜器》一文注释(14):见《扶风齐家村青铜器群》5—6页。

㊷㊸㊹㊺㊼徐锡台:《周原考古工作的主要收获》,《考古与文物》,1988(5、6)。

㊻(54)(55)(97)(102)周原考古队:《扶风黄堆西周墓地钻探清理简报》,《文物》,1986(8)。

㊽上海博物馆编:《商周青铜器纹饰》,文物出版社。

㊾扶风文化馆、陕西省文管会:《陕西扶风出土西周伯戜诸器》,《文物》,1976(6)。

㊿陕西省文管会:《长安普渡村西周墓的发掘》,《考古学报》,1957(1)。

(51)陈公柔、张长寿:《殷周青铜容器上鸟纹的断代研究》,《考古学报》,1983(3)。

(52)中国科学院考古研究所沣西发掘队:《1967 年张家坡西周墓的发掘》,《考古学报》,1980(4)。

(53)周原考古队:《扶风云塘西周墓》,《文物》,1980(4)。

(58)(63)周原考古队:《陕西扶风庄白一号西周青铜器窖藏发掘简报》,《文物》,1978(3)。

(59)李学勤:《西周中期青铜器的重要标尺》,《中国历史博物馆馆刊》,1979(1)。

(60)《文物》,1965(7)。

(61)《通考》311,《大系》133、135。

(62)《西周铜断代(二)》,《考古学报》,1955(10)。

(67)(71)(73)(89)(92)(113)(114)见张洲:(表一〇:[1]*)《周原岐邑及其眉县等周边地区商周青铜器出土一览表》。1983 年 8 月,存西北大学历史系。

(69)(72)(103)陕西省文管会:《建国以来陕西省文物考古的收获》。

(76)(77)祁建业:《岐山县博物馆近几年来征集的商周青铜器》,《考古》,1984(5)。

(79)庞怀靖:《跋太保王戈兼论召公奭有关问题》,《周文化论文集》,三秦出版社,1993 年 7 月。

(80)曹明檀、尚志儒:《陕西凤翔出土的西周青铜器》,《考古与文物》,1984(1)。

(81)陕西省文管会:《宫殿(宗庙)基址》,《陕西日报》,1981 年 3 月 8 日,第三版。

(84)《考古》,1974(6)。

(85)《文物》,1977(2)。

(88)《考古与文物》,1984(1)。

(91)史言:《眉县杨家村大鼎》,《文物》,1972(5)。

(95)(100)雍城考古队:《陕西凤翔县大辛村遗址发掘简报》,《考古与文物》,1985(1)。

(104)(108)(110)(111)李学勤:《论长安花园村两墓青铜器》,《文物》,1986(1)。

(105)(117)(118)(119)(120)(121)(124)(125)李自治:《建国以来陕西商周考古述要》,《考古与文物》,1988(5、6)。

(106)韩保全:《西周都城丰镐遗址》图 1,《文物》,1979(10)。

(109)(115)何汉南:《长安普渡村西周墓的发掘》,《考古学报》,1957(1)。

(112)中国科学院考古研究所:《沣西发掘报告》,文物出版社,1962 年。

(116)中国社会科学院考古研究所沣西考古队:《长安张家坡西周井叔墓发掘简报》,《考古》,1986(1)。

(128)陈邦怀:《克镈简介》,《文物》,1975(5)。

(130)周苏平、张懋镕:《中国古代青铜器纹饰渊源试探》,《周文化论集》,三秦出版社,1993 年 7 月。

(131)张洲制,(表一一:[2]*):《陕西长安等地区商周青铜器简目表》1983 年 8 月,存西北大学历史系。

第五章　周原古代农耕文化

第一节　宝鸡及周原地区原始农耕文化

宝鸡地区周原的农耕文化,不仅在中国农耕文化史上占有独特地位,而且在中国文化史上也有重大影响。同时对研究炎帝在宝鸡周原地区发祥农业方面也有佐证作用。

周原的周文化是中华民族文化的主要因素之一。它反映当时典章制度的《周礼》,哲学经论的《易经》,诗歌总集《诗经》等,直至今天仍然是我们中华民族优秀文化的宝贵遗产。它的原始文化和先周文化;甲骨青铜和商周先秦考古;特别是它的农耕文化,承先启后,对我国的优秀文化更是奠定了基础[①]。它不仅是姬周族周文化及其传统农业的发祥地,也是炎帝及其原始农业的发祥地。炎帝族和姬周族发展兴起的根据地均在周原。这两氏族,一个在此播种发明了农业,一个在此播种发展了农业,特别是周人自从弃后稷到周文武建立周王朝千余年的时间里,不仅农耕文化,由原始农业进而突破走上龙山文化——传统农业时期,而且经过长期奋发经营,积累经验,使生产力不断提高;而农业的巨大成就,为他们后来建立王朝打下了坚实基础[②]。因此,我们从周原环境的角度来探讨周文化,特别是探讨它的农耕文化;同时也由此进一步探讨炎帝神农氏族在宝鸡及周原地区发明的农业及其渊源也就更有意义了。

周人先祖弃,早期经营"邰"(即釐,在今武功杨陵镇南永安村附近)时(即与新石器时代龙山文化晚期时相当)[③],周原的生态环境是温暖带或亚热带落叶阔叶林植被,是处在温暖半湿润时期[④]。到了古公亶父"率西水浒"、到岐之后,岐之地险隘,多树木,乃兢刊除而自居(郑玄《皇矣》笺)。这时的气候亦是温暖,自然环境莽莽一片林草。由于生态环境及历史环境的影响,使周原这块地方当今的农耕文化的发展仍是很有特色。

周原西垂宝鸡,东涉武功,乃是炎帝生息之地。炎帝族先民姜嫄是炎帝氏族早期最早定居之后,而继先始祖继续定居在"邰"这个地方从事农业的原始妇女领袖(当时属半坡仰韶文化晚期)。这时在此的环境,是以阔叶林为主的针、阔叶混交林与草原植被[⑤],当属温带半干旱气候。之后,经过周秦汉唐几个朝代近3000年的经营,周故土又是周秦两个王朝发祥之地,直至汉魏隋唐时,这里仍是军事要地、畿辅之地,在此期间,尤其是前期,经过姬周族先周人在此千余年创业经营:从周弃到亶父,姬周族长期生息在周原这种具有温暖或较温暖的自然环境中;由于有这种优越的生态环境,使得周原地区农耕文化"历史悠久",从而使这个光辉灿灿的周原在中华民族远古农耕文化的历史上占有极其重要的位置。因此,这里我们就生态环境和农耕文化这个课题,对宝鸡及周原地区按:宝鸡周原原始农耕文化渊源及特征、并兼述炎黄传说农业与周原原始农业关系等四个问题来窥探和研究。

一、周原原始农耕文化的渊源

宝鸡及周原地区的原始农耕文化总的渊源是离不开原始社会的主要经济——采集经济。从食物的采集到食物的生产,这个变化是人类历史上的转折点,是非常重要的变化[6]。采集经济是人类历史上最古老的一个经济部门。它在人类历史的开端发生,又在整个原始社会发展过程中得到发展,最终从它的内部又发生了原始农业。原始农业是从远古的采集经济中孕育发展而来的[7]。也就是说,我们在此要谈宝鸡及周原的原始农业的渊源和发展,也是要从这个人类历史上存在最悠久、发展最古老的采集经济中来探讨。对此,周星说:

> 采集经济的对象以基本相对的静态存在于自然界中,它发展的缓慢和它在时间与空间上都是具有的稳定性,便决定了采集经济的可靠性;……最初人类的生态环境是热带森林,树居或在林间空地上活动,其生活和经济生活都靠森林来维系,当时的生态环境作为生产的条件和前提,构成了采集经济的要素;森林、初期人类以植物为主的食性与采集经济的生产方式有着天然的联系。采集经济比狩猎经济的历史更为古老,对于远古社会的意义也就更为伟大。在最初的采集经济中,以木器为主要工具,而石器首先是服务于采集经济,稍后便直接应用于采集经济活动;……,由于采集经济所具有的这一系列特征,决定了只有它是人类历史初期所能从事的经济活动。因为人类既不能自由选择某种生产力,也不能自由选择某种生产方式[8]。

由此,我们就可以看到:原始农业经济的产生,是离不开远古蒙昧时代这一新的生产方式,即它是要在所谓的采集经济生产这个方式中经过长期的孕育和发展的。于此,宝鸡周原地区的原始农业经济发育,当然也是要从它本地区采集经济本身的这种生产方式中来产生和发展的。因为史前蒙昧时代,基本的生产部门是采集经济,生产工具主要是木器,也有天然石器。而这个时期,"是人类的童年,人还住在自己最初居住的地方,即住在热带的或亚热带的森林中。……他们以果实、坚果、根茎作为食物[9]"。周原亦然。

石器文化研究的成果表明,人类对环境的认识和掌握,对于野生植物的实验、了解,是经过长时期的历史过程的:在旧石器时代开始之前,人类生产力发展史就有一个木石并用时期,这个时期孕育产生了打制石器;同时极大地促进了木器的发展。但是由于打制石器数量、比重的日益增加,质量、形制的日益进步,各种器形、用途的日益分化和普及,使得打制石器作为一种新的加工手段和新生产力代表的重要意义则日益明显,最终过渡到旧石器时代。旧石器时代生产力的发展以打制石器不断进步为标志,当时人类虽然以采集渔猎为生,但他们对野生植物的习性以及它们可以利用的潜力也一定是非常熟悉的。中国的神农神话,讲到神农尝百草来认识各种野生植物对于人的食用或医药价值。这个神话就反映了远古时代人们对野生植物的认识情况[10];而旧石器时代生产力迅速的发展,为原始农业的发展提供了前提[11]。我们由此不仅能看到隐藏在打制石器背后的旧石器时代里木石工具和采集经济的发展,对于孕育发展原始农业的重要性,也能窥到如宝鸡周原的原始农业经济在旧石器时代从采集经济而孕育发展的潜影。这对我们探讨周原原始农业的发展的源头是一个十分重要的条件。

关于涉及人类在从事原始采集与狩猎经济的旧石器时代,笔者曾在《试论周原地貌特征与旧石器文化遗存》的论文中,对周原地区当时生产力的状况论述过。在它的早期(Q_1)午城黄土时代,根据黄土堆积之厚及其三门系泥河湾地层之内含遗迹等特点,我们已经认为:周原地区当时也含有这种远古旧石器文化在地下地层中分布的。同时,就中期(Q_2)离石黄土时期和晚期(Q_3)马兰黄土时期的周原地区的气候来看,……也是适宜于人类生存的好地方;正是属于适宜人类生存生活的环境。因此,在 Q_2 和 Q_3 两个时期的黄土塬周原地区的地下旧石器文化,一定和周口店地区一样,放出奇光异彩的[12]。也就是说,旧石器时代在周原地区,由于各个时期有旧石器文化地层的潜堆情况,不仅能说明也有了像西候度人、泥河湾人、北京猿人及萨拉乌苏智人一样为温带较凉爽的疏林草原景观的生态环境[13];而且也说明:在这个时期从时间和空间上也有"基本相对稳定"、长期静态存在于自然界缓慢发展的采集经济以及旧石器文化也在发展着。

如果说周原的采集经济,也是在人类历史的开端发生,在整个的旧石器时代也在发展,并最终从它的内部也发生了原始农业经济的话,应该说主要的这也要从它的当时采集经济本身的生产方式以及它当是所处的考古时代旧石器遗迹中去探讨。我们已知,初期人类是有以植物为主的食性,而这时的生产工具,即最早的木器工具,实际上是脱胎于人类的食物之中——当时的生态环境给提供了大量可供采集的天然物品,也给提供了无数的木器材料,当进一步加工成为必需品时,天然石器同时也被引进到工具的领域[14]。以木器为主木石并用的工具综合与人类最早经营采集经济的生产方式完全一致的这种特征,在周原早期萌发的采集经济中,虽还没发现,但这从认识上来说也是应该认可的。之后,在 Q_1 和 Q_2 旧石器早、中期时代发展过程中的采集经济,人们当时从事原始的采集和狩猎,或是进一步从事采集与狩猎经济而有了一定发展时,这一时期在周原旧石器遗址地层中,早期人类直接简单打击的原始石器,或中期人类直接熟练打击的规范化石器,现在来看,也如笔者在《试论周原地貌特征与旧石器文化遗存》所认识的:"具体也未发现"。但是这个时期,绝大多数古代文化遗址都有大量的打击石器出土,而且石器的类型和技术也都有了相当发展,如周口店遗址,西候度遗址等,甚至奥杜韦峡谷的一、二层文化中,也都有了砍砸器、手斧、石球、雕刻器、刮削器、石锥等众多的类型[15];而此处所具有的并属这样工艺特点的打击石器时代的地层环境与周原地区 Q_1 和 Q_2 时期旧石器时代地层所具有的生态环境大体上也都是一样的。因此,这个时期在周原地区尽管"真实"的木器工具的影子也没发现,但由此也可以说明这个时期在周原地区远古地层中有木石并用的采集经济特征这个内涵也是不能抹杀的;旧石器这个时期一般所具有的地层遗迹特点,在周原地区同样地层中也是会有的。特别是到了旧石器晚期,即更新世晚期 Q_3 这个时期:此时人类发明了新的剥片技术——间接打击法,这方法主要是用来作细石器的;这时采集和狩猎经济都发展到了高级阶段:采集活动给人类提供了较多的生活资料,同时狩猎生产也占有相当比重。自从人类学会用火,特别是摩擦取火发明以后,鱼类也成为重要的食物。这时人类的采集、狩猎和捕鱼的活动比以前任何一个时期都有了很大发展。这些,不仅提高了人类的生活水平,为相对定居更是提供了稳定的物质基础,而且为生产性的经济——农业……也创造了条件[16]。从世界看,农业生活即所谓新石器时代的文化,一般在一万两千年前到一万年前开始就形成,这在几个农业起源的中心地点已是确立的事实[17];它为新石器时代农业革命奠定了基础。随着采集和狩猎经济发展到了更高的阶段,特别是间接打击石器新技术的发现,紧随而来的是石器与木器复合工具的发现,尤其是石球和弓箭的发明,这时(即更新世 Q_3 时期)具有这些类型特征的工具,而在周原地区地层遗迹中当然也是会埋有的;因为此地如前所说,确也蕴藏着旧石器时代 Q_3 时期晚期并在采集经济中孕育所含有着新石器时代初期原始农业文化发萌的地层和内容。而此可由这里所具有的萨拉乌苏时代生态环境和它当时所具有的旧石器文化地层[18]来佐证。农业生活起源的第一个契机,就是要确认旧石器时代文化的丰富性[19]。

在鄂尔多斯盆地四周的环状凹陷地带,即新生代断陷盆地,如渭河断陷、汾河断陷和河套断陷地带晚更新世时期马兰黄土沉积地层中,我们已知有:禹门口旧石器洞穴遗址[20]、大荔人头骨[21]、萨拉乌苏动物化石[22]等文化遗存;同时还知,在这个周围凹陷地带中也有周原地区与这些遗址一样,同样也有与这些文化遗存同时存在的"同一时期的同样地层"[23],因此,也会"蕴存着" Q_3 时期同样类型的文化遗存。例如:与此同时的文化,从黄河西岸,即从鄂尔多斯盆地的南边断谷地带——汾渭盆地地区来看,在陕西禹门口有一个与许家窑、峙峪、小南海诸石器时代文化同时属于同一系统,即周口店第十地点——峙峪系。这一系统细小类型石器在旧石器时代早期的周口店猿人遗址就出现,到晚期则就普遍流行;晚期遗址禹门口、峙峪、小南海等周圈地带旧石器的突出特点,器形一般都很小,以石片石器为主,多是刮削器和尖状器。同时这一石器系统在许家窑遗址还出有雕刻器;在峙峪遗址还出有钺形小石刀,两平肩之间有短柄状突出,当是镶嵌在骨木把内使用的复合工具[24];在夏川遗址还出土有石锯、钻孔的锥钻、敲击的石槌和磨制谷物的研磨盘[25],特别在峙峪、萨拉乌苏等遗址还出土有复合工具弓箭,即著名的猎羊人化石产地——内蒙古萨拉乌苏河沿岸遗址和猎马人化石产地——山西朔县峙峪遗址等。由上述遗址所说的这些石器类型,不仅能充分说明由于"华北旧石器时代的文化发展至少有两个系统,其中之一'匼河——丁村系'或称为'大石片砍砸器——三棱尖状器系统';另一个系统是'周口店第一地点(北京人遗址)——峙峪系'或称为'船头状刮削器——雕刻器系统',它的基本特征是利用不规则的石片制造细石器,在石器成分中细石器比例大、类型多、加工痕迹细小";这系统在"更新世中期到更新世晚期这段时间是一个丰富多彩的文化系统"。它不只在华北分布很广,而且在鄂尔多斯盆地周圈地带也是广泛存在的。"它是华北细石器文化的先驱"[26];同时也是本盆地周圈地带汾渭及河套凹陷地带细石器文化的前身。 Q_3 时期这个丰富多彩的"周口店第一地点——峙峪系"在周原地区并未发现什么。但由此借鉴对比也可看清:它可以使之也被认为是周原地区当时细石器文化发展的前身;这也可由关中大荔沙苑细石器的出现间接来佐证。因而,由此似乎也可看出周原地区原始农业在诞生前夕发育苗壮生长的喜讯;在周原案板等遗址中,虽然没有发现属于新石器时代而早于仰韶文化的老官台文化遗址[27]。但它与仰韶文化相比则相差无几。由于老官台文化应和周原地区的仰韶文化一样,也是时处于温暖期,农业的发展是与气候相适应的。因而在此也就可能萌芽着自己本身的原始农业。

但是由于小巧轻便的细石器,在更新世晚期最后一次冰期(距今 1 万年前后)结束,当时有的猎人则向北迁移[22]。但是,这时为追逐猎物的猎人,则向北转移的先民们,因而零散地就在陕西沙苑、河南灵井等地留下了他们活动的遗迹;全新世初,由于"大石器传统"农业文化的兴起,分布在我们南岭山脉至阴山山脉之间使用细石器传统的狩猎"民族"而很快就融化在农业文明的汪洋大海中。而这种情况在陕西关中宝鸡及周原等地,想来也不会例外。向北转移的先民们,由于他们宜于游牧狩猎,而不宜于农耕种植。所以,他们和欧洲的旧石器时代一样,也没有发展到新石器时代的农业文明[23]。但是使用"大石器传统"的远古先民们,在更新世晚期末次冰期时,由于气候变得寒冷,他们被迫过着艰辛的生活。在长期的采集经济生活中,他们也积累了丰富的植物学知识,观察到植物由播种到发芽、开花、结果的全过程,到全新世初气候转暖,万物复苏。在适宜的气候条件下,他们可能会尝试着将植物的生长过程演示出来,这样农业就发明了。人们的食物来源就有了可靠保证。人们在实践中又学会了大量磨制石器、制造陶器等技术。这时,农业文明以其无比的优越性,很快得到普及和发展,进而占据了我国大部分地区,并逐渐向周围发展[24]。陕西关中西部宝鸡及周原地区,和我国由南岭山脉到阴山山脉以南广大地区一样,农耕文化的发展也是如此空前地向前发展着。这里,以古粟为标志的宝鸡北首岭和扶风案板两个新石器遗址的发现,就是在宝鸡及周原地区出现农业文明的突出事例。因此,我们说,在世界农业起源之一的中国,而宝鸡及周原地区在发明发展远古农业方面,也是有重大贡献的。

二、周原原始农耕文化的特征

全新世初,在周原地区近西地带——前仰韶老官台类型文化宝鸡北首岭遗址,距今已有 7100 多年的历史[30];同时,在周原中心地区发现了扶风案板新石器遗址。本遗址的发现,其中孢粉带Ⅲ属于新石器时代的龙山文化[32]。时代处在 Q_4^2 中全新世时期。

北首岭老官台类型文化出现时,这时正是"始教天下种谷,故号神农氏'(《帝王世纪》),是炎帝氏族在今渭水流域的宝鸡及周原地区的活动时期[33]。传说中的炎帝神农氏在我国发明了原始农业,考古资料证明当时是在距今 7000 多年以前的新石器时代早期阶段[34]。在此传说史的资料和考古资料比较一致。北首岭遗址的发现,不仅证明了神农氏"乃始教民播种五谷,相土地,宜燥湿肥沃高下,尝百草之滋味、水泉之甘苦,令民通所避就"(《淮南子·修务训》)的传说信史,而且还说明了这个时期在我国出现的原始农业是经过采集经济发展而来的;同时也说明宝鸡及周原地区是中国古代农业的发祥地[35]之一。

北首岭遗址的文化特征,按它的经济结构是以农业为主。从已发掘的遗存来看,有墓葬 451 座,灰坑 75 个,房屋 50 座,陶窑 4 座,发现陶器 900 余件。还有生产工具、生活用具及装饰品等总共 5000 余件,其中生产工具 925 件,其中农具占 248 件。在农具中有石斧 63 件,石铲 33 件,石刀 4 件,石磨盘 10 具,石磨棒 14 根[36],还有骨铲 145 件、角铲、角锄各 1 件。石斧、石铲、石刀及角锄等这些工具,特别是石磨盘、石磨棒的出现,说明它们都是原始农业生产中常用的工具。这时"石器主要以磨制为主",多是木石并用的复合工具。这种工具的特征不仅能说明农业生产在当时是经过旧石器早期阶段发展到晚期阶段,以采集经济开始向点耕农业(相当于考古学上的旧石器晚期中石器时代到新石器时代仰韶文化、河姆渡文化时期);同时,使我们从中也可以看出:生产工具经过由打制到磨制,其品种种类不断增加提高,发展变化的历史特点。从而更能说明这些生产工具多是当时"为栽培植物和谷物所需要"的新手段:即是原始农业的发明——人类历史发展的历史特征。当时生产力所具有的这种进步也为历史的文献所证明。它和《易系辞》所谓的:(神农氏)"斫木为耜,揉木为耒,耒耨之利,以教天下"是一致的。炎帝当时的"斫木为耜",就是同当时裴李岗或河姆渡等遗址"石耜"或"木耜"等实物遗存一样,都是当时的农业工具;如石铲、骨铲、角铲,或木耜、木耒等,都是当时以木质或带有木质为主的点耕农业工具。这些农业工具,证明了当时生产力的发展变化到了炎帝发明点耕农业——锄耕农业的农业时期,进而到了锄耕农业繁荣的仰韶文化时期。马克思主义认为:社会历史发展中起决定因素的是生产力的变革和发展,生产力是社会生产中最活跃最革命的因素。而生产力的变化首先又是从生产工具的革命和发展开始的。因此,全新世初,北首岭遗址农耕文化生产工具水平所反映的社会内容当然也是一个最活跃最革命的因素了。同时,北首岭遗址的陶器也有900余件,其中生活用具611件,陶器品种有饮食器、炊煮器及盛贮器之分,绝大部分是与农业有关。《太平御览》引《周书》佚文记载:"神农耕而陶。"说明了炎帝时不光发明了农业,同时也发明了陶器。考古资料证明:我国陶器和原始农业一样,也是在距今7000多年前的新石器时代早期阶段就出现[37]。北首岭还发现了古粟。古粟的发现,则更能说明宝鸡及其周原地区也的确是世界上最早种植粟的地区之一。

　　这时的考古遗址,就如北首岭的墓葬中所发现的生产工具有石斧、石锛、石凿、石刀、石锄、石磨盘、石磨棒以及骨铲、骨箭等(注:各层石骨等器特征区别不明显,故不分层叙述)[38],都是为栽培植物及谷物加工所需用。盛贮器皿如陶钵、陶罐、陶瓮等,其作用也是如此。因此说,这里的植物栽培与它的新石器制造使用无不有着紧密的联系。考古学家认为:新石器时代始于距今约1万年,而古粟的栽培驯化,也应始于新石器时代的早期[39]。因此,7000多年前仰韶文化老官台类型——宝鸡北首岭遗址下层地层古粟的出现,当然就是这种植物栽培驯化成功的一例。随着考古的不断发展,这种古粟遗址也在不断出土。此期间,在中国的土地上已有26处遗址和墓葬就出土了古粟。五六千年前古粟的种植就已遍及黄河流域和北方的广大地区[40]。从时间及地点看:在此出土的古粟除山西夏县西阴村[41]、万荣县荆村[42]、辽宁赤峰市蜘蛛山[43]和陕西宝鸡市斗鸡台[44]等遗址均是解放前发现外,其余20余处都是解放后发现。其中有8处分布在陕西。它们是:西安半坡[45]、临潼姜寨[46]、华县泉护村[47]、元君庙[48]、彬县下孟村[49]、宝鸡北首岭[50]、斗鸡台和扶风案板[51]。这些古粟遗址正说明中国在新石器时代,黄河流域及其支流渭河流域的农作物已是以粟为主,并且密集地在此分布着。这就足以说明前仰韶类型宝鸡北首岭遗址和仰韶半坡类型扶风案板遗址等所发现的原始农业文化,与炎帝神农氏时期传说文化能比较一致这个很重要的历史特点[52]了。我们认为老官台文化和半坡类型与炎帝的历史传说是有着非常密切的联系。我国黄河流域,发现了许多早期新石器时代的考古遗址。按碳14测定多在8000年以上的新石器遗址有河北武安磁山遗址[53]、河南新郑裴李岗遗址[54]和陕西渭南北刘遗址[55]及白家遗址等。这些遗址与宝鸡北首岭遗址一样,皆有相当成熟的农耕种植业,其中并有我国北方地区普遍发现的古粟谷物。

案板古粟新石器遗址,位于周原地区扶风县城东南约4公里处的案板村南一带,遗址西北距岐山不远,南临沣河,东倚美阳,在两河交汇的黄土台塬上。遗址中部有一条体呈东西向大冲沟——杆长沟;西部历年来人工取土形成的长约200米的南北向大壕——张家壕,在沟、壕及沣河北岸断崖上到处可见文化堆积露头;自下而上为仰韶文化、龙山文化、周代、汉代和近现代的堆积。其气候:据两处地层剖面划为Ⅲ、Ⅳ两个花粉带,尤其是带Ⅲ,是冰期之后最为温暖湿润的时期,相当于大西洋期[56]。1986年在遗址GB区第三期文化灰坑中发现了11种植物的灰像,其中认为属于农作物的有粟、黍、稻三种[57]。这三种农作物在周原的发现属首次,其中稻的发现在整个渭水流域的新石器考古中尚属首次。

总之,据上所述:根据古粟遗迹在黄渭中游地带这种普遍密集分布的特点,特别根据分布在周原地区两端及其中心地区出土遗址具体所发现的这种特点,以及炎帝氏族发祥于岐山和武功一带[58]地望的特征来看,在西端与宝鸡北首岭遗址相依,东北又和彬县下孟村遗址相近;周原地区就在此坐落,特别是在它的本地区又有案板遗址新石器时代中晚期古粟谷物的发现。经分析估计:这样在周原地区终会也要揭开新石器时代前仰韶文化——老官台类型的新篇章[59];而早全新世的原始古粟在此的发现也是很有可能的。它将会对炎帝在周原及宝鸡地区传说农业的发明而提供更有力的证据。

我们说全新世初的古粟,在周原地区发现,也是有地层根据可供析探。

周原地区远古文化地质地层,特别是灰层文化地层存在的既很普遍县也很厚。例如1992年夏经李昭淑、雷祥义及笔者自己去周原调查:在它的沣水南岸脱家塬(图六:《岐山县脱家塬晚更新世黄土剖面示意图》)及渭水北岸蔡家坡黄土台塬(图四:《岐山县蔡家坡黄土示意剖面图》),就两处的黄土地层剖面来看,都是很厚的黑垆土,在脱家塬还发现有龙山、庙底沟时期的黑陶及红陶片。同时这种陶片我们在岐山凤雏(图四一:《岐山凤雏全新世洪积层示意图》)全新世洪积层调查时,在它的粘化层,即灰土文化层也是普遍存在。这类地层如果借鉴案板傍龙寺地层堆积三层(Q_4^1)黑垆土年龄10000—8000年来看,大体相似。从特点看,经调查这类地层有的是灰层,有的是灰坑。这从内容上说,灰土当然是人类生火剩余的灰烬,经自然混合而成为灰土。例如当今在周原已经发掘的庙底沟类型岐山王家嘴遗址(面积约20万平方米,文化层堆积总厚约4米);庙底沟——龙山文化扶风案板遗址(面积较大,文化层堆积较厚、延续时间较长),以及客省庄二期龙山文化遗址(面积约1万平方米,分布在岐山双庵北窑村和北祁村)等,均是地层很厚面积很大的遗址。其地层内容除出有石器、陶器等反映周原原始农业经济特征的器物外,灰层地层其本身也给原始农业在周原地区的发现提供了更直接的资料价值,尤其是火的资料价值。"火在后来的农业生产中占有重要地位。狩猎过程中焚草为肥,促进了野草的生长,自然为后起的游牧或农业部落所继承。……最初的耕作方式也是靠火来进行的[60]。""燧人氏,钻木取火,以化腥臊"(《韩非子·五蠹》);"伏羲禅于伯牛,钻木取火"[61];"木与木相摩则然(燃)"(《庄子·外物》)等等,火对于促进农业的出现具有重要影响。因此,我们从上述考古地层灰层文化的历史作用中,也能析探出三条理由来,仍可说明我们探索周原原始农业所要出现的学术问题。因为这里的灰层地层特征显然也是由当时用火的灰烬来构成的,并发现具有原始谷物出土的原始农业村落遗址。

首先是火的历史作用。

在周原扶风案板、岐山脱家塬等遗址的灰层地层遗址中,我们已知由于遗址发育的历史时间长,经推断在原始农业试栽之前,在不少灰土地层中,肯定会有旧石器时代,特别是晚期(Q_3)使用过火的遗迹。同时这种情况再从有关环境历史看,更新世早期在西候渡遗址有一些呈黑色、灰色和灰绿色的哺乳动物骨头,经化验鉴定,其中一部分是被火烧过的[62];更新世晚期在禹门口旧石器洞穴遗址也发现有过使用火的遗迹,即火烤的兽骨遗迹。也就是说,在鄂尔多斯周圈南部汾渭断陷地带,从山西芮城、陕西韩城,而沿凤—韩大断层地带向西到宝鸡姜城以及岐山姜水(即美阳河)的周原地区,即炎帝发明农业的地方,我们可以窥视到周原不会没有旧石器晚期到全新世初期"火的使用"和"管理"这些遗迹。因而,周原地区旧石器时代中晚期火的发现,特别是火的管理和使用,标志周原地区已经到了原始农业要出现的时期;到了旧石器晚期便由狩猎产生了畜牧驯养,由采集产生了原始农业[63]这个时期。所以,周原地区刀耕火种、点耕农业能这样在全新世初期出现,这不仅从它的新石器文化如宝鸡北首岭、扶风案板等遗址灰层地层火的遗迹中得到证明,而且从西候渡及禹门口等旧石器遗址中火的遗迹间接地也给佐证。确定一个遗址是否已进入到新石器时代,其中主要标志是农牧业是否产生、人们是否已由食物采集进入到食物生产阶段。这一点已被越来越多的考古资料所证实[64];这里火的管理和使用是一个决定性条件。而宝鸡及周原地区已经有了这样的一些考古及灰层地层遗址,证明当时确是要出现并已出现了原始的农业。人类自用火以来,是历史上一次最伟大的经济革命[65]。

其次是村落遗址的意义。

这里,我们从原始村落的出现说明全新世(Q_4^1)时,周原及附近宝鸡地区也会有由采集经济发展到原始农业的出现。因为原始农业的出现,是和文化生态学聚落遗址的出现有着很大关系。因为聚落形态可反映自然环境及建筑者的技术水平;它是提供了考古文化的功能性的出发点[66]。例如周原地区西端北首岭原始村落遗址[67]的发现就是典型一例。村落灰层地层由此出现,说明在周原本土地区也会有与类似北首岭遗址的已经长期定居的居民一样,也会有他们当时在周原定居生产生活过的村落遗址。因为农业的发明是以相对定居为前提的。人类在采集和渔猎经济高度发展的条件下,可以在一个地区居住下来,这样才能栽培农作物[68]。周原案板遗址(龙山早期文化)在灰坑地层发现有粟、黍、稻等谷物灰土,对其进行灰像法分析:得来有粟、黍、稻三种作物[69],这反映了周原当时原始农业或是炎帝传说农业正是这样发展的。这种情况谢伟在《案板遗址灰土中所见到的农作物——兼论灰像法的改定》一文称:

灰像法是利用植物遗骸中二氧化硅(SIO_2)骨架的不同形状来判定出土作物

的种属。一般植物体的成分主要是有机质和水分，无机质甚少。一旦植物由于燃烧或其他原因变成朽灰，便无法从形态上判断它的种属。但是人们发现，植物体中的二氧化硅骨架化学性质稳定，耐酸、碱及高温，在植物体由于各种原因被破坏之后，仍然可以留存下来。

二氧化硅的含量，在一般的栽培植物方面表现有三类群。

第一类是含硅量特高的，如水稻在茎、叶干物质中含有 15%—20%（SiO_2），甚至更高。

第二类是"旱地"禾本科植物，例如燕麦、大麦、小麦，它们的硅含量为干物质的 2%—4%（SiO_2）

第三类是以豆科植物为代表的其他含硅量仅为第二类植物的 1% 左右[20]。

这里，特别是案板遗址东边毗邻地带的美阳河流区，又是中国炎帝传说农业的发祥地。因此，原始农业古粟谷物在案板的发现，为之提供了直接对比的证据。根据古粟谷物在此分布的时间（案板遗址第三期文化，时代属于龙山早期，与庙底沟二期大致同时[21]）、环境（气候温湿，是全新世气候最适宜时期[22]）及地层特点（遗址面积较大、文化层堆积较厚、延续时间较长）[23]等，说明在炎帝传说农业时期，即在周原案板遗址中虽还"没有发现属于新石器时代中期而早于仰韶文化的老官台文化遗存"的什么原始农业，亦即还没有出现古粟谷物，但是案板遗址第三期文化灰坑中所发现的粟、黍、稻三种农作物而由此的出现，正可足证炎帝传说的农业时期，在炎帝发祥农业的故乡——周原美阳、沣水等地经推测也会有新萌的栽培农业发生和分布的。因为这时气候：老官台文化应和仰韶文化一样处于温暖期；如同北首岭出现古粟的环境条件一样，也是已经具备了这种气候、地貌及文化的条件。如果认为这种分析是科学的话，分布在周原广大地区的灰土遗存则和北首岭与案板一样，也可看做是周原先民们当时普遍在此定居生活时的地方。由此进而可以说明在周原地区也有由于社会自然分工的不同，妇女多担任采集和看守火种的任务，采集的种子有时被泛撒在人类居住的村落周围，遇着合适条件也会再生结果。这样就会引起在家妇女的注意；或用尖棍掘个小坑将种子埋下，半年后照常收获，这样就产生了农业；因为这样的收获远比采集来得集中而可靠[24]。农业的出现是在距今 1 万年前后。出现时当时母系氏族制度已有很大发展，人口有显著增加，人类日益需要有稳定的生活来源来维持，但是这已为当时的采集和渔猎经济所而不能保证了。因而，妇女当时在长期的采集实践中年复一年，反复观察，逐渐认识了某一些的生长规律。她们发现，在土地、水分和气候适宜的条件下，有些种子可以发芽、开花、结果；有些还能在住地附近移植栽培。这是一个很大的发现[25]。栽培作物也很重要，因为原始的园艺耕作是"农田耕作的先驱"[26]。所以说，人类在周原也是由采集与游牧生活而走向定居生活的，由此也出现了粗具雏形的氏族村落[27]。由于灰土文化遗迹的发现，特别是因这种村落遗址的发现，刀耕火种，周原地区的原始农业也就必然应运而生。

再次，古谷遗迹发现的特点。

远古谷物遗迹，或古粟古稻甚或古麦等的驯化遗迹，在周原灰土地层中不仅存在，而且有些已经发现。我们已知关中渭水流域由渭南北刘、西安半坡，到宝鸡周原东北彬县下孟村,其西端北首岭等均已有古粟遗址出土。如前所说,就在周原地区扶风案板早期龙山遗址中,近期也有古粟、古黍、古稻三种农业遗迹出土;同时在其本区灰土地层中也可发现在仰韶、龙山以及前仰韶文化时期的谷物遗迹,故而应该说今后在此也会不断出现古粟等谷物遗迹的。因为:周原这个时期具有着 So 下、Lt 上相互之间的过渡地层(如前提到的岐山脱家塬、蔡家坡塬及凤雏全新世剖面者是),这类地层之上呈灰褐色黄土地层,或称黑垆土,成壤较弱、厚 0.30 米,而此之间具有距今8500—6800年类似老官台文化遗址的地层在它的高阶地及黄土台塬上分布[⑰];由此来看,古粟等栽培的农业产品在此更会被发现。同时,再从农业发生发展过程,并根据文献记载情况来看,如《诗经》的《生民》与《思文》,这是颂扬后稷创业的两首诗:诗中除记有谷、稻、麦外,还有荏菽(一豆)、有穈(红高粱)、芑(白高粱)等农作物品种的事,即所谓'五谷:麻、黍、稷、麦、豆也'[⑲],或"五谷谓稻、黍、稷、麦、菽也"[⑳]。时间是在"后稷之兴,在陶、唐、虞、夏之际",是他(后稷)协助夏禹"治梁及岐"(即周原岐山及扶风东北乾县梁山等地)[㉑]。而此时此地的情况是:经过长期培育种植的农作物有谷、黍、稻、麦、大豆、稷等。这正能说明周原是从"斫木为耜、揉木为耒"的炎帝传说"耒耜时期"经过点耕农业,锄耕农业发展的阶段(《西安半坡·生产工具》),即仰韶文化阶段而发展到更"发达的锄耕农业是龙山文化"(《新中国的考古收获原始社会》)的这个时期,亦即我国原始社会末期——父系氏族公社解体的这个阶段;这时收获增多,"实颖实栗",而正是由"原始社会最初的农业'砍倒烧光'(点种)而发展到龙山文化时期,并始用'木犁耕种'"[㉒];从而使得周原这个地区向父系氏族社会过渡之后而所出现的五谷丰登局面。这个丰登局面的出现,显示了传统农业的顺时产生发展,这样才使周原农业的产生远比母系氏族时期更为发达繁荣。因此说,周原处在原始农业点耕农业时期,由于农业发展起点早,不光含有古粟古稻的栽培,而且很可能还有古麦等的栽培。或者至少也会有由近邻地方移植到周原地区的农业品种如麦、稻等就地"落户"。耕作方法由点耕、锄耕发展到犁耕,即传统农耕。周原由最初的简单的农业工具,主要是沿用原来采集时用的尖木棒、鹤嘴锄,进而大力改进和发展为石制工艺,普遍应用磨制钻孔等技术,选用质地细、韧性大的石料制造出锋利而坚硬的工具。器形多样化,有些石斧、石凿、石锛等装上木柄,变成了复合工具。还制造和使用了半月形石刀、石镰、蚌镰、骨铲,以及木耒等新型工具(《新中国考古收获原始社会》),这些工具的出现对于开垦土地、发展农业有重要作用[㉓]。

三、周原几种原始谷物来历试探

根据仰韶文化遗址和大量考古遗迹的研究,当时经济是以原始锄耕农业为主,北方农作物主要是粟,南方是稻谷,由点耕农业发展到锄耕农业。锄耕农业的进步,除体现在农业工具改革方面外,还体现在发明农业是妇女的功绩[㉔]。即是说在中国粟和稻等起源,实际上都是中国妇女发明的。同时,根据植物染色体数目推知:中国还是栽培小麦的故乡[㉕]。考古学家一般认为:粟、稻和麦的驯化栽培,应始于新石器时代早期,由于考古的发现,古粟古稻不断出土;随着新石器时代早期对于古粟和古稻的这种驯化、栽培和演进,不断了解和研究,并借鉴来探讨周原地区新石器早期,即全新世初点耕农业古粟和古稻等驯化和栽培的情况,这不能不说也是很有意义。

(一)古粟

古粟原产中国,起源于华北黄河与渭河中游广大地区。在宝鸡及周原也有出土。尤以河北武安磁山遗址出土的古粟最为重要。在磁山发现长方形坑共 300 多个,其中 80 个有粮食堆积,一般厚达 0.3－2 米,内有十个堆积最厚的竟达 2 米以上。距今已有 7300 年[⑧]。现在世界各地所栽培的粟品种,无不与中国所栽培的古粟有着亲缘关系。苏联把粟叫"粟子",朝鲜叫"粟克",印度叫"棍谷",仍都保留着中国"粟"和"谷"的原音。早在新石器时代,中国粟就已由东向西传播,经阿拉伯、小亚细亚、俄国、奥地利,传播到整个欧洲。中国粟向东还传播朝鲜、日本以至全世界[⑧]。磁山遗址出土的古粟,不仅是中国发现最早的人工栽培粟,而且也是迄今世界上发现最早的人工栽培粟[⑨]。它当然也是宝鸡及周原地区目下出土古粟的代表。但是,这种栽培粟的古粟在旧石器时代末、新石器时代初,在气候相当于我国今天温暖带的南部地带或半湿润气候的北亚热带的情况下,它的驯化、栽培和演进的具体途径究竟怎样,周原地区当时演进的这种工程又是怎样,对于这些,我们结合宝鸡及周原地区的情况也做些探讨。

植物学家认为,粟的祖先是狗尾草。从形态和子粒来观察,粟与狗尾草彼此十分相似。狗尾草在亚洲分布很广,中国黄河流域更是多见[⑨]。在周原及宝鸡亦然。它在《诗经·大田》称莠,绿毛莠,狗尾草。《诗经》在此所谓的狗尾草肯定是周原地区当时生长着的。所谓"不稂不莠",是说谷子地里还生长着狗尾草。《吕氏春秋》载:"莠,乱草粟之草,一本数茎,多至五六穗,俗称狗尾草,实小叶长,初生时,苗全似禾。"据说有人曾做过实验,把野生狗尾草和粟杂交,获得近似双亲的杂交种,证明他们之间的亲缘关系是很近的。而杂交的穗子正像田间见到的谷莠子,这说明它的远亲似狗尾草是有道理的。狗尾草属禾本科植物,谢伟"分别对案板遗址灰坑中的灰土采用'灰像法'进行分析,发现了大量的禾木科植物的灰像",从灰像中确认一种植物灰像是粟,这就是这种狗尾草演化为粟的见证。人类最早可能把狗尾草作为饲料种植,以后逐步驯化成为今天的栽培粟。粟之所以成为新石器时代北方地区的主要粮食作物,一个重要原因就是它能适应各种生态条件,特别能耐旱。谷粟耐旱这一特点,当今周原农民仍有体验:所谓"谷湿心,麦湿根"的农谚就是指谷物这种特性来评谓的。同时,它对土壤的要求也不严格,沙土、粘土、盐碱地都能种植,即使种在高山陡坡的瘠地仍能收获。故而它特别适宜于远古时代原始农业的种植和发展。因此,古粟在宝鸡及周原地区,和其他如河北武安磁山遗址所出古粟一样,很可能也就是属于就地驯化栽培产生,并经过长期间原始农耕,特别是经过长期的传统农耕而发展到现代。它在陕西宝鸡及周原地区和北方地区内蒙谷、吉林、辽宁、黑龙江、河北、山西、甘肃、河南等其他广大地区一样,同样都是粟的主要产区。宝鸡周原及其类似的这类地区历经 7000 多年至今仍然是有着种植这种谷粟的优良传统。

(二)古稻

在传统农业方面宝鸡及周原地区已有了古稻的品种遗迹。1932 年,丁颖用华南野生稻和栽培稻杂交,育成新种;他们还根据两广野生稻的分布,断定华南是中国栽培稻的发源地。70 年代在浙江余姚河姆渡也出土了 7000 年前的稻谷及稻叶、稻壳等。结合文献对长江下游野生稻的记载,考古学者断定长江下游是栽培稻的故乡[⑨]。同时,在广东曲江石峡墓中也出土了籼稻和粳稻炭化谷粒和米粒[92]。广西农学院在1978—1980年组织了188个单位协作普查野生稻资源。普查范围共85个县市,结果在广西南部,尤其是桂林中部地方发现有31个县分布有普通野生稻。这些地方距广东曲江发现古稻的地方,仅200公里。华南也是中国栽培古稻的发源地[93]。这里所述情况既是这样,那么在北方,乃至陕西关中周原等地,现代传统农业的稻谷,它的原始品种是从何而来呢?根据传统农业分布的一般地域特征:北方以麦为主,也产稻,南方以稻为主,也种麦;据北方仰韶文化遗址和南方河姆渡文化遗址以及大量考古遗物的研究,我们借鉴实验资料得知:当时的这种原始农业在北方"主要以粟为主"与南方"主要以稻为主"的这个渊源里头,就是我们今天所谓传统农业的发源地。同时就稻谷及小麦等农作物传播特点而言,它们在一定环境条件下彼此之间,也会有互移迁徙的现象。因此,在北方华北及宝鸡周原等地的传统农业如稻、黍、稷、麦、菽等五谷中,其中也出现有种植稻谷情况就是例证。所以,在宝鸡周原地区原始农业稻谷在当时环境条件下就地产生或播种,虽知其起源地是南方地区,但它与古粟一样,在当时很有可能是由异地移植栽培到本地区,或者也就说它也是当时在北方当地,即周原等地区属于由野生草本植物就地驯化的栽培品种;因为那个时期本地区同样也有适于它在此驯化种植生长的环境(老官台文化Ⅲ阔叶花粉增长带、较湿较暖的气候期)[94]或演化生长的条件。这一点,不光为北方地区,1993年河南舞阳县贾湖遗址发现的栽培水稻遗存(时间距今8000年)所佐证,同时也为近年在渭水中游地区周原、由于案板遗址稻谷遗迹的新发现并给了一个有力的证明。1986年,扶风案板遗址稻谷的发现,这在渭水流域的新石器时代考古中确实属首次[95]。它对于研究关中地区,尤其周原地区原始农业的起源,特别是稻谷的起源都有十分重要的意义。

案板和贾湖遗址新发现的稻谷遗址证明:在中国北方黄河中游地区及西北渭水中游周原地区,与长江中下游地区一样,也是"有着久远的水稻栽培史"(中国国家文物专家谢辰生、黄景略《改写历史的考古新发现》,1994年1月25日《人民日报》第11版)。不仅如此,由于陕西周原案板,特别是浙江河姆渡、湖南沣县及河南舞阳县等遗址关于栽培水稻遗存的考古新发现,同时也改写了"中国的水稻栽培技术来源于印度或日本"的说法。

(三)古麦

在宝鸡及周原地区由于驯化而来的古麦品种也是会有的。相传神农生地蒙峪有一种麦的品种,出粉率高,产量多,相传是神农留下的麦种[96]。这一传说也能启迪人的思考,并以此作为线索,可探讨古麦在这些地区驯化或栽培的踪影。

宝鸡及周原地区从历史上看,在新石器时代初也会有古麦遗迹的存在。蒙峪在宝鸡偏南,以为此处留有神农麦种,特别以为此处还有相传"神农长于姜氏城""姜城堡"这个地方;进而有人由此认为:"从国志到方志都说姜水城在宝鸡市南有姜水,相传神农氏生于此。"但是,对神农生地,另据一些研究者看,是持有不同认识。例如杨亚长1987年在他的《炎帝、黄帝传说的初步分析与考古学观察》一文说:"关于炎帝族活动的地域,《帝王世纪》记载说:'炎帝神农氏,姓姜,母女登游华阳,感神而生炎帝于姜水。'……关于姜水的位置,《水经注·渭水》条下说:'岐山又东径姜氏城南,为姜水'。"徐锡台在《西周诸王征伐异族的探讨》论文中也说:"据《水经注·渭水》:'岐水又东,径姜氏城南,为姜水'。"对此徐释为:"岐水即好畤水也,今扶风法门,为美阳城,可能就是传说中的姜水城,美水当姜水也。"[97]任周芳1986年在《姬姜两族关系浅谈》一文也说:"这里的姜水所指的即现在之美水,美当为姜之误书,它发源于岐山脚下,经武功然后折流入渭[98]。"杨亚长在上文进一步说:"由姜水的位置可知,炎帝族的发祥地在今天关中西部的岐山、武功一带[99]。柏明、李颖科等1990年10月在《黄帝传》一书谈炎帝族发祥地望时也这样认为:"据《国语》、《说文》、《帝王世纪》等文献资料,神农和炎帝都居于姜水(即岐水,在今陕西岐山一带)之域。"[100]李仲操、罗西章也是持此认识。这样孰错孰对?! 在此显然就有上述两种认识。从资料看,前者对资料观察理解还是有所失断,例如对《水经注》"岐水东径姜氏城南,为姜水",对此连他们自己也都认为"史家多不采用",但又自认为:"这里(指宝鸡市南姜城堡)也是姜姓部落活动的地区。"[101]而这样的认识就与后者多数人考察认识的有所不同。关于炎帝发祥地望问题,笔者亦以为应在"今陕西关中西部岐山、武功一带";这一带是周原地区。因而也可以说炎帝传说"麦种"源于周原地区。如是,《淮南子·修务训》谓:"古者民茹草饮水,采树木之实,食蠃蚌之肉,多疾病毒伤之害。于是神农乃始教民播种五谷……"这里的"乃始教民播种五谷",其"播种"的地缘当然是在周原了。时间也应是新石器时代初。则炎帝农业传说也应从周原起,再向邻近地区去辐射。

"谷物都属禾本科"[102],其特点:"多数为草本、少数为木本植物。茎(特称为秆)有明显的节,叶互生、二列,叶片狭长。果食通常为一颖果,含大量淀粉质的胚乳,稀有浆果、囊果或坚果。禾本科包括许多经济植物,如稻、小麦、大麦、高粱、玉米、粟等,为重要的粮食作物。"[103]面对这些农作物,究竟怎样认识它的发源地呢? 我们可以根据植物染色体的数目,来推知何处是其栽培的故乡。关于这一问题,也有国外学者曾经推断中国是小麦的故乡[104]。但重要的还是我国学者,近年来根据对青藏高原野生小麦和野大麦的细胞学观察,发现普通一粒小麦(T. X. aestivuTn)体细胞染色体数为$2n = 42$,野生一粒小麦(T. aegilopodes)体细胞染色体数为$2n = 14$;栽培大麦和二棱野生大麦体细胞染色体数为$2n = 14$。通过杂交测定,野生小麦和普通小麦杂交,野生大麦和普通大麦杂交,都可以顺利得出可孕的杂交种后代。酯酶同工酶分析表明,由小麦草→野小麦→栽培小麦之间是有一定联系的[105]。1983年,陈瑞阳、佟德耀、周泽其、李潘等,研究云南小麦和西藏半野生小麦的染色体数都是$2n = 42$,染色体形态比较接近,N也比较接近[106]。他们认为:青藏高原是我国小麦和大麦的发源地之一;而且它并是由青藏高原开始向云南扩散的。

如果说:新石器时代初,炎帝神农在宝鸡周原地区发明的小麦品种可同原始栽培发明的农业相互印证的话,而古小麦的产生也能在周原地区随地传播。周原的植物资源特别丰富,草本植物有97科,706种,其中禾本科就有101种[107],其中有些种可能就是本地区原始小麦的栽培种;同时在此,也有当今小麦生长的临界高温25℃和临界低温6℃以及全生育所需要的450毫米耗水量等环境条件,这些都与新石器初当时所具有的温暖湿润亚热带环境条件[108]也是相同的;因此古小麦生长的这类条件,那时在宝鸡及周原地区确曾也是具备的[109]。原始农业小麦品种很有可能当时就在宝鸡周原地区产生或传播。这些认识对我们今天坚持深入了解古麦在宝鸡周原出现并扩大了视野。甲骨文有"麦"，《诗经》有"来"、"牟"、"麦"，《吕氏春秋·任地篇》载有大麦，居延汉简记有大麦、小麦，1955年在安徽发现了西周时代的小麦（安徽博物馆，安徽新石器时代遗址调查，《考古报告》1959.1），近年，又在甘肃民乐以及陕西武功发现新石器时代的大麦和小麦（李璠等，《甘肃民乐县东灰山新石器农业遗址新发现》，《农业考古》1989.1；黄石林，《陕西龙山文化遗址出土小麦秆》，《农业考古》1991.1），特别是新疆社会科学院考古研究所近年来在孔雀河下游发掘的一批原始社会墓葬中出土小麦，以后得出"4000年前，新疆就有小麦的栽培利用"的结论[⑩]。周原周边地区有"武功发现新石器时代的大麦和小麦"古麦遗迹，这对周原地区栽培古麦发祥发展的史实可以说更能具体佐证。上述文献和考古提供的古麦资料经分析："大麦和小麦既然是我国古代栽培的作物"（陈良佐，《再探战国到西汉的气候变迁》，《台湾：中央研究院历史语言研究所集刊》1996），这对我们坚持古麦在宝鸡周原渊源说来讲，而更使人赋有启迪性和深刻认识。

四、炎黄传说农业与周原原始农业

在我国黄河中游地区新石器时代早期的文化主要有：老官台文化、裴李岗文化和磁山文化。这三种文化的年代基本相近，大约为前5800—前5000多年[⑪]，而且文化面貌也有一定的共性，又有着各不相同的分布区域以及文化特征。它们基本上是同时并存和发展于不同地域内的不同考古文化[⑫]。

老官台文化主要分布在渭河流域的关中地区，西至甘肃陇东，东到陕豫接壤，西南可达丹江上游一些地带。从现有的资料分析，继老官台文化之后所发展起来的文化是仰韶文化半坡类型，目前不论在层位上还是在遗迹遗物的特征上，都有确凿和明显的踪迹可以证明。半坡类型是老官台文化的继续发展和直接演变。半坡类型的分布仍以关中地区为中心，但分布的范围在老官台文化的基础上稍有扩大，包括陇东、晋西南、豫西、豫西南以及陕南地区。其年代大约为公元前4800—前3600年。如果将考古发现同考古传说资料联系起来进行分析，我们认为老官台文化和半坡类型与炎帝族的传说具有非常密切的联系。第一，炎帝族发祥于关中西部的岐山和武功等地的周原一带。该氏族的活动地域主要在渭水流域的关中地区，恰是老官台文化和半坡类型分布的中心区域。因而说明在地域方面是相互一致的。第二，据文献记载，炎帝时期曾发明了原始农业，并发明和开始使用陶器；而考古发现证明，老官台文化的先民们已经发明了农业，并且过着以原始农业为主的长期定居生活。在许多遗址中曾发现有他们聚居的村落和房基，还有陶器和储存粮食的地窖。在各遗址中并出土有当时人们使用的石斧、石铲、石刀、蚌镰等原始农业工具以及加工粮食用的石磨盘和石磨棒。在宝鸡北首岭遗址下层中，渭南北刘遗址地窖内还发现过一些腐朽的粟粒[⑬]。在秦安大地湾遗址并发现有黍及油菜的残骨[⑭]。这些确凿的发现证明老官台文化及其同类型遗址如北首岭下层文化已进入到了原始农业阶段。但是，从考古资料来看，老官台文化遗址中各种生产工具渔猎工具的数量还较多，因此说明当时的原始农业是刚刚发明不久，所以还很不发达。同时，考古发现还证明，老官台文化的先民们已开始使用陶器。但是，当时的陶器全为手制，器形比较简单，而且胎壁厚薄不均，烧成温度较低，因而也具有一定原始性。说明当时的陶器发明也不久。由此可见老官台文化及其同类型文化如北首岭遗址，他们的经济形态以及生产与发展状况，都与有关炎帝族的文献记载相符。第三，炎帝族处于我国新石器时代早期的母系氏族阶段。而目前学术界普遍认为，老官台文化为母系氏族社会，这时正相当于刚开始摸索种植农业作物的点耕农业阶段[113]；半坡类型则为母系氏族社会的繁荣时期，这时正相当于我国新石器时代的仰韶文化、河姆渡文化时期——锄耕农业阶段[116]。因而说明老官台文化和半坡类型的社会形态与炎帝传说史正相一致。基于上述三点，我们认为老官台文化和仰韶文化半坡类型就是炎帝的考古学文化[117]。

同时，在宝鸡及周原等地区有宝鸡北首岭上层、武功赵家来六层、扶风案板一期1—2段，以及岐山王家嘴等庙底沟类型的文化等也在此地，特别是在周原地区普遍存在。在黄河中游地区继半坡类型、后冈类型以及其他文化类型之后所发展起来的是仰韶文化庙底沟类型。它分布的中心区域是在豫西、晋南及关中地区。但它的传播范围更广……。据碳14测定，庙底沟的年代约为公元前3900—前3000多年。在此，如果将考古发现与传说资料联系起来分析，我们认为庙底沟类型与黄帝融合炎帝族的历史具有十分密切的联系[118]。著名考古学家石兴邦指出："庙底沟氏族部落取代半坡氏族部落的地位是由东向西、由南向北逐渐实现的。初期在中原地区，是采取代替的方式，后期向北向西发展到采取融合的方式。据研究，在关中地区这种现象表现得很明显。姜寨、半坡、北首岭三个遗址的材料说明，越往西，半坡氏族的时代上限越早，下限越晚。在姜寨、史家遗址中，都发现了同一器物上绘有鱼、鸟两种图形，这应是两个氏族集团融合的标志。由取代而融合，进而形成统一的文化共同体。"[119]宝鸡周原地区庙底沟类型的出现，也就是这种文化融合的见证。很显然，上述的庙底沟类型代替半坡类型的过程与黄帝族战胜而融合炎帝族的过程无论是发展方向，还是文化性质的联系，也都是极其符合的。因此我们可以这样说，分布于河南中部（新郑一带）的裴李岗文化主要为黄帝的原始文化；分布于豫北、冀南地区的后冈类型则为黄帝族战胜蚩尤族的原始文化；而分布于关中地区（今岐山、武功一带）的老官台文化和半坡类型主要则为炎帝族的原始文化；由这两个氏族的原始文化所共同传承和发展起来的庙底沟类型，显然应视为主要是炎帝黄帝两个氏族融合后而形成的原始文化，从文献记载看，在东起山东，西到甘肃，北达河北，南近湖南这样一个广阔的地域内，都曾有过黄帝族活动的足迹。而这一类文化同时也进入到宝鸡及周原地区。接近于庙底沟类型属于龙山早期文化的案板粟稻黍三大古谷的发现，就是这类文化的例证。这种庙底沟类型，其文化的经济特点，也是以锄耕农业为主；它是从这种锄耕农业的初级阶段，即仰韶半坡类型时期而向锄耕农业的高级阶段——庙底沟类型时期发展，进而又向犁耕农业时期，即相当于考古学上所谓的新石器晚期——我国龙山时期，在周原地区即双庵类型的传统农业文化时期过渡。

原始社会最初的农业是"砍倒烧光"点耕，经过长期的锄耕发展到龙山文化时期，才开始用"木犁"耕种[120]。母系氏族向父系氏族发展，首先表现在农业的发展和进步。到了父系氏族时期，"用于农耕的工具占全部工具的40%—60%，比母系氏族公社繁荣时期要发达得多"[121]。生产水平明显地呈现出一个崭新的局面。我们认为：周原地区龙山文化时期的农业经济所出现的新局面,则更是如此。这时男子已代替妇女成为主要的农业生产者。他们改进生产、改进种植技术,使农业生产比母系氏族时期更为发达和繁荣;我国的传统农耕文化在宝鸡及周原地区也就开花结果。这个时期在周原地区正是先周弃后稷播种传统农业开始向前发展着的重要阶段。

参 考 资 料

①马正林:《周原与法门寺》,陕西师范大学历史系,1990年1月《法门寺佛学讨论会论文》。

②李凤岐:《先周关中农业》,西北农业大学古农学研究室,1986年12月油印稿。

③黄怀信:《周族源地与迁转》,《陈直先生纪念文集》,西北大学出版社,1992年5月。

④⑤㉗㉜㉒㉓㊄王世和、张宏彦:《案板遗址孢粉分析》,《环境考古研究(第一集)》,科学出版社,1991年7月。

⑥张光直:《考古学专题六讲》,文物出版社,1986年5月。

⑦⑧⑪⑬⑭周星:《最初的工具和人类历史的第一章》,《西北大学学报》(社会科学版),1982(2)。

⑨恩格斯:《家庭、私有制和国家起源》,《马克思、恩格斯选集》第四卷17—18页。

⑩⑰⑲⑥同⑥之25、26、75页。

⑫⑱㉓㉘张洲:《试论周原地貌特征与旧石器文化遗存》,《西北大学学报》(社会科学版),1991(4)。

⑮吴汝康:《坦桑尼亚、肯尼亚古人类概要》第36—40页。

⑯⑥⑧⑤③宋兆麟、黎家芳、杜耀西:《中国原始社会史》,文物出版社,1983年3月,第100页。

⑳刘士莪、张洲:《陕西韩城禹门口旧石器时代洞穴遗址》,《史前研究》,1984(1)。

㉑吴新智、尤玉柱:《大荔人及其文化》,《考古与文物》,1980年创刊号。

㉒裴文中、李有恒:《萨拉乌苏河系的初步探讨》,《古脊椎动物与古人类》,1964(1)。

㉔贾兰坡等:《山西峙峪旧石器时代遗址发掘报告》,《考古学报》,1992(1)。

㉕《中国的考古发现和研究》,文物出版社,1984年,北京,第22页。

㉖贾兰坡:《旧石器时代考古论文集》,文物出版社,1984年,北京,第175页。

㉘贾兰坡:《旧石器时代考古论文集·中国细石器特征和它的传统、起源和分布》第198页。

㉙㉚张瑞岭:《再谈中国的"中石器时代"问题》,《史前研究》(辑刊),1988年,第85页。

㉛㉟㊱㊸㊻梁福义:《先秦宝鸡地区农业发展述论》,宝鸡市地方志办,1986年。

㉝㊲㉒㊺⑧⑨⑪⑰⑱杨亚长:《炎帝、黄帝传说的初步分析与考古学观察》,《史前研究》,1987(4)。

㉞中国科学院考古研究所:《黄河流域的新石器文化》,《中国的考古发现与研究》,文物出版社,1984年,北京。

㊳《陕西宝鸡新石器时代遗址发掘纪要》,《考古》,1959(5);《宝鸡新石器时代遗址第二、三次发掘的主要收获》,《考古》1960(2);《1977年宝鸡北首岭遗址发掘简报》,《考古》,1979(2)。

㊴㊵⑧⑨吴梓林:《古粟考》,《史前研究》,1983年创刊号。

㊶㊼佟屏亚:《农作物史话》,中国青年出版社,1979年,第63—73页。

㊷㊸黄河水库考古队华县队:《陕西华县柳子镇考古队发掘简报》,《考古》1959(2),第71—75页。

㊸安志敏:《中国史前时期之农业》,《燕京社会科学》第二卷,1949年,第36—58页。

㊹齐思和:《毛诗谷名考》,《燕京学报》第36卷,1949年,第263—311页。

㊺考古研究所西安工作队:《新石器时代村落遗址的发现——西安半坡》,《考古通讯》,1955(6)第3—13页;中国科学院考古研究所陕西省半坡博物馆:《西安半坡》第11、47、104—125页,文物出版社,1963年。

㊻陕西省西安半坡博物馆编:《中国原始社会》,文物出版社,1977年,第31页;巩启明:《姜寨遗址考古发掘的主要收获及其意义》,《人文杂志》,1981(4),第119—125页。

㊽石兴邦:《半坡氏族公社》,陕西人民出版社,1979年,第14页。

㊾陕西省社会科学院考古研究所泾水队:《陕西邠县下孟村仰韶文化遗址续掘简报》,《考古》,1962(6),第292—295页。

㊿中国社科院考古所宝鸡队:《1977年宝鸡北首岭遗址发掘简报》,《考古》,1979(2),第97—106页。

51 56西北大学历史系考古专业实习队:《陕西扶风县案板遗址第三、四次发掘》,《考古与文物》,1988(5、6)。

53安志敏:《裴李岗、磁山和仰韶——试论中原新石器文化的渊源及发展》,《考古》,1949(4),第335—346页;河北省文物管理处、邯郸市文物保管所:《河北武安磁山遗址》,《考古学报》,1983(3),第303—338页。

55《新中国考古发现和研究》第35—41、145页,《中国考古学中碳14年代数据集》(1965—1981,河北、河南、陕西部分),文物出版社,1983年,北京。

57 69 70谢伟:《案板遗址灰土中所见到的农作物——兼论灰像法的改进》,《考古与文物》,1988(5、6)。

59张洲:《周原地区原始时代考古文化》,《西北大学学报》(哲学社会科学版),1995(1)。

60张洲:《周原的自然环境与考古文物》,资料稿6页,1991年7月。

61《太平御览》第八百六十九卷引《河图挺佐辅》。

62贾兰坡:《西候度——山西更新世早期古文化遗址》,文物出版社,1978年,北京。

63 74 77 84 113 114范志文:《对我国原始农业发展阶段的一些看法》,《史前研究》,1983年创刊号。

64张之恒:《关于旧石器时代向新石器时代过渡的几个问题》,《史前研究》,1984(3),第57页。

65柴尔德:《远古东方之探索》第23页,1954年版。

71张宏彦:《试论案板遗址仰韶文化遗存的分期》,《考古与文物》,1988(5、6)。

76同⑨第四卷156页。

79《周礼·天官疾医》:"以五味、五谷、五菜养其病",郑玄注。

80《孟子·滕文公上》:"树艺五谷",赵岐注。

81《史记·周本纪》。

82 120李仰松:《中国原始生产工具试探》,《考古》,1980(6)。

85裴文中:《中国旧石器时代的文化》,《中国人类化石的发现并研究》,科学出版社,1954年,第9页。

86中国社科院考古研究所实验室:《放射性碳元素测定年代报告(六)》,《考古》,1979(1),第89—94页。

88杨植民、董恺忱:《我国古代在栽培植物起源方面的贡献》,《中国古代农业科技》,农业出版社,1980年,第254—283页。

91 93 102 104 105何兆雄:《史前农业研究的新道路》,《史前研究》,1985(1),第91页。

92苏秉琦:《石峡文化初论》;杨式挺:《谈谈石峡发现的栽培稻遗迹》,《文物》,1978(7)。

97徐锡台:《西周诸王征伐异族的探讨》,《陕西省1988年4月考古学术会论文》。

⑱任周芳：《姬姜两族关系浅谈》，《文博》，1986（3）。

⑩柏明、李颖科：《黄帝传》，陕西人民出版社，1990年10月，第44页。

⑩梁福义：《先秦宝鸡地区农业发展述论》注释[16]释语。

⑩《辞海·生物分册》，上海人民出版社，1975年5月，第197页。

⑯《中国遗传学会第二次代表大会暨学术讨论会论文摘要汇编》，1983年，第222，274—275页。

⑰《陕西省宝鸡市农业区划》，《概要》第22页。

⑱《陕西省宝鸡市地理志》第四章、第六节《主要农作物的农业气候分析》，陕西人民出版社，1987年12月，第114页。

⑩黄长春：《渭河流域全新世黄土与环境变迁》，《地理研究》，1989（1）。

⑩新疆社科院考古研究所：《近年来在孔雀河下游的发掘》，《人民日报》，1982年7月13日，第三版。

⑫杨亚长："目前关于这三种原始文化的命名等问题尚有不同看法，我倾向于将其区分为不同的考古文化之观点"（《炎帝、黄帝传说的初步分析与考古学观察》注释[8]），见《史前研究》，1987（4）。

⑬张瑞岭、范志文：《陕西地区新石器时代早期文化》，《人文杂志》，1984（1）。

⑭甘肃省博物馆：《1980年秦安大地湾一期文化遗存发掘简报》，《考古与文物》，1982（2）。

⑲石兴邦：《中国新石器时代考古文化体系及其有关问题》，见《亚洲文明论丛》，四川人民出版社。

⑫《西安半坡》第230页。

第二节　周原传统农耕文化

周原地区环境优越，周原地面"涓涓淙淙"，"周原朊朊，菫荼如饴"。难怪周人、秦人都选上了这块宝地。当时河区：如沣河两岸仍是一片沮洳地、潴面成泽。气候湿润，雨水充沛，土地肥沃，自然景观优美。因而古公亶父在此首先建立了周人的第一个都城——岐邑；特别经亶父、季历及文王三代人在此开拓发展，东向灭商，从而又建立了西周王朝。嗣后，秦人也以周原为依托，到此建立雍城，积聚力量，向东发展，选迁都栎阳，再咸阳，统一六国，建立了秦王朝。这些充分说明周原历史地理和自然环境之重要。周原远古时地区环境优越，农业经济发达，历史文化也很悠久，就成了影响周秦王朝建立国家，特别是周人统一天下的决定因素。就现代农业经济的发展，其条件也很优越。

周原地区的远古文化，根据其本身和生态环境的历史特点，按农业文化、考古文化两个方面，对自原始农业发展转变到传统农耕文化等发展的历史过程再做些试探。

一、环境与农耕文化

周原的农耕文化，在中国农耕文化史上占有重要地位。它和周文化一样，也是中华民族优秀文化的根源；它承先启后，给我国优秀文化奠定了基础[①]。因此周原久负盛名；自然环境得天独厚。它不仅是姬周族周文化和农耕文化的发祥地，也是炎帝及其原始农业的发祥地。

姬周族男性始祖弃,早期经营武功邰地时,周原当地生态环境还属于暖温带或亚热带落叶阔叶林植被;特别是到了亶父"率西水浒"到岐之后,岐地险隘,"多树木乃兢刊除而自居",这时周原气候亦属温暖。我们在此提到的"邰"地或"岐周",经考察是周人先后曾经定居过的周原地区。因而这里的原始农业发展到传统农耕文化,直至现代。它仍然是我们中华民族优秀文化的宝贵遗产;由于生态环境和历史环境的影响,这里的农耕文化至今仍具有悠久的传统特点和发展的重要前途。

(一)近现代农耕特征

周原及宝鸡地区,地貌类型复杂多样,生物及农业资源也很丰富。尤其古农业,在本地区起源较早,是我国利用生物资源最早的地区之一;同时农林牧渔品种资源也繁多,为进一步发展农业生产奠定了物质基础。在此经过长期自然选择和人工培育的农作物种类,据统计就有46种,其中以小麦、玉米为主的粮食作物20种,以油菜、药材为主的经济作物12种,以苹果为主的果树8种,桑树1种,以蔬菜、饲料草为主的其他作物5种[②]。从种植范围看,在此:(Ⅰ)黄土台塬及洪积平原旱原地带,北依岐山,南与渭河川道平原灌溉接壤,主要辖有4县32乡,包括扶风县的黄堆、南阳、天度,岐山县的北郭、故君、蒲村、祝家庄、京当,凤翔的彪角、横水,宝鸡的周慕塬等,其中水浇地67万亩,旱地96.3万亩。本地区海拔600—900米,地势平坦,土质较好,光、热资源匹配亦佳,主要宜产小麦、油菜、酒粮、豆类、苹果等。为本地区种植业次发地区,号称"第二粮仓"[③]。(Ⅱ)川原灌溉区域,本区包括武功、扶风、眉县、岐山、宝鸡等渭河北岸川道地区,即与渭北旱原接壤的阶地地带(亦即姜嫄古有邰国辖管的地区),海拔450—600米。土壤以壤土为主,耕地肥沃、水利条件优越,灌溉比重为776,年平均气温12℃—13℃。元月平均气温 > -1℃[④]。这里生态环境从气候、土壤、水利等因素来看:冷热有序,四季分明,生长期较长。主要种植小麦、玉米、辣椒、蔬菜、油菜、杂果等。在此,即能使越冬期小于60天油菜等在正常栽培条件下,完全越冬;由于光热充足,使之全生育期日照时数大于1370小时,利于光合物质合成与积累,又能使大季节的蔬菜均能种植。这里种植蔬菜:既能满足甘蓝、葱、蒜、菠菜等所有耐寒菜的发育,也能满足黄瓜、番茄、豇豆、辣椒等喜温菜的生长。在此,如岐山蔡家坡南社头的紫皮大蒜、仓神庙下的透心红胡萝卜,还有宝鸡黑葱,凤翔长青线葱等,并属著名传统产品;同时还有资源丰富的香椿、荠菜、苋菜、苜蓿、野韭菜等野生资源在此分布。除此,在北部低山丘陵等地区,还有小麦、春玉米、豆类、酒粮、烤烟、杂果等产地。根据调查,农作物种类在本地区总的来说有110多种,主要为小麦、玉米、油菜、蔬菜等[⑤]。

另外,本地区还有木本植物及草本植物多种[⑥]。其中林木有乔木、灌木及牧草禾本科、豆科、莎草科、菊科、藜科等种类。林木:天然林有栎类、油松、华山松、冷杉、杨、桦等;人工林为刺槐、油松等;经济林有漆树、核桃、李树、花椒、山杏、柿子、桑树、沙果、梨树、苹果树等。从气候适应带[⑦]看:杏树原产我国,适应性强,它既能在-30℃或更低温度下安全越冬,又能在平均最高温度36.3℃情况下正常生长。核桃、李树原产我国,有更强的适应力,可耐-30℃—40℃低温。梨树原产我国,本区是最为适于温带生长梨区的地区。柿树、桃树喜温暖气候,亦适于本地生长。同时,本地区林地地理分布因受海拔高度影响,垂直带谱比较亦很明显。以秦岭为例:分布在700—1000米为侧柏林带,主要建群种为栓皮栎、侧柏等;800—2200 米为松栎带,主要建群种为油松、栎类;2200—2600 米为桦木林带,主要建群种为桦木、红桦、毛红桦、牛皮桦;2400—2900 米为冷杉、云杉林带;2900—3200 米为太白红杉林带;3200 米—3767 米桦高山灌丛草甸带[⑧]。上述垂直带谱特点,不光是研究本地区农耕文化史发展的好资料,而且更是显示了现代农耕在本地区植物群种带发展的未来的远景。

(二)古代农耕文化发展特色

(1)周原仰韶时期原始农耕文化

仰韶文化,根据碳 14 测定,距今 7100—5000 年左右[⑨],即全新世距今 6800—5000 年黄土状土(Lt)和 5000—3100 年古土壤(So)第二旋回前段温带半干旱森林草原植被这个时期,黄河中游的黄土塬区或谷地为仰韶文化分布比较早的地区。在此,要说在这个时期西安半坡遗址是具有典型农耕文化特征的话,那么此时在周原地区已被发掘的如武功赵家来六层及游风、扶风案板一期、尚德以及岐山王家嘴等这些仰韶文化遗址,并与它,即周原本身地区西端紧靠的北首岭遗址中上层文化和它同渭水东去相望的西安半坡早中期文化类型和盛况,则也是基本相似的。因而其原始农业文化的性质和特点在此也应是有这样盛况相似的情形,即同样亦应具有典型农业文化的特征。就其范围来说,它亦是属于以黄河中游陕西、山西、河南为中心的一个原始氏族社会的原始文化,即半坡类型或庙底沟类型仰韶文化而被分布在关中西部渭北黄土塬区周原的这样一个重要原区。由此分布的这类文化,同样并是属于定居在此以锄耕农业为主(砍倒烧光)的一个原始农业文化。一般来说,这类文化在此所反映的文化艺术作品,要说仰韶人由此在红色陶器上用红彩或黑彩绘画动物、植物或其他几何图形花纹是一种彩陶文化的[⑩]话,不如说这类文化就其实来说,当时所反映的这种生态环境及锄耕农业生产活动的内容,也正是周原当时的这类彩陶纹饰,如绳纹、划纹、圆点纹、弧线三角纹等在本地区的呈现;它要说明的问题同样也正是当时这种以农业为主、并兼有渔猎等由此而所反映的一种农业经济形态。这时,人们为了"刀耕火种",已掌握了石器、骨器等磨光技术。这时西安半坡已经有了粟,而此在周原当时也见到,如案板遗址出土粟者是。由此来看,如前所述:如果说这时在周原生息的周人先民要说是谁的话,我们说自然就是当时在此定居的仰韶人;周原的仰韶人和当时所创造的仰韶文化以及原始农业文化与其他地区的先民一样,不仅同样也是我们今天中华民族的血缘祖先,而且也是我们今天农耕文化的祖先;当然也是周原周人当时在当地最早创造发展农业文化的祖先之一。

前仰韶文化泛指在黄河流域发现的一类早于仰韶文化的新石器文化,时间约在 7000 年前后,即 10500—8500 年(Q_4^1)过渡层(lt)和 8500—6800 年(Q_4^2)古土壤(So)第一旋回后段的亚热带半湿润这个时期。这类文化如前所说,在周原地区目前虽还没有看到;但在此南临渭水东下有老官台、刘家、白家,近西上游又有北首岭、大地湾等遗址,都有发现,特别是宝鸡北首岭遗址下层文化使我们看得更清,由此借鉴完全可以说明在同类地区,即周原塬区当时农业文化初期发展时所具有的这样一些特点。在此,我们根据北首岭遗址当时所反映的这种点耕农业、锄耕农业发展的特点来推测:在其近邻如周原地区当时点耕及锄耕农业生产发展的水平状况,大体也应是这样。关于这一点,不仅可以从周原当时当地与其相邻相同的环境来分析(因同是亚热带半湿润的气候带,特别因周原塬区当时还有更平坦的这样一个自然环境);而且还可以从周原当时当地本身所具有的原始灰土文化地层(即黑垆土)的特点再来认识:灰土地层在此分布的不仅时间长而且地面也大,岐山的脱家塬、扶风的齐家土壕、眉县的常兴等都有大量发现。这些灰土地层夹杂有大量的陶器、骨器和人类及动物的骨骼等文化遗迹[11]。这些情况从实际看,并可这样认定:在周原地区前仰韶时期的原始农业文化,可以预言,而且必是,也似是这样相应地而要萌发出现的。对此,最近我们在周原岐邑京当古城遗址环境的研究中,由于对其典型地层剖面的发现,从而更提供了分析认识的新依据。

(2) 周弃—公刘时期周原农耕文化

我国农业,在公元前 21 世纪,即距今 5000—3100 年古土壤(S0)第二旋回前段暖湿阶段,就已脱离了原始状态而进入到新的发展阶段。大约夏代(公元前 21 世纪至前 16 世纪),曾为治水洪、筑沟洫、焚山林、驱猛兽、碎土田、修居处,发展农业、安定人民生活,做了很大努力,生产力显著提高[12]。《论语·宪问》说:"禹稷躬稼,而有天下。"此为禹在农耕事业上的重大贡献,遂开夏、商、周三代之端。禹虽属传说人物,但现代考古已发现夏代确有沟洫存在[13]的佐证。夏代曾在关中建有属国,如夏之有莘(今之合阳),特别是有邰国(今之武功)的周人弃及其子不窋,是曾受封于他们的后稷官。周人在关中及其周原这时的创业发展大致和夏在中原地区沟洫农业时期活动同步。他们长期活动在渭水、泾水,特别是渭水流域的关中西部周原地区。后稷封国有邰,具体在今陕西杨凌区境,地处渭河北岸二级台地的塬边切割地带,即周原地区东南近边地区。弃是周族第一位男性先祖,亦是周族农业的开创人。如前所说,他为姜嫄所生,他的活动不仅在周原及其关中很有影响,而且跟禹在河东晋南参加治水,播种农业,影响也很大。姬周族人,在周原当时环境:是处在距今 5000—3000 年之间,东南风转为优势,年平均气温 13℃—15℃,降水量 700—800 毫米,河流水量充沛,高阶地和塬面气候湿润,时代已过渡到龙山父系氏族这个时期的范围。所以,周人当时即早期的农耕文化活动如前已提,就是由此去找,亦即从陕西龙山文化,特别应从陕西客省庄二期文化即双庵类型龙山文化中去探讨。因为岐山双庵遗址出土的器物有石器、骨器和陶器。石器工具有斧、锛、铲、刀、矛、石球等,以石刀为最多,刀上有单孔或双孔,钻孔多接近刃部。石斧剖面有椭圆形和扁平长方形两种。石器制作精细,刀、斧之多,反映了双庵先民们主要是从事农业生产[14]。特别是近期在周原扶风案板遗址(属于新石器时代中晚期),即有龙山文化早期粟、黍、稻三种古谷的发现,这不仅在周原是首次,其中稻的发现在渭水流域考古文化中也属首次。因此可说,在此即从周弃到公刘这一很长阶段,由陕西龙山文化首先来探讨先周人由弃到公刘这个期间的农耕文化有何特点,也就成了一个必不可少的课题;由此来作为我们探讨先周文化早期发展的源头,这在学术界也是早被人认定。

从古文献看,在姜嫄的影响和教育下,弃从小就爱农业,顽童时"其游戏,好种树麻、菽"。及为成人"遂好耕农,相地之宜,宜谷者稼穑焉,民法则之"[15]。现在扶风东南,姜嫄村东北有村名揉谷,相传为弃揉打谷穗之地;武功镇东南外有"教稼台"。相传弃在此教授人民农耕技术。《史记·周本纪》载："帝尧闻之,举弃为农师",弃按季节播种百谷,"天下得其利,有功",帝舜始封之有邰,号曰后稷。这说明弃当时在此活动的范围很广。此也为姜嫄遗址的遗存所证明。

姜嫄村遗址,位于今扶风东南20多里,渭河北3华里的台地上从仰韶到龙山,西周、战国到汉代都有文物出土。以此为中心,向南渭河南岸眉县境有马池村、油房村、魏家堡、安沟、北窑、西柿林等;向西有张村、东龙村、北吕、神坡村和眉县河北的窑上村、寺上村、白家村、杨家村、大寺岭、祁家原、庙北后村、张马村、店子村、东圈村等;向东有白龙湾、尚德村、法禧村等;再东就进入杨凌区。这里有圪塔庙、杜家坡、坎家底,一直到漆水两岸的胡家底等;沿漆水向北进入武功镇,由北直到游风街等地。两岸都有发掘的文化遗址。以上密布在漆水河及其汇入渭河的两岸。时代是从仰韶后期到龙山文化以及西周、春秋战国、西汉等。与古文献对照,这里也正是有邰氏族姜嫄国的活动地区,即后稷弃时在此的活动范围。这一带水利资源丰富,土壤肥沃,是个天然的农业区域。考古证明有邰姜嫄国的中心地方当在周原地区扶风县东南和武功杨凌区西南的交界处。此处有四个村子,北有圪塔庙、东有杜家坡、南有永安村、西面叫法喜村;四村范围大约50万平方米。在此比较集中的发现有新石器时代的文物:有绳纹和方格纹的灰陶器和秦汉云纹瓦当、瓦片,还有回纹砖等屋脊构件及板瓦筒瓦多种[16]。由此经漆水、沣水上溯在两岸即周原地区分布的龙山文化遗址也不少。如岐山的双庵龙山文化遗址、扶风的益家堡遗址[17]、武功赵家来遗址等等,这些具有龙山文化考古遗存的遗址,大都反映了姬周氏族在周原地区最初发展农耕的经营规模。

《史记·周本纪》载:"后稷之兴,在陶唐、虞、夏之际,皆有令德。"史载他曾协助夏禹"治梁及岐"的水利,说他还做过尧、舜、夏三朝元老,活了500多岁,这当然是传说;但也可以说明在公元前20世纪到前18世纪,后稷弃及其后人确曾以农事协助过三朝。周人早期在周原从事农业活动的情况,《诗经》中也有具体描述。《生民》与《思文》,可以说是颂扬后稷创业的史诗。

这两首诗重在农业方面的描述,诗中除记有谷、稻、麦外,还有荏菽(大豆)、穈(红色高粱)、芑(白色高粱)等农作物品种。诗中还记述了种植培育优良品种的过程,先除荒草平整土地,然后播入种子:"实方实苞",再选子下种。《思文》还写出周后稷同氏族里的人一同耕种,同耕同食,没有土地纠纷。"帝命弃育不比疆尔"。这反映了原始社会末期氏族社会的耕种与土地情况[18]。原始农业的发展,从某种意义讲,地理环境是有着决定性意义;这在处于由原始农业而向传统农耕过渡的时期,由于工具的材料性质并未脱离原始状态,而地理因素的制约作用仍然很大。先周农业从沟洫农业,逐步在取得成就的时期,当时的工具仍以木、石为主。这在主要地区关中西部,即周原要占一定优势[19]。先周初期的农耕工具从石器来讲,周原在龙山文化及先周文化的遗址中,都有出土的石铲、石刀、石斧、石镰等等,其中石刀最多,做工精细;刃部磨得非常锋利,刀背有系柄的孔,有的是单孔,有的是双孔[20]。当时周原地区磨制石器大量的使用,这一方面更具体反映了当时农业工具是以木石为主的——由原始农业走向传统农耕而发展形成的生产水平;另一方面则说明了先周族早在有邰周原时,以自己擅长农耕的耕作优势与周原环境优越的地理优势相结合,由原始农业较顺利地过渡到传统农耕，并使其很快地向前发展。周人始祖弃，唐虞时掌管稼穑，做出了贡献，封国有邰。《诗经·大雅·生民》是一首追叙后稷传说的史诗，记述了后稷当时在农业上的贡献。后稷的事迹虽系传说性质，但是可以说也是蕴含着一定的史实。后稷从事农业生产，对整地、选种和促进农作物的发育生长、结实等，在这首诗歌中都已充分说明。在当时他已掌握了一套技术方法。后人便尊奉他为"农神"。

到了公刘时期，他重修周人农耕文明。从时间看，根据蒙文通推算：公刘下传七世至高圉，正值商高宗武丁在位时[21]。换句话说，公刘时期正当是高圉以前七代世系时，即约在早商晚期太戊以前；如前所述：公刘所处的这个时期，也正是所谓后稷弃活动的500岁时这个时间，此时也正是先周早期阶段的传统农耕文化，即从龙山文化或双庵类型文化基础上在周原由早期周人坚持经过长期发展、并给其传统农耕文化发展奠定基础的这个时期。再从地望看，从《诗经·豳风》知："九月叔苴，采荼薪樗，食我农夫"，重修后稷之业，公刘这时即在北豳"务耕种、行地宜"，"时序其德"、"百姓怀之"，公刘当时所率姬周族人，由此遂占有今之甘肃庆阳、宁县、正宁、合水等四县塬地区。之后，为了进一步发展，公刘亲往"相其阴阳、观其流泉"、"度其隰原、彻田为粮"（《诗经·大雅·公刘》），遂又迁至古豳，在此种植麦、稻、黍、豆、瓜等粮食和蔬菜；选定山丘，建筑居邑，并养蚕种麻、饲养家畜[22]，其范围占有今之陕西旬邑、彬县、淳化、耀县、宜君、黄陵等六县全部或大部地区。此间，假若把北豳和古豳整个农业地区加以合并，这里就有十县之大，相当今天一个地区[23]。从地域上来说，这时公刘把周人的农耕地区大大地向前扩展了；再从实际看，岂但是扩展，更重要的公刘这时是这样的扩大发展，使之与其原旧居在周原的姜嫄国先周族人坚持在故地发展农耕的活动则南北同步并遥相发展着。这时，这种南北遥相发展的特点也为周原当时发展的如王家庄、周公庙、凤雏、董家、贺家、礼村、刘家、案板，尤其是郑家坡等先周文化遗址所反映的农耕遗存内容（其内容也是以农业生产为主体的经济生活）、时代特点（同为一个共同时期）、地貌特征等，与公刘当时在北豳与古豳发展时期发展农耕生产的技术水平基本上也是一致的。由此说明周原地区传统农耕在公刘时的确发展得也很快。而且这类考古文化遗址当时在古豳如长武司马河碾子坡等地亦有发现。碾子坡一期遗存年代，经推断略早于古公亶父时代，相当于殷墟二期文化[24]，而这对公刘时在古豳活动发展的农耕文化则是一个直接证明。同时，由于公刘当时在古豳等地经营农业的重大影响，促使农耕文化向渭河、泾河流域，特别是向黄河中游广大地区迅速地也辐射发展。公刘对先周传统农耕文化发展的过程，是有着承先启后、开拓发展的重大贡献。

（3）公刘—古公阶段周原农耕文化

大约在3000多年前，即公元前11世纪前气候处在"暖和湿润"，比之现在还要暖温些这个时期，亦即处在距今5000—3100年古土壤（SO）第二旋回后段末期暖湿这个时期，周人古公亶父率领族人由古豳来到岐下定居。周原自古公到此之后，以农立国，兴农扶桑，"周原沃沃"、"五谷皆宜"、"千耦其耘"、"徂隰阻畛"，此时在此的农业更是蒸蒸日上。周人此时立足周原，大力发展农业，国力日盛，为后来取代殷商奠定了物质基础。

为了求得更大发展，防止昆夷侵扰，亶父"率西水浒"，始迁于岐下（今岐山）。到岐之后,为修通道路,须拔除柞棫之类的灌木丛,郑玄《皇矣》笺云:"岐周之地险隘,多树木,乃竟刊除而自居";周原塬区莽莽一片林草,气候也温暖。尽管如此,但这里气候、水文资源等则较北部豳地优越得多,同时也比关中中部(游牧部族有扈氏崇国在今户县)及东部[即殷代洛西之丹州(今宜川)、坊州(今之黄陵)、华州(今之华县)等]地区在周灭殷之前或周立国之初:豺狼所处,狐狸所居,垦耕有限[25],与其相比更显周原重要。关中西部周原当然是周人当时于此活动的一个最理想地区。如前所提:《诗经·大雅·緜》是叙述亶父迁岐的一首史诗,这次迁徙选定了肥沃的周原作为基地,而肥沃的标志就是"堇荼如饴"。

《诗·緜》的"堇荼如饴",这是把野生植物首次作为土壤肥瘠资料记载在文献,它反映了亶父时土地知识已有了相当水平,为后来创造"菑、畲、新"耕作制奠定了基础。土地开发是先修疆界,再行整治,然后"乃宣乃亩","亩"即垄。"宣",高亨《诗经今注》:"疑借为甽,垄沟也。""甽亩"耕作法,古公亶父时就在周原出现了。这些记述说明周人到岐之时,他们的农业技术已经是远远超过豳地时代。所以,开发周原很快就取得了更大成就;他们在此就建立了国家雏形,扩大了政治影响。自亶父,经王季至姬昌三代人,无不坚持他们始祖弃留下的传统,积极开发土地,锐意经营农业,宏图开创发展。亶父到周原,始"贬戎狄之俗,营建方舍居邑"。"作五官有司",形成初具规模的周国。《太平御览》引《竹书纪年》:"武乙即位、居殷,三十四年,周王季历(昌之父)来朝,武乙赐地三十里,玉十彀,马八匹。"说明王季时周已为殷在西方的属国。复经文王姬昌数十年经营,发扬后稷、公刘、亶父事业,"即康功因功""秉鞭作牧",经济迅速发展壮大。实行"裕民"政治,对内安定群众生活,对附近部族恩威兼施,不断开拓疆土,都邑由岐东迁,沿沣(今西安沣水西),形成了以岐、丰为中心的政治势力与殷商抗衡[26]。但是这时,虽说把周都迁到沣西,建立了丰京,而从周原铜器铭文证明来看,迁都以后的周原,仍是周人的故都,不少元老仍聚在周原。也就是说,周人虽迁都,但周原的政治、经济实力,特别是强大的农业优势仍是不断向前发展。

肮肮周原使周人如虎添翼,更是有了用武之地。他们在此"迺宣迺亩、自西徂东",发展了周原的农业生产。随着经济的发展,周人的政治、文化等制度也日趋完善[27]。古公时期的农耕工具仍以木石为主,并兼有骨器。后来由于冶铜出现[28],耕作技术又有进一步改进。《诗经·臣工》有"如何新畲",是说新开垦的土地第一年叫菑,这大概仍是用着原始农业的以火烧荒、"刀耕火种"的办法;第二年土地就叫做新;第三年就叫做畲。说明农耕这时已发展到倒茬轮作的制度。《诗经·皇矣》载:"我池我泉,度其鲜原",这是说明周人这时已经会查田看地,并引用泉水灌溉田地了。宝鸡地区出土的周人青铜器如《散氏盘》等铭文中常有沟洫出现。沟、洫是田间水道,这说明周人在周原的农耕活动已很重视水利的作用。特别是周原的中心地区礼村、贺家、王家嘴[29]及任家等地解放前后,多次发现有商代青铜器多件,除鼎、卣、甗外,其他如瓿、爵、觯、尊、盉等多是酒器,这说明商代时周原的农业确是有了很大发展,殷人嗜酒;酒的文化也能反映出当时周原种植业和酿造技术等都是有很高的水平。青铜器由此反映的这个特点,说明由于农耕经济很快的发展,青铜文化空前的也产生发展了。商代青铜文化在周原的出现,说明它对于先周晚期文化在周原地区的直接影响融合更大;

周人在周原高度发展农耕文化的同时，还吸收融合，并孕育发展了青铜文明。由于生产力大发展，农业粮食的品种也增加了。《诗经》反映的就有菽（大豆）、稌（稻）、黍、麦，麦还有穬（早种）和麰（晚种）品种，黍有秬、秠两种，高粱有穈（红色）、早熟（芑）之分。这些在《诗经》里称为"嘉禾"或"嘉种"。由于农业大发展，使粮有了大量储积，"我仓既盈，我庾维亿"（《诗经·楚茨》），室内室外仓储已经是亿万担亿万堆了。由于社会财富增加，使得社会性质也发生了变革的因素，这时的古公亶父则从沿袭祖宗"身自种，妻亲织"的社会地位而变为"乃贬戎狄之俗"。而营筑城郭室屋，而邑别居之"；逐渐不只不与人民同甘共苦地劳动，而且还作"五官有司"，统治监督人民劳动。这时周原地区的土地，已由统治者统一掌握分给各家耕种，"彻田为粮"，周王朝建立以后，周原地区和全国土地一样，也尽归王朝。"普天之下，莫非王土，率土之滨，莫非王臣"（《诗经·北山》）。

（4）周秦—汉唐时期周原农耕文化

公元前11世纪后，气候处在距今3100—1400年黄土状土（Lo）第三旋回前段，亦即周秦到汉唐这个时期。就西周时代来说，根据我们前面谈到的情况看，那时关中有两个农业基地，一个是周原，另一个是丰镐一带。当时周人定都丰镐以后，开发了西安一带。但这时渭北地区的东部地带仍然十分荒凉，沼泽纵横、草木丛生（主要为芦苇）、麋鹿成群，是周人的狩猎区[30]。春秋战国时期，即先秦时的秦人建都雍城（今凤翔）以后，依以周原为依托，因为雍城也位于周原。秦人利用"雍隙"有利条件，秦穆公招贤纳士，拓地千里，遂霸西戎。秦人也正是在周原积聚力量后，才向东发展，先迁都栎阳，再迁咸阳，始终以渭北周原、咸阳原等为中心来开拓发展。从秦始皇开凿郑国渠以后，当时关中的东部渭北才成为粮仓，而西部周原地区的凤翔仍为秦的故都，农业继续发展[31]。由于西周末年的战乱，渭河南部的农业区遭到破坏。春秋时周土夫行役路过丰镐，见"古人宗庙宫室、尽为禾黍"[32]。居民点的减少，土地自然就被撂荒了。因而秦建都咸阳后，就以今天的西安地区为上林苑，成为狩猎场所。西汉建都长安后，西汉武帝则进一步开放上林苑，西至周户、东到蓝田，北起渭河，南至秦岭，长安一带这时几乎更无农业可言。由此可见，历经周秦到汉初，而周原还是古老的农业区。春秋战国，即就是东周时，在此周文化仍在继续发展。但是这个时期，灭掉东周的恰好正是周王朝的诸侯国秦。秦人完全继承了周文化，其中包括高度发展的农业文化而称为秦文化。汉继秦制，汉文化又是秦王朝文化的延续和发展，而总的渊源仍是周文化。周文化则是中华民族优秀文化的鼻祖，其中农耕文化又是这种优秀文化的一个主要组成部分。其发源地仍是周原地区[33]。

农业、畜牧业、渔猎业是西周社会经济中的三大支柱。它们同步存在于一个很长的时间内[34]。西周王室是依靠一个由渭河流域成长起来的游牧部族秦族来为它发展畜牧业的。《史记·秦本纪》载：周孝王八年（前890），孝王召使秦嬴姓部族为周牧马于"汧渭之间"（汧河与渭交汇处；或周原地区西部沿岸），过120年，周平王东迁洛阳时，秦襄公因护送平王有功，平王封他为诸侯，"赐岐以西之地"。从此，秦族在周原地区立国且定居下来；实际上"赐岐以西之地"只是一句空话，那时关中地区遍地为戎狄所占领，秦襄公要想领有自己的封地，还要用生命去夺取；秦襄公于前766年在争夺周原的战争中壮烈牺牲。公元前750年他的儿子秦文公打败了狄戎，秦族才占有了宝鸡及周原一带的地区，"收周余民有之"⑤。秦利用了周人在周原开创的田地，接收了有熟练耕作技术的劳动者，很快地以一个游牧者为主的民族转变为一个农业为主的民族；经济结构由游牧业转入了农业，进入了奴隶社会。

　　秦农业在周原地区迅猛发展的原因，除了继承周人在周原的农业传统以外，还和它自己使用铁器农具有着密切关系。"铁制农具的使用是农业发展的一个关键性的因素⑥"。关于铁制农具，《国语·齐语》载："美金以铸剑戟，试诸狗马，恶金以铸鉏夷斤斸，试诸壤土"，历来史家认为美金是铜，恶金是铁。《农业史话》中说农业生产上"运用的铁制农具，在春秋晚期正是小型农具"。1986年在周原地区凤翔秦公一号大墓中发掘发现了铁器40多件，"是目前我国先秦墓中出土最多的"⑦考古遗址，其中有铁铲、铁臿等农具。臿的形状像今天的锹。此墓主人秦景公，在位年代前576年到前537年，正是春秋时靠后阶段。由此可见秦国当时即春秋时代在周原地区冶铁的技术已经相当发展；铁制农具在周原秦的农业中已是相当活跃了。从周原当时农耕技术水平来看，由于铁制农具的最早使用，春秋战国时期促使农业生产在全国都有了更高的发展。正因如此，周原农耕文化的地位影响也更高了。因此，当佛教传入中国以后，选址建寺，当然是要把寺院建在农业经济发达的地区；因此，东汉时选择周原兴建法门寺这是最当不过的地方了。由此兴建的法门寺到了唐代更是兴盛一时，这说明周原地区的农业经济到了盛唐时则更是兴旺发达了。由于周原自然环境显著优越，因而致使本地区农业经济长久不衰，不断发展。中国农耕文化史的正宗在周原。周原在中国文化史上不只农耕文化占有很高的地位，而且在青铜文化、铁器文化、佛教文化，特别是智力信息文化等多方面。都已揭开了中国文化史的新篇章。

二、环境与考古文化

　　周原地区，诚然由于地质的新构造运动；由于沣河从中分割，今天分为南北两大部分。北部属于周原本身而缩小破碎；南部属于分割后的周原地区周慕塬和雍积塬等塬区，南北两缘均有"稍隆起"或稍突起的特点，塬面略呈浅凹平形由西北斜向东南而呈现有一个现代性地貌特征周原之所以有今天这样一个地貌特征，正如前述这与它在"早第三纪到晚第三纪这一时期"并所具有的基岩古地貌特征对它的影响形成是分不开的。由此使周原地区从远古起，就其环境条件来说不仅都能随着气候、水文的变化而始终都在变化中发展着；同时，是使在此生活的远古人类：也可说是自有人类以来在此生息的古人类，都能由此伴随着自己繁衍生息和发展生产的历史，进而谱写出自己远古时的文明。这样就充分显示了周原地区自然环境历史的宝贵；周原地区给人类历史发展所带来的影响和作用意义很大。

　　就北豳古豳历史环境和周原来比较，生物资源、土地资源虽说相差无几。但两豳地方和周原地区在气候资源、水文资源及塬区特征等方面来比，后者较前者优越得多。周人立国创业的历史：它是在周原经营发展，为建立西周王朝奠定了基础；秦人也是依托周原发展而建立了自己秦代的国家。由此看从某种意义讲，地理条件也有决定性作用。远古时代的周原，它给人类历史发展确曾带来了贡献；它所哺育的远古文化，不论旧石器、新石器，特别是周秦文明，时至今天一直为人所乐道：博大精深、光辉灿灿；这，有些已揭开，但未被揭开埋在地下的宝库，远比已经发现的要多得多。周原地区地下深埋的远古文明，仍然是我们今天一个尚未被开垦的处女地。周原是我们祖国的骄傲！

周原地区正如笔者在《试论周原地貌特征与旧石器文化》所述：早更新世黄土形成于距今 248 万—73 万年之间，含有泥河湾动物化石，木本植物较多，例如在扶风杏林渭 5 井和岐山蔡家坡渭 4 井远古地层中，就含有"砂质较大的"三门组（Q_1）地层，其中含有管状蓝绿藻及少量瓣鳃类化石碎片等动物化石。因此，周原地区早更新世相应地层中，很可能也就有像泥河湾三门时期的同类型旧石器文化。中更新世黄土，其中包括周原地区的黄土形成于距今 73 万—13 万年之间，它含有周口店动物化石[38]。木本植物稀少，灌木及草本植物增多。例如在引渭工程渠道沿线黄土地层中，同样明显地也出露有离石（Q_2）黄土和它的红三条地层，这种红三条地层和蓝田陈家窝子（Q_2）所具有的红三条地层一样。这就是说，这个时期在周原地区类似地层中，既含有周口店动物化石和陈家窝古土壤地层（Q_2）及化石，因此可以推测在此同样也会有 Q_2 时期的猿人文化存在。事实上这类文化在周原毗邻地区，如彬县、长武等周原周边地区已有出现[39]。晚更新世黄土形成于距今 130000—5000 年之间。周原这个时期雨量较多，也会含有很多化石。因周原和我国其他平原台塬一样，不只有 Q_3 离石黄土形成时人类生活的环境条件，而且 Q_3 时期在此也堆积了马兰黄土，气候似属于温带半干旱半湿润的森林草原气候，同时在 Q_3 时期，由于鄂尔多斯盆地周围，如它的北谷地带萨拉乌苏地区和它的东南谷地即汾渭盆地地带，都曾发现如禹门口的旧石器洞穴遗址和大荔人头骨等旧石器文化遗存以及动物化石[40]。因此，在同一时期同类型地带，周原也会有 Q_3 时期动植物化石和古人类文化在地下蕴存着[41]。

周原地区不光是旧石器时代人类创造远古文明的好地方，而且在新石器时代文化则更丰厚。这个时期考古文化遗址，在当地河流沿岸阶地及台塬或洪积扇地区，如前所说，据调查和发掘的就有百余处。其中属于仰韶文化遗址 70 余处。就分布在渭河、沣水和漆水等河水径流的阶地、台塬、河漫滩，或洪积平原前缘和沟缘等地；另属龙山文化的遗址也有 62 处，而分布在渭、沣、漆等河区的高阶地或黄土塬区的高原上。这些遗址如岐山双庵，扶风案板、益家堡，武功赵家来和宝鸡北首岭等，有些地面不仅广阔，而且文化内涵也很丰富。周原地区对姬周族人来说，更是它活动最早、最重要的地区。周原是周人历史上活动的中心；当地遗存至今更多的仍是周人他们自弃后稷至古公及文武等时期在此发展活动的文化堆积。同时，老官台和白家类型文化，即前仰韶文化如前所说在此也要出现；它们的地层剖面、叠压层位轨迹连续而且已经通到先周和西周文化层位的发展时期。根据新石器时代不同时期原始文化共存发展堆积地层特点来看：它们在此先后叠压的地层剖面关系是没有问题的。关于 Q_4 时在周原叠压的这个地层剖面特点，周昆叔近期在《周原黄土与文化层关系示意图》（图四二[42]）中，根据周原礼村全新世（Q_4）黄土地层剖面先后叠压的特点也提出了具体相近的看法。周原 Q_4 黄土环境和考古文化地层剖面，周认为可分三期：一、全新世晚期（Q_4^3），约距今 2800 年至近代；二、全新世中期（Q_4^2），距今 8000—2800 年；全新世早期（Q_4^1），约距今 10000—8000 年。在中期褐红色（或红褐色）顶层埋藏土中含有"新石器中、晚期和夏、商、周文化层"。

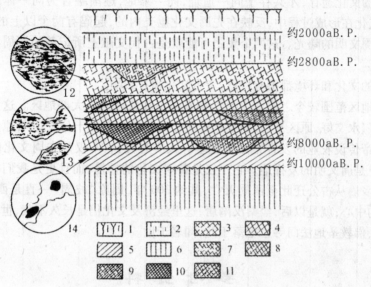

约2000aB.P.
约2800aB.P.
约8000aB.P.
约10000aB.P.

图四二　周原黄土与文化层关系示意图

1.耕土　2.新近黄土　3.褐色顶层埋藏土　4.褐红色(红褐色)
顶层埋藏土　5.褐黄、褐红或灰黄色含钙结核黄土　6.马兰黄土
7.春秋、战国、秦汉文化层　8.夏、商、周文化层　9.龙山文化层
10.仰韶文化层　11.老官台(或裴李岗、磁山)文化层　12.礼村
剖面褐色顶层埋藏土含薄层粘粒胶膜×18　13.礼村剖面褐红色
顶层埋藏土含较厚层粘粒胶膜×18　14.礼村剖面褐黄、褐红和
灰黄色黄土多量碳酸盐聚积×18

　　原始时代发展到末期,在周原地区经过长期培育、发展、繁荣起来的先周文化,确
是更富有新的特色和重要的历史意义。先周文化在周原地区姬周集团和姜炎集团两
类遗存有不同特征,按分布来说,虽有陕甘地区不同之分,但从根本上来说,主要还存
在于周原地区。它们在周原同时出现,并不是互相交集的出现和发展,而是从始到终,
一直是共生共存发展的关系;它们是在相互之间不断融合、交汇、形成,并在文化内涵
中是缺一不可的有机整体[43]。近数十年来,在泾渭流域,特别是在周原地区,经过科学
发掘的先周遗址已有十余处。它们的分布除宝鸡斗鸡台的戴家湾先周文化墓地、长安
丰邑先周文化遗址、甘肃崇信于家湾先周文化墓地、平凉庙庄先周文化遗址等以外,其
余还有凤翔西村先周文化墓地,岐山礼村、贺家先周文化墓地,扶风刘家、北吕先周文
化墓地,武功郑家坡及黄家河先周文化墓地等,均分布在周原地区。根据这些遗址的
分布,充分说明了先周文化在周原地区共生的特征不仅很突出,而且遗址分布的集中
性也很明显。在殷墟二期文化以后,先周文化的两种遗存均已推进到关中平原西部,
这时类似刘家的墓地遗存和类似郑家坡早期的早、中期遗存聚落遗址交错分布在周原
地区的渭水、沣水、漆水、時沟河和美阳河等两岸地区的台地上[44]。先周文化在这些
"台地"的分布,也正符合当时气候水文环境变化的特点。同时,先周文化这种互为独

立的主体特征发展到最后,即到武王灭商以后,在关中地区,特别在周原地区,这两种共存发展的文化遗存,才共存于同一遗址,同一墓地,逐渐融合为同一体系。也就是说,先周文化在形成过程中,反映在先周文化躯壳内的,起码有两个以上的胞体,共同开创了先周文明的曙光。这两个集团可能就是古代文献上所记载的姬周集团和姜炎集团[15]。

周原的文化和环境都很有特点,考古文化很有影响。

周原地区范围较今之周原为大[16],拥有岐山和扶风两县大部地区。这里不仅山势好、气候好、水文好,原区平坦,而且远古文化由此的分布也十分发达[17];原始时代神农炎帝及炎帝传说农业的发祥地也在这里。人文时代:它不仅是先周文化的基本发源地,而且更是周文明的发祥地。它不仅是黄河文化的摇篮,而且更是我们祖国青铜器文化的故乡。从古公迁此至西周灭亡,共约300年,周原"岐周"一直是西周政治、经济、文化的中心;就是以后,经秦汉隋唐,这里经济及文化仍是长久不衰,世界佛教文化中心之一,佛教圣地法门寺也坐落于此,闻名于世。

参 考 资 料

①⑦③马正林:《周原与法门寺》,陕西师范大学历史系,1990年1月,法门寺佛学讨论会论文。

②⑥⑦⑪《陕西省宝鸡市农业区划(上册)》:《概况》,第21、283—284页。

③④⑤⑧《陕西省宝鸡市农业区划(下册)》,陕西省宝鸡市农业区划委员会编,第753、696、749、22页。

⑨⑩曾琪:《原始社会考古·下编》,中山大学考古专业,1981年9月。

⑫⑲㉕㉖李凤岐:《先周关中农业》,西北农业大学古农学研究室,1986年12月,油印稿。

⑬吴汝祚:《夏文化初论》,《中国史研究》,1979(2)。

⑭庞怀靖:《新编岐山县志·文物志》,(油印稿),1989年,第4页。

⑮《史记·周本纪》。

⑯宝鸡市文化局文物调查汇编:《杨陵发现古邰国遗址》,《陕西日报》,1985年5月7日第一版。

⑯㊼张洲:《周原地区新石器时代考古文化》,《西北大学学报》(哲学社会科学版),1995(1)。

⑱⑳㉘梁福义:《先秦宝鸡地区农业发展述论》,宝鸡市地方志办公室,1986年。

㉑段连勤:《丁零高车与铁勒》,上海人民出版社,1986年8月。

㉒江开任:《周原丰京和镐京》,《长安史话》,西北大学出版社。

㉓穆长青:《略论周先祖在北豳的农业活动及南迁》,《西北大学学报》(哲学社会科学版),1985(2)。

㉔胡谦盈:《论碾子坡与岐邑、丰邑是周文化遗址(墓葬)的年代分期》,陕西考古所与西安半坡博物馆成立三十周年学术讨论会论文,1988年11月。

㉙《陕西省博物馆文管会藏青铜器图释》(一),北京考古所编:《殷周有铭铜器简目》,《陕西省岐山县董家村西周青铜器窖穴简报》(一)。

㉚《禹贡新解》,第146页。

㉜《诗经·王风·黍离·序》。

㉞唐家弘:《论畜牧和渔猎在西周社会经济中地位》,《人文杂志》丛书第二辑。

㉟《史记·周本纪》。

㊱郭沫若:《希望有更多的古代铁器出现——关于古史分期问题的一个关键》,《人民日报》, 1956 年 9 月 8 日。

㊲《我国考古工作者探明秦都雍城遗址》,《人民日报》,1986 年 5 月 9 日。

㊳㊴㊵㊶张洲:《试论周原地貌特征与旧石器文化遗存》,《西北大学学报》(哲学社会科学版), 1991(4)。

㊷周昆叔:《环境考古初步研究》,《环境变迁研究(第五辑)》,侯仁之主编,1996。

㊸㊹㊺卢连成:《先周文化与周边地区的青铜器文化》,陕西省考古研究所与西安半坡博物馆成 立三十周年学术讨论会,1988 年 11 月。

㊻李学勤:《青铜器与周原遗址》,《西北大学学报》(哲学社会科学版),1981(2)。

第六章　试述西岐周原农业与饮食文化
—— 诗易经论对其影响

一、西岐周原农业与饮食文化的环境背景

从生态与文化发展关系看,陕西有得天独赐之惠,在渭河盆地形成过程中,自然界的鬼斧神工,给了陕西两大恩赐:一个是肥沃的黄土原面堆积和多级阶地的活动舞台,另一个是密集的羽状河系和优美的泉源,使之成为最适于古代文化发展的优越之地。蒙昧时代,人们在黄土地母亲的脊梁、胸脯哺乳、跋涉;在进入农耕拓殖时代,在黄土原被割裂的梁、峁、原、坡的肢体上,垦殖耕耘,种植谷物,繁衍畜群,秣马厉兵,开拓前进,从一个阶地爬上更高的另一个阶地,从一个时代迈向更发达的另一个时代,经过数千年来的发展演进,经过不同的文化发展阶段而进入到文明社会,由此终于创造出一个统一的炎黄国族①。

西岐周原,是陕西黄土原最西的一个原地,也是条件最好的一块地方。这里是周秦文化发祥的故里,也是周秦王朝建立国家的基地。这里地势平坦,气候温和,雨量充沛,北依岐山,是一块万物繁衍充满生机的宝地。周人秦人居此,以成大业,这是人地相结合所结出的丰硕的果实。所以,从这里一页页揭开孕育中华远古文化祖根胚植之地的奥秘;从这里来探讨西岐周原农业和饮食文化,这是十分适切而很有意义的事;进而谈诗易经论对其影响而更觉义理之深刻。

二、西岐周原农业与饮食文化的历史特征

(一)课题引出

中国陕西西部——西岐周原,即岐山、扶风、凤翔、武功等县的大部地区:自然环境优越,得天独厚;历史文化悠久,博大精深。这个课题,笔者在《周原环境与文化》一书曾经论述过。同时,对周原原始农业和传统农耕文化也有探讨。通过这些研究,揭示和认识了西岐周原地区,是周人周族起源和发展的主要渊源地区;高度文明的周文化是中华古老文化的一个主根。由此自然地使笔者思考到一个新课题,就是西岐周原饮食文化的研究。

(二)历史条件

西岐周原饮食文化产生发展有一个明显的特征,就是这里的饮食文化是与周原原始农业和传统农耕文化同步产生和发展的。

由于火的发现,人们食熟食的历史早在远古北京猿人时期就有了;但那是50万年前的事,当时人们还是过着采集狩猎的生活。到了新石器时代,在周原发掘的考古遗址,除出土有石器、陶器、骨器这些反映当时农业经济生产和生活特征的器物外,还有灰层地层,这本身给原始农业和饮食文化在周原的出现,也提供了有价值的历史资料,尤其是有价值的火的资料。火在后来的农牧业生产中占有重要地位。狩猎过程中焚

草为肥,促进了野草的生长,这自然为后起的游牧或农业部落生产和生活所继承。刀耕火种,最初的耕作方式,也是靠火来进行的,"燧人氏钻木取火,以化腥臊"《韩非子·五蠹》。火对于促进原始农业和饮食文化的出现是有重要作用的。

在西岐周原扶风的案板、岐山的脱家原等灰层地层中,由于遗址发育时间长,经推断:在原始农业试栽之前,肯定会有使用过的火的遗迹。这种情况从有关环境历史看,在鄂尔多斯盆地周围南部汾渭断陷地带,山西芮城、陕西韩城,而沿风—韩大断层地带向西到宝鸡姜城、岐山姜水(即岐水)—西岐周原地区(亦即炎帝发明农业的地方),我们完全可以窥视到周原在旧石器早期,特别是更新世(Q)晚期至全新世初期,遗迹中是会有"火的使用"和"火的管理"的。因为这样:标志着西岐周原当时已经是有了原始农业和饮食文化,即是在 Q_3 晚期便由狩猎产生了畜类驯养,由采集产生了农业饮食文化。周原地区点耕农业、刀耕火种,在全新世(Q_4)之初有如此迅速的发展(这些能从它的新石器文化宝鸡北首岭、扶风案板遗址灰层文化火的地层遗迹得到直接证明,也能从西候度及禹门口等旧石器遗址火的遗迹得到间接佐证),历史意义很大。确定一个遗址是否已进入新石器时代,其中主要标志是农牧业是否产生,人们是否已由食物采集进入到食物生产阶段。这里火的管理和使用是一个决定性条件。宝鸡周原地区已经有了这样的考古文化及灰层地层遗址,证明当时由此确是会出现并已出现了原始农业文化,而西岐周原的原始饮食文化也就随之而出现了。人类自用火以来,这是历史上一次最伟大的经济革命。

约在公元前4800—前5600年新石器时期,我们认为老官台文化和半坡类型宝鸡北首岭遗址,与炎帝族的历史传说有着密切的联系:第一,学术界已指出,炎帝发祥于关中西部的岐山和武功等地(即周原一带),这里恰好也是老官台文化和半坡类型文化分布的中心地域。说明地域方面是相互一致的。第二,据文献记载,炎帝时期曾发明了原始农业,并发明和开始使用陶器;而考古发现证明,老官台文化的先民们已经发明了农业,并且过着以原始农业为主的长期定居生活。这在许多遗址,如宝鸡北首岭等曾发现有他们定居过的村落和房基;有生产和生活使用过的陶器和储存粮食的地窖;特别还有出土的人们当时生产使用过的石斧、石铲、石刀、蚌镰等原始农业工具,以及粮食加工使用过的石磨盘和磨棒。这里,原始陶器是人们当时在生活中作为炊器、饮器、容器也已经使用,尤其是粮食储存窖坑和使用磨盘加工粮食工具的出现,这显然标志着原始农业和饮食文化是在宝鸡周原地区出现的。同时,由于农业饮食文化标志特征的说明,在宝鸡北首岭遗址下层文化地窖中还出现了古粟;这些重大发现确凿证明:老官台及其类型北首岭下层文明,已经进入到 Q_3 原始农业出现,同时也出现了原始饮食文化这样一个阶段。此时出现的这些考古遗址特点,都与有关炎帝族的文献记载基本相符。第三,据学术界论述,炎帝族处于我国新石器时代早期的母系氏族阶段。学术界普遍认为,老官台文化为母系氏族社会,这时是相当于刚开始摸索种植农作物的点耕农业阶段,半坡类型则为母系氏族社会的繁荣时期,这时正相当于我国新石器时代的仰韶文化,即锄耕农业阶段。因而说明老官台文化和半坡类型的社会形态,与炎帝传说亦较一致。基于以上三点,我们认为老官台文化和仰韶文化半坡类型就是炎帝的考古文化。炎帝当时"尝百草"并冶陶,证明也发明了饮食文化。

据文献讲:"后稷之兴,在陶唐、虞、夏之际",是他(后稷)协助夏禹"治梁及岐"(即岐山及扶风东北乾县梁山等地),"躬耕禹稷"。当时此地是:经过长期培育种植的农作物有谷、黍、稻、麦、大豆、稷等。这些正好说明,周原地区是从"斫木为耜,揉木为耒"的炎帝传说"耒耜时期",经点耕农业、锄耕农业发展阶段的仰韶文化,而到更为发达的犁耕农业——龙山文化,即我国原始社会末期—父系氏族公社解体这个阶段。这个阶段正是由原始社会最初的农业"砍倒烧光"(点种)而发展到龙山文化时期,即开始用"木犁耕种"阶段。这时收获增多,"实颖实粟",从而使得周原这个地区在向父系氏族社会过渡之后也出现了五谷丰登的局面(即传统农耕文化的出现)。处在这个阶段的传统饮食文化肯定也会有一个新的飞跃,即上升到了一个新的台阶。

西岐周原,是周人周族文化及其传统农业发祥地,也是炎帝及其原始农业的发祥地。是姜炎族和姬周族兴起与发展的根据地,可以说均在宝鸡周原地区。特别是周人自后稷到文武建立周人王朝千余年的历史发展过程中,不仅农耕文化原始农业走上龙山文化—传统农业时期,而且经过长期经营,积累经验,使生产力不断提高;农业的巨大成就,也为他们后来建立王朝打下了坚实的基础。周原农业文化的繁荣昌盛,就生态环境条件来说,其重要性也很显明。而在这样一个人与地结合且融合为一体的西岐周原饮食文化自然也成了"神来之食"了。

三、西岐周原农业饮食文化——神来之食

西岐周原农业与饮食文化,不仅在中国农耕文化史上占有地位,而且在中国文化史上也有重大影响。周文化是中华民族文化的主要组成部分之一:《周礼》[2][3]、《诗经》、《易经》,直到今天仍是我们中华民族文化宝贵遗产。它的原始和先周考古,夏、商、周、先秦考古,以及农业和饮食文化,承先启后,为我国优秀文化奠定了基础,于是,西岐周原也就久负盛名。

西岐周原饮食文化有代表性的文化食品就是岐山臊子面:岐山臊子面,历史悠久,早负盛名。民间传说:这种"神来之食"从周代就已得名;它是西周宫宴佳品,它还是周代宴请宾朋的佳肴,同时也是周礼的一种体现和周文化历史的产物。在周代,这一食品作为宫廷珍品,文王之母太妊和朝臣都喜爱。也是民间一种高档美食精品,"醇香"的风味为历代叫绝。古有"周八士闻香下马,汉三杰知味停车"之美传;今天堪与全国著名菜系(如豫菜"酱香",川菜"麻、辣、香")媲美。岐山臊子面汤厚、味点、爽口、开胃、色美、舒心;在面食品种中,与锅盔、粉皮(御京粉)称为岐山名吃三绝。尤其"醇香"风味与宴菜:凉菜(即酒菜)和热菜(即饭菜)食品品味风韵一样。"醇香"风韵是西岐饮食文化共同具有的一个显著特点,著称于全国,驰名于海外。

四、西岐周原农业饮食文化与诗易经论

《史记·周本纪》称:"弃为儿时,屹如巨人之志。其游戏,好种树麻、菽,麻、菽美。及为成人,遂好耕农,相地之宜,宜穀者稼穑焉,民皆法则之。"相传武功镇东南外还有弃发祥农业的"教稼台"。因此,弃被"帝尧闻之,举为农师","天下得其利,有功",始封有邰,号曰后稷。如前述《周本纪》还载:"后稷之兴,在陶唐、虞、夏之际,皆有令德",他曾协助夏禹"治梁及岐"的水利,即"躬耕禹稷"事。关于弃后稷发祥农业,公刘、太王发展农耕[4],这在文学总集《诗经》和哲学总编《易经》都有系统评述。

(一)《诗经》评述

《诗经》的《生民》与《思文》两首诗重在农业方面描述。这两首诗,除记有谷、稻、麦外,还记有荏菽(大豆)、穈(红色高粱)、芑(白色高粱)等。诗中还记述了种植培育优良品种的过程,先除荒草平整土地,然后插入种子,"实方实苞",再选好下种。在《思文》还写有弃后稷同氏族里人一同耕种,同耕同食。"帝命弃育不比疆尔",这正反映了当时氏族社会耕种与土地的情况⑤。周人始祖弃唐虞时,掌管稼穑做了贡献,封国有邰。《生民》是一首追叙后稷传说的诗史,具体记述了这种贡献。在此,这种被记述的传说,也是史实(已被考古证明)。后稷生产,当时对整地、选种和促进农作物发育生长、结实等,在这首诗都有说明。他当时已经掌握了一套生产技术方法,因而后人也尊他为"农神"。《诗经》的《豳风》、《大雅·公刘》、《诗·緜》等还反映公刘"重修后稷之业","相其阴阳,观其流泉","度其隰原,彻田为粮"发展农耕的事,更大地发展了农业;还反映了古公亶父"率西水浒"在"胐胐周原,堇荼如饴"这块肥沃的土地上开拓发展农业。这里,说的土地肥沃标志就是"堇荼如饴"。此是把野生植物作为土地肥瘠的资料首次被记载。这反映了亶父时,对土地的知识已经有了相当水平(此为后来创造"菑、畲、新"耕作制奠定了基础)。土地开发是先修疆界,再进行整治,然后"乃宣乃亩"。"亩"即垄,"宣",高亨《诗经今注》:"疑借为畎,垄沟也。""畎亩"耕作法,古公亶父时在周原就出现了。上述这些,说明周人到岐之后,他们的农业技术和水平远远超过豳地时期。所以,周原很快就取得了成就,为他们在此建立雏形国家,扩大了政治影响。胐胐周原使周人如虎添翼,使他们更有了用武之地。《诗经·大雅·思齐》曰:"太姒嗣徽音,则百斯男",记载文王十子,即伯邑考、武王发、管叔鲜、周公旦、蔡叔度、曹叔振铎、成叔武、霍叔处、康叔封、冉(聃)季宰(载)。此十子伯邑考为大夫,武王发为周王自己无采邑外,其余管、周、蔡、曹、霍、成、康、冉,分别各封赐有采邑,由此分送到全国;周原的农业饮食文化随之也影响到全国。

《诗经》:《周南·关雎》是一首爱情坚贞的抒情诗,是《诗经》首篇。诗曰:"关关雎鸠,在河之洲。窈窕淑女,君子好逑。"这首诗,从心美到表美,都写得尽善尽美:男女青年,爱情坚贞,连水鸟"关关"都称赞。这从《易经》观点来看,男女、阴阳和谐,真是至佳了。这自然是对周原的赞美,是对周人当时社会祥和兴旺的歌颂。这首诗里的"河"释指黄河的"河"亦可,但应指在周原地区渭沣汧漆河区的"河"较妥。这首诗对"胐胐周原"环境的美,风尚的美,自然增添了异彩;对太王、文王发展开拓周原的胜迹也是个弘扬。陆贾《新语·道基篇》云:"《鹿鸣》以仁求其君,《关雎》以义鸣其雄,……乾坤以仁和合,八卦以义相承"⑥。而此评述由此看,更可谓正中其要义矣!

(二)《易经》论述

《易经》又称《周易》。它对中医、律书、数学、天文、科技、农业、饮食文化等科学都有影响。因而,用《周易》来考察研究周原的历史文化(如黄帝医生岐伯的古医文化、岐邑京当古城的古建文化、西岐的农业和饮食文化等等),学术意义和经济价值都会很大。

就以饮食文化看,在西岐红白喜事宴席的系统中,有两个不同的系统。一个是红宴,偶数系统,一个是白宴,奇数系统。不同的两个系统,在序列体系上也是各有不同的内容。首先就红宴来说，西岐宴席的红宴，就是婚宴，每桌宴席:是由两套菜系(热菜和凉菜)组成。上菜顺序:先凉后热，各为十件(凉菜十盘，热菜十碗)，都是偶数。这里偶数寓意取"双"，显示特点，本身就是《易经》二进位内容。对称在此显示的位置从含义看，不论是热十碗、或是凉十盘，还有其中的两大件(即热菜两品碗和凉菜两品盘，前为饭菜、后者为酒菜)，都是红宴的主菜。这些都是表示一对青年男女具体结合的象征。这样，就更显出《周易》思想:阴阳对称的八封内容。同时两种主菜具体寓意:一是凉菜品盘，意即凉，表示阴性、指女;一是热菜品碗，意即热，表示阳性、指男。这样，男女—阴阳，偶数序列的性质也就显示出来;而此正是说明了《周易》的乾坤阴阳八卦思想。"乾卦代表天，坤卦代表地，天地相交则万物生。"所以，乾坤两卦居六十四卦之首[⑦]。《易经》这种思想由此也能看到，其对饮食文化影响之深。另就白事白宴而言，在宴席序列位置上，所上菜数:不论凉菜还是热菜，均是由九件构成一桌。宴菜序列数特点是"九"这个奇数。换句话说，白事白宴是用"九"这个奇数，即单数来表示，其意不言而喻。这里，"九"按平方还原，就是个"三"，而"三"在《周易》是个全息思维，即天人合一思想(把天、地、人看成一个统一思想)，亦称"三才论"。此在西岐饮食文化白事宴席上，所显示的《周易》内容特点，也是十分清楚。特别是此，其中一大品碗热菜和一大品盘凉菜数序奇数的设计，也不正是《易经》太极的思想反映吗?

在红白喜事宴席中，《周易》的哲学思想(太极、阴阳、三才)不仅有所显示，同时在宴请的座位顺序上也有反映。例如宴请规定:每桌(即每席)只坐六人，六人就座情况:中间上席两座(2人)、分属尊长和上宾席位;左右两厢(共4人)，每边分坐各2人，由一般来宾就座。这样，宴席座位排位，也是出现了"六"的序号。我们说，"六"属于"三"、"六"、"九"范畴，它也显示了《易经》的内容;"三"的平方是"九"，"六"的减半仍是"三"，这里这个"三"，也是《易经》天人合一"三才"思想。它从民俗饮食文化方面也表示出来。从理论看，无极生太极，太极生两仪，两仪生四象，四象生八卦，八卦演万物，这是宇宙自身的演化历史[⑧]。《易经》饮食文化寓意亦然。《老子》说，"道生一，一生二，二生三，三生万物。万物负阴而接阳，冲气以为极。"所谓阴阳，亦指阴阳二气，二气相交，则生万物[⑨]。

五、西岐饮食文化断代与《周易》思想

据上综述，我们对于西岐周原饮食文化《周易》思想的认识如果是可以的话，那么，称为周原《易经》饮食文化的时代时间应放在何时呢?这里，显然有一个西岐周原饮食文化的历史断代问题。这个问题现在来看，在西岐饮食文化《周易》的思想体系反倒是对这个问题探讨的一个根据。因此，就以此为依据展开对比论证。

这里，首先以面食文化御京粉来说，有说它是在"清朝康熙年间，由本县(岐山)北郭乡八亩沟王同江在北京皇宫专做面皮，因在京城又系御膳，故将这种面食取名御京粉。从此，御京粉便由北京流到岐山，距今二百六十多年"[⑩]。在此所云时间，只提到御京粉是由京到岐来的时间，但由此要说明西岐饮食文化及其反映《周易》思想的断代问题，凭证还是远远不足。再就面食文化岐山臊子面来说，岐山臊子面又叫"浇汤面"，说是在唐时"长寿面"基础上发展演变来的。相传苏东坡在凤翔任金事通判官时，对这种面也爱吃，并写了"剩欲去为汤饼客"的诗句[⑪]。在此，这些论述提到的唐宋

从时间上看也有道理。但对此，从所含《周易》思想体系（深长）看，特别从对同周原传统农业文化之间发展的历史（地位高且时间更长）看，岐山臊子面始于唐宋时期，显然也不妥。再次从饮食文化所含《易传》三才思想看，《易传》是有《易经》之后"秦末或汉初"[12]的集体之作。道家重天道，儒家重人道。而地道与天道、人道同时并列而强调人道的，则始于荀子。而摄取儒道与天道、人道思想，充实其内涵，正式使天道、地道、人道并立为三的观念，则始成《易传》。而此其中之天、地、人，谓之三才[13]。在此，以此三才思想来断西岐《易经》饮食文化的时代，可以说是跨进了门槛，有说服力了。但此，与《史记》所述姬昌"拘羑里演八卦为六十四卦"的关键证明的时代时间尚差近八百年，这还不能够更确切地说明西岐"易饮"文化的主要时代。这一点，我们从《周本纪》文献和岐邑古城考古[14]资料结合分析看，岐山臊子面的历史还要长，还要更早，可能要早到西周初先周末文王时、太王时。例如，《史记》记载有"西伯拘羑里，演周易"（"盖益（易）之八卦为六十四卦"）的历史资料。西伯就是周文王称王前的爵位。他被纣王囚禁时期胸怀宏图大志，潜心发愤推演六十四卦，总结了"卦辞"、"爻辞"[15]。《史记》在此所提的这个史实非常重要（但此资料，学人有不同看法[16]），它不仅能说明集《周易》之大成者还是一个生在教在周原，并由此还称商朝侯爵而神智神勇的西伯侯姬昌周文王，同时还能说明《周易》的主要内容，主要的是：也在于当时周原的政治、经济、文化等之中，以及民间占筮的八卦、六十四卦等之中。这样，当时由周原人周文王写当时周原人的历史文化（其中包括在"羑里演周易的历史"），当然是有重要的意义了。由于历史条件，周文王当时在羑里（河南汤阴）始写成了周人《周易》这部经典。由此才能使我们今天也从这个历史史料中得以研究并证明：有关当时《周易》饮食文化的历史问题。同时，由于从此研究得到《史记》，并被考古文化（即周人太王所建的岐邑京当古城遗址[17]，亦即"凤雏甲组宫室（宗庙）建筑基址"所证明的西岐周原饮食文化以及周原《周易》饮食文化断代时间问题经论证认为：应放在"西伯拘羑里演八卦为六十四卦"的商末西周初来看。

　　陈全方、尚志儒在《岐山凤雏西周宫室建筑的几个问题》称："凤雏宫室建筑基本上是以中轴线贯通基址南北，东西两旁左右对称设计建造的。中轴线由南向北，从门外屏，门道，中庭，前堂，过廊中部穿过，直抵北部后室中，使东西门塾，东西厢房，堂后之东庭，西庭均处在左右对称的位置"[18]。在此基址，其中并出现的"南北中轴"，"两厢对称"所反映的布局风格，显然是《周易》的"太极"、"阴阳""三才"思想的。这里，在无文字记载的情况下，借鉴有关其他学科资料：我们曾把这个基址作为岐邑京当古城遗迹来认识，因而，从这还发现了水平很高的科技资料，同时从中发现了《周易》二进位制（阴阳）的哲学思想。由此获得的这些资料，对周原讲：影响和作用都是空前的。在文王《易经》故里——周原，由于它的发现，可以补上一个历史空白，《易经》思想渊源主要还在周原。因而由此来研究当时周原的文化（哲学、信息、教育、智力、伦理、社会、政治、经济、军事、医学、农学、饮食等），当然是十分有意义的了。随着考古的新发现，周原的学术研究工作，不仅会有重要的发展，同时会受到《周易》的影响；要在《周易》框架下进行。所以，含有《周易》思想的周原文化和周原饮食文化断代时间，由此得到有力证明（放在先周末或西周初被分析认定是正确的）。由此所得的正确认识同时也符合有关传说的看法(传说曾云:周文王曾在渭河之滨斩龙烹汤,做"蛟龙汤面"犒军,因以龙肉做臊子,故起名"蛟汤面",或叫"臊子面。"传说:"因当时天旱缺水,犒军时文王光叫士兵尽吃面,不喝汤,把汤回倒到汤锅里"浇面"再吃)。这一点,连新中国成立前,岐山地下党团结的第一个进步人士王鸿骞先生都说:"岐山臊子面是圣人周文王留下来的",也以此荣迎四方。

诗曰:

> 肌肌周原凤鸣翔,
> 关关雎鸠歌阴阳。
> 诗易经论文哲史,
> 神智神勇西伯长。

参 考 资 料

①石兴邦,"周原环境与文化"跋,西北大学学报·哲学社会科学版(98.1)。

②周礼。

③林继平,"论《易传》思想之形成"第 153 页。

④张洲,周原环境与文化第五章第二节,周原传统农耕文化,三秦出版社,1998 年夏。

⑤梁福义,先秦宝鸡地区农业发展述论·宝鸡市地方志办。

⑥李学勤,失落的文明,第 301 页,学苑英华,上海文艺出版社,1997 年 12 月。

⑦朱伯昆,哲学哲学史上,第 14 页,北京大学出版社,1986 年。

⑧柯云路,新世纪下,第 450 页,内蒙古大学出版社,1992 年 7 月。

⑨朱伯昆,哲学哲学史上,第 33 页。

⑩⑪沈德奎,岐山地方名吃名产荟萃(油印本)。

⑫林继平,论《易传》思想之形成,第 176 页,孔孟老庄与文化大国、东方杂志复刊第 20 卷第 5、6 期。

⑬林继平,论《易传》思想之形成,第 166 页,孔孟老庄与文化大国。

⑭张洲、李昭淑、雷祥义,周原岐邑建都的环境条件及其迁移原因试探,西北大学学报·自然科学版。

⑮柯云路,人类神秘现象破译,第 560 页,花城出版社 1992 年 10 月。

⑯李学勤,失落的文明,第 301 页。

⑰岐山县志·卷二十四文物,第 592 页,陕西人民出版社 1992 年 8 月。

⑱陈全方、尚志儒,岐山凤雏西周宫室建筑的几个问题、西周史论文集上第 215 页,陕西人民教育出版社,1993 年 6 月。

第七章 重振"丝路" 富陕强国
——古代"丝路" 铸锦周原

本文主要是以古代"丝绸之路"的历史意义、光辉古道、现代使命来谈"丝路"的重要性和需要性,特别是对现实的需要。借鉴历史,从而进一步论述重振"丝路"的条件和前景,来说明今天开拓"丝路"走向河西,直出"西口",走向西方,建立"丝路"贸易团,发展西部经济,富陕强国的必要性和可能性。现在看来,重振"丝路",富陕强国的主要条件,不论是政治的、经济的、历史的、文化的、科技的、交通的都是有利的。同时,还有地缘、民族、民俗、宗教等条件也很有利。开发前景,从预测结果来看,也是很好。因此说,今天重振"丝路",富陕强国,是会赋有新的特色,新的意义。古为今用,开拓"丝路",走向西方,繁荣中国西部经济,振兴中华是具有潜力的。机不可失,时不再来,历史赋予了我们使命,开拓前进!

一、"丝路"的历史意义

我国是世界文明古国之一。在古代,就创造了具有中华民族独特风貌的灿烂文化,并以自己悠久的文化传统著称于世。几千年来,中华民族曾以自己卓越的贡献促进了人类物质文明和精神文明的发展,被世界各国公认是人类社会古老文明的摇篮之一。闻名遐迩的古代"丝绸之路",就是我国人民和世界各国人民增进友谊和文化交流的历史见证。远在公元前2世纪,由我们祖先开辟的"丝绸之路",绵延伸展数千里;从我们的渭河流域出发,横贯亚洲,进而联结亚、欧、非三大洲(图四三),在东西海运开通之前和以后的一段时间里,一直是对外经济文化交流的交通要道。这条通道不

图四三 古丝绸之路线示意图

仅加强了我国国内汉民族和边疆少数民族之间的密切交流,把我国西北边疆和内地在政治、经济、文化上有机地联在一起,而且成为我国和亚、非、欧各国联系的陆路桥梁。这条古代"丝绸之路",以中国的"丝绸"命名,这是我国中西关系史上光辉的一页。

中国是世界上最早养蚕织丝的国家,并且在公元前 6 世纪以前还是世界上唯一饲养家蚕和织造丝帛的国家。

中国丝绸之路,历史源远流长。据史籍记载,我国利用蚕丝织为衣料,已有五千年的历史。黄河流域山西夏县西阴村新石器晚期遗址中的茧壳(1),长江流域浙江吴兴钱三漾新石器晚期遗址中曾发掘到炭化了的丝绒、丝带和绢片(2),都为我们提供了这方面的实物资料。缫丝织绸是我国古代劳动人民的伟大发明之一,商代甲骨文中有桑、有丝、有帛(3)、有蚕(4),安阳出土的商代青铜器上又出现了平纹素织和挑织菱形图案的丝物遗址(5),我国的蚕桑和丝织品在殷商时代就出现了(6)。到了周代,文献记载的丝物种类就更为丰富。故宫博物院有周代玉刀二件,其上保存着提花纱罗组织的痕迹,这说明二千五百年前我国劳动人民就已掌握了提花技术。由挑织、平纹素织到提花,这是我国丝织工艺上一个极大的进步。公元前 3 世纪(秦汉之际)我国即以盛产丝织物而闻名于世,被称为"丝国"(7),并且早在公元前 5 世纪(相当于春秋,战国之际)则就远销希腊、罗马和印度等地(8);甚至商代就已成批地向外推销,《管子·轻重》说:"殷人之王立帛牢,服牛马,以为民利,而天下化之。"这反映了我国丝织物很早就成为向外输出的重要商品。西汉时代,封建经济处于上升阶段,丝绸、漆器独步世界时,当时大宛以西直到安息(今伊朗),"其地皆无丝,漆,不知铸铁器。"(9)因此丝绸贸易已成为当时举世瞩目的大宗贸易;起自敦煌,西至地中海滨安提阿克或埃及亚历山大里亚的"丝绸之路"就因此得名(10)。汉代丝织物总称为"缯"、"帛",它不只供衣着,而且也做军饷和支付手段(11)。西汉建元三年(公元前 138 年)迄元朔三年(公元前 126 年)间,张骞出使西域和帕米尔高原(又称葱岭)以西的一些国家建立了联系(图四四);元狩四年(公元前 119 年),他第二次出使西域时,就"赍金币帛直数千巨万",用作馈赠的礼物(12)。

图四四　张骞出使西域路线图

自张骞出使西域至西汉终,"丝路"沿线大体安定。人们往来频繁,"丝路"交通畅达,但到了王莽时代,经常就有匈奴骚扰"丝路"沿线地区。因此东汉时,又有沿着这条道路的著名人物班超率领三十六人出使西域,他联络鄯善、于阗等国的力量,击退了北匈奴奴隶主的进攻,始保障了"丝路"的畅通(13)(图四五)。西汉时张骞,陕西城固人,被封博望侯;东汉时班超,陕西扶风人,被封定远侯。这两位中西交通的开拓者,古代的勇士,不仅为"丝路"的开拓贡献了自己的一生,而且还为中华民族留下了一段千古佳话。此后,在他们开辟的中西交通大路上,便不断有大量的中国丝织物输出,这种盛况一直继续到唐代中期。而唐代经济繁荣的盛况空前,更是与"丝路"的畅通分不开的。譬如当时河西的繁荣,虽因隋末战乱,曾使"州县萧条,户口鲜少"(14),但经过唐初一百多年的安定局面,至玄宗开元天宝(公元713—756年)年间,河西成了一个农桑殷富的区域,"天下称富庶者莫如陇右"(15)。唐当时在河西设有凉、甘、肃、瓜、沙五州,五州人口有近19万人,形成了西汉以后在河西人口的最高峰(16)。贞观初年,玄奘西行时在凉州见到大量胡商,他说,"凉州为河西都会,襟带西悉,葱左诸国商旅往来无有停绝。"(17)当时的五州都是著名的中西贸易城市。武则天时,陈子昂在论及甘州屯田时说过,甘州之地肥沃,四十余屯,"每年收获常不减二十余万。"(18)天宝八年(公元749年)唐王朝从河西收购了三十七万一千余石粮食,占全国当年和籴总数的百分之三十二强。由此也可见当时河西富庶的一斑(19)。"丝路"给文化方面带来的繁荣使盛唐的强大更是别开生面。例如近年陕西周原地区法门寺地宫之谜的揭开(1984年4月发现),不论国内国外都很关注,尤其在国内外学术界和宗教界更是引起了极大轰动。这里,不仅把罕见的佛指舍利真切地展示在人们的面前,而且成批丝织品的发现,更是考古界又一次重大收获。通过这批珍贵丝织品的发现,更能充分地认识到唐代我国丝织品在世界上的空前影响,也能进一步说明古代横贯欧亚大陆的陆路桥梁——"丝绸之路",在增进中外友好交往方面的重大意义(20)。我们已知,早在汉代,我国即以名贵的丝织产品饮誉世界;而到了唐代,丝绸产品更是大增,品种多样,竞相争辉;织物的精工制作,尤其绝妙惊人。这次在法门寺地宫中唐懿宗、唐僖宗和惠安皇太后等供舍的丝织品出土的就有700余件,其中有大量是加金丝的织物,而且尚属首次发现,特别神奇的是金丝袈裟上所加的绣线,其厚度仅0.1毫米,几乎令人难以置信(21)。真是使盛世的唐文化锦上添花。"丝绸之路"给唐代带来的不仅是经济空前发展,而且在政治、经济、文化等各方面全面繁荣。

由于"丝路"的开拓,特别使唐代中外经济、文化交流的大发展,中外使节交往频

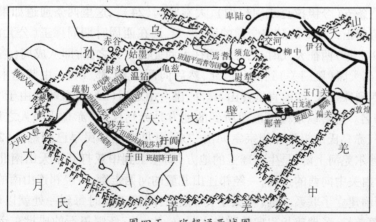

图四五 班超通西域图

繁,移民和侨民增多,曾是长安这个唐朝的政治、经济和文化中心,成为中外文化交流最重要的城市。各国使臣、权贵、留学生、商人僧侣、乐工、画师和舞蹈家聚居长安,彼此交往,为亚洲各国的文化交流做出了很大贡献。北周以来,中亚侨民在长安人数日渐增多。唐初,流寓长安的各族侨民以突厥人最多,631年突厥平定后,迁居长安的突厥人已近万家,以后西突厥和中亚各族人民都成批迁居长安。昭武九姓国人移居中国的都以国姓康、安、曹、石、米、何、史、穆为氏,而以康、安两国人口最多。康、安两国侨民多为武将,或富商。除昭武九姓外,波斯人多以经商致富,操纵长安珠宝、香药市场,左右对外贸易;也有印度人留住长安的,多是佛教高僧,在华经商的也比比皆是。长安城一百万总人口中,各国侨民和外籍居民大约占到总数的百分之五左右。在780年,留居长安的回鹘人有千人,完全穿着唐式服装。和汉人混居的外国商人在二千人以上;787年检括长安"胡客"侨民,凡有田宅的竟达四千人。所以,长安在8世纪下半叶巴格达兴起以前,是亚洲商业最繁荣的国际都市(22)。因此说,这条自西周早已走过,西汉正式开通的"丝绸之路",历时一千五百余年到唐代中期,其间虽因战乱时有间断,但它一直是我国中西交通史上的陆路桥梁和纽带;无论对国内国际它都做出了具有重大历史意义的贡献。

二、"丝路"的光辉古道

我国与西方的陆路交通,是指两汉时张骞与班超先后出使西域时正式开拓的交通线。(在汉代,广义的"西域"指玉门关、阳关以西的中亚、西亚等地;狭义的"西域"只指天山以南,昆仑山以北,帕米尔以东的三十六国。)特别是张骞两次出使西域时开拓的国际交通,它是横跨欧亚内陆的要道。据文献记载在三国以前我国西部主要有南北两路,而南北两路的划分主要是由于我国新疆维吾尔自治区内有塔克拉玛干大沙漠的横亘,只能沿昆仑山北侧或天山南侧向西行的缘故(23)。北路从长安出发经河西走廊的武威、张掖、酒泉、玉门、敦煌,沿天山南麓的车师前王庭(即吐鲁番)、龟兹(今库车)、疏勒(今喀什)等地,越葱岭(帕米尔),到大宛(曾苏联费尔干纳)、康居(即康国、前苏联撒马尔罕);再往西南经安息(即波斯,今伊朗),而西达大秦(即罗马帝国,今地中海一带)。南路从敦煌经楼兰(即鄯善,今若羌东北)、于阗(今和田)、莎车等地,越葱岭到达大月氏(今阿姆河流域中部,大月氏的主要地区在今阿富汗领域内)。安息再往西可达条支(今伊拉克或阿拉伯)、大秦等国(24)。这里两条通道如果说是两汉时张骞和班超正式开辟的陆路交通的话,那么,远在西周时期周穆王(公元前1001年—公元前947年)西征犬戎时,已经打通往大西北的草原之路:即从成周(洛阳)启程,北渡黄河,出天隥(雁门关)到河套以北,然后向西,经乐都、积石,由柴达木盆地的西夏氏再向西到珠余氏,往前直抵舂山、珠泽、昆仑山之后(25)。葱岭是由于"边春之山多葱"而得名。葱岭以东穆王最西所到的地方是赤乌氏。"赤乌氏美人之地也,瑶玉之所在也",赤乌氏的祖先和周宗室同出一系,可见汉族移民早已到葱岭(26)。赤乌氏所在的叶尔羌河上游,是生产瑶玉的地方;周穆王到中亚打开了天山南北交通贸易关系;当时由关中向西的道路,一经祁连山北麓的河西走廊,一经祁连山南的柴达木盆地,都和新疆建立了联系。据《穆天子传》记载:周穆王当时每到一处就以丝绢、铜器馈赠各部落酋长,各地酋长也向他赠送大量马、牛、羊;新疆玉石的成批东运和中原地区丝绢铜器的西传,成了这一时期中西交通的重要内容。而西运的终端越葱岭一直可到乌拉尔和伊朗高原。

因此说两汉时期张骞、班超正式开辟和复通的这两条"丝路"陆路交通,可以说就是从周穆王时打开的交通线而发展起来的。唐代的玄奘"西天取经"时通过的"丝路"交通,即由新疆乌什经过天山的别迭里山沿曾在前苏联的伊塞克湖南岸,到西突厥千泉(前苏联托克马克城附近),然后经阿姆河北和著名峡谷铁阳到今阿富汗,又爬过兴都库什山东达加温弥罗(今克什米尔),再南下到巴基斯坦,北印度(27)。此路即曰中印通道(图四六),可以说是玄奘继张骞、班超之后的又一次重大开拓了。玄奘是唐代著名僧人,他自唐太宗贞观元年(公元626年)从长安出发经秦州(今天水)、秦安、陇西至临洮、兰州;唐《大慈恩寺三藏法师传》说:"贞观元年八月,至秦州,停一宿。逢兰州伴,又随去兰州一宿"。玄奘又从兰州经凉州、瓜州(今安西)、玉门、入伊吾(今哈密)、高昌(今吐鲁番地区)、阿克苏的北天山别迭里转辗到达西突厥,并由此曲折到印度。至贞观十九年(公元645年)回到长安,在国外18年。他在国外沿着印度的三角形国土(即今印度、巴基斯坦、孟加拉、尼泊尔等国家和地区的一百一十个古邦国)几乎走了一圈。他在西游诸家的地位有如"泰山之于立垤,河海之于行潦"。而是曾沿着"丝路"到过葱岭以西和印度次大陆闻名中外的高僧、东晋时法显和北魏时宋云等也是不能同他并列的(28)。唐代政治、经济的高度繁荣,也带来了对外贸易的空前发展,作为陆上交通干线的"丝绸之路"空前地繁盛。这时除了前代已经形成的几条干线之外,又发展了几条支线。其中以中国与印度的交通线最有名。这里据《释迦方志》卷四十一载中印通道有三:北道,由敦煌沿塔里木盆地北缘出葱岭,经撒马尔罕南铁门入吐火罗顺喀布尔河进入北印度。中道,由敦煌沿塔里木盆地南缘出葱岭,经昆都士南入北印度,此道还有克什米尔作为支线。东道,由长安经青海入吐蕃、尼泊尔到中印度,称为吐蕃泥婆罗道。三道之中,东道最近,是唐代新辟的中印交通捷径(29)。至于长安到河西走廊,也有南北两线:南线从长安出发,经周原,沿渭河西上,经陇县、秦安、临洮、西宁到张掖;北线沿经河西北向、经彬县、固原、海原、靖远、景泰抵武威。两汉以后,在南线基础上演变而形成了中线,即从长安出发到临洮以后,不是西北向青海,而是到兰州,过乌鞘岭到武威。唐以后,这条路是关中到河西最重要的交通线(30)。关中西部周原法门寺圣地在丝路古道上也显亮点。

总的来说,从西周到汉唐约一千五百余年,从穆王、张骞、班超到玄奘等先后所开拓的各条"丝路",都是我国曾远销丝织物商品走向西方的主要陆上通道,后来中外历史学家统统把它称为"丝绸之路",亦称"丝路"。顾名思义就是运输丝绸的道路,正如前面所说,东起"敦煌,西至地中海滨的安提阿克或埃及亚历山大里亚"的丝绸之路也就此得名。但是,丝绸之路作为一个历史概念的提出还远远在这些实际之后;这是由德国学者里希霍芬在其著作《中国》一书(1877年出版)中提出并使用了"丝路"这个概念。直到1910年赫尔曼著的《中国和叙利亚间的古代丝路》一书中进一步确定并使用了这一概念(31)。

古代,在这条中西交通要道上,葱岭以西的安息地居要冲,东来的中国丝织物商品运往地中海东岸和罗马各地。主要经由安息商人由此输送。位于安息北面的康居,至少在 6 世纪前后也是向西输送中国丝织物商品的主要转输地。安息、康居在古代中古贸易和文化交流方面起了很大作用。关于安息、康居运销我国丝织物的情况,我国和外国的历史著作中都有明确记载(32),近年来的考古发现也不断得到证明。这是我国和伊朗以及中亚人民友好关系史上重要的一页。同时,"丝路"在葱岭以东,即中国国内"丝路"沿线的名胜古迹,更是中西交通史上中国人民和西方亚、非、欧三洲人民友好交往的佐证。汉代,先后在河西走廊早就设立武威、张掖、酒泉、敦煌四郡(简称河西郡);以后又设西域使者校尉、西域都护,兼护丝绸南北要道,使丝绸之路的繁荣畅通又进入了一个新的阶段。从此,中国的丝绸、桃、梨、杏、桑蚕、药材及造纸、印刷和火药等技术不断经河西传到中亚西亚地区直至西方世界;而这些地方的棉花、葡萄、石榴、胡椒和良种马、宗教艺术、玻璃制造技术相继也传入中国;在医学、数学、天文学、建筑学、音乐、雕塑、绘画等领域也有广泛的交流。在此更需一提的是:隋唐时期,古代"丝路"在河西曾留下许多珍贵的历史文物,而这些文物当以壁画和写经为最多。敦煌莫高窟和榆林窟中绝大多数是隋唐至宋代的塑像和壁画。这两个窟在河西的出现,应该说是河西地区在当时经济、文化长期发展的反映(33)。石窟中的

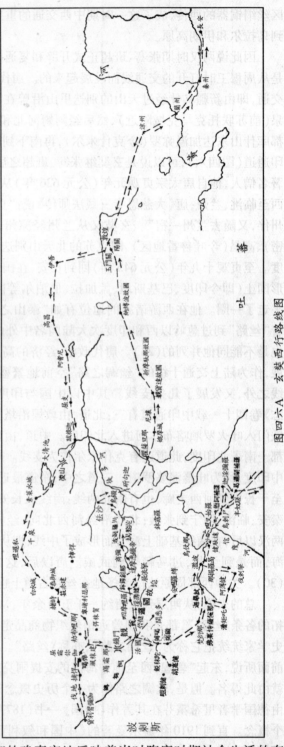

图四六A 玄奘西行路线图

壁画当然是宣传佛教的。但壁画中却的确真实地反映着当时隋唐时期社会生活的有关方面情况,这些都是我们今天研究历史的宝贵资料(34)。十四、十五世纪,科技的发展,显然使海上交通发达了,但是繁荣了千年之久的这条"丝路"终究还是中外人民

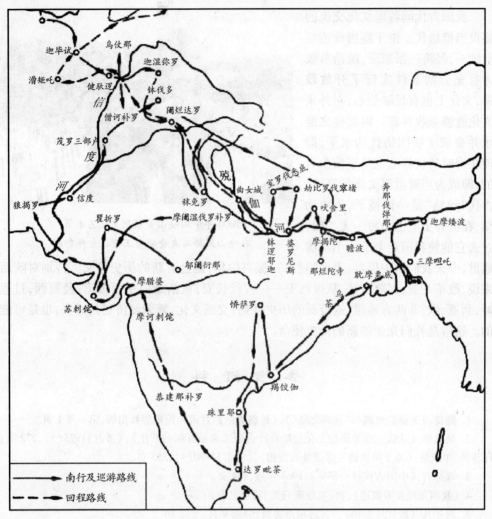

图四六B 玄奘西行路线图

友好往来的象征。沿线留下来的名城名胜古迹,仍是我们最宝贵的文化遗产,并使之成为我们今天十分重要的旅游资源。特别是"丝路"起点长安:即今西安,在古代中西关系史上更占有极光辉的位置。柳宗元说:"几万国之会,四夷之来,天下之道涂,毕出于邦畿之内。"这就是说,唐代国都长安在当时形成的历史地位是很高的,它不仅是东西交通、贸易的枢纽,而且是中外交流的一个最大的集中地。盛唐时期强盛的政治局面,繁荣的经济实力和具有世界高峰的中国封建文化都集中反映在长安。长安当时对世界各国都具有魅力。

长安,是中国封建社会千年古都。市区名胜古迹主要有大雁塔、小雁塔、碑林、未央宫、大明宫、西安古城(保存得很完整)及西安半坡遗址。除此,市外还有临潼骊山华清池、秦陵、兵马俑,蓝田猿人名胜古迹,周原:岐邑京当古城遗址、岐山周公庙西周大墓群遗址及西周早期大型铸铜遗址和青铜器博物馆,太白山森林公园。这些都充分表明周秦汉唐等时期长安城在历史上是具有千余年的兴盛时期,而且更是我们今天繁荣经济、交流文化特别重要的旅游资源。

我国古代同各国文化交流的盛世当推唐代。由于盛唐政治空前统一，经济一派繁荣，统治阶级才有充分的条件实行了开放政策，文化上也有足够信心，对外来文化能够兼收并蓄。因而使之继承并突破了我国历代的水平，即使在当时的世界上也是空前少有的，即成为当时世界文化的高峰。古代"丝路"是一面镜子，历史功绩，在世界史上也是独一无二的；过去它能使我国走上了一个汉唐

2000年中国岐山首届周文化艺术节
在岐山周公庙大会场与王宏谋老师合影

盛世，今天我们从中借鉴，重振"丝路"，振兴中华，是会有新的历史意义。特别对陕西来说，改革开放，兴陕富陕，从今西安——古代长安，重新走向中西古道：经河西，过葱岭，到亚、欧、非西方地带，进行新的历史开拓；交流文化，繁荣经济更是必要，也是可能的。这应是我们光荣的新的历史使命。

参 考 资 料

1. 陈良：《美丽的丝绸和"丝绸之路"》，《丝路史话》，甘肃人民出版社出版，第一章1页。

2. 吴汝祚：《从钱三漾等原始文化遗址看社会分工和私有制的产生》，《考古》1975(5)，272页；汪济英、牟永杭：《关于吴兴钱三漾遗址的发掘》，《考古》1980(4)，355页。

3. 郭沫若：《中国古代社会研究》，1964年版，184页。

4.《我国蚕丝发展概述》，刊《农业研究集刊》第二册。

5. 西尔凡：《殷代丝织物》，刊《远东博物馆刊》卷9页。

6. 雷明德：《旅游地理学》，西北大学出版社，1988年6月出版，215页。

7. 张星烺：《中国交通史料绘编》第一册27页。

8. 同6。

9.《史记·大宛传》。

10. 沈福伟：《中西文化交流史》，上海人民出版社，1984年10月出版，56页。

11. 同10。

12.《史记·大宛传》，《汉书·张骞传》。

13. 陈良：《出色的西域都护——班超》，《丝路史话》33页。

14.《旧唐书·李大亮传》。

15.《通鉴》卷216。

16. 齐陈骏：《古代汉西的兴衰》，《丝路史话》51页。

17. 慧立：《大慈恩寺三藏师传》。

18.《陈子昂集》卷八《上西蕃边州安危事》。

19. 同16。

20. 柏明、张天杰、田旭东：《法门寺与佛教文化》，陕西师范大学出版社，1988年5月第1版57

页。

21. 雒长安:《法门寺与地宫文物》,陕西人民出版社,1988 年 5 月第 1 版 18 页。

22. 潘玉闪:《略谈"丝绸之路"和汉魏敦煌》,敦煌研究试刊第一期,1981 年 167 页。

23.《汉书·西域传》。

24. 同 10(16 页)。

25. 同 10(16 页)。

26. 同 10(17 页)。

27.《唐玄奘"西天"取经》,《丝路史话》55 页;《千里古道寻旧迹》,《丝路史话》91 页。

28. 同 10(140 页)。

29. 同 27(55 页)。

30. 同 22。

31. 同 10(35 页)。

32.《后汉书·西域传》,《三国志·魏志·东夷传注》引《魏略·西戎传》,冯承钧译沙畹:《西突厥史料》209—210 页,1958 年版。

33. 同 16(54 页)。

34. 同 16(5 页)。

第八章　从周原岐邑迁都长安丰镐的地震
原因及其构造特征

——兼谈周人建都长安古环境意义

通过地学、考古学，以及历史文献方志等多学科、多方位综合研究，对周人太王初在周原岐邑京当建都的地貌和环境条件进行了探索，并指出地震和政治等原因是造成周都迁移的主要原因。姬周文武，从周原岐邑京当把都城迁到长安丰镐是个伟大壮举。根据陕西关中地震地质历史特型，尤其是长安地理古环境特点，这里的古地貌地理特征比周原岐邑地区古环境特点更要优越，也更有历史意义。

周人随着政治、经济、军事的迅速发展，到亶父之子季历时，周族势力日益扩大；国家的形成也具规模，其子姬昌——文王继位，并臣服了许多小国和部落，进一步扩大了领土，使周已成了威胁殷商的强大力量。特别是灭了殷在沣水上游的一个强大的崇国（今陕西户县）之后，为了巩固胜利，继续向东发展；作邑于丰，从政治、军事来说这也是必然的。《诗经·大雅·文王有声》记载："文王受命，有此武功，既伐于崇，作邑于丰。……考卜维王，宅是镐京。维龟正之，武王成之。"周文王膺受天命，大举征伐，灭掉崇国，在丰水西岸又营建了丰京，文王从周原岐邑迁都于此。后来周武王占卜，又易居镐京。"丰、镐近在咫尺，隔水相望，可以说它们是一个城市的两个分区。"丰镐自然的也就成了西周王朝新的国都。也就是说，周族文武两王迁此建立丰镐都城，从而成就了他们在西方的崛起，成为与殷商坚决抗衡的周的政治中心。这从政治上看，也是个重要原因[1]。

另一方面，从周原岐邑同长安丰镐两地地震活动分布特征对比再来做些试析：从古地貌特征和现代地理环境比较，丰镐地区也确比周原岐邑地理位置优越[2]，其特征具体是：

根据考古资料看：位于沣水两岸的丰、镐遗址，南到终南翠峰，地处号称沃野千里天府之国的关中中部，属于渭河盆地的黄土台塬平原地区。这里塬区辽阔，一望无垠，气候温和，雨水适度，周人择此而都，更是很有见地的[3]。当然，这里也是分布在"汾渭地堑"内，是属"汾渭地震带"关中中部的剪切断裂地区，但"地堑"处在这里的特征：而是剪切应力在此的构造活动显著的不易集中。它与周原西侧的陇县—岐山—马昭断层地带地震活动规律还是有所不同的。

地处在"汾渭地震带"剪切断裂地区的长安沣河两岸的西周丰镐都城遗址，它坐落在"地堑"自西南端（宝鸡）至东北端（灵石）断陷盆地的构造地带中部；在此而震中分布的密集带为"汾渭地震带"的乾县—兴平—长安断裂条带。历史证明：长安丰镐比之周原岐邑来说还是个比之更好的古环境。长安丰镐比之周原岐邑建都，而具有更好的环境特点。有关这一问题，张伯声先生和王战教授曾著文，从宏观到微观做了深刻地论述。他们在《地震同地壳波浪状镶嵌构造关系初探——着重探讨陕西地震活动的规律》[4]这篇学术论文中称：

中国地区恰好处于环太(平洋)及外太构造带和地中(海)及古地中构造带相交接的三角地区中。这里的地震大致随着这样两个系统的地壳波浪交织而成的中国构造网，形成了中国地震网。中国历史地震震中的跳动迁移基本上是沿着这两个系统的构造地带方向而反复活动的。

陕西关中和秦岭恰好处在中国构造网的中心地区，东北—西南向的大兴安—龙门山构造带和西北—东南向的天山—大别山构造带在此交叉。在人类历史时期，这两带的地震活动有其相互交替的周期性。这种交替使陕西这个交叉点反而形成了地震频度较小的地区。只是当二带地壳波浪互相叠加或频繁交替的时期，关中和秦岭才有可能发生强震。

有关陕西地震的活动特点，该文进一步称：

太行山—龙门山这一东北—西南向地震带、天山—秦岭—大别山这一西北—东南向地震带以及昆仑—秦岭东西地震带在陕西关中和陕南地区相交叉，但其地震不论在频度上和强度上都不像一般地震带交叉地区那样强烈，而是成为中国地震的四等地区。

中国的一个东北—西南的地震带，基本上追随大兴安—龙门山构造带从太行山两侧进入陕西(图四七)。汾河地震带由韩城附近过黄河，向西南绕过中条山西端，经大荔、华县到蓝田，这是关中地震带最强烈的地带。再蓝田过秦岭，这个地段活动性较小，到宁陕一带又稍显活跃。在这一带西北，由铜川、耀县到汉中是另一个带，过秦岭的一段也较稳定。更向西北的一个斜列带，由宝鸡经东河(嘉陵江上游)到略阳，在穿秦岭时也较稳定。在泾河及嘉陵江以西，是南北强震带穿过秦岭的地带，但在某些分段上也可以看到东北—西南向的斜列关系。由汾渭断陷斜穿秦岭到宁陕的地震带以东，有一条平陆到紫阳的地震带，它向东北可以连到山西昔阳。更向东还斜到着洛阳—镇平地震带。这些东北—西南向的地震带在通过秦岭以北的渭河断陷及南秦岭的汉江流域时，一般是地震加强，而在汉江以北的秦岭地带，是较弱地震的地带。

从图四七[5]还可看出，一条西北—东南向的地震带基本上追随天山—祁连—秦岭构造带，陇县—安康地震带从宁夏固原向东南经陇县进入陕西，向东南斜穿秦岭的弱震带，到宁陕及安康地区，又形成了一个地震较强地带，最后在镇平和湖北竹溪、竹山地区，再一次形成一个较强地震带。在陇县—安康地震带的西南斜列出现的是略阳—汉中地震带，它从甘肃的天水，穿过徽成盆地的弱震带，到略阳、汉中，又成一个较强地震地带。陇县—安康地震带的东北，有淳化—商南地震带，它从宁夏的银川吴忠向东南，穿过地震平静的鄂尔多斯地块西南部，到淳化—高陵形成一个渭北的较活动地震地带，然后由蓝田斜穿北秦岭的弱震地带，过商县和商南两个较活动地震地带，进入河南南阳较强地震地区。在淳化—商南地震带的东北，有一带北西向的较强地震带，围绕潼关西北包括大荔，东南达到河南阌乡。更东北的一条西北—东南向地震带，集中表现为韩城周围和山西平陆与河南三门峡地区的地震活动。

从上叙述的几条东北—西南向和几条西北—东南向在陕西关中和秦岭相交叉的

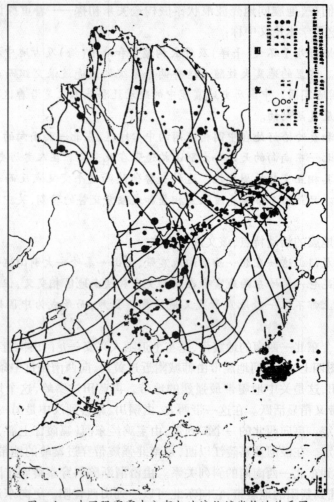

图四七　中国强震震中分布与波浪状镶嵌构造关系图

地震带,比较密集地大约分布在北纬30°—35°之间。即顺着秦岭东西构造带的两侧,形成一条近东西向排列的地震区所构成的地震带。

但太行—龙门东北—西南向地震带在山西的强震带过渭河地堑以后在秦岭地带突然减弱其地震的频度和强度,在斜穿秦岭以后,到了甘肃武都和四川龙门山地带,又行加强。而西北—东南地震带从甘肃的河西断陷的强地震带过来,同贺兰—珠穆朗玛地震带及贺兰—六盘—龙门山南北地震带相交,在陇西地块形成一个强震地区过此向东南入渭河地堑、地震活动性突然降低,在穿过秦岭时,变为弱地震区、直到宁陕、安康等地活动性才稍有加强。

由此可以认为,在关中和秦岭的地震形势,虽说是北东、北西及东西三个方面的地震带通过的地区,但因不同方面的地应力在关中和秦岭地区的互相干扰,即不同地壳波浪的干涉,地震强度因而大大减低,把陕西的渭河地堑和秦岭变成第四等强度的地震地带。

从1976年地震的情况看,陕西的弱震频度及强度与过去相比虽有升级,但与其位于同一地震上的相邻地段,如山西的汾河流域及四川龙门山地区相比,只是小巫见大巫罢了(表4)。

表4[5] 通过陕西的东北—西南地震带1976年一、二、三季度活动情况

地　区	频度(大小震合计)	强度(7级以上地震)
河北唐山、京津地区	(三级以上3700次)	2次
山西太原地区	750次	0次
陕西关中地区	34次	0次
四川松潘地区	千次以上	2次
云南西部	近30000次	2次

按:根据上文所述论证,并及"图四七""表4"所示情况,明显看出:"陕西关中地区",正如我们在前探讨时曾提到的,对此"在人类历史时期,只有明代的(1487—1569年)83年间,才有7~8级地震";由此亦可以说明:"这里7~8级地震的大周期有超过3000年的可能性。6级左右强震在关中地区的周期是700年左右。而在那些强震发生的时期,往往是北东向和北西向地震活动互相交叉的时期。"对陕西地震全部历史记录通过这样分析,我们完全可以赞同这样两个认识:"①在中国大陆内部交织的北东和北西这两组斜地震带,特别是通过陕西或邻近陕西的那些带,在只有一组方向基本上不活动的时候,陕西地区很少发生较强地震;②当以上两组斜向地震带同时活动(或频繁交替活动)的时候,才是陕西有可能发生较强地震的时候。同时,这也要结合地震到地壳活动在这里所表现出来的大约700年左右的周期性。"

根据以上认识:1976年在我国尽管"连续发生了多次7级以上强震,但强震(7级和7级以上)震中仍然不至于在陕西发生"。张先生当时(1976年)著文明确指出:"7级以上地震"不在陕西发生,并以此认识当时在陕西省内作过十余次学术讲演。"西安无大震"掷地有声,使张伯声的声音,家喻户晓,在西安、关中、陕西,流传甚广甚奇,深受广大群众欢迎。实践证明:著名地质学家张伯声先生和他的弟子王战教授,他们论著的功绩不仅"利在当代,功在千秋",造福人民。而且这一科学成果的历史学价值,对处在关中西部周原岐邑和中部长安丰镐地区的古环境地震地貌特征,判断孰优孰差的认识,也提供了具体理论基础;从而有力说明:姬周人曾将当时历史古都由周原岐邑而迁至长安丰镐的历史壮举是正确的。长安地震及古地理环境独具优越这一特点,张、王在当时著文的"结语"部分称:"近十年来,我国北东向构造带的地震活动正处于高潮。但北西向构造带的地震尚处于低潮期。如长白山过渤海湾,斜穿华北平原及太行山,接汾渭断陷盆地,过秦岭,顺四川的龙门山,切过横断山的东北—西南构造带处于地震高潮时期;而从天山,顺祁连山,到关中平原,斜穿秦岭,向东南接大别山,过安徽、浙江入东海的西北—东南构造带则是地震低潮,近年来只是在两带交叉的渭河断陷盆地和秦岭构造带有西北—东南向的小震活动。而在历史时期,关中地区的地震往往是在北西及北东地震带频繁交替的时期比较活动。单方面构造带的活动,不

足以引起关中及秦岭地区发生强震。"因此,"今后为做好陕西的地震预报工作,应密切注视北西向构造带的活动情况及其同北东向构造带活动的关系。"这篇论文所指出的科学结论,时至今日仍然是陕西关中西安继续做好地震预防工作、保护人民生命财产安全和对地壳运动继续观察认识的理论武器。

因此,我们说,长安丰镐古地貌位置也比周原地区优越。因而姬昌当时将古都由岐邑迁丰镐,历史环境说明也是有眼光的。长安丰镐,即西安,周人迁都于此作为国都,由此开创了中国历史上在此建都之首,这也是周文化对中华民族以及人类历史的重大贡献。

参 考 资 料

[1]张洲. 周原环境与文化·岐邑京当古城选建与迁徙原因. 西安:三秦出版社,1998. 6 (P220).

[2]张洲. 周原岐邑建都的环境条件及其迁移原因试探. 周人周原岐邑京当古城迁都原因. 西北大学学报(自然科学版),1996(4),365-366.

[3]保全. 西周都城丰镐遗址. 文物,1979(10):70.

[4]张伯声,王战. 地震同地壳波浪状镶嵌构造关系初探——着重探讨陕西地震活动的规律. 西北大学学报(自然科学版),1980(1):1-26.

[5]同[4]张、王. 地震关系初探:图3中国强震震中分布与波浪状镶嵌构造关系图和表4通过陕西的东北—西南向地震带,1976年一、二、三季度活动情况。

第九章 周原旅游开发的历史使命
——兼述太白山旅游与并举保护开发的重要性

以圣地为特征的周原与以宝山为特点的太白山作为依据,充分论证了在一个"统一的垂直带谱"下有关此原此山区域在环境和文化共同特征方面极为密切的关系:得天独厚,倚天独俏,互为依托,相互辉映。这在中国西部少有,也为世惊异。旅游资源极为丰富,金饭碗,天公所赐。由此开发,共同保护,整体规划,分头实施,典型意义特大。因此,建议陕西省把这建成重点旅游示范区,在中国西部大开发的今天,作为重中之重首先启动开发,特赋的生命力可以说无可限量。历史使命必将获得神圣辉煌。

一、周原旅游开发的意义和前景

近期,三秦出版社出版的《周原环境与文化》一书,是当前研究周原环境与文化的一部专著,是我持之不懈的力作。其中"前言"有段话,可作为对周原旅游开发的赠言:对周原环境与文化,深入系统地进行专门研究,资料博采前人之众长,广泛搜集猎取,同时还从地学、考古学等,结合历史文献进行多学科、多方位、综合性的研究、整理和论证,伏案十年,终于写成这部专著。这部书稿的内容,涉及研究的面较广,远远超出周原地区;其所辐射的地区不只限陕西关中及黄河中游地带,甚或北至河套,西至六盘山,东达吕梁山整个鄂尔多斯地区。其内容所涵盖的地方,不只对第四纪地层特征、远古环境特征与奥秘有所揭示,而且对其环境地层在文化方面所含的内容,从原始社会到夏商周,特别对周文化由先周至西周,从起源、发展、迁徙的整个过程等,亦有叙述和认识。我们在此揭示和认识的科学成果,可供今天发展经济、文化和旅游所借鉴,故认为这

1996 年应陕西省太保局邀请,我参加人文环境考察时与李昭淑教授合影

部书具有历史价值和现实意义[1](P2)。周源撰述的环境和文化:北至岐山、南到渭河、西沂东漆,四周区域清楚;同时辐射到鄂尔多斯盆地四周,甚或黄河中游地带轮廓也清楚。由此设想旅游开发,应本着这样一个范围来立足;如此高屋建瓴,才能看清前景。

同时,这里依托的背景也很重要。周原有门对南山千古秀的太白山做靠山,更显重要:真是得天独厚加得天独厚。所以,周原旅游开发要和太白山旅游开发同时并举,互补互利,共同开发;周原与太白山作为一个整体来规划,则分头实施,更有意义。

周原环境与文化优势已有介绍。这里,对太白山人文环境和科学资源再谈些情况。

以秦岭太白山为例:分布在700～1000米为侧柏林带,主要建群种为栓皮栎、侧柏等;800～2200米为松栎带,主要建群种为栓皮栎、锐刺栎、辽乐栎等;2400～2900米为桦木林带(包括红桦和牛皮桦两个林带);3200～3767米为桦木高山灌丛草甸带。上述垂直带谱特点,不光是在研究本地区农耕文化史发展的好资料,而且更是显示了现代农耕在本区植物群种发展的未来的远景[①](P3);同时太白山还是我国及东亚地区自然环境(土壤、植被、气候等)的典型山地和西安市饮水供应的重要源地——科研、生产价值都很大:是关中历史气候变化的温度表;其环境和周原是一个统一的垂直带谱,关系密切。

1996年,应陕西省太保局邀请,我还参加了专家考察团,赴太白山旅游景观调查;根据当时调查情况,我也写了论文:《太白山人文与环境》(初稿),收在《太白山旅游景观选点论文集》(待出版)。当时考察十八天,身临其境,心领神会,我也有诗记。其中山顶素美景观特点:"三七六七八仙台,峨黄泰华唱天绝。秦岭拔顶星关亮,素裹俏装山岳杰"(太白山顶歌)[②];"六月积雪红装素,雄奇险秀独家俊。珠穆朗玛瑶西语,太白纵岭惊天信"(惊天信)[②];"两端翠岭飞凤翔,太白夷平跑马梁。鞍骑槽谷石河沁,素姿冰心醉玉娘"(太白冰玉颂)[②];"太白湖海九重天,大爷绝景挂月边。清澈秀丽美中最,八仙惊喜台顶观"(大爷海绝景)[②]。在此,从山顶歌、惊天信、冰玉颂到大爷海绝景:由顶、由绝、由形、由意,从各个侧面将其素美特点尽收眼底,引人入胜。山顶的冰雪景观,作为内陆冰山佳景,而太白山确是全国少有。世界也殊看:世界科学家都瞄准着它。

太白山神文文化主要是散在中山—低山区,但在其山顶地带也有:拔仙台、跑马梁,就是姜子牙封神和刘秀跑马的传说遗迹,还有王母娘娘庙,庙内并有女道长主持。而此景观,同时还衬有如前所述:素美的佳景特色,怎不仙矣! 这里,真是神文神秘文化的神山宝地。

关于中低山地带神文文化特点,我也有诗记:"山雨滂沱五岭行,海市蜃楼平安云。夕阳天际观日尽,彩练悠悠拔仙虹"(太白五岭行[②];"日暮倾飞冰雹灾,天门惊遇石河劫。倚松借问神女信,顶风云纂南宫阙"(南天门神女信);"高布吞没暗径流,点兵划破神水云。峡谷素有光武韵,太白涓涓古枫林"(刘家崖风韵)[②];"黑河瀑布三千丈,六湾九曲白涛浪。梦境乍醒博士女,独木飞渡妙音唱"(黑河瀑布妙音唱)[②]。在此,诗记的这些神文景观,虽说是中低山地区神奇的神文特点,但其特色:从"夕阳天际观日尽"的中山云海盛景又叙述到"彩练悠悠拔仙虹"的太白山顶奇妙神景,浑然一体:真是驾云旅游,怡哉快哉! 再是:"倚松借向神女信,顶风云纂南宫阙";"峡谷素有光武韵,太白涓涓古枫林";"黑河瀑布三千丈,九曲六湾白涛浪",以及"鞍骑槽欲石河沁,素姿冰心醉玉娘";"太白湖海九重天,大爷绝景挂月边",此处,诗中所说的一系列所谓的神奇、神女、神门、神韵、神文、神景、神海、神云,千姿百态,五光十色;由高山、经中山、到低山,整个太白山区上下纵横,遍山神庙、神人林立——"儒道佛"——玉皇、老子、释迦,三教合流,多神同殿共仰,共尊共奉的文化特征(即神秘文化特征);其庙、其殿、其宫、其院、其寺、其馆、其庵,在风景神圣神秘的所谓风水宝地——神地,都有多神共奉的庙岳殿堂,真可谓神文文化天然宝藏。

太白山这种多神立庙特点,在山外周原及关中等地也有。所以,从太白山旅游开发这个神文文化宝藏,不仅能把周原地区如周公庙、西观山、玉皇洞(南社头)、高庙、周至县太白庙等与之有关的庙会旅游(即庙会民俗文化)活动带动起来,广大地区旅游群众,尤其农民上山旅游;太白山也能被吸引开发起来。而且它还会辐射到全省、全国,以至台湾、港澳和所有华侨地区,也能为之而归大陆旅游观光者朝拜,因为这一文化特征海外华人作为传统节俗也被遵循着。这是一件了不得的胜事。

太白山旅游确是有收获的:我自己领悟也有两首诗记:"知命之年奉登攀,李公重上太白山。冰川奥秘新又讯,坠石首鉴功尤先"(李昭淑教授重上太白山)[②];邀我同上太白山的李昭淑对太白山冰川地貌:当时发现了新资料,并提出了新认识。"园林学士志豪怀,年及花甲巾帼才。迎高力博跋涉踵,一鼓云登拔仙台"(众赞刘晓帆女教授)[②]。这里诗记刘晓帆,是西北林学院园林系旅游教研室主任。她主持邀我们上山考察太白山旅游景观的:已六十多岁,还不辞劳苦拼搏。一马当先,一鼓作气,天明由玉皇池出发,经二爷、三爷海,同我们直奔太白山顶——3767米最高的山拔仙台,并与同登的青年还住在此处迎接翌日拂晓的日出;观看了太白山日出盛景。观日出,由太白山顶拔仙台观日出,这远比泰山、华山、黄山、峨眉等名山,是要更胜一筹。因为这里山高独厚、倚天独俏,"峨黄泰华"比不上。太白山顶拔仙台——她是中国内陆名山的"山杰"啊!所以,女士刘晓帆到此观看日出,可谓开拓楷模。

上述三点:一是说太白山素美景观绝美佳天下;再是其神文神韵文化也举世驰名;三是其自然科学如地质、冰川等研究基地则更为人注视。这是金饭碗,应该创造条件,早日开发。

我登太白山写的十首记事诗,1996年9月20日,被西北大学学报刊登,并有刊首语称:被誉为祖国华中群峰之冠、孤高独秀的太白山,山体高大,气势雄伟。海拔3376米,总面积56325公顷。这里已成为地理、地质、地貌、气象、气候、土壤、水文、动物、植物、中草药、环境保护等多种学科进行考察研究的重要基地。所以,太白山不光是旅游环境和神文景观开发的宝地,而且更是多种学科进行研究的重要基地,故开发尤为重要。

我的文稿,主要是谈周原旅游开发,但就规模而言:广度要谈,而且空间深度高度也要廓清。周原南靠秦岭太白山这个神山宝地和研究基地,旅游开发时更不容分开;是一个不可分割的整体。所以,在周原旅游开发上,不仅一定要看中周原这样个宝原圣地的优势,同时还要看中太白山这样一个宝山神地的优势;二者结合起来设计开发,这应成为一个主导思想。因为我们搞旅游开发工程,决不是一个权宜之计;不光是为了一个区域经济文化的发展而开发,而是应与全省乃至国家整体事业所发展的前途结合起来,并与其所提供的重大政策和重要举措结合起来考虑。

根据周原和太白山特大的优势条件，说不定生态革命的伟大实践还要由此始，影响关中、影响全省，继而由此推动到全国；使周原及太白山经过这样一个实践和发展；持续坚持开发，经过五年、十年、二十年、三十年；如能有重大飞越——争取实现，从而使此原此山在世界上也能成为一个内陆地区开发发展的典型榜样。到那时我们周原人就更能豪情满怀了。今天我们搞旅游开发工程，一定也要有这样一个雄心壮志。

所以，在周原的旅游开发不仅有历史意义，而且更有现实意义；不仅有经济意义，且更有文化意义、科教意义和重大社会影响——历史前景是不可估量的。开发改革成功之花，会结出胜利丰硕之果的。旅游开发周原，历史曾给了光荣，今天历史又给了使命，未来历史在周原是会成功的。

二、周原旅游开发的目的和条件

周原旅游开发的目的，关键是发展经济。利用旅游经济启动、开发，在此把经济搞上去；同时抓住精神文明建设不放，把得天独厚的环境文化和博大精深的历史文化大大地弘扬发展起来，使周原发展经济，繁荣文化，科教兴国，把两个文明建设搞好；荣获榜样，走向全国面向世界。同时，使之成为积极依靠利用太白山旅游经济开发、积极承诺，并主动为其提供物质和文化（互补互利）的保证供应条件，支持太白山自然保护、旅游资源开发，使太白山顺利发展成为一个有时序、有规范、有设施和措施，名副其实的内陆名山——高级旅游胜地。

同时，周原旅游开发目的从另一方面看，在弘扬方面得天独厚的周原环境文化，还能对旅游群众以宣传教育，使之增进环境保护意识和热爱祖国的爱国意识。同时，更能促进人们对周原历史文化的具体了解；博大精深的周原文化使人们普遍认识道：它是从这里的中心地区岐邑而辐射至周边、广漠以至整个周原地区，直到黄河中游地域；使人们知道这里也是人类历史起源的地区之一——人类由此也有她起源出现的古地层古环境遗迹，并与之伴随起源发展的人类文明；原始社会，夏商周奴隶社会，特别是周人而由此起源、发展迁徙、崛起建立国家、发展强国的文化宝库和圣地历史地位。周原原区地貌特征在祖国黄土原区分布来说，也是不多见（这里历史地理地位已为历史证明）。而这里的文化、尤其人文文化，特别是周人周文化的发展和影响；历史上辐射发展至全国并影响到秦汉隋唐，大唐武则天时期——则到了高峰，周原周人历史文化对中国历史文化影响的地位确是很高的，它确是中国古代文化历史发展的一个主根，在中国文化史上占有光辉一页；一直影响着中国，也影响到世界。

为什么周人历史发展和影响有如此之大呢，这原因很多，但主要是由于周原有这个宝地圣地环境优美和历史地位特殊重要；周原环境，得天独厚，周原文化，博大精深，人杰地灵、英杰群出。"周原灵秀谱先贤，文武三公出岐山"（周原灵秀），我这首诗记，在此就是一例。尤其是周原古文化宝地的信息资源，被历史文献能记载传下来的文王《易经》和《易经》源地也就在周原："肤肤周原凤鸣翔，关关雎鸠歌阴阳。诗易经论文哲史，神智神勇西伯长"（诗易经论）[③]。"羑里拘演圣乾坤，宝地周原颂易经。五湖四海今朝信，悠悠西岐献遗踪"（文王易颂）[③]。同时"当然更重要的原因，还是由于周人在文武三公时期的奋力开拓，兴国灭商，奠定了西周盛世；西周时期政治和经济国力的空前强大，给文化发展，特别是对青铜器文化的发展繁荣创造了殷富的社会环境,周原"周人是一个开拓性、创造性都很强的民族[1]"。"周人的文化在周原勃兴于取代殷商后,成为缔造一代礼乐制度的基础,影响十分深远[④]"。所以,今天在我们这个伟大时代,世界新科技与中国这个悠久的古文化真是结合起来开拓发展,生态革命的策源地如果真的选在中国周原;首先由周原开始,根据历史经验:是一定能够实现的。以环境(得天独厚),以文化(博大精深),周原是有这个根本条件的。这一特大优势,更要使人们普遍知道,增进和加大社会对周原的认识,加强对周原和太白山的保护和开发意识。特别要加强社会人士和政府对周原开发的信心和责任感:加大舆论,争取支持。

按条件讲:周原有博大精深的历史文化和得天独厚的优越环境,是一个圣地、宝地:保护、开发、利用、发展,应该设计开发工程系列:太白山有著称于世的素美环境文化、神文神秘文化和未被开发、研究、利用的自然宝藏,是一个神山、宝地。这里,一原、一山,各具优势:自然恩赐,得天独厚,尤其又有国家改革开放政策:经济、旅游、文化开发,科教兴国,环境保护,互补互利,全面、系统、先后、重点、设想、发展。周原和太白山旅游开发本身条件,优势特好。而客观运行机制条件今天也更有利,政府大力支持。所以,开发前途尤为光明。

旅游开发诱惑的特大魅力:太白山的无穷吸引力,也会使人——朝圣观光者,受到爱山爱水、爱景爱美,接近、理解、探讨其文化教益;尤其是"秦岭拔顶星关亮,素裹俏装山岳杰"的太白山顶地区:3767米高,连"峨黄泰华"也都为它叫"绝":"六月积雪红装素,雄奇险秀独家俊。珠穆朗玛瑶西语,太白纵岭惊天信"即是王母娘娘也恭呼它为:"惊天信"。这里如此风姿风韵;冰山雪域,红装素裹;俗称:拔仙台,又叫跑马梁,实际就是第三纪地质时代夷平原的古地貌遗迹,作为我国内陆冰川古地貌标本而为世界注目。同时由此反映的冰雪素美文化和形成的神文神秘文化——互相显示特征;情景交融,相互辉映,正如诗记:"太白夷平跑马梁,两端翠岭飞凤翔。鞍骑槽谷石河沁,素姿冰心醉玉娘"。真是神姿神韵。俗谚云:"女要俏,一身孝"——太白山顶,"红装素俏",如此佳景;不光叫天下人发"痴",叫天下人叫"绝",特别是科学宝山珍宝,更叫天下人"惊信",倚天独俏,而无不向往。所以,由此引凤朝凤,比翼双飞——开发前景,绝对是无可限量的。

因此,在周原旅游开发必须要具有历史意识,科学意识,社会意识。同时要有环境保护意识、公益意识、社会意识和集体意识、国家意识等。这一特点也是由历史经验和教训总结而来的。一定要借鉴,一定要记取。同时,就太白山来说:神文景区年久失修,所以对其环保、建设和开发尤其重要。

三、周原旅游开发的政策和方针

(1)保护与开发并举:(a)以保护保证开发,以开发支持加大保护;(b)先保护再开发,同时开发时要利用保护、开发和发展,不断提高保护设施和科学管理水平;(c)保护开发,保证促进保护开发效益,首先是经济效益,同时不断加大社会效益。

(2)统筹规划,择优开发;重点突破,带动全面。

(3)谁有实体,谁先开发。否则:就后开发;无条件创造条件,争取条件开发发展。

(4)资金来源:股份自筹,银行贷款,集资公助,爱国合资(条件:爱国华人),慈善捐助,地区合资(互补互利)。严格管理,专项专管,专款专用,不得乱管乱用。

(5)谁投资谁得利,谁出钱谁受益;谁出力谁优待,谁立功谁受奖,立大功受大奖;谁栽树谁乘凉,种瓜得瓜,种豆得豆。造福一方,造福后代,利国利民。

(6)根据法规:建立各项制度。

四、周原和太白山旅游开发的原则

(1)两个保护(文物和环境)、两个开发(经济和文化)一定要与旅游结合。

(2)保护、开发要和科教结合。

(3)科研成果开发实施要和继续研究、开发结合,发展新科技、繁荣经济、繁荣文化。

(4)大力促进推动地区教育事业,结合旅游开发,培养各类人才,不断提高人才素质。十年树木,百年树人,人才要加大发展。

(5)保护龙头(指当前优势)、强化龙腰(指坚持科教)、促进龙腿(指不断改进精神文明建设条件)要协调结合;全面照顾、重点铺开,坚持试点、稳步开发,继承传统、革新创造。

(6)卧薪尝胆、拼搏奋进;按体量衣、从实际出发;雄心壮志,实事求是,科学设想、信息开发;开与创要结合。反对保守、反对冒进。

(7)干部条件:要有献身奉献精神,开拓创业精神,锐意改革奋发进取精神。并具有科学管理和科研能力;文化水平高,政治素质高,能密切联系群众,团结同志;艰苦奋斗,不怕困难,不怕挫折,不怕风险,坚忍不拔;秉公办事;不谋私利,不贪不占,一心为公;年富力强,为人民服务的人,参与领导、组织、管理工作。并要逐立军令状;遵法守纪,精卫填海,愚公移山,滴水穿石,雷打不动、长期奋斗、改革开放,为建设社会主义强国而奋进。

五、结语

以上:就意义、前景、规模、目的、条件、原则、方针和政策,都作了评述和论证,尤其是对这里(指周原和太白山)的条件,并作了科学论述。这个宝原圣地,这个宝山神山,不光是周原和太白山的光荣财富,而且是我们国家的宝贵财富。这里旅游开发,作为战略举措搞好、搞成功了,富国富民,给当地群众更会带来极大好处和影响;它会像吸铁石一样,把本地区、山区的经济、文化、教育、交通,尤其是环境和旅游设施,都会带动发展起来。所以,前景是无限美好的,是利国利民,造富子孙后代的根本大事。我们引为自豪的,而且是最根本的如前所述:就是周原这里环境得天独厚,文化博大精深;而依托的太白山,其神文、素美及科学资源,更是得天独厚——真是天赐福源,天赐良机啊!

参考资料

[1]张洲:《周原环境与文化》[M].西安:三秦出版社,1998.

[2]张洲:《自由体七言诗十首》[N].西北大学,1996-09-20(4).

[3]张洲:《诗三首》[N].西北大学,1998-08-15(4).

[4]李学勤:《一部令人惊异的好书,周原环境与文化·序》[J].《文博》,1995(3).

附录一:回忆侯外庐校长
——著名马克思主义历史学家、思想史学家、教育学家

一、一代宗师

著名马克思主义历史学家、思想史学家和教育学家侯外庐先生,毕生创造的知识财富和教育功绩,都有重大意义。侯先生解放前在祖国各地执教数十年,解放后在北京、西安等地授业治校又近十年。先生献身教育的业绩和风范,不论是从祖国北陲的哈尔滨到南海的香港,或是从汾渭盆地的太原、西安到长江西东的渝、沪,还是旧中国的北平,都是盛享声望。特别是解放后,先生在西北大学任校长时,给全校师生和三秦学子留下的巨大影响,更是令人难忘。

侯外庐先生在西北大学任校长期间,是他从教负重时间最长的一段历程,也是他年富力强、艰辛创业最光荣的一段历程。对这美好的一段经历,不仅先生自己以为"十分值得珍惜",就是西大当时的师生也多视为幸事。新中国刚成立,中央人民政府就特别放心地委派先生,到西大这样一个百废待举的著名大学建功创业;而先生也没有辜负党和人民对他的信任和重托。他把自己的才智和精力无私地奉献给西大,因而赢得了西大全体师生员工深深的爱戴。在西大,特别是当时正在就学的学生,都以能有这样一位知识渊博、德高望重、气宇轩昂的学者来当校长为荣;都表示要以先生为楷模,做先生的好学生。今天,这一代人有些已成为有名的专家、教授;有些已成为教育界和其他各界的领导骨干,特别是在地质、石油战线,不少人已担当了党和国家委派的重任。先生当年所精心培育的这批有用人才、知识精英或普通劳动者,无不以先生的道德文章,特别是先生不苟世俗的高尚人格为典范,为党为人民勤奋地工作,默默地奉献。他们对曾培养关怀自己的一代宗师侯外庐无不充满着极其深厚的感情。

西大师生热爱侯先生,先生也怀念西大。有些师生上京时总要登门去看望先生,而先生也总是问长问短,关心着西大的建设。就是他在重病期间,仍念念不忘西大,并想到西大来看看。先生不止一次地说:"我想到西北大学去,我很怀念在那里度过的日日夜夜。"值得骄傲的是:先生在西大的工作,由于党组织的坚强保证,使他做得很成功、很出色。的确,侯校长的事业在西大获得成功,在陕西地区也很有影响,真是春风桃李,誉满三秦。

二、衔命西来

侯外庐先生1950年至1954年担任西北大学专职校长,1954年调京任中国科学院第二历史研究所副所长后,仍兼任西大校长直到1958年7月。

侯外庐先生在西北大学担任校长前后的情况大体如下。

(一)委任校长前夕

"在我接受中央人民政府的任命状时,既激动又深感责任重大难以胜任。"侯校长

几十年后这样深情地回忆,是很有道理的。

1948 年 11 月初,沈阳解放,中共中央南方局通知先生北上,经东北解放区转道北京参加新政协筹备工作。当时和侯先生一起从香港乘意大利货船回来的还有许广平、曹孟君、郭沫若、茅盾、翦伯赞、马叙伦、宦乡、连贯等,船上一片欢乐气氛。到了东北解放区,更是欢天喜地。尤其对侯先生来说,他曾经被国民党北平当局因索的积案,以及在西安、上海两次被列入黑名单遭通缉的危险,从此就可彻底挣脱了。先生这时在政治上获得这种自由,其振奋的心情,实在难以言表。

到了沈阳,侯先生一行受到中共中央东北局的厚待。郭老和侯先生提出想找点书看,东北局很慷慨,由高岗出面送给他俩每人一套精美的《清实录》。1949 年 1 月 28 日,农历除夕,朋友们在宾馆里纵情欢乐,通宵达旦。侯先生居然也乘着酒兴,大唱起山西梆子来。之后,待北平和平解放,解放军入城不久,侯先生他们也陆续进入北平。北平市军管会把他们这一批知名爱国人士和高级专家教授大都安排在北平的大专院校。李德全女士和侯外庐先生分别被安排在北师大担任家政系主任和历史系主任。侯先生同时还在北京大学哲学系兼课,讲授"中国思想史"。先生在此工作历时约近一年,当时工作的劲头很高,讲课很受学生欢迎。

在此期间,先生在北京重新加入了中国共产党,真是喜上加喜。就在这种情况下,1950 年初的一天,组织上找他谈话,要他到西北大学担任校长职务。负责谈话的同志向他指出:"高等学校加速培养人才为当务之急。我们就是要用自己的专家学者来办好我们的高等学校。"面对革命的需要,面对党的重托,先生经过反复的思想斗争,决定暂时放下自己的中国思想史研究,接受了中央人民政府政务院的校长任命状,从1950 年 7 月来到西北大学,专心致志地工作到 1954 年 7 月,调京后还继续兼任校长到1958 年。

(二)到校后得到党组织大力支持

1950 年 7 月 14 日,侯外庐校长同他的秘书高杨同志乘火车一起来到西安,西北军政委员会教育部江隆基部长、西北大学岳劼恒代校长和徐劲秘书长到车站迎接他们,并安排他们暂住西京招待所。当晚,江隆基在家设宴为他们洗尘。西北教育部和西北大学党政领导,对先生到西大任校长表示特别欢迎,西大师生也为能有这样一位著名学者来当校长感到喜出望外。据已故单演义教授回忆:"自从中央人民政府任命先生为西大校长的消息传出后,我就为这个旧型西北最高学府领导得人而庆幸,⋯⋯因为先生是一位革命青年的导师,当代著名的历史学家和哲学家。"先生来西大深孚众望,很受师生敬仰。直到 30 年后,先生还深情地说:"再重新回顾这四年多校长岗位上的日日夜夜,非但毫无悔意,反倒觉得是一段值得珍惜的经历。"

先生来西大治校,的确想到了许多困难,觉着"责任重大难以胜任"。这困难,在他看来就是:"一来,自己书生一个,毫无行政管理经验;二来,个人的志趣是中国思想史的研究,希望党在这方面考虑他之所长。"不过,先生从 30 年代、40 年代直到 50 年代初,曾长期在大学执教,已经是桃李满天下了。例如,在西大教师中,就有曾在哈尔滨法政大学上过学的沈鹏飞、李翠林,在北平大学上过学的邢润雨、黄晖,还有曾在北京大学当过学生的张岂之、孟昭燕等人,都是侯先生的学生,如今都事业有成。他们先后都曾受业于先生门下,甚感先生当年启蒙教诲之厚待,不忘先生之师道。因此,先生所说的治校办学"毫无行政管理经验",只是谦辞。实际上,侯校长在西大治校四年中,的确是有很大成绩的。先生对这些成绩打心眼里高兴,同时还深刻地体会到,关键是"党在建国初期路线正确,深得人心,而西北地区党组织则忠实贯彻党的路线。"当然,也是先生在西大治校工作中充分发挥了创造性和教育家的领导才能,面对西大"百废待举"的局面,克服了重重困难,解决了成堆问题。实践证明,先生办学有方,不失为一位国内外很享盛名的学者和教育家。

侯校长在上级党政正确领导下,在校党组织的保证下,针对国民党当时留下来的破烂摊子,通过改造、调整,在政治、组织建设和师资队伍及学生培养等方面进行了根本性的建设工作;同时,对教学、经费、基建等大事,以至教学具体工作中的主要环节他也抓得很紧。例如当时的教学经验交流会,发言稿都是经先生亲自修改,往往工作到深夜。加之对"新三风"(新校风、新学风、新研究风)的竭力倡导,使西北大学的面貌为之一新。为了适应建设需要,他还采取得力措施,及时开办了石油、俄语、司法、财经、师范等十余科大专班,培养高级急需人才。革命烈士杨拯录,就是当时由此毕业学生的优秀代表。正是由于这些根本性的建设和得力措施,使旧西大获得了新生,真正成为人民的新西大。

(三)依靠得力助手

侯校长来西大,是充满信心的。他对如何发挥自己校长的权威和积极性,保证贯彻中央高教工作会议精神来努力办好西大,是胸有成竹的。俗话说,一个好汉三个帮。离京时,他从中央教育部物色了一位党员秘书高杨同志与他同来西大工作。

高杨同志在1946年春在北京参加革命工作,1947年2月1日加入中国共产党,是北师大地下党员。受党组织支持,1946年他曾当过北师大学生会主席。解放后,在中央教育部人事档案资料组担任组长。他还担任北平军管会文管会驻北师大代表,是接管组的秘书。由于参与接管北平各个大学事务的缘故,他对北平的高校很熟悉。在此期间,侯先生为北师大历史系主任,高杨同志因工作原因和先生有过接触,但他们是在1950年全国高教工作会议上由于更多的接触而相互认识的。这时侯先生已被任命为西大校长,是高教工作会议的代表,并被指定为西北组副组长,组长是西北教育部长江隆基同志。高杨同志恰是会议工作人员,并任高教会议文学院工作组组长,负责联系会议西北组工作。因当时一起开会,彼此就更熟悉了。侯先生当时就把高杨同志看中了,认为他是一位比较理想的助手,并向部里和江隆基同志谈了自己的要求:想带高杨同志来西大协助他工作。在取得同意后,大约是在这一年的7月11日,先生便直接对高杨同志说:"我想请你和我一块去西大,哪怕是借三个月也行。"高杨同志表示,只要组织上安排,个人没有意见。过了一天,教育部人事司张宗林司长就找高杨谈话。高杨同志二话没说,背包一打,就在7月13日和侯校长一起乘火车来西安西北大学工作了。到西大后,组织上把高杨同志安排在校长办公室做秘书工作,高还进了党支部,被选为副书记,支部书记是刘泽如同志。侯校长知人善任,对高杨同志很信任,高杨同志对校长也非常尊重,事无巨细,都替先生操心。他们工作上配合得十分默契。这里举几个例子:

例一，侯校长来西大之前，在北京虽已重新入党，但他的组织关系没有公开，也没有进西大党支部，而是在中共中央西北局过组织生活。因此，侯先生的预备党员转正手续是在西北局党组织进行的。当时，预备党员转正时要写自传，而侯先生这份自传，就是由他自己口授，高杨同志记录整理，再经他修改后交给党组织的。

例二，1950年深冬时，抗美援朝，保家卫国运动开始。党中央和毛主席号召全国知识青年，积极报名参加军事干部学校，并向所有青年学生进行爱国主义和国际主义教育。为此，侯校长在西大礼堂给全校学生和青年作动员报告。他讲得慷慨激昂，极富鼓动性，使所有到会的同学很受感动。侯校长在报告中讲道："爱国青年，毛泽东时代革命的青年，应该积极响应祖国召唤，我和你们一起报名参军，保卫祖国，到祖国最需要的地方去，我给你们做教官，和你们一起战斗……"先生的话音未落，会场听众感动得热泪盈眶，报以暴风雨般的掌声，从而使西大报名参军顿时形成热潮，参加军事干部学校的运动，搞得轰轰烈烈。在报名参军运动中，高杨同志对侯校长的工作，配合得十分紧密、十分切题。侯校长动员得有声有色，而高杨同志在欢送时的祝诗也很有气势。当时在校礼堂举行的欢送参军的大会开得既庄严热烈，又亲切轻松，校长对参军同学作了祝词，张伯声、郁士元等教授积极带头，送儿子报名参军，高杨同志则赶写了一首新体长诗在会上朗诵，特别富有激情。他的诗写得很好，很有感染力，也很鼓舞人。而他的朗诵，更是扣人心弦。朗诵时诚挚的感情，洒脱的气质，洪亮的声韵，再加上一页一页的诗稿揭诵时被扬在空中又飒飒落地而纷呈的异彩，真似落英缤纷，十分动人；当时会场活跃的气氛，情景交融，相互辉映。在轰轰烈烈的参军运动中，高杨同志积极有效地协助校长做好工作，他的才华从那次会后被充分地显示出来。

例三，侯外庐先生热爱学生，学生也热爱他。特别是对学生中出现的优秀人才，先生更是关怀备至，极力扶植。王成堂就是一个突出例子。他在进西大上数学系一年级时，感到低年级课程无法满足自己的求知欲望，便提出进修三四年级课程的要求。当时系领导因无此先例，没有同意他的要求。他便直接向侯校长申请，而侯校长对此事十分重视，便委托秘书高杨同志多方面进行调查了解，然后亲自批准了他的要求，从而使王成堂同志在一二年级时，就能够自由地选修高年级课程。今天，王成堂已成了国际上知名的学者，"王氏定理"的命名为中国人争了光，也为我校争了光。世界知名数学家王成堂教授的成长，的确包含有侯校长破格培养的一番苦心，当然也有高杨同志一份功劳。

仅上三例，已经足以说明，侯校长对高杨同志真是慧眼识才。侯校长对高杨同志是很有感情的，难怪他在20年后（即1974年10月1日），在他家见到西大当年曾在他身边工作过的同志时，首先就问："高杨怎么样？"

三、吾忆吾师

我是1950年暑假考进西北大学文学院民族系的学生，可以说和侯校长同年同时进西大；他当校长，我当学生。在我当学生时，晚自习在阅览室，课外活动在篮球场，吃饭在食堂，……都曾经常见到先生，也常在礼堂听他作报告。他那遇着同学亲切微笑的面孔，他那洪亮而有力的声音，富有哲理性和鼓动性的讲演，都令人难忘。但那时我从未和侯先生说过话，我是个农家子弟，接近先生还怕羞。但是，对侯先生的为人，特别是对先生的学问，当时我听到的可不少。尤其听说他是中国第一个翻译《资本论》的老专家，并且在学术上对亚细亚生产方式还有开创性的研究时，我对先生更是十分敬仰。觉着能当他的一名普通学生就感到十分骄傲，心里也就很满足了，有一种说不出的劲头。

侯校长来西大所作的报告，当学生时我听到过的有四类。一类是学术理论性讲演，如关于毛主席《实践论》、《新民主主义论》和鲁迅思想的报告。这些报告，的确哲理性创造性强。譬如他对鲁迅"迅"字的见解就卓尔不群，他说："《尔雅·释兽》云：'牝狼，其子獥，绝有力，迅。''鲁'既取自母姓，'迅'，古义为狼子，'鲁迅'由此可理解为牝狼的一个有大力的儿子。这一笔名，颇标志了鲁迅思想发展途径的一个特点，这和他前期思想所表现出来的背叛封建士大夫阶级的性质，是名实相符的。"当时听了，感到很新颖。同时他还请校外同志来西大作理论宣传报告。再一类是政治动员性报告，主要是参加军干校动员报告，还有"三反""五反"等政治性动员报告。这类报告，前已述及，很有鼓动性。第三类，是请名人来校讲演，他在主持会时即席致词。例如，张治中先生，陆定一同志，还有苏联学者等，当时都是在晚自习时安排他们讲演的。这些讲演都很精彩。侯校长在主持会议时都要讲话，而且他讲得也都很好，都博得了同学热烈的掌声。如在欢迎苏联学者讲演致词时，当他讲到"苏联的今天，就是我们祖国的明天"时，会场顿时掌声雷动，震耳欲聋。侯校长在这次会上的致词，很有激情，鼓动渲染力极强。当时，新中国刚成立，人们面对十月革命后的苏联社会主义国家都很向往，特别是侯校长，早在30年代初就曾在北平因讲演宣传十月革命的道路而被国民党当局拘因在狱，剥夺了宣传苏联社会主义道路的自由，而今，中国人民解放了，新中国成立了，在人民自己的讲台上，先生能热烈地为欢迎苏联朋友致词；此情此景，两个世界两重天，侯先生激动的心情和他致词的效果，当然就可想而知了。第四类，是纪念宣传性报告或祝词。如在中华人民共和国成立一周年的国庆节和中国共产党的生日纪念大会等，侯校长都作重要讲话和报告。在当时，侯校长对党对革命的各类政治宣传工作，都是十分重视的。

侯校长所作的这些报告精神，对我至今还有很深刻的影响。当时我就是在先生动员参加军干校的大会上，积极响应号召报名的，并因此被选送到西北公安干校学习半年后，又回到西大，作为优秀学生提前毕业，被分在校长办公室侯校长身边专做保卫工作。组织上当时分配我做第一任保卫专干，我也因工作的特殊性，有机会能和侯校长经常接触，朝夕相处，并随时可向侯校长汇报工作。那时校长工作的确很忙，特别是思想改造，停课搞运动，白天工作、开会，每晚总是听取汇报、研究工作至深夜。当然，这些会议，作为保卫工作人员的我也是经常参加，会完后往往由我送侯校长和刘泽如同志他们回住处休息。校长对周围工作的同志都很热情，对我也很关心。我记得，我们当时破获了一起盗窃积案，当我和西北公安部来校协助工作的张少侠同志从窝主家里把赃物拿回学校，我去先生住处向他汇报时，他见我满头大汗，说话也急，就一面倒水亲切地递给我，让我慢慢地说。先生这样热情的关怀，反倒使我不大好意思起来。但是，经过这次接触，先生平时似乎不苟言笑的感觉，也就不知不觉地烟消云散了。还有一次，我们在办公室工作的同志，晚饭后正等着另一些同志来商量工作，恰好先生饭后也来办公室，他带了很多水果糖散给我们，我高兴地问先生："校长，这是吃的什么糖?"他特别高兴地说："小女儿入团了，来信说的，买糖请你们，表示祝贺!"先生这时的这种情感，其实不正是他在百忙中还对我们这些在他身边工作的青年同志们无微不至的关怀和爱护吗!使我们当时在紧张的工作中，都能深深感到校长给我们带来的春天般的温暖。侯校长、刘老他们对周围同志至诚的关怀，真是叫人感动。学校当时的工作非常忙碌，而对我们做保卫工作的同志来说，更是日夜辛苦，每天休息三几个小时是家常便饭。但是，由于侯校长他们领导以身作则，身先士卒，所以我们年轻同志工作起来都非常愉快。同志们平等相待，互相尊重，亲密无间。在此期间，我从侯校长身上学到不少好思想，好作风，特别是高尚的人品，对自己教育很大，从而也使自己对侯校长产生了深厚的感情。

此后，侯先生调到北京工作，曾于1955年、1962年两次回校，我和先生都见过面，说过话，他总是详问我的工作情况。1958年，我出差北京一年，有时间总要到历史研究所找岂之同志，同时也常去先生家看望先生。一天午睡起床之后，侯先生曾启用珍藏的乾隆时宣纸，给我写了幅字，还谦逊地说："字写得没精神，以后再给你写。"谁知从此以后十余年没去北京看望先生!1974年初秋，因招生事我出差北京，又去看了一次先生。这次去看先生，更是终生难忘。当时我到北京，李学勤同志安排我和一位工人师傅在历史研究所住下，问我："你看侯校长去不?"我不假思索地说："当然要看，不过得把事早些办完了再去。"待到第三天午后，那天也正是国庆节。李学勤同志陪我在北京历史博物馆看完了一个内展，又陪我一同到侯校长家去。在路上李说："侯校长正在会客厅等你哩!"我一听当时很不安，心想，怎么能叫校长等我呢!于是加快了步伐。当我们进到侯校长家门走进内院，一眼望去，侯校长果真扶着拐杖，在客厅门口站着等待我们的到来。此时我便快步迎上去，双手握住他老人家的双手，两个人激动得都不知说些什么好。完全看得出，先生当时内心的感情比我更激动。他的脸上深深地显示出一种喜悦之情。当时，我们彼此紧握着双手，久久才放开。先生让我坐下，感情稍加平静，才说起话来。先生要说的话很多，他问我什么，我知道的都一一回答。先生特别问到了他曾在西大时的好些同志的名字和情况，我都给先生作了介绍。我还给先生谈了当时招生中好多走后门的不正之风。看得出先生对这些听得很认真，有时表现出很开心，有时又表示义愤。在他和我这次谈话中，先生对我的热情关心更是无微不至。当时除了好烟好茶，丰盛的糖果招待外，还要留我吃饭，但我深知，先生还在变相囹圄之中，因此我十分诚恳地表示了敬谢留饭之情。与此同时，侯先生特别关心先后曾在他身边工作过的两个得心应手的同志，使我留下很深的印象。这两位同志，一个是高杨，一个是张岂之，他们曾是在先生身边多年跟随的同志。先生和他们的感情无疑都是极深的。

之后，有机会到北京时，我就常去看侯校长，在他家吃饭，和他及他全家合影，说话很开心，侯先生自己和家里人都很高兴。例如1977年我出差到北京工作三个多月，先后去看过侯先生好几次。一次大约是国庆节前夕，我约同学赵作慈(民族画报摄影记者)同志，由李学勤同志陪我们到先生家，给先生个人、他的全家，特别还有先生和李学勤、赵作慈及我四人合影留念。当时这样活动很有意义，照顾先生的老表妹感动地说："你可想得真周到!"当时我深知她谢语的意思,因为那时,先生的身体已被折腾得很不好了,感情也容易激动。例如和他说话,当谈到周总理逝世的事,或谈到粉碎"四人帮"的事,他都要热泪横流,激动得控制不住。因此,以后去看他就很少谈到使他容易激动的这些事。但他十分思念他的研究工作。有次,当我坐在他身边,他躺着对我说:"唉!我工作不成了!"他当时甚是感慨,我深深懂他说的话,我安慰他说:"您已经贡献这么大了,该休息一

1974 年于北京侯外庐校长家与侯老师(前中)、李学勤(左一)、赵作慈(中一)及张洲(右一)合影

下了。让年轻人来做,我们一定努力去做。"这大概是我和先生最后一次见面谈话。从这次谈话后,我就再也没有见上老校长的面了。侯校长对我留下的话,我是永远不会忘记的。

老校长侯外庐先生,不幸于 1987 年 9 月逝世,紧接着益友高杨同志也在 1988 年 3 月病故。对我来说,顿失两位尊敬的老师和朋友,深感至痛。侯校长逝世后,西大老先生老职工近百人委托我经办,大家签名,给先生敬送了巨幅挽幛,拜托岂之同志带到北京,以寄托哀思。这个挽幛当时由高杨同志在重病中挥毫书写,"春风桃李,遗爱三秦"八个斗大楷字,气势磅礴,不意竟成绝笔!事后据李学勤同志告知,这个充满感情的挽幛,侯先生追悼会时,在八宝山烈士灵堂被挂在显著位置。这不仅使先生英灵得到慰藉,西大师生员工也感到安慰了。

附录二:周原相关三个考古遗址
——藉此向王永焱、戴彤心两位教授
的早期工作和奉献精神致敬

引　言

在鄂尔多斯地块南缘下边,即汾渭盆地"月牙形"古地貌关中西部,亦即凤翔—韩城断层地带凤—岐—扶地段:东西向基岩古地貌的周原地区两翼远端及其中间地带上,也有与周原考古文化相关并可供借鉴研究的三处原始考古遗址:即《陕西韩城禹门口旧石器时代洞穴遗址》、《宝鸡石嘴头东区发掘报告》遗址和《陕西华县梓里村发掘收获》遗址,分别分布在与关中西部周原地区有关的汾渭盆地两端及其中间地带偏东的关中渭南地区。

陕西韩城禹门口旧石器洞穴遗址的古地层晚更新世在鄂尔多斯盆地南部波谷地带——即周原地区,这里古地层特点从汾渭盆地东西两端的特征来看:大致也是"底砾石"地层在此出露,可与禹门口洞穴遗址古地层和环境的内容相比。另:宝鸡石嘴头东区遗址也出土了新石器龙山文化遗存,这是在关中西部——即汾渭盆地西端近周原地区与其相同类型的文化遗址,即"岐山县双庵和武功县赵家来"遗址,也能与其相互比较。至于分布在汾渭地带关中渭水东南的《陕西华县梓里村的新石器》遗址:在此,"主要是挖掘清理了仰韶文化半坡类型一批墓葬和少数窖穴以及客省庄二期文化一批窖穴",它是与"地处在渭水中游地带、特别是处在并受到远古文化熏陶的周原地区,根据仰韶和龙山文化等遗址分布在此并有大量发现的情况来看",它们彼此之间的相关关系更是可以比较、相互印证的。因此,我们可以借鉴其研究成果,继续深入地研究周原地区龙山(即客省庄类型)和仰韶(即半坡类型)文化,特别是前仰韶文化是否含有同类型文化且包含有考古新发现等就更富有历史意义。

在此附录的三个考古遗址:不论是我们曾发掘清理的遗址报告,或是撰写的专题论文,它们不仅为借周原地区新旧石器考古的研究和发现提供了例证,而且更是具体反映了我们曾经在周原和此间田野考古实习教学中共同的教学成绩和研究成果。

在20世纪70—80年代,我们先后在田野考古和教学实习——调查、清理、发掘的过程中,当时王永焱(时任西北大学地质系主任、全国著名黄土学专家)先生,在禹门口洞穴遗址考古清理和考古报告撰写中,具体参与实际调查,并亲自指导了我们的工作;其楷模行动,至今记忆犹新。特别是他那种忘我的工作精神:不叫苦、不怕累,夜以继日;在工地现场,解放军连续昼夜施工,我们予以配合,王先生丝毫也不示弱,一起参与清理,不幸有天子夜时,王先生因推土机失控而被撞倒,额头也被擦伤,鲜血直流,并连人与随身携带的工具一块从山高处陡坡翻滚到沟底,真是危险!事故发生后,当时连工地施工的解放军看到都很吃惊,但他却毫无惧色,依然镇定自若!这对一位当时年近七旬的老教授来说,真是太不容易了。但他依然不离工地现场。这种对事业追求的忘我精神至今仍深深地铭记在我的心中。

还有:在王先生和石兴邦先生直接指导下,我和刘士莪同志分头整理禹门口洞穴遗址资料和撰写遗址报告:当报告撰成后送王先生署名发表时,王先生自己却说:工作是你们做的,由你们自己署名发表;在王先生的一再谢绝下,于是由我执笔:第一作者刘士莪、第二是我——张洲,其文后在《史前》杂志刊出。王先生诲人不倦、甘为人梯的长者风范令人永远敬仰。还有:当时历史系考古教研室刘士莪副主任邀我和他同地质系王永焱、薛祥熙两位先生等一同去禹门口工区清理考古遗址,王先生对我非常照顾,并热情主动地赠我考古方面的书籍,有天午夜,当我清理出考古精品石器:肉褐色燧石刮削器时他更是喜形于色。嗣后,还亲自指导并帮我整理被清理带回石器的旧石器资料标本,撰写遗址资料稿和遗址报告。我第一次参加考古实践的全过程,正是王先生亲自授业,可谓是指导我的导师之一。王永焱先生于1989年3月7日因病与世长辞,在他逝世15周年之际,我每每回忆与他在一起的日子,思绪绵绵,怀念之情溢于言表!

在梓里、老牛坡和石嘴头考古实习发掘工作中,当时都是由历史系考古教研室主任戴彤心教授亲自安排进行的。他曾邀我带学生去华县梓里村发掘考古遗址和资料整理工作。当时我还分管全部学生的思想和生活,并做学生的班主任。另外,他还邀我、王维坤等带领学生一同前往西安老牛坡考古发掘实习,并指定我整理本遗址资料和标本修复。同时,他还让我做宝鸡石嘴头遗址东西两个工作区的全部资料整理和文物修复工作。戴彤心教授是一位执著忠诚的人,可以信赖的人;是一个拼命工作、忘我奉献的人。善于帮人,我与他共事,一直合作得很好。我经常主动地向他请教,他也诲人不倦、热心待人,我的确也向他学习了不少专业知识和田野工作经验。在他的关怀指导下,我撰写、整理了大批资料和专题论文。特别令人难忘的是,1979年和他一起在梓里工作时的情景,在隆冬季节的七十多天时间里,我们一起带领七七级考古专业学生,含辛茹苦,夜以继日地工作在考古工地上:当时我们师生同住在乡村的一所大屋戏台上,用包谷秆围墙隔风防冷过冬,可谓艰苦。秋末冬初,经常雨雪连绵,气候条件特别恶劣,但我们咬咬牙都克服了。每天和学生一起去田野搞遗址发掘,虽天不作美,但我们仍兴致很高。生活上,师生同吃的是杂粮饸饹,这是平常饭,也很艰苦。当时工地条件尽管如此,但大家没有一个人叫苦,甚或打退堂鼓。而是互相关照,齐心协力地克服了种种困难。在戴老师的言传身教和直接带领下,发掘实习工作进展得很顺利,很成功。取得卓著的成绩受到学校和系上的大力表彰。当然,这些都与戴彤心老师奉献和示范的作用分不开。当时被发掘的考古遗迹、遗物和所有文物资料运回学校后,我亲自都作了修复整理和统计编号;进而整理成系统的资料稿,分类列成统计表。其材料至今都保存完好。这些资料后经戴老师悉心研究,并亲自动手,全部绘了图,拍了照片。同时,还与我合作撰写了考古实习收获,以及由我撰写成的一篇《华县梓里仰韶人葬俗的历史意义》一文在《西北大学学报》(社科版)发表。

在大量的教学、实习和发掘工作正在有序地顺利进行时,在大量的田野考古资料需要整理、鉴别、分类而且即将取得令人欣慰的成果时,戴彤心老师却因长期辛劳成疾,不幸卧病不起。这样,我们一同发掘的老牛坡南寺遗址、石嘴头遗址和梓里遗址三个发掘报告均未做出正式成果(系毛坯,半成品),他就不幸与世长辞了。他的去世是西大考古事业的重大损失,也是国家的一个重大损失。当然,对我来说真是痛惜失去一位良师益友!我和他生前的老师、朋友、学生,特别是经他授过课、带领过考古实习的七七级、八二级和八七级等同学,对于他的病逝,都是非常悲痛。在他去世十周年之际,人们对他过去的工作和音容笑貌依然能铭记犹新,而且倍加思念。他不仅是一位克己奉公、执著奉献的人,而且也是一位开拓进取、拼搏奋进的人;他不仅严于律己、宽以待人,而且为人谦和,颇具学者风范。在此,我们最能告慰他的就是将其未尽的考古事业,特别是他生前未能做完的考古工作继续下去,形成一部较有分量、较有特色的学术成果,以回报学术界,回报社会。这不仅是戴彤心老师生前的夙愿,也是我们西北大学历史系全体师生的共同愿望。

不论韩城禹门口、华县梓里村、西安老牛坡、宝鸡石嘴头和周原地区,还是我们曾经多次考古调查、清理和发掘实习过的地方,其大部分地方都留下了我们曾经工作过的痕迹,特别是有过王永焱、戴彤心等著名教授曾经多次工作的脚印。因此,我们以周原为中心,在此云集新老考古工作同志曾经开拓出的三个正式著名遗址,其意义不论是历史的还是现实的都很大。本章作为"与周原相关的三个考古遗址"附录于此,实有必要。

第一节　陕西韩城禹门口旧石器时代洞穴遗址*

一、发现经过及地貌洞穴沉积概况

禹门口在陕西韩城县东北和山西河津县西北,分跨黄河两岸,距韩城县城约25公里(图一)。相传为夏禹导河所凿,以此为名。河水至此奔泻而下,两岸高山对峙,悬崖绝壁,形如门阙,故俗称"龙门"。自古以来,这里就是秦、晋交往的险要渡口。

1973年元月,中国人民解放军铁道兵某部在禹门口修建铁路隧道施工中,发现了许多古兽类骨块和牙齿,他们及时报告陕西省燃化局并转告西北大学,学校及时组织了地质系和历史系有关教师前往进行了勘察清理。我们先后去过两次,工作约20天。

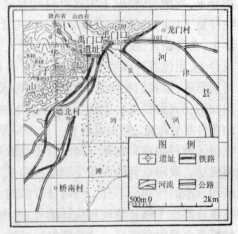

图一　禹门口(旧石器遗址位置图)

* 执笔:刘士莪　张　洲

洞穴遗址位于黄河经由石灰岩峡谷流入韩城黄土高原出口处,禹门口西侧,即华子山山腰地带,适当西侯铁路2号隧道的上部。据施工人员介绍,1972年11月,在隧道的上部施工中,离隧道洞口(上行入口)15.7米的地方,发现了一处石灰岩溶洞,当隧道进深20米处,洞穴渐大,里面积满了黄沙土,土质细腻,有沉积堆积,夹杂有动物骨块和碎石片。但当我们第一次到达工地时,隧道上部的水泥拱顶施工已毕,洞穴顶部已被封闭,大部分积土也被清除,许多迹象已看不清楚。为了进一步了解洞穴堆积内涵,我们选择了洞穴基部的一块积土尚未扰乱的地方,挖了一个宽约1米、深0.5米许的小方坑进行试掘,出了不少兽类骨块和牙齿,还有五件用石英岩打制的小型石器。根据上述材料判断,这里是一处旧石器时代晚期人类居住过的洞穴遗址。

同年三月,第二期工程开始,我们再次到现场进行勘察清理,但此次清理,因为工程任务紧迫,施工日以继夜,根据实际情况,难以按计划进行科学发掘,我们在部队领导大力支持和协助下,只作随工清理。尽管如此,在短短两周时间内,也取得了下述的一些收获和认识:

(一)洞穴遗址高出黄河河床约30米,洞口朝东。黄河在此有三级阶地:一级阶地高出河床1—2米,属河漫滩阶地;二级阶地高出一级阶地5米;三级阶地高出二级阶地15米。二、三级阶地结构大致相同,均系基座阶地。在石灰岩基座之上为沉积砾石及沙层,在沉积之上,为坡积及重力堆积的石灰岩角砾层(图二)。洞穴所处的景观位置,东临黄河,西南为山区森林地带,北面为陕北黄土高原,南为韩城渭北高原,是最适宜于古人类活动的地点。

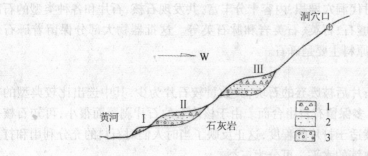

图二 禹门口黄河西岸阶地结构及洞穴位置示意图

1. 坡积角砾 2. 砂层 3. 阶地冲积砾石层

(二)洞穴在奥陶纪石灰岩中。最下为棱角状,洞穴底部崩塌堆积,厚约1米,其上棱角状岩块逐渐变小。中部为夹石灰岩崩塌块的黄土状粉沙层,中夹小砾石凸镜体,文化层及兽骨化石即在此层中,厚约1米。洞穴未被沉积填满,上有2米多高的空间(图三)。

(三)发现了人工打制的石核、石片和石器千余件,其中具有第二步加工的石器只百余件。石器打制简单,形状较小,是这一文化遗址的特点。

(四)在洞穴沉积物中发现的孢粉组合,经何汝昌同志鉴定,其特征为:

木本有:松,桦,榛,柳,云杉,胡桃,桤木属,鹅耳栎,蔷薇科等。

草本有:豆科,毛茛科,禾本科,百合科,缬形科,蒿属科等。

上述植物，木本占 1/3 弱，草本占 2/3。木本植物主要是温带植物，如胡桃、桦、榆等；草本植物主要是草原植被，这说明了当时的自然景观为森林草原。

（五）发现的哺乳动物化石碎片多为四肢骨和少量牙齿，有些骨块上还带有纹痕，宽约 2—3 毫米，系某种自然原因腐蚀，非人工所致。此类骨化石多呈碎片，能供鉴定的很少。经薛祥熙同志鉴定有牛、犀牛及鹿等，这也代表着森林草原型的动物群。

（六）发现火烧灰烬层，有的火烧面厚达 5 厘米，还有烧过的骨块。木炭屑和石块，说明原始人在此有过较长时间的活动。

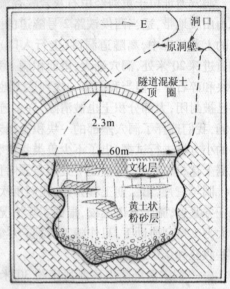

图三　禹门口旧石器洞穴遗址
文化层剖面示意图

总之，禹门口旧石器时代洞穴遗址的清理，由于时间紧迫，工作范围受到局限，虽然没有发现人类骨骼化石，但从上述收获看，无疑它是黄河中游地区旧石器时代文化的又一次重要发现。

二、文化遗物

禹门口旧石器时代洞穴堆积，内容十分丰富，共发现石核、石片和各种类型的石制品 1202 件。原料有燧石、石英、石英岩和脉石英等。这批器物大部分保留着砾石岩面，可知制作石器的原料主要是砾石。

（一）石核

石核是指打制石片后被废弃的石块，其数量较石片为少，其中选出比较典型的有 8 件，皆无使用痕迹，多保留有自由台面。由于核体上的石片剥落面很小，可知石核一般都达到了不能继续适于打片的程度，这正反映了当时人们对石料的充分利用和打片技术已达到了比较熟练的水平。可分为三类：

1. 楔形石核　3 件。身扁面宽，大小不一。P256，青白色石英岩，长 4.7 厘米，宽 6 厘米，厚 3.5 厘米，重 107 克。横断面近似半圆形，底部较平，背面微鼓，上有石片疤痕，是以砾石面为台面打击石片的（图四，1）。P257、258，重量分别为 11.5 克和 30 克，均是灰色燧石，以砾石面为台面，沿着台面的周缘以倾斜角度打击石片，台面角逐渐缩小。核身甚短，通体又近似菱形。石片疤宽而短，远端聚为尖状，形成一条半圆形边刃。

2. 多面石核　2 件。P253，白色石英岩，高 4.6 厘米、宽 4.1 厘米、厚 3.1 厘米，重 52 克。各面均有石片疤痕，是利用自然台面从周围的边缘上打石片的，远端为较平的劈裂面，通体近似棱柱状（图四，3）。P254，灰绿色燧石，外貌宛如菱形，重 40 克。从石核上遗留下来的石片疤看，这件石核系利用一块扁圆的条状砾石，先打去一端，使其初具刃状，然后再从刃部向左右交错打击石片的，因而石核也被充分利用，可以多次进

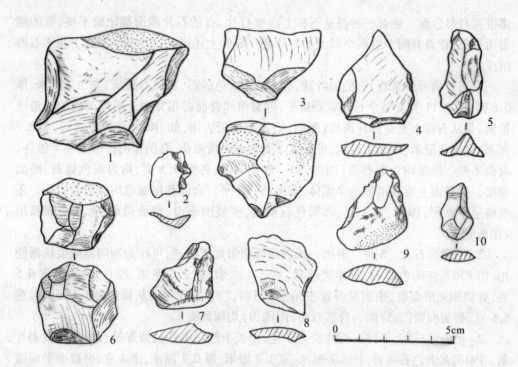

图四 石核和石片

1. 楔状石核(P256)　　　2、10. 小型石片(P403,P402)　　3. 多面石核(P253)

4. 叶状石片(P308)　　　5. 长条形石片(P309)　　　　　6. 圆形石核(P259)

7,9. 三角形石片(P307,P401)　　　　　　　　　　　　　8. 方形石片(P400)

行剥片。

3. 圆形石核　3件。通体近似球状,大小不一,皆以砾石面为台面,沿周围边缘打击石片。由于砾石自然台面是圆形,石片角逐渐变小,以致形成球状石核。P259,紫色石英岩,重37克。通体砾石自然面约占三分之二。石片疤细小不规整,石片剥落面较圆鼓(图四,6)。

(二)石片

打击石片是制作石器的第一步工作。禹门口遗址出土的石片最多,约占所出石制品总数的90%。这些石片都是从石核上打击下来用以制作石器的产物,但绝大多数是不适于制作石器的废料。另外,极少数虽然略过加工,但均粗糙,并无使用痕迹,系半成品。

石片经分类精选典型的约34件,大都比较碎小,不甚规整,多带有打击点、波浪纹,个别带有明显的半锥体。石片形体一般比较宽短,面积多在3×3.5平方厘米左右,厚约0.4—0.6厘米,都是用直接打击法产生出来的,打片技术比较进步。可分为四种类型:

1. 不规则形石片　20件。从打击的方法观察,一种是利用砾石面直接打片,即石片的正面为劈裂面,背面为自然面。P425就是一例。推测这种石片是修理石核的副产物。另一种是从石核上两石片疤间的棱脊上打片,其特点是劈裂面较平,背面有脊,多带有自然台面。还有一种是从石核上连续打片,有的石片两面都比较平整,有的劈裂面平整,背面有两个或两个以上的石片疤。显然上述这些石片都是不适于制作石器的废品。

就石片的外形来看,有的似叶状,如P308,紫色燧石,高4.1厘米、宽3.2厘米、厚0.6厘米,重11克。整个石片宽而扁平,劈裂面和背面都很光滑。根据两面的打击点推测,是从石核上交互打片所致(图四,4)。有的近方形,如P400,紫灰色燧石,高2.7厘米、宽3.9厘米、厚0.4厘米,重5克。劈裂面光滑微凸,有明显的打击点和半锥体,背面平整。周缘均为砾石面(图四,8)。P088、404,各重6.5克,均为褐色燧石,略似扇形。劈裂面上有较清晰的半锥体,背面凸凹不平。台面和尾端也均保留着岩石。还有略呈半圆形,P423,重3克,赤褐色石英岩,劈裂面平滑,背面微鼓,远端呈圆弧形(图版壹,6)。

2. 三角形石片　6件。有的一缘或两缘稍带加工痕迹,可作为刮削器或尖状器使用,如P307,红褐色燧石,呈半透明状,高2.4厘米、宽2.6厘米、厚0.9厘米,重6.5克,劈裂面光滑微鼓,平面呈等腰三角形(图四,7)。如P401,灰褐色燧石砾石块,重8.5克,劈裂面微凹,背面为自然石面(图四,9)均属此类。

3. 长条形石片　3件。石片长大于宽,作长条形。多是从修好的台面上直接剥片的。P418,米黄色石英岩,长3.2厘米、宽1.7厘米、厚0.7厘米,重4克,劈裂面平而微鼓,背面有一条隆起的棱脊。左右两侧缘都较锋利,上面稍有由劈裂面向背面加工的痕迹。这种石英岩长石片为数不多(图版壹,8)。P309,紫红色燧石,长3.6厘米、宽1.8厘米、厚0.9厘米,重4.5克,劈裂面比较平整,背面棱脊突起。一侧边缘陡直,另一侧边缘自然刃部较为薄锐,可以当作刮削器使用(图四,5)。P104,也是用紫红色燧石制成,长略大于宽。左侧边缘自然呈直刃,右侧边缘呈弓形。通体平面似半圆形,劈裂面平整。这件石片亦适作刮削器使用。上述这种长条形石片在河南安阳小南海[①]、山西朔县峙峪[②]、阳高许家窑[③]等地旧石器时代遗址中都有发现。这种长而薄的石片,一般是用直接打击法制成。近代的某些美洲印第安人仍然使用着这种打片法。禹门口遗址出土的用直接打击法打成的这种石片,反映了当时人们纯熟的打制石器的技术。

4. 小型石片　5件。其体积较上述石片更为微小,一般在1.6×1.5平方厘米以下,重者仅0.86克,是禹门口遗址中发现的体积最小的石片。P403,紫褐色燧石,长1.7厘米、宽1.8厘米、厚0.4厘米,形同"拇指盖。"劈裂面光滑微鼓,打击点比较明显,有刃缘,看不出使用痕迹(图四,2)。P402、黄褐色燧石,长2.5厘米、宽1.5厘米、厚0.5厘米,重1克,近似长条形。劈裂面光洁微鼓,背面有许多棱脊。一端呈尖状,一端圆钝(图四,10)。又如P407,灰褐色燧石,长2厘米、宽1.9厘米、厚1.2厘米、重2.7克。劈裂面上有较明晰的半锥体和石片疤,背面高凸,形似一个半锥体。P411,米黄色石英岩,重1.5克。劈裂面平滑,背面中间有一隆起的棱脊。两边有由劈裂面向背面打片时留的刃缘,均较锐利。

(三)石器

这个遗址的石器主要是小型的,大型的很少。从用途来分,有砍砸器、切割器、尖状器、刮削器等数种。

1. 砍砸器　仅有 1 件。P262,是一块青灰石英岩砾石,重 253.5 克。是石器中最大的一件。这件砍砸器是一件制作石器的石核,通体近圆形,核体上石片剥落面较平微鼓,石片疤碎小,石片角小于 90 度,从石片疤的周缘打击点来看,这件石核可能是以圆钝的砾石面作为握持部分,用来当作石锤使用(图五,1)。从石质到形状与河南许昌灵井的砍砸器甚为相近[④]。

2. 切割器　6 件。以石英或石英岩制作。器形较厚,大小不一,均呈不规则三角形。P223,长 9.8 厘米、宽 5.2 厘米、厚 3 厘米,重 135 克,是用一块长条形的青白色燧石砾石打制的,一端保留着砾石面,可便于手握,另一端由劈裂面向背面打击成一条锯齿状的薄刃。它是切割器中最大而且比较典型的一件(图五,2)。又 P295、296、298,形状与标本 P223 近同,但器体较小,刃部均带有由劈裂面向背面加工的痕迹。P297重 30 克,刃部为单面打制而成。这些石器也可兼作刮削器使用。

3. 尖状器　7 件。一般特点是通体呈三角锥状,上部尖端锐利,系沿石片的两缘或一缘由劈裂面向背面加工,把石片的尾端修理成尖,器身下部比较肥大,保留着自然的或人工打制的部分台面。有的一侧边缘也加工成刃。大体可分为三种类型:一种是三棱尖状器。P252 是用一块自然的三棱尖状白色石英岩砾石打制的,长 6 厘米、宽 4厘米、厚 3.1 厘米,重 70 克。三棱缘比较圆钝,系将砾石的一端由三面修理成尖状,石片疤和打击点都很清楚。底端保留着原自然面,肥大而平齐,横断面近于等边三角形(图五,5)。P267,是用褐色石英岩块制成的,长 3.5 厘米、宽 2.5 厘米、厚 1.5 厘米,重9 克。尖端锐利,劈裂面平滑,上有清晰的打击点,背部有打制的三个斜面,向中央聚为锋点,以锋为中心有三条幅射状棱脊通向三角,器身下部近于刃状(图五,3)。另一种是两端尖状器,只发现一件。P268,重 4.2 克,白色石英岩,器形很小,一尖略加修理,另一尖端未见加工。劈裂面有打击点可见,背部有两条不甚明显的棱脊。右侧刃缘是由劈裂面向背面略加修理而成。

还有一种是扁平尖状器,P269、270、271、283,均白色石英岩,其中如 P271,长 1.8 厘米、底端宽 1.4 厘米,厚 0.7 厘米、重 2 克。体积扁小,略呈等腰三角形,外表看很像一件小石镞,唯底端平齐,没有镞铤(图五,4)。

尖状器在我国旧石器时代文化中,是一种习见的器物,出现的时间也很早,如周口店第一地点、第 15 地点,山西垣曲南海峪,襄汾丁村[①④]等遗址都有发现,但形制都比较肥大。禹门口遗址所出现的尖状器的类型与内蒙古萨拉乌苏河[①]、宁夏水洞沟[⑤]、安阳小南海、山西朔县峙峪和阳高许家窑所出者比较接近,应属于同一类型。可见尖状

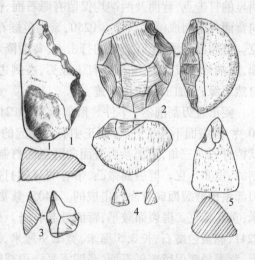

图五

1. 砍砸器(P262)　2. 切割器(P223)

3、4、5. 尖状器(P267,P271,P252)(均1/3)

器是我国旧石器时代流行的重要工具之一,沿用的时间很长。禹门口的尖状器形体虽小,但锋和刃一般比较锐利。其用途除了作为刺割的工具外,也可以兼作雕刻器。

4. 刮削器 84 件。这类石器在禹门口遗址中出土最多,是当时普遍使用的一种工具。刮削器的刃部一般是从单面加工,个别的局部经过交互修理。根据使用刃缘,可以概括为六个类型:

Ⅰ. 直刃刮削器 32 件。形式比较复杂,大体说来,有三角形、半月形、长方形、菱形、弧背尖头形、圆头形多种。

三角形直刃刮削器 5 件。P202,淡褐色燧石,重 7 克。器身近似直角三角形。沿石片的两侧把尾端修成尖头,另一端(即台面)平齐。刃在斜边,由劈裂面向背面加工而成。P204,灰白色脉石英、重 8 克。器身近等腰三角形。劈裂面内凹,背面隆起。右缘由劈裂面向背面加工成刃,左缘陡直,底端也加工成刃缘。P205,墨绿色石英岩,高 3.2 厘米、宽 2.5 厘米、厚 1.3 厘米,重 9 克。体呈等腰三角形。劈裂面平齐,背面隆起,中央有一棱脊。尖端锐利,底端肥大,两侧有由背面向劈裂面加工痕迹。

半月形直刃刮削器 9 件。共同特征是单面刃,弓形背,其上多保留着砾石面。P238,重 8 克,是用白色石英片打制的,劈裂面较平,上面有明显的打击点,背面有一条脊棱,刃部平直而锐利,系由劈裂面向背面加工而成。P237,淡白色石英、长 3.1 厘米、宽 1.5 厘米,厚 0.7 厘米,重 4 克。P236,灰绿色石英岩,长 3 厘米、宽 2 厘米、厚 1 厘米,重 7.5 克。其形状及制法与标本 P238 基本相同。P282,青绿色石英岩,长 4 厘米、宽 2.8 厘米、厚 1.2 厘米,重 18 克。劈裂面平整,背面为砾石面,部分有石片疤,刃缘系由劈裂面向背面加工而成。

长方形直刃刮削器 4 件。器身一般长而宽,约为二比一。P301,是用灰黑色石英岩打制的,长 4.6 厘米、宽 2.8 厘米、厚 1.2 厘米,重 24 克。其劈裂面较平,上带有明显的打击点,背面及两端均保留有砾石面,横断面呈三角形。刃在长边,系由劈裂面向背面打击而成(图六,1)。P250,紫褐色燧石,长 3 厘米、宽 2.1 厘米,厚 1 厘米,重 7 克。劈裂面光滑,上有清楚的打击点,背面隆起有脊,底端肥大,保留着人工修理的台面,尾端修理成斜尖,左侧缘打击成刃,右侧边缘虽亦锋利,但系打片时劈裂面形成的自然刃缘,无加工和使用痕迹。

菱形直刃刮削器 7 件。形似菱角。P218,系用淡褐色石英岩砾石片打制成,重 10 克,劈裂面不甚平齐,背面正中有一突起的锋,系打片所致,以锋为中心有三条辐射状棱脊通向三角,刃部系由脊面向劈裂面打制成的。P220,是用紫褐色燧石砾石片打制的,重 8.5 克。劈裂面微凸,带有明显的打击点,背面不甚平整。弓形背为砾石面,刃部系由劈裂面向背面打击成的。P405,紫褐色燧石,长 3.8 厘米、宽 2 厘米、厚 1 厘米,重 6.5 克。劈裂面较平,背面鼓起有脊。刃缘不整齐,有明显的石疤痕(图六,2)。P241,赭黄色燧石,长 3.5 厘米,宽 2.9 厘米,厚 1.4 厘米,重 16 克。劈裂面呈四边菱形,背面局部保留着砾石面,凸凹不平。刃部留有由劈裂面向背面打击的疤痕,呈锯齿状。其一端尖锐,亦可作尖状器用(图六,3)。P206,灰白色燧石,长 2.8 厘米、宽 1.4 厘米、厚 1.2 厘米,重 3 克。劈裂面平齐,背面保留砾石面。两尖端均经加工修理。比较锋利(图六,5)。

弧背尖头直刃刮削器　1件。P274，灰绿色燧石，高3.2厘米、宽1.9厘米、厚1.2厘米，重6.5克。劈裂面平齐，上有两条长而窄的石片脊。刃缘呈锯齿状，系由劈裂面向背面修整而成。

弧背直刃刮削器　2件。P215、青灰色石英岩，长4厘米、宽4厘米、厚1.2厘米，重25.5克。背部为砾石面，呈半圆形。劈裂面与背面均较平整。刃部有三个齿状尖，形成凸凹不平的刃缘（图六，6）。P300，淡白色石英岩，高3.5厘米、宽41厘米、厚1.5厘米，重25.5克，系利用一块长条状砾石的一端打制而成，器身背部与两面均保留着砾石面，刃部则是由断缘交互修理的（图六，4）。

此外，还有一种直刃刮削器，劈裂面比较平整，背部隆起，是用石核打制而成，或称为"石核刮削器"。刃部都是由劈裂面向背面加工的。共有4件。P299，灰褐色燧石，长3.4厘米，宽1.9厘米，厚1.1厘米，重8克。P231，绿色石英岩，重14克，均属于此类石器。

直刃刮削器是旧石器时代文化中普遍存在的一种工具，在周口店第15地点、山西朔县峙峪、阳高许家窑和宁夏水洞沟等遗址中都曾出土过。

Ⅱ. 凹刃刮削器　9件。形状大小和刃缘薄厚很不一致，大体说来，有下列五种：

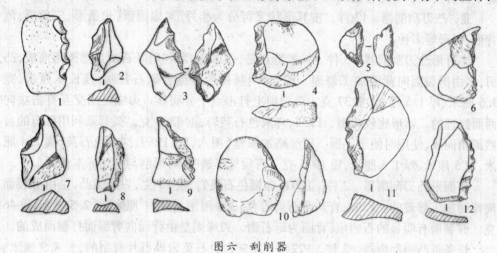

图六　刮削器

1. 长方形直刃（P301）　　　　2、3、5. 菱形直刃（P405、P241、P206）
4、6. 弧背直刃（P300、P215）　　7. 喙咀状凹刃（P247）
8、12. 长条形凸刃（P225、P224）　9. 三角形凸刃（P217）
10. 龟背形凸刃（P229）　　　　11. 半月形凸刃（P232）（均1/2）

喙咀状凹刃刮削器　1件。P247、灰褐色石英岩，长3.9厘米、宽2.8厘米、厚1.3厘米，刃口3厘米，重11克。劈裂面光滑，有清晰的打击点。背面隆起，有一条棱脊，局部为砾石面。左侧缘上部由劈裂面向背面打击加工，修出一个较大的凹刃，并使凹刃的一角和劈裂面的一角相应聚为一个略呈鸟喙形的棱尖。因此称为喙咀状凹刃刮削器（图六，7）。

半月形凹刃刮削器　2件。P276，黑色燧石，长4.3厘米、宽3.2厘米、厚1.8厘米，刃口4厘米，重27克。弓形背，劈裂面平整，打击点清楚，背面砾石面约占五分之一。刃缘由劈裂面向背面打制而成。

长方形凹刃刮削器 2件。P243，青绿色石英砾石，重28克。劈裂面平整，背面隆起，砾石面约占二分之一。一侧为砾石面，另一侧有打片痕迹。刃在长边，微凹。P244、褐色燧石，长4厘米、宽3.2厘米、厚2.4厘米，重27克。系用一块长方形砾石的一端打制而成。除刃部系向两面加工打击外，其余部分皆保留着砾石面，器体厚重，制作简单（图版叁，13）。

长条形凹刃刮削器 2件。P293，褐色燧石，长4.5厘米，宽3.1厘米，厚2厘米，重15.7克。上窄下宽，略呈梯形。劈裂面略平，背面有一棱脊。一侧缘陡直，另一侧缘由劈裂面向背面加工成齿状凹刃。

齿尖状凹刃刮削器 2件。P275，淡青色石英岩，长2.8厘米、宽2.7厘米、厚0.8厘米，重8克。器身宽短，顶部聚成一个三角形棱尖，尖头基部左侧打制出一个突出的"肩膀"，并有一个由劈裂面向背面打制加工的齿状凹刃，底端保留着砾石面，劈裂面和背面都比较平整。

近年来，凹刃刮削器在山西朔县峙峪、阳高许家窑、许昌灵井[6]等地旧石器时代遗址中都有发现。可见它是当时一种比较普遍的专用工具。

Ⅲ. 凸刃刮削器 13件。按其形状又可分为半月形，扇面形，长条形，三角形，龟背形，铲形等多种。

半月形凸刃刮削器 5件。一般特点是，弓形背，系利用砾石的自然圆角而成，凸刃，多由劈裂面向背面加工修理。P233，用灰褐色石英岩砾石打制，残长6厘米、宽3.6厘米、厚1.5厘米，重37克。劈裂面上打击点十分明显。刃缘是用交互打击法向两面修理的。器形比较典型。P232，青灰色石英岩，重43.6克。弧背系利用砾石的自然圆角而成，使用时便于手握。刃缘略加修整（图六，11）P289，淡黄色石英，高2.4厘米、宽5厘米、厚1.8厘米，重19.5克。石质呈半透明体，形制与上述标本相同。

扇面形凸刃刮削器 2件。P291，赤褐色石英岩，重15克，刃缘微凸，是由劈裂面向背面加工修理的。P292，青灰色石英岩，高3.8厘米、长6.1厘米、厚2.5厘米，重46克。劈裂面有明显的石疤痕，背面为砾石面。刃缘则是由背面向劈裂面打制而成的。

长条形凸刃刮削器 2件。P224，是用灰白色石英岩砾石片打制的，长4.9厘米、宽2.7厘米、厚0.5厘米，重10克。自然砾石台面，劈裂面和背面都较平，凸刃系由劈裂面向背面加工而成（图六，12）。P225、半透明褐色燧石，长3.9厘米、宽1.8厘米、厚0.5厘米，重5克。器身长而窄。劈裂面光滑，背面微鼓，上有一条长脊。一边缘陡直，另一边缘为凸刃，系由劈裂面向背面加工而成（图六，8）。

三角形凸刃刮削器 1件。P217，褐色燧石，高4.1厘米、宽2.4厘米、厚0.8厘米，重9.5克。劈裂面和背面较平，一侧边缘陡直，另一侧边缘由劈裂面向背面加工成凸刃（图六，9）。

龟背形凸刃刮削器 1件。P229，器形具有典型性。紫褐色石英岩砾石，高4.7厘米、宽4.1厘米、厚1.9厘米，重39克。劈裂面微凹，背面全为砾石面，隆起状似龟背。部分周缘有由背面向劈裂面加工打击的凸刃（图六，10）。

铲形凸刃刮削器 2件。P227，青灰色石英岩，长4.5厘米、刃宽3.5厘米、厚2厘米，重24克。劈裂面有清晰的石疤痕，背面为砾石面。一端为凸刃，另一端为柄。

P226,褐色燧石,重9.5克。劈裂面不甚平齐,背面鼓起,形体较小。

凸刃刮削器在我国旧石器时代遗址中时有发现。如周口店第15地点,宁夏水洞沟,内蒙古萨拉乌苏河,山西朔县峙峪,阳高许家窑等遗址皆有出土。

Ⅳ. 短身弧刃刮削器 5件。P213,是用紫红色燧石打制的。体积10立方厘米,重19.2克。圆刃,短身,呈海蚌形。劈裂面有清晰的打击点和半锥体,背面隆起。刃缘是用单面加工法,由劈裂面向背面修理的。形制与所谓"船底形刮削器"很相似,比较典型(图七,1)。P228,红褐色石英岩,长3.9厘米、宽3.9厘米、厚1.4厘米,重23克。形似折扇状。用交互打击法将圆弧形边修理成凸刃(图七,2)。P210,灰白色石英岩,高2.5厘米、宽1.7厘米、厚0.9厘米,重3.7克。身短小,圆刃,底端有砾石面,劈裂面较平,背面有不规则的棱脊。刃缘系由劈裂面向背面加工修理而成(图七,7)。P302,黄绿色燧石,长2.9厘米、宽2厘米、厚0.5厘米,重4.1克。体小宽短,很不规则。正背面比较平整。圆刃,有细微的使用痕迹(图七,11)。

Ⅴ. 双刃刮削器 18件。是在石核或石片相对的两个长缘加工成刃而使用的。有三角形、龟背形、石核刮削器,"直刃/凹刃"刮削器、"凸刃/凹刃"刮削器、"直刃/凸刃"刮削器、长条形、不规则形多种。

三角形双刃刮削器 5件。P305,白色石英岩,长2.9厘米、宽2.2厘米、厚1厘米,重5克。劈裂面光滑,背面有一脊。沿石片的一侧边缘由劈裂面向背面加工成刃部,而另一侧则相反,两侧刃部斜向尾端聚收为尖,尖端比较细长,器身下部比较肥大,保留着砾石面。两侧的刃部可使用。制作比较精致(图七,3)。P306,是用半透明灰褐色燧石加工而成。长3.2厘米、宽1.7厘米,厚0.4厘米,重2.2克。器体扁平,在器尖基部右侧有一个突出的"肩膀",加工精细。劈裂面有明显的半锥体,背面近平,上有不明显的双脊。两刃皆是由劈裂面向背面加工而成(图七,2)。

龟背形双刃刮削器 1件。P304,灰褐色燧石,长2.8厘米、宽2厘米、厚0.7厘米,重6克。两端宽窄稍异,形似龟背甲。劈裂面有明显的打击点和石片疤。两侧刃缘平行,均由劈裂面向背面加工修理制成(图版肆,11)。

石核双刃刮削器 1件。用打制石片后的石核制作而成。P207,赭黄色燧石,高4厘米、宽2厘米、厚1.6厘米,重12.5克。通体呈三角菱形。劈裂面平而微凹,背脊隆起。两侧刃缘皆是由劈裂面加工修理,制作比较典型(图七,4)。

"直刃/凹刃"刮削器 5件。状似三角菱形。P281,褐色燧石,高2.9厘米、宽4.4厘米、厚0.12厘米,重13.5克。劈裂面凸凹不平,背面为砾石面。长边为凹刃,短边为直刃。两刃缘均由背面向劈裂面打制而成(图版肆,12)。P240,用半透明深灰色石英岩石片打制,高2.9厘米、宽2.3厘米、厚0.6厘米,重4克。器身近似等腰三角形,劈裂面和背面都比较平滑。一侧打制成直刃,另一侧打制成凹刃,故称"直刃/凹刃"刮削器(图七,14)。

"凸刃/凹刃"刮削器 1件。青灰色石英岩,P249,高3.8厘米、宽5.1厘米、厚1.3厘米,重21克。器体近三角形。劈裂面光滑微凹,背面鼓起,上有不规则的棱脊。一刃缘内凹,另一刃缘外凸,均由劈裂面向背面加工而成。

"直刃/凸刃"刮削器 3件。P277,青白色石英岩,长4.4厘米、宽2.8厘米、厚

1.3厘米,重19.4克。劈裂面平齐,背面隆起,有一条棱脊。两端均保留砾石面,一刃缘外凸,一刃缘较直,皆由劈裂面向背面修理而成(图七,5)。

此外,还有长条形双刃刮削器 1件。P222,重26克;不规则形双刃刮削器1件,P221,重10克等(图七,8)。其制法与上述诸器基本相同。

Ⅵ. 多刃刮削器 7件。这类石器又叫"复刃刮削器"其形状不一,特别是具有三个以上的刃口,刃口有直、有凸、有凹。打制方法多数是从劈裂面向背面加工,但个别也有从背面向劈裂面加工的。这种石器在我国旧石器时代也比较普遍,最早见于周口店北京人遗址。可分为菱形,三角形,方形,长方形和不规则形。

菱形多刃刮削器 1件。P201,紫褐色燧石,高4.2厘米、宽3厘米、厚1.1厘米,重10克。劈裂面光洁,背面隆起,棱脊不甚规则。三边缘是从劈裂面向背面加工而成刃部,上有清楚的石疤痕。刃口凸凹不齐,呈锯齿状。三个尖端也很锐利。器形规整,制作细致,是遗址中出土石器中制作最精致的一件(图七,9)。

三角形多刃刮削器 1件。P208,黄褐色石英岩,长4.3厘米,宽3.8厘米,厚1厘米,重11.5克。器体扁平,背面微鼓。一刃缘是向背面加工修理成锯齿状,另一侧刃缘亦有加工,但其他刃部无加工痕迹(图七,10)。

方形多刃刮削器 1件。P264,黑色燧石,长4厘米、宽3.4厘米、厚1.2厘米,重13.4克。器身扁而宽,正背两面均为自然面,表面光滑。从器形看,是利用一块长方形砾石的一端打制的,三面为刃,一面圆钝。两刃缘是由正面向背面加工的,一刃缘是错向打制的,其上有清晰的石疤痕(图七,5)。

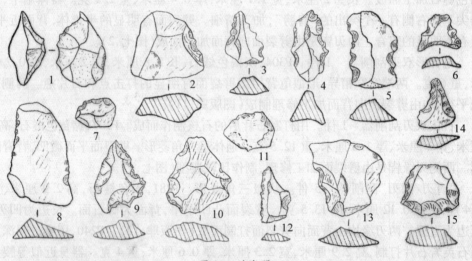

图七 刮消器

1、2、7、11. 短身圆刃(P213、P228、P210、P302)　　3、12. 三角形双刃(P305、P306)

4. 石核双刃(P207)　　5. 直刃/凸刃(P277)

6、13. 不规则形多刃(P209、P273)　　8. 长条形双刃(P222)

9. 菱形多刃(P201)　　10. 三角形多刃(P208)

14. 直刃/凹刃(P240)　　15. 方形多刃(P264)(均1/2)

长方形多刃刮削器 1件。P251,白色脉石英,重6.5克。劈裂面平,背面隆起。两侧长缘和一端边缘均加工为刃。

不规则多刃刮削器 3件。P209,白色石英岩,重2.5克,器形甚小,略呈三角形(图七,6)。P273,用青灰色石英岩片打制的,长4.3厘米、宽4.3厘米、厚1厘米,重19克。器形扁宽,呈不规则的四边形,劈裂面微凸,背面有一棱脊。台面肥大,尾端较窄,三面刃缘都是由劈裂面向背面加工而成(图七,13)。

三、禹门口文化的特点和时代

韩城禹门口洞穴堆积是继蓝田猿人遗址之后,陕西境内新发现的又一处旧石器时代文化遗存,也是解放以来,在黄河中游沿岸首次发现的一处滨河最近的旧石器时代晚期洞穴遗址。它的发现为我国远古文化的研究提供了一项重要的资料。

遗址海拔600余米,适当关中平原的东端。背望一线黄河,层峦叠嶂;南眺滚滚河水,平畴沃野,是人类早期活动的理想场所。从发现的动物化石来看,有森林生活和草原生活的两种动物群,充分说明远在更新世晚期,附近既有茂密的森林,又有丰盛的草原,为人类生活带来可靠的自然资源。

从洞穴的堆积层来看,这个洞穴形成于第四纪,开口向东,面对黄河,到了更新世晚期为人类所占据,遗留下灰烬和文化层。所发现的大批石片,是人类在洞穴内制作石器的遗存。至于所采用的石料,主要是黄河水流挟带来的砾石。洞穴堆积物内的动物骨骼,都经人工打碎,当是原始人猎取动物食后的废物。洞穴的主人在此劳动生息了一个较长时间。

禹门口旧石器文化的特点是,石器体积细小,石料以燧石和石英岩砾石为主,打制石器主要采用直接打击法,石片疤宽而短,加工痕迹比较细小,以用石片制作的刮削器为主要工具。这个现象反映着当时石器制造技术和使用方法是随着生产劳动方面的某些要求而发展变化的。

建国以来,我国旧石器时代遗址的不断发现,使旧石器时代文化的研究进入了一个新阶段。贾兰坡先生把我国华北旧石器时代文化的发展划分两大系统:一个是"匼河——丁村系",或称为"大石片砍砸器——三棱大尖状器传统";另一个系统是"周口店第1地点——峙峪系",或称为"船底状刮削器——雕刻器传统"[7]。禹门口出土的石核中比较典型的是楔形石核,从打制石片的技术上说是比较进步的。棱柱状石核在这个遗址中根本不见,因此像内蒙古萨拉乌苏河,河南安阳小南海遗址中那种具有明显特征的窄长条形小石片没有发现。禹门口所出的石片宽而短且薄,这点与山西阳高许家窑、朔县峙峪出土的则比较接近。禹门口的尖状器和龟背形刮削器(P304)与阳高许家窑所出者的形制和制法上有许多共同之处。禹门口的长条形双刃刮削器(P222)与许家窑、峙峪也相一致。禹门口扇面形刮削器与许家窑的凸刃刮削器的大小形制都很接近。禹门口的短身圆头刮削器在许家窑也有发现,且器形比之较大,加工也较细致,更为典型,而与峙峪和水洞沟出土的圆盘状刮削器则有更多的类似之处。特别是在石器的第二步修理方法上,禹门口文化主要是单面加工,且多从劈裂面向背面加工,而从背面向劈裂面加工者比较少见,这点又是许家窑、峙峪、小南海等文化遗址所常见的现象。因此,我们认为,禹门口洞穴堆积与上述诸旧石器时代文化属于同一系统,即"周口店第 1 地点——峙峪系"。其时代应属更新世中期到更新世晚期,比许家窑文化晚,而略早于峙峪文化。这个丰富多彩的文化体系,在华北地区分布很广,构成了新石器时代早期细石器文化的先驱。禹门口洞穴遗址的重要意义就在于它是这一文化系统的重要一环,为探讨我国新石器文化的渊源再次提供了重要线索。

本遗址报告整理时,曾得到王永焱、石兴邦先生的指导和帮助,王世和等同志也提过宝贵意见;尤其是王永焱先生不仅曾带领指导我们参加遗址的清理工作,而且在报告整理过程中亲自还给予了热情的支持,在此都表示衷心谢意。

参 考 资 料

①安志敏:《河南安阳小南海旧石器时代洞穴堆积的试掘》,《考古学报》1965 年 1 期。
②贾兰坡:《山西峙峪旧石器时代遗址发掘报告》,《考古学报》1972 年 1 期。
③贾兰坡等:《阳高许家窑旧石器时代文化遗址》,《考古学报》1976 年 2 期。
④邱中郎等:《二十六年来的中国旧石器时代考古》,《古人类论文集》,科学出版社,1978 年。
⑤贾兰坡等:《水洞沟旧石器时代遗址的新材料》,《古脊椎动物与古人类》,1965 年 1 期。
⑥晓平:《河南许昌灵井地区发现细石器材料》,《古脊椎动物与古人类》,1966 年 1 期。
⑦贾兰坡:《中国旧石器的特征和它的传统、起源与分布》,《古脊椎动物与古人类》,1978 年 2 期。

第二节 陕西华县梓里新石器遗址

一、陕西华县梓里村发掘收获*

梓里村位于华县城西南杏林公社梓里大队,在陇海铁路华县站西北约 2 公里处,这里是一处新石器时代和汉代古遗址。

1980 年 8 月,西北大学历史系为了考古专业 77 级学生的田野考古发掘实习,报请陕西省文物局和国家文物事业管理局批准,在华县梓里村进行了小规模发掘,还在华县城西的渭水支流石堤河两岸进行了一些文物复查。

在 1980 年 10 月 18 日至 12 月底,共开探方 21 个,计 475 平方米,发掘清理新石器时代墓葬 15 座,窖穴(灰坑)25 个,再次发现了仰韶文化和龙山文化遗存的二叠压层关系。另外,还发掘清理了汉墓 4 座和隋唐墓 1 座。

(一)遗址保存和地层堆积情况

梓里村古遗址范围相当大,南至小涧头村,东至故县村,北至张家渠澜,西至水田以东断崖,东、北和东南面地势高,西南面低洼。古遗址中心区在梓里村周围,南北约 500 米,东西约 250 米。经过历年来平整土地,这一带原始地貌几乎完全改变,被夷为一片水平耕地,因而古遗址遭受严重破坏。在地面上,到处可见古遗址的窖穴遗迹和

---

* 历史系考古专业 77 级实习队　　执笔者:戴彤心　张　洲

古墓中出土的残碎砖块、陶器残片等。我们选择村东南大队办公室附近一小片高地（编为Ⅰ区）和村西麦场地（编为Ⅱ区）进行发掘。

Ⅰ区地层堆积情况较简单，耕土层深度 0.2—0.3 米，在耕土层下发现近代墓 5座，近代墓坑打破了汉代层和新石器时代龙山文化窖穴；黄灰土层，属汉代堆积层，范围小，破坏了龙山文化层和窖穴遗迹；龙山文化窖穴口部，很多都是在耕土层下发现的。龙山文化堆积层范围很小，只在Ⅰ区南端断崖上残存一小部分。共发现龙山文化窖穴 16 个，其中两个被近代墓严重破坏，实际上只发掘清理了 14 个。Ⅱ区地层堆积，不只是有明确的地层叠压关系，而且还有许多遗迹相互打破和叠压关系。例如，在探方 21 中，龙山文化窖穴 H24 乙打破仰韶文化墓 M11 西北部，仰韶文化墓 M10 叠压在墓 M14 墓坑外套的长方形竖穴浅坑西边上，M10、M11、M16 均叠压和打破仰韶文化窖穴 H25；在探方 T18 中，仰韶文化墓 M6 墓坑外套的长方形竖穴坑打破和叠压仰韶文化窖穴 H22，H22 又打破仰韶文化窖穴 H16 甲等等。这对了解和研究Ⅰ、Ⅱ区的新石器时代仰韶文化和龙山文化遗存，以及与邻近地区诸文化类型的关系提供了丰富的资料。

(二) 文化遗迹和文化遗物

1. 文化遗迹

(1) 窖穴　在Ⅰ、Ⅱ两区探方中，共发现窖穴 27 个，实际发掘清理了 25 个，其中仰韶文化 3 个，其余均为龙山文化。

仰韶文化窖穴：坑口均呈不规则圆形，如 H25 口径东西 4.5 米，南北约 3.5 米，深 1.2 米。坑内填土分四层。坑底多打制盘状器和石块，可能是半地穴式房子遗迹。

龙山文化窖穴：在Ⅰ区发现 14 个，在Ⅱ区发现 8 个。窖穴原坑口都被破坏，有的仅残存窖穴底部。窖穴的形状分两种形式：一是圆袋形，二是圆筒形，以圆袋形占大多数。

圆袋形窖穴，例如：H4 位于Ⅰ区探抗 T13 中，现坑口距地表深 0.3 米。坑口呈圆形，口径东西 2.7 米，南北 2.2 米。底部距地表深 1.56 米。坑壁斜直平光，底面平坦。底径 3.42 米，南北 3.12 米。坑内填土分四层。在坑底东南部紧靠坑壁处，发现两具人骨架，保存完整（编号墓 M1、M2），是利用废弃的窖穴埋葬尸体的。无葬具及随葬器物。H11 在探方 T11 中，坑口距地表深 0.2 米。坑口呈不规则圆形，口径 1.8 米。底部距地表深 3.96 米。底径 3.3 米。坑壁斜直平光。坑底部周围有一圈二层台，台面宽 0.25 米，台高约 0.36—0.4 米。坑内填土分八层。在坑东北部第 6 层灰土下，距地表深 2.6—3.1 米，发现一具完整的牛骨架遗迹。

圆筒形窖穴，例如：H5 在Ⅰ区探方 T3 中，坑口距地表深 0.2 米。坑口呈椭圆形、口及底径均为 2.8 米，坑壁及坑底均平光，在坑底距地表深 1.18 米处，普遍有一层类似席印痕。坑内填土分五层。在第五层底部，发现一件类似"老官台文化"钵形三小尖足鼎形器，这是值得注意的现象。

(2) 墓葬　在Ⅰ区发现 2 座，在Ⅱ区发现 14 座，在张家渠澜发现 3 座，共计 19 座。在 19 座墓中，有仰韶文化墓 12 座，龙山文化墓 2 座，汉墓 4 座，隋唐墓 1 座。

A. 仰韶文化墓，除 M8、M13 墓坑痕迹不清楚外，其余墓葬都有不规则的圆角长方形或圆角方形竖壁浅坑，在一部分墓坑之外另套一大型圆角长方形浅坑，坑壁一般平光，坑底平坦，坑内填土和墓坑中填土有区别，土质较硬。如墓 M3、M5、M6、M9、M14 等墓坑外均套有此类浅坑。墓 M7 墓坑较大，东西长 3.5 米，南北宽 2.5—2.7 米，坑深 0.54 米。坑壁竖直，坑底平坦，在坑底中部挖有两个并行的小坑。在大坑填土中及坑底西南角，发现有残碎人颅骨片、手指骨、脚趾骨、脊椎骨、肋骨等，可能与迁骨二次葬有关系。随葬陶钵、陶尖底瓶、陶罐等放置在两个并行小坑间的隔梁上（图一）。

图一　墓 M7 随葬陶器出土情况

墓坑方向均为东西向。墓坑形状分两种：一种圆角长方形，另一种是圆角方形，以前一种占绝大多数，圆角方形坑，只发现 M10 一座。

葬式有迁骨二次合葬、仰身直肢葬和俯身葬三种并行，其中以迁骨二次葬占大多数，仰身直肢葬次之，俯身葬最少。各墓坑中人骨架（依颅骨计）数量多少不等。在迁骨二次合葬时，是将人骨骼的主要肢骨放在墓坑底中部或分段分排放置，将颅骨置于肢骨前端或肢骨之上，因墓坑狭小，也有将肢骨及颅骨分几层放置的，或是将肢骨放在一块，将颅骨散乱地放于墓坑中。例如：M6 中 4 人，属二次迁骨合葬。头向西，面向一般朝东，在墓底近西，肢骨放于坑底中部，颅骨放于肢骨前端，4 人分两组，其间有距离。随葬陶器放在肢骨之上和墓坑东端，骨串珠在颅骨附近（图二）。M5 中 13 人，颅骨、肢骨在墓底分两排两层放置，其一排 8 人，另一排 5 人。13 人似又分成四组放置，各组间又留有空隙。1、2、5、9 为女性，3、4、6、7、11、13 为男性，10 号不明。随葬有骨镞、骨串珠（图三）。

仰身直肢葬单人墓只有 M13，墓坑形状不明，方向 75 度。无随葬器物。为一身长 0.65 米幼儿墓葬。在墓 M9、M16 中，发现仰身直肢葬和迁骨二次葬并用。例如：M9 中 3 人，头均向西。面向东。墓底北部一人为仰身直肢葬，其南侧二人均为迁骨二次葬，随葬陶器放于墓底东端。M16 中 2 人，一为仰身直肢葬，头向西，面向北，足向东；另一为迁骨二次葬，随葬陶器均放在墓底东端人骨之上。在 M11 中发现仰身直肢葬和俯身葬并用。在 M11 中残存 9 人，头向西，足向东，其中 1—6 号为一次仰身直肢葬，7、8 号为一次俯身直肢葬。9 号被破坏，情况不明。

图二　墓 M6 出土情况

图三　墓 M5 出土情况

在 13 座墓中,除个别墓中全为男性二次迁骨合葬外,大多数墓中都盛行男女二次迁骨合葬。例如:M6 中 4 人,其中 1 号为女性,40 多岁;2 号为女性,约 14 岁左右;3、4 号均为男性,40 多岁。M9 中 3 人,均男性,年龄 40 岁左右。M11 中 9 人,其中 1 号女性,60 岁左右;2 号女性,50 岁左右;3 号女性,成年;4 号不明;5 号性别不明,50 岁左右;6 号性别不明,13 岁左右;7、8 号性别不明,成年;9 号不明;等等。

随葬器物有陶、骨、角、石器等。除 M5、M13 中未发现陶器外,其余各墓中都有。主要有杯形口尖底瓶、敛口深圆腹钵、敛口深腹平底钵和罐,有些墓或加陶盂、壶、盆、碗等。个别墓 M14 中有杯形口尖底瓶和敛口圜底钵;M10 中只有敛口深腹圜底钵和敛口深腹平底钵;M3 中只有敛口深腹圜底钵和罐;M8 中只有一件陶虎或豹的动物塑像。随葬生产工具的只有 M12。骨质串珠在颅骨上套着或在其下压着。以上随葬品中,除装饰品属于个人佩饰外,其余都是为集体随葬,而非为个人随葬的。

B. 龙山文化墓葬 2 座,在 H4 底部发现。两具人骨架都是被埋在废弃的窖穴底部,两具人骨架作八字形排列。在人骨架附近没有发现葬具痕迹,也没有发现随葬器物。

C. 牛骨架一具,在 H11 中发现的。保存完整。牛头向西,面向北,背向南,尾向东南,四肢屈置,牛作屈首侧卧状,似水牛。

在长安客省庄第二期文化窖穴 H96 中,曾发现数具人骨架和一具完整兽骨架[①]。这次发现完整的牛骨架,尚属首次。从牛骨架出土情况看,可能是将牛尸体埋于废弃的窖穴中,然后逐步埋没的。这种埋葬完整牛骨架的现象,也可能与某种宗教仪式有关系,其意义尚待进一步探讨。

D. 汉墓 4 座。M4 是单室土洞式墓,M17、M18、M19 是带墓道砖室券顶墓。除 M4 保存完整外,其余三座都被盗掘或被扰乱,随葬器物残缺不全。例如:M4 出土陶灶、陶甑、陶釜、陶罐,还有铜格铁剑、环首铁刀、铁剪等;M17 出土陶罐、铜五铢、铁刀等;M18 出土陶案、陶灶、陶耳杯、陶碟、陶罐,还有铜五铢、货泉、铜镜、铜柿蒂形饰和残漆器痕迹等。这批墓葬属西汉末至东汉时期。

2. 文化遗物

(1)仰韶文化遗物

在仰韶文化墓葬和窖穴中,出土了很多文化遗物,有陶器、骨器、石器等。

A. 生活用具陶器:在墓葬中出土完整器形较多,而在窖穴中出土残片较多,能够复原的器形却很少。现以 H22 出土陶片为例,对仰韶文化陶器情况进行分析。

陶系分细泥红陶、细泥橙黄陶、细泥灰陶、细泥黑陶、夹砂红陶和夹砂灰陶六类,其中细泥红陶占 58.96%,夹砂红陶占 33.33%,细泥橙黄陶占 5.9%,其余都很少。

纹饰除素面和素面磨光占绝大多数外,还有锥刺纹、细线纹、细绳纹、弦纹、方格纹和席印纹,其中以细绳纹较多,其余都较少。彩绘纹很少,只见宽带纹、竖画单线纹。彩色只有黑色。

陶器器形有敛口深腹圜底钵、敛口深腹平底钵、敛口深腹凹底碗、杯形口尖底瓶、卷沿敛口鼓腹小平底罐、卷沿敞口浅腹平底盆、圆厚唇浅腹碗、罐、盂、壶等,以前五种为代表器形。和西安半坡类型[②]、临潼姜寨一期[③]、宝鸡北首岭中期[④]同类型器形相同或类似,属于西安半坡类型。和渭南史家遗址出土陶器比较,只有少数敛口深腹圜底钵、杯形口尖底瓶等类似,而和大多数器形差别很大。根据姜寨地层叠压关系,类似史家遗址的文化遗存比西安半坡类型要晚。因此,梓里村仰韶文化半坡类型要比史家遗址早一些。史家遗址墓葬形制、葬式、葬俗和梓里村有很多相类似。所以说,史家文化遗存可能就是直接接续梓里村半坡类型发展起来的较晚一个阶段[⑤]。

B. 生产工具:分陶、骨、石三类。

陶质工具有锉(甋)、刀、纺轮、圆陶片等,其中以圆陶片最多。

骨器出土不多,有锉、凿和残骨器等。

石器有刀、凿、斧、盘状器等。石器制法有二:一是打制,如盘状器等;二是磨制,如穿孔磨光石斧,作扁长方形,两面刃。还有两端带缺口石刀,属打磨兼用,刃部磨制。

C. 装饰品:有陶环、骨簪、骨珠等。

D. 泥质陶虎(豹)动物塑像一件,墓 M8 中出土。头部完整,后身残损。手捏塑,里面留有手指痕迹,表面饰一层红色陶衣。质疏松,未经焙烧。

(2)龙山文化遗物 有陶、石、骨、角、蚌、玉石饰和绿松石饰等。

A. 日常生活用具陶器:现以 H4 出土陶器片为例,对龙山文化陶器分析如下:

陶系分泥质灰陶、泥质黑陶、泥质褐陶、夹砂褐陶、夹砂灰陶等五类,其中夹砂灰陶占 47.9%,泥质灰陶占 35.29%,泥质褐陶占 10.6%,夹砂褐陶占 3.4%,其余很少。即灰陶占绝大多数,褐陶次之,泥质黑陶很少。

纹饰除素面外,有素面磨光、细绳纹、粗绳纹、篮纹、方格划纹、弦纹、附加堆纹(包括条状、铆钉状)、鸡冠耳加饰按窝纹、镂空等,其中以素面、素面磨光占大多数,绳纹、篮纹较多,其余较少。绳纹、篮纹具有代表性。

陶器制法以轮制为主,兼用手捏制和盘条法。火候高,一般质硬。陶器器形有侈口敛颈单耳袋足鬲、甗、甑、鬶、斝、盉、单耳罐、双耳罐、瓮、盂、盆、豆、盘、器盖、杯等,其中以鬲、斝、单(包括双、三耳)耳罐、豆、器盖等为典型的器形,与西安米家崖[⑥]、长安客省庄第二期文化[⑦]、临潼姜寨五期[⑧]等客省庄第二期文化同类器形相同或类似,故将梓里村龙山文化遗存归于客省庄第二期文化范畴。

B. 生产工具:分石、骨、角、陶、蚌五类。

石器有斧、穿孔石刀、镰、凿、锛、臼、杵、研磨器、纺轮、矛、镞、砺石、刮削器等,其中以穿孔石刀、镰、臼、杵为典型器形。

骨器有铲、凿、锥、针、匕、刀、镞、梭形器等,其中以针、锥出土最多,尤其是骨针多精品。

陶器有纺轮、陶拍、陶垫、三足器内模等。

角器有鹿角制成的锥、凿、镞等。

蚌器有穿孔蚌刀等。另外,有不少螺壳、蚌壳等。

C. 装饰品及礼器:有石璧、玉琮、玉饰、绿松石饰、牙饰等。值得指出的是,玉琮出于Ⅰ区探方T9西南角H7第三层中。残损过半,色浅黄。复原后,其形体外方内圆,横断面呈方形,两端有矮圆射。内壁呈圆形,因穿孔是由两面管钻,留有明显的台纹。器表面抛光,但仍留有旋纹痕迹。通高3.6厘米、射高0.3厘米、射径3.5厘米、射壁厚0.4—0.5厘米。其形制和安阳《殷墟妇好墓》Ⅱ式玉琮(第1244号)相似。

D. 卜骨:共12片,基本完整。另外,还有一些卜骨碎片。主要是羊、猪肩胛骨。一般对胛骨不加任何整治,不去骨脊和臼角,不施凿钻,只见灼痕。一般都在胛骨正面施灼烧,灼号排列不整齐,灼号无定数,甚凌乱。有的胛骨系由骨版背面(带脊一面)灼烧,有的将胛骨骨版灼烧穿孔。有的胛骨骨脊及骨版下摆边缘经过刮磨,为数甚少,表现出某些进步。

E. 陶祖(且):1件。在H11第六层出土。泥质灰陶。手捏塑而成。陶祖根部残断,残长6.3厘米。横断面呈椭圆形,径长3—2.5厘米。类似陶祖,在客省庄⑨、华县泉护村⑩等地都有发现。这种象征男性祖先崇拜的陶祖塑像,正是当时社会组织发生变化的一个反映。

三、简短结语

在梓里村Ⅰ、Ⅱ区内,主要是发掘清理了仰韶文化半坡类型一批墓葬和少数窖穴,以及客省庄第二期文化一批窖穴。在Ⅱ区内,发现了仰韶文化和龙山文化二叠层关系,再次证明过去的结论是正确的。

梓里村仰韶文化陶器主要特征,和西安半坡类型、宝鸡北首岭中期、姜寨一期等半坡类型同类型器形相同或类似,惟彩绘纹样简单,只见黑色宽带纹和单线竖画纹。彩色只见黑色。和渭南史家遗址比较,相同或类似点很少,区别较大,梓里村比史家可能早一些,史家或许就是继承梓里村文化遗存而发展起来的,属于仰韶文化半坡类型中的一个阶段,而不是同半坡类型文化有根本区别的一种新文化类型。在墓葬形式、葬式、葬俗方面,梓里村和史家墓葬情况基本相同,而在随葬器物陶器方面,却有很大差别。葬式方面有迁骨二次葬、仰身直肢葬和俯身葬并行。此时期盛行迁骨二次葬,盛行男女二次合葬。多个体男女合葬墓仅一座。一般墓中都有随葬器物,以日用陶器为主,生产工具少,除骨串珠等属个人佩戴外,其余随葬品都是对众多个体随葬的,并非专门对某一个人的。在仰韶文化墓葬和窖穴之间,虽然存在着叠压和打破的关系,但在陶器陶系、纹饰、器形特征方面,却没有显著的区别,所以,不能进行文化分期。这种层位上的打破和叠压关系,虽然没有时代上划分阶段的意义,但也体现出梓里村仰韶文化半坡类型墓地和居住遗址间存在先后关系,即早期为居住遗址,大概时间不太长,又成为同时期母系氏族成员们的公共墓地。

梓里村客省庄第二期文化窖穴遗迹,其形状有两种,一为袋形,二为圆筒形。这两种窖穴,坑壁一般都平光,底部平坦,有些坑底还留有人们活动的踩踏面,或者进行过加工,如 H11 底部有一周二层台,但无一发现有口、底通道痕迹,故不可能作为当时人们的居住房址,而是储存什物的窖穴。在 I 区近 300 平方米范围内,共发现 16 个窖穴,在 II 区 170 平方米内发现 8 个窖穴,说明这里是人们集中居住的生活区,是人们储存什物的窖穴区,反映出当时社会生产力已是相当发达的。如已普遍使用石铲、骨铲、石刀、石镰、蚌镰、臼、杵等生产工具。在 H4 底部发现两座墓葬,经鉴定属于男女同坑合葬,这可能反映出当时一夫一妻婚姻制度的发展。在 H11 中,发现象征男性祖先崇拜的陶祖塑像,反映出当时社会组织形式已进入父系氏族制阶段。还有石璧、玉琮等的出现,更具有进步意义。

关于梓里村客省庄第二期文化年代,据中国社会科学院考古研究所实验室 C^{14} 测定结果是:

1. 梓里村 I 区窖穴 H4 木炭标本:距今 3875 ± 80 年(公元前 1925 ± 80 年),树轮校正年代为 4245 ± 135 年(2295BC)。

2. 梓里村 I 区窖穴 H3 木炭标本:距今 3635 ± 80 年(公元前 1685 ± 80 年),树轮校正年代为 3950 ± 100 年(2000BC)。

上述 H4 和 H3 邻近,属同一层位、同一平面上的窖穴遗迹。两坑中木炭标本 C^{14} 测定年代在公元前 2295 年与公元前 2000 年之间。结合梓里村客省庄第二期文化出土遗物观察,在同一类型文化中梓里村遗址属于比较晚的文化遗存。

参 考 资 料

①⑦⑨《沣西发掘报告》,1963 年文物出版社出版。

②《西安半坡》,1963 年文物出版社出版。

③⑧《临潼姜寨遗址第四至十一次发掘纪要》,《考古与文物》1980 年第 3 期。

④《一九七七年宝鸡北首岭遗址发掘简报》,《考古》1979 年第 2 期。

⑤《陕西渭南史家新石器时代遗址》,《考古》1978 年第 1 期。

⑥《西安米家崖新石器时代遗址调查简报》,《考古通讯》1956 年第 6 期;《西安附近古文化遗存的类型分布》,《考古通讯》1956 年第 2 期。

⑩《新中国考古收获》第 14 页。

二、华县梓里仰韶人葬俗的意义 *

1980 年 10 月,西北大学历史系考古专业学生,在老师带领下,在陕西华县梓里村进行了考古发掘。经过发掘,清理的新石器时代墓葬共有 14 座[①],其中仰韶文化墓葬就有 12 座。

仰韶文化墓葬,墓坑方向均为东西向。墓坑形状分为两种:一种为圆角长方形,另

---

* 执笔者:张　洲

一种是圆角方形,以前一种占大多数。墓式有单人葬、多人合葬和二次合葬三种。其中单人葬系一次性埋葬墓1座(M13),多人合葬系9人一次性合葬墓1座(M11)。二次葬情况较复杂,二次葬中有单人二次葬1座(M10),2人二次葬2座(M3、M16),3人二次葬1座(M9),9人二次葬1座(M12),10人二次葬1座(M14),13人二次葬1座(M5)。共9座二次葬墓,计49具人骨。由此看出,单人一次葬墓极少,而合葬墓占绝大多数。在合葬墓中又以二次葬墓占绝大多数②。在9座二次葬墓中,除个别为男性二次迁骨合葬外,其他绝大多数都是男女二次迁骨合葬。二次葬一般是将死者的长骨依次放置整齐,并将肋骨、脊椎骨、趾骨等整齐地放在长骨之间,然后将头颅骨放在前面,随葬器放在与头颅相对的一端,或放在人骨之上,或放在人骨之一侧。9人以上二次葬墓,人骨放置都是墓坑底两端横向一字排列,或者互相叠压放置,如果仍不能放置完时,另按横向一字排列放置第二行。没有发现将人头颅及人骨在墓坑底两端放置的现象,这可能与当时的葬俗有关系③。

(一)梓里村仰韶人二次合葬墓的泛义

仰韶文化多人合葬墓,是在一种大的土坑中含有多人骨架的一种葬制。其中大多数是二次合葬,也有少数一次合葬,或在二次葬中又夹杂极少数的一次合葬。含有多人合葬墓的遗址,多属于半坡类型,而且是半坡类型的晚期,或称"史家类型"。仰韶文化的其他类型(如后岗类型)也有发现,但为数极少④。在"史家类型"中,梓里的仰韶人在其合葬墓的形式、葬式、葬俗等方面和史家墓葬情况基本相同⑤。在这个时期,社会上葬俗盛行迁骨二次合葬,盛行男女二次合葬。它的流行年代大约是从公元前5000年中期到公元前4000年,而在公元前4000年中叶达到高潮⑥。而梓里的二次合葬墓,或一、二次混合葬墓的葬俗特征,则是这种文化处于高潮时期的一个有力的证据。二次葬出现很早,在黄河流域仰韶文化中流行的也非常广泛,且是延续时间比较长的一种葬俗。在原始社会的不同发展阶段,都存在这种葬俗,反映了不同的社会内容⑦。

二次葬是让死者和已死亲属在死后会合和团聚在一起,这也是一种原始的信仰。但是,二次葬的主要动机并非如此⑧。从民族志资料看:易洛魁人曾有过各种不同的葬式,摩尔根在《古代社会》一书中叙述过的单人土葬,只是他们的一种葬式,此外还有一种和仰韶文化类似的多人二次合葬。摩尔根在另一本著作《易洛魁同盟》中写道:"另一种非常特殊的埋葬方式也会在他们之中流行。尸骨暴露在柱子与撑的树皮架子上,或放在树枝上,尸体弃置在那里直至亦为骨架。当这一腐烂过程在露天之下完成后,骨骼移入死者的房屋,或房屋旁边专为接纳它而准备的小皮屋中,全家的骨骼由于活人对上辈的感情而像这样的代代相传。然而在若干年之后,或在大家感到不安全的时候,或在居住地即将放弃的前夕,经常是把整个社会附近所有骨骼收集在一起,置于一个公共休息地。而这一习俗并不限于易洛魁人,美国各地发现很多埋骨的冢墓和洞穴,无疑应归之于这一习俗。在打开这些冢墓中,时常发现骨架一层一层放置着"(1851年版,第172—173页)。这里说的骨架一层一层放置的情况,不仅与渭南史家和临潼姜寨二期的多人二次合葬情况极为相似,而且也与华县梓里多人二次合葬的情况相似。在梓里多人二次合葬墓形制中,M6中4人,属于迁骨二次合葬,头向西,面向一般朝东。M5中13人,颅骨、肢骨在墓底分两排两层放置,其中一排8人,另一排

5人。13人又分成四组放置,各组间又留有空隙⑨。这种一排一排、一层一层的重叠放置情况,可以看做是其中最突出的一例。因此说,对渭南史家、临潼姜寨二期以及华县梓里的多人二次合葬的葬俗性质也应当是如此认识。

这种葬俗在北美印第安人之中确曾比较流行。与易洛魁人有密切关系的休龙人认为,人死后灵魂将去"天上的村落"定居。虽然休龙人也实行母系,但集体二次葬时一坑的确不属一个母系亲属集团。

另外,马达加斯加岛的梅里亚人(Merina),实行男女居住,并有按父系组成的大家族。他们同样不按父系亲属关系合葬。

当然,国外民族中也有以亲属集团为单位进行二次合葬的情况。如印尼西里伯斯岛的托拉加人(Toradja),人死先存尸于村边小屋中,由专人看守,让尸体腐烂。每过几年,就要为这段时期所积累之尸骨举行集体二次葬。举行仪式时,把尸骨由村边小屋带入村内,扎成偶像并加面具,最后分别放入屋洞,和祖先及已死亲属的遗骨合在一起⑩,但这种按亲属系统进行的二次合葬习俗不是一种普遍现象。

从上述类比材料可以看出,多人二次合葬无论最后采取那种葬法(土葬、火葬或崖葬),经常是当地居民不分亲属集团的集中埋葬。即使有的以亲属集团为单位,这亲属集团也并非就是母系家族。由此可证,仰韶文化中多人二次合葬的习俗是不按亲属集团为单位来进行的。而华县梓里仰韶人多人二次合葬,也应以不按其亲属集团为单位进行来看待。

根据考古墓葬材料,一座多人合葬墓所包括的人数一般有数十人之多,而仰韶居民尚经营迁徙农业,不可能形成大的村落和大的亲属集团。在正常情况下,一个家族人数不过数十人,在一段时间内不可能有数十人死亡。像渭南史家M5有51具人骨⑪,元君庙M426有25具人骨⑫,临潼姜寨二期一墓中遗骸竟达70—80具之多⑬。若说这些墓葬骨具出自一个家族,是很难令人置信的;但如果说是一个部落或一个村落在一段时期内所死的人数,则是没有什么奇怪之处的⑭。而华县梓里墓葬骨具最多的M5墓有13人,它与史家M5、元君庙M426、姜寨二期一墓的骨具数量比之,虽不算多,但它所反映的问题性质是相同的,即也是不会出自一个家族,而是出自一个部落或一个村落。根据仰韶文化几个村落遗址和宝鸡北首岭、西安半坡、临潼姜寨等的房屋数字来分析,一个村落大约包括50—100座房屋,即50—100户。这样规模的村落在一段时期内有数十人死亡,应该是合乎情理的⑮。梓里村仰韶遗址,由于揭露的只是其中的一部分,因而还未发现到房屋遗迹。揭露的墓葬也只有12座,且多是二次合葬。在此的仰韶部落或村落人,他们的人数也会像西安半坡遗址一样,是会数以百计的,甚或到二百人以上。它在一段时期内有数十人死亡,然后进行二次合葬,处理所有死者,这也是合乎情理的。因此,有不少同志就把摩尔根《古代社会》中,"凡是亲骨肉,彼此的骨肉就应当永远不分离"那句话,当成规律性的现象并引申数千年前相隔万里以外的仰韶文化中,认为仰韶人多人二次合葬必是亲属集团的"缩影",这是不符合历史真相和民俗实际的。从梓里村多人二次合葬所反映的问题看,也不是这样。

一座多人合葬墓,应包括一个村落一段时期内所有死亡者。至于有些人数很少的二次合葬墓,例如在梓里村的 M10 中 1 人,M16 中 2 人,M9 中 3 人等,这些二次墓葬的出现,则可能是由于一段时期内死亡的人数很少;或像上述托拉加人一样,由于某种灾祸归咎于死者,使二次葬仪式提前举行所致。

仰韶文化,遍及陕、豫、晋、冀、甘诸省,北到河套地区,南达湖北境内。延续达 2000 年之久,约为公元前 5000—前 3000 年[16]。这里,还有一个普遍存在的单人墓葬的问题。这种墓葬,在梓里村仰韶遗址也有出现。

现在已知,多人合葬墓主要发现在半坡类型后期。但是单人葬,不仅于此之后一直流行着,并延续到我国历史的文明时期。而且在此之前即已存在着。在华县梓里村仰韶葬墓出现的有:M9 中 3 人,墓底北部 1 人为仰身直肢葬,其南侧 2 人均为迁骨二次葬;M16 中 2 人,1 人为仰身直肢葬,1 人为迁骨二次葬。尤其是 M13 的仰身直肢单人墓葬,为一身长 0.65 米幼儿墓葬(性别不明),更是反映了仰韶文化葬俗中的一种普遍现象。"多人二次合葬中夹杂一次葬这一现象之形成,由于举行集体二次葬仪式时,有人新死未葬,或葬后不久而尸体未腐,然亦同时参加仪式,以免危害于人,这便是数千年后我们看到的骨骼未乱的原因"[17]。这虽是一种推测,但"若考虑到合葬墓中一次葬者人数总是很少,最多不超过两人,这一推测也许是合理的。"[18]而且从这种葬式中也看不出与男女地位有什么关系。

(二)梓里村仰韶人几个葬俗问题的初探

(1)从多人二次合葬墓看所谓"女性本位"问题

梓里村仰韶墓葬,除 M9、M10 等为男性二次合葬外,其他 M5、M6、M12、M14 等均是盛行的多人男女二次合葬墓。其中儿童与成年男女合葬的有 M6。M6 中共 4 人,其中 1 号为女性,40 多岁;2 号为女性,约 14 岁;3、4 号均为男性,40 多岁[19]。元君庙 25 座合葬墓中有 15 座是成年男女和小孩混合葬,小孩和成年女性合葬仅 3 座(M420、M455、M457)。而这 3 座墓也是整个仰韶文化半坡类型近千座墓中仅有的 3 座[20]。既然这里大量存在的是成年男女和小孩混合埋葬,并不存在子女必须和母亲合葬的制度。也就充分说明,儿童与成年男女多人二次合葬墓,也是把一段时间内全部落或村落死者集中起来共同举行仪式后予以埋葬的形式;假如这段时期内死者只有成年女性和小孩,而自然地会形成上述的 3 座墓的情况。但此种特殊现象,在梓里村仰韶遗址还未发现。总而言之,从墓葬性质和葬俗角度来看,这类墓葬形制所反映的问题,其实质只是说明死者"生前身份是平等的","女性本位"的现象并不存在。

(2)从多人二次合葬墓看所谓"妇女厚葬"问题

从梓里村仰韶遗址多人二次墓葬看,合葬墓中随葬陶器也不是分别置放的。陶器在墓葬中的置放位置,除 M14 置放在墓穴西端外,其他都被置放在墓穴的东部,且多是如 M6、M9、M12 等分别被置放在墓穴东部墓主人的左侧、右侧,或者墓坑角处[21]。其置放陶器数量不等,最少的 2 件(M10),其他一般在 4—12 件之间。在这些合葬墓中,从陶器置放位置来看,是很"难于判明属于那一个个体"[22]。而且在这些多人合葬墓中如 M5、M6、M9 等,从男女个体之间关系来说,也很难就孰多孰少做出比较。如果要做比较的话,如 M10 为一男性二次合葬墓,陶器陶钵虽少也有 2 件;而 M5 为男女二次合葬,骨具 13 人,其中 1、2、5、9 为女性,3、4、6、7、8、11、12、13 为男性,10 号不明。随葬品除骨镞、骨串珠外,而陶器 1 件也没有[23]。从随葬品陶器多少能显示其生前社会身份有什么不同。但以上例证是无法说明"妇女厚葬"的。无论男性或女性,如果受到厚葬,原因"决非因他们的性别,而应有其特殊条件"[24]。一位研究葬俗和社会组织关系的学者写道:"假如考古学发现儿童埋葬比成人还是隆重的话,则大概可说明出于较高的社会等级"[25]。"原始社会中,人们没有像后代一样的等级或阶级划分,但因职业、职务、个人能力和品质不同而形成不同的社会地位"[26]。

梓里村仰韶墓葬随葬品置放的这种现象,在元君庙合葬墓中也可以看到。从《元君庙仰韶墓地》的统计表中可以看出,男墓和女墓陶器数量相差不大,随葬陶器最多的一座墓(M1)属于男性,共有 12 件。虽然这样,我们并不因此认为,一般男子的社会地位就比女子高。即使是非常原始的民族,因能力较强及其他优越条件,个人及家庭也可以拥有较多的日常用具、较完备的生产工具和较精致的装饰品。一种普遍的原始葬俗是人死即以生前所用之物随葬,仰韶诸文化墓葬随葬品情况正是这样。不能因为多一两件随葬陶器,就证明他们男女之间身份之不同。

(3)从多人二次合葬墓中看"大坑套小坑"的形制特征

在梓里村仰韶遗址多人二次合葬墓中,如 M3、M5、M8、M9 和 M14 等 5 座墓,都是在大方形坑底部中央另挖一小方形坑,即墓坑有"二层台"。此种形制和华县元君庙仰韶文化墓 M453、M458、M457 等 3 座墓形制相同[27]。这种特征,也可称为"大坑套小坑"墓葬形制。这种"大坑套小坑"的现象[28],在华县横阵 15 座多人合葬墓分布的 3 个大墓穴中也有发现。死者之间的关系,即像马尼安人那样[29],是当时集体二次葬分批进行的结果。"大坑"中埋的是一次集体二次葬仪式的全体死者,"小坑"中则是同一批埋入的遗骸。总的来说,仍是无法断定仰韶文化多人合葬死者是出于一个母系家族;恰恰相反,而是可以肯定他们之间的关系,和华阴横阵"大坑套小坑"多人合葬墓一样,也只是死者相近共享有最后的二次葬仪式罢了。

(4)关于梓里村 M11 仰身直肢葬和俯身直肢葬并存合葬形式的葬俗探讨

在梓里村仰韶文化遗址中,多人一次合葬墓如 M11 残存着 9 具人骨,头向西,足向东。其中 1—6 号为一次仰身直肢葬;7、8 号为一次俯身直肢葬[30]。

一次葬墓,在我国新石器时代诸文化中是最普遍的一种埋葬形式,多为单人葬,也有少数合葬墓,合葬 2 人或 2 人以上人骨架[31]。因此,梓里村仰韶人一次多人合葬墓 M11 不仅在仰韶文化中是属典型,就是在我国新石器时代诸文化中也算突出的一例。在我国新石器时代,特别是仰韶文化中,一次墓葬尤其是一次多人合葬墓,早期多为同性成年人合葬墓(如半坡 M38 墓女性 4 人合葬墓),也有母子合葬墓(如元君庙,甑皮岩墓葬)。中晚期出现有异性成年人合葬墓(如大汶口、柳湾、秦魏家、大河庄)。在各家文化的合葬墓中,男子在墓穴中居中心位置,女子侧身屈存。武威皇娘娘台 M24 墓,3 人合葬,1 男 2 女皆成年人,男性直肢仰卧正中,两旁女性骨架侧身屈肢,面向中间的男性骨架[32]。大汶口 M35 墓是一对成年男女与女孩的 3 人合葬墓,随葬品多在男性骨架一边。而梓里村的 M11 合葬墓,是 1 座仰身直肢葬和俯身直肢葬并存的合葬墓。一次仰身直肢葬:1—3 号成年,均为女性,5、6 号性别不明,均为 16 岁左右的儿童,4 号性别不明;一次俯身直肢葬:7、8 性别不明,成年,9 号被破坏,情况不明。这些现象和特点与仰韶文化中晚期出现的一些多具有异性成年人合葬墓,无论是大汶口、柳湾、秦魏家、大河庄或齐家、武威皇娘娘台的同一类型墓葬不一定十分一致,但可被视为大体相同。但是,梓里村 M11 墓葬的特征,在仰韶文化中,尤其是在半坡类型的遗址中,这种仰身直肢葬和俯身直肢葬并存的一次多人合葬墓形制,还是不多见的。M11 一次葬墓中的骨架其中有老、有小、有成年,共有 9 具人骨;而属于这种一次多人合葬的现象,绝非是正常死亡埋葬,它很可能出于异常情况下对死者骨架的一种特殊埋葬形式[33]。从人骨的年龄大小和其随葬品的多少来看,它很可能是属于食物中毒,或自然灾祸所致暴死后一次合葬的。

根据元君庙 3 座成年女性和小孩的合葬墓和梓里村 M11 葬俗特征所反映的社会性质,不能被视为是说明"妇女本位"的有力证据[34]。

总的来说,多人二次合葬的目的和意义,据专门研究原始葬俗的学者意见,二次葬"是把个别或全部的死者,从暂时储存处移入永久休息地定期的移动,这一移动为社会所认可"。它是出于这样的一种信仰:人初死时灵魂仍在尸体附近徘徊,对活人构成一种威胁,必须待死后腐烂,灵魂才脱离肉体。这时便要举行仪式,送灵魂去他应该去的地方,二次葬便是这种告别仪式的一部分,是死者得到最终安息的标志[35]。

本稿所述,观点、定性及论比之处,难免有失误的地方,请读者批评指正。

参 考 资 料

①⑤⑨⑩㉚戴彤心、张洲:《陕西华县梓里村发掘收获》,《西北大学学报》(哲社版)1982 年第 3 期。

②③㉗戴彤心、张洲:《论陕西华县梓里村遗址》,《西北大学考古专业成立三十周年学术讨论会"论文摘要"》,1986 年 10 月。

④⑥⑧⑭⑮⑱⑳㉖㉞㉟汪宁生:《仰韶文化葬俗和社会组织的研究》,《文物》1987 年第 4 期。

⑦㉛㉝曾骐:《原始社会考古》下编,中山大学人类学系考古专业。

⑩Huntington, R. and Metcalf, P., Celebrations of Death: The Anthropology of Mortury Ritual, Cambridge: Cambridge University press, 1979, P. 68 – 81.

⑪《陕西渭南史家新石器时代遗址》,《考古》1978 年第 1 期。

⑫《元君庙仰韶墓地》第 118—119 页,文物出版社 1983 年。

⑬《临潼姜寨遗址第四至第十一次发掘纪要》,《考古与文物》1980 年第 3 期。

⑯夏鼐:《碳 14 测定与中国史前考古学》,《考古》1977 年第 4 期;安志敏:《碳 14 断代和中国新石器时代》,《考古》1984 年第 3 期。

⑰邵望平:《横阵仰韶文化墓地的性质与葬俗》,《考古》1976 年第 3 期。

㉑张洲:《华县梓里村 II 区仰韶文化遗址资料稿》,西北大学历史系,1986 年 5 月。

㉒《元君庙仰韶墓地》第 76 页,文物出版社 1983 年。

第三节 宝鸡石嘴头东区发掘报告*

一、地理位置和自然环境

石嘴头位于宝鸡市渭滨区石坝河乡东面的台地上,北临渭河,与宝鸡市区遥遥相望,东濒茵香河,南倚石鼓山,西宝公路由石嘴头上崖和石鼓山间东西穿过,距离宝鸡市区约6公里。这里地势高隆,依山傍水,自古即为人类生活活动的重要场所(图一)。

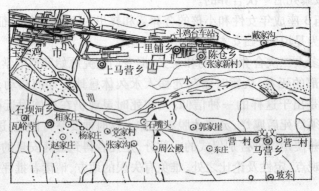

图一 宝鸡石嘴头遗址位置图

1980年以前,宝鸡市博物馆、宝鸡市渭滨区文化馆在石嘴头断崖上和石嘴头制砖厂、宝鸡县第二制砖厂附近,曾收集到许多仰韶文化至秦、汉时期的文化遗物[①]。1980—1981年,宝鸡市文化局文物考古短训班对石嘴头遗址进行了重点调查[②]。1984年11月至1985年3月中旬,我们对石嘴头遗址又进行了多次复查。经上级主管部门批准,1985年3月27日至7月17日,我们对该遗址进行了首次发掘。根据遗址地形和文化遗存分布情况,我们将遗址分为西、南、东三区:西区位于石嘴头上崖三队,南区位于石鼓山石嘴头堡子,东区位于石嘴头上崖东南面的石嘴头制砖厂取土北坡上。发掘重点在西区,南区只做了一些初步钻探摸底工作,东区配合石嘴头制砖厂挖土做了一些抢救性的发掘清理工作。东区的发掘清理从1985年6月22日开始,到7月14日结束。

石嘴头东区西、北两面紧临茵香河,与石鼓山东西对峙,北面离河不远就是西宝公路。东区发掘坑位就在西宝公路茵香河畔南面约200米的第二、三台地上,东临宝鸡县第二制砖厂,南为当地传说的蓝天寺故址或称蓝天关。

位于石嘴头东区的两个制砖厂历年挖土中都曾经发现过不少白灰面房址、墓葬和文物。调查材料表明,东区遗址的中心区,就在当地传说的蓝天寺故址东、北、西坡第二、三台地上。现在,东坡台地、北坡台地已全部被施工挖掉,西坡第二、三台地大部分

---

* 　西北大学历史系考古专业82级实习队　　　执笔:戴彤心　王维坤　张　洲
① 　卢连成:《扶风刘家先周墓地剖析——论先周文化》,《考古与文物》1985年2期。
② 　宝鸡市文化局资料。

也被破坏,台地两侧断崖上仍能看到不少地窖式房基残迹。

二、地层堆积、文化遗迹和遗物

(一)地层堆积

石嘴头东区的发掘共开南北向(10米×10米)的探方16个,发掘总面积约1460平方米(图二)。地层堆积较单纯:第1层为耕土,深10厘米—15厘米;第2层为冲积红壤土,系雨水冲刷堆积而成,土质细腻,无杂质,深30厘米—40厘米;2层下为红壤生土。古代墓葬、灰坑和房基均发现于2层下。

(二)遗迹

共发现龙山文化圆形袋状灰坑二个,凸字形地窖式房基六座,长方形竖穴墓和北宋二次迁葬墓各一座。现将灰坑和房屋遗迹述于下。

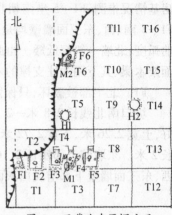

图二　石嘴头东区探方及
遗迹分布图

1. **圆形袋状灰坑**　二个。口小底大,均为圆形,周壁作弧形,底平光。H1,口径1.9米、底径2.54米、深0.86米。坑内填土可分为三层:第1层,黄色杂土,土质松软,厚0.3米;第2层,灰土,含木炭屑多,厚0.4米—0.43米;第3层,黄土,土质硬,似踩踏面。坑内遗物甚少,多为碎陶片。H2,口径2.64米、底径2.84米、深1.56米。坑内填满黄灰色杂土。土质松软,出土有少量陶片、碎骨和石器等。

2. **凸字形地窖式房基**　六座(编号85BSDF1—6)。其中F1、F2、F6破坏较严重,其余三座保存较好。

房基分布在南高北低的第二、三级台地上,两级台地高差约10米。F6在第二级台地上,F1—5在第三级台地上。据群众反映,过去挖土时在台地上曾挖破许多房基。凡有房基的地方,土松软,湿度大,有墙壁和用火烧过的地面,墙壁上敷泥土面或再敷白灰面,还出土有陶片等。推测当时的房屋是成组排列的。

这种房基的共同特征是:第一,靠台地断崖或斜坡挖成平面作凸字形地窖,口小底大,坑壁由上而下向外扩伸,以坑壁作墙壁。第二,结构分居室、门道、甬道三部分。居室一般后窄前宽,平面呈梯形。门道在居室北墙壁中部,平面呈长方形,南与居室连接,北与甬道相接。门道与甬道之间有一台阶,台阶高出门道地面8厘米—12厘米。甬道形制同门道,其北端与房外道路或活动场地连接。第三,在居室地面中央有一个圆形或椭圆形灶,灶面与周围地面在同一水平上,或高出5厘米—8厘米。居室东墙壁或西墙壁的北端近地面处挖一小龛,龛底一般与居室地面平,有的在龛底挖坑置卵石。小龛用作烧火,但没有烟囱设施。第四,房基坑壁上一般都敷有一层平整光滑的泥土面,厚0.5厘米—1厘米。但泥土中由于没有掺和植物叶茎,粘性差,与坑壁结合不牢固,大部分都呈片状剥落。有的在坑壁下部的泥面外再抹一层白灰构成墙围(墙裙)。抹白灰时先在地面以上等高处划一条水平基线,线痕凹陷,清晰可见,然后在基线以下抹白灰,故墙围上缘整齐。白灰面厚0.4厘米—0.5厘米,高度因房而异。白灰较纯净,与泥面间结合亦不牢固而呈片状剥落,但泥面尚存。第五,居室中央灶台东侧或东南侧,有一至三个圆形柱洞。门道北端两侧各有一圆形柱洞,柱洞旁或放置卵石,应为门柱基洞。第六,居室地面、烧灶、柱洞和小龛底面上,首先敷抹泥土面,然后再敷抹白灰面,白灰面也有剥落现象。甬道地面上一般不敷抹白灰面。第七,从现存房基情况推测,F1—5 坐南朝北,东西成一排,应是同一组。F6 当与此同时期。第八,F1—5 南、西、东三面墙壁均是上窄下宽,立面呈梯形,墙壁面由里向外斜直,但没有弯曲弧度;北墙一般都低矮。由此推测,房屋顶部形状不是拱形窑洞,而可能是借坑壁上面架木梁、其下用木柱支撑的木架房顶。

F1 北半部被破坏,只保留南墙和东、西墙的一部分(图三)。方向355°。

坑口南北残长2.8米—2.22米、南边宽2.72米、北边残宽2.74米。南墙保存最好,上宽2.26米、下宽2.72米、高1.62米—1.56米。西墙壁上部残长1.7米、下部残长2米。东墙壁上部残长2.16米、下部残长2.46米。北墙壁被破坏无遗。现存南、西、东三面墙壁下部增设白灰面的墙裙。墙裙高46米、白灰面厚0.3米—0.5厘米。

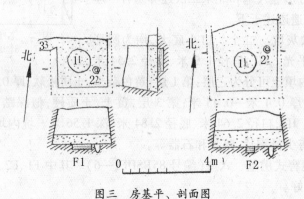

图三 房基平、剖面图

F1:1. 灶 2. 柱洞 3. 壁龛 F2:1. 灶 2. 柱洞

居室地面抹白灰,厚0.4厘米—0.5厘米。居室地面中央,有一直径1米的圆形烧灶。灶面被火烧成青灰、红褐和砖红色,质地坚硬。烧灶东侧有一圆形柱洞。柱洞口大底小,周壁斜向里收,口径24厘米—25厘米、深44厘米。居室西墙北端近地面处挖一小龛,龛的北壁及顶部被破坏,其底面和南壁保存尚好,都有火烧痕迹。龛口宽46厘米、深48厘米—52厘米、残高40厘米—32厘米。

F2 在F1东侧,二者间距1.5米,其北半部被破坏,西墙和东墙仅保留了一部分(图三)。方向357°。

口部南北总长3.18米—2.76米、南边宽2.8米、北边残宽3.02米。南墙保存较好,上部宽2.8米、下部宽3.26米、残高1.9米—1.7米。西墙上部残长2.76米、下部残长3.32米、残高1.9米—1.78米。东墙上部残长2.24米、下部残长3.5米、残高1.9米。墙壁下部抹白灰面墙裙,墙裙高80厘米、白灰面厚0.3厘米—0.5厘米。

居室南窄北宽,平面呈梯形,白灰居住面。居室南北残长3.54米—3.04米、南边宽3.26米、北端残宽3.38米。居住面中央偏南处有一圆形烧灶,直径1米。灶面与地面平,经火烧烤而呈青灰带红和黑褐色,质地坚硬。建灶时,先在居室中央底面上用红壤土夯筑(平夯)一圆形低台,台面平整,周围修整平光,台面及其周围敷泥土,泥面平整,并用火烧烤;然后在低台周围铺垫黄褐土,土质紧密坚硬,似经平夯加工,其上和台面平齐;最后在居室地面和烧灶面上先敷泥面,再敷白灰面。这种筑造技术带有浓厚的地方特点。

F3 在F2之东,二者间距2米—2.4米。保存完整。方向355°,平面呈凸字形,分居室、门道、门外甬道三部分(图四)。

坑口南北总长4.08米—3.86米、底部总长4.4米—4.6米。居室平面呈梯形。口部南北长2.57米—2.48米、南宽2.08米、北宽2.5米,底南北长3.14米—3.1米、南宽2.76米、北宽3.04米。南墙保存较好,西、东两墙顶部南高北低,北墙低矮。南墙上宽2.08米、下宽2.76米、残高2.06米。南墙东端高出居住面0.66米—1.2米处挖一壁龛。龛口宽0.64米、深0.53米、高0.46米。龛壁、顶部及底面皆修整平光,没有敷泥或白灰面。西墙上部长2.48米、下部长3.12米、残高2.06米—1.03米。东墙上部长2.96米、下部长3.5米、残高2.1米—0.38米。东墙北端近地面处挖一小龛。龛口宽0.65米、深0.7米、高0.48米。龛底面挖一小坑,坑底置卵石。龛底小坑周围及底面敷泥面和白灰面,被火烧成青灰、砖红和黑褐色,质地坚硬。龛壁及龛顶部都有火烧和烟熏痕迹。北墙中部为门道。门道西侧北墙上部西高东低,而其东侧北墙上部平直。北墙上部通常2.3米、下部通长2.44米、残高0.4米—0.9米。

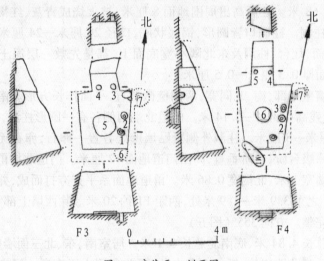

图四 房基平、剖面图

F3:1—4. 柱洞 5. 灶台 6、7. 壁龛 F4:1—5. 柱洞 6. 灶台 7. 壁龛

居室地面南窄北宽,南北长3.14米—3.1米、南宽2.76米、北宽3.04米。居住面中央有一圆形低台烧灶,直径0.9米—1.04米。灶台面高出周围地面8厘米—10厘米。烧灶东侧有两个圆形柱洞(编号D1、D2)。D1,口径26厘米—24厘米、深32厘米;D2,口呈不规则圆形,口径28厘米—26厘米、深46厘米;洞底均呈锅底状。

门道为上宽下窄的坑道形,上宽2.3米、底宽1.32米、南北长1.48米—1.3米。门道底距北端80厘米处有一台阶,高出门道地面8厘米。门道南端两侧各有一圆形柱洞,洞口径17厘米—18厘米、深20厘米。门道地面与居室地面平。门道北接甬道,甬道北端及屋外道路被破坏。

坑壁、居住面、灶台、柱洞口部及内壁敷抹一层泥面，泥面厚0.5厘米—1厘米。居室未见墙裙，仅在居住面、灶面、柱洞口里及东北隅小龛底面上抹白灰，白灰面厚0.4厘米—0.5厘米。甬道地面有路土痕迹。

F4 在F3之东，二者间距2.7厘米—1.4厘米。除坑口西南角被一座北宋墓（M1）打破外，其余保存基本完整（图四；图版肆，1、3）。方向350°。

坑口南北总长4.94米、底南北总长5.2米。居室南窄北宽，平面呈梯形。口部南北长2.94米、底部南北长3.2米、南边上部宽1.8米、下部宽2.28米、北边上、下均宽2.5米。南墙上部宽1.82米、下部宽2.28米、残高2米—1.82米。西墙南高北低呈斜坡形，上部长2.74米、下部长3.1米、残高2米—1.22米。东墙亦是南高北低呈斜坡形，上部长2.96米、底部长3.2米、残高2米—1.06米。东墙北端近地面处挖一拱形小龛。龛口宽64厘米、深64厘米、高76厘米。龛底部中间筑一小隔墙，隔墙东端同龛后壁连接，隔墙后宽前窄，两侧面由上而下斜收，横断面作梯形。隔墙长28厘米、底宽32厘米—8厘米、高28厘米。龛底面被火烧成红褐色，龛壁及顶部有火烧烟熏痕迹。北墙低矮，残高0.94米—1.26米。居室东北角成直角，而西北角则大于90°。北墙中部有一门道口。

居室地面南北长3.1米—3.2米、南宽2.28米、北宽2.5米。居住面中央有一圆形烧灶，直径0.68米。灶面高出周围地面8厘米，被火烧成青灰、红褐和砖红色。灶台东侧有三个柱洞。柱洞口皆圆形，锅底状底，口径26厘米—24厘米、深30厘米—40厘米。居住面、灶台、柱洞及东北隅小龛底面上，都是先敷一层泥土面后再敷一层白灰面。白灰面厚0.3厘米—0.5厘米。

门道在北墙壁中部，南、北同宽，两侧壁微斜直，平面作长方形。南北长0.84米、宽1米、两侧壁残高0.3米—0.14米。门道北端两侧各有一圆形柱洞，口径13厘米—14厘米、深7厘米—8厘米。柱洞外侧紧贴墙壁处各置一卵石，卵石无加工痕迹。门道和甬道间有一级台阶，台阶垂直，高出门道地面12厘米。门道北接甬道。甬道南北长1.16米、南端宽1米、北端宽0.86米。甬道地面系平夯夯打而成，并有踩踏路面。

F5 在F4之东3.9米—1.9米处，西距F1约20米。除西墙上部大部分坍塌外，其余保存都较完整。方向355°（图五）。

坑口南北总长4.84米、底南北总长5.1米。居室南、东、北三面墙壁都较直，惟西墙壁北段内折后与北墙连接，折角小于直角，西北角则大于直角。居室平面呈不规则梯形，口部南北长3.6米、南宽2.98米、中宽3.2米、北宽2.92米，底部南北长3.78米、南宽3.32米、中宽3.36米、北宽3.04米。坑壁由上而下向外扩伸，壁面与居住面夹角小于直角。南壁顶部平直，长2.97米、底部长3.52米、残高2米。西壁上部长3.48米、底部长3.54米、残高1.52米、最低处0.2米。东壁上部长3.36米、底部长3.6米、残高2米—1.3米。东墙北端近地面处挖一拱形小龛，龛口宽94厘米、深48厘米—72厘米、高76厘米。龛南、北壁竖直，底中部有一小隔墙，隔墙后端与龛后壁连接，龛底平面作凹字形。隔墙底宽上窄，高30厘米，龛底前部有一椭圆形浅坑，坑口径22厘米—28厘米、深20厘米。浅坑底部置一卵石。龛底面被火烧成青灰色、红褐色和砖红色，质地坚硬。龛底卵石被火烧成黑色。北墙低矮，其上部平直，长2.9米、底部长3.06米、残高1.3米—1.32米。中部为门道口,坑壁均抹泥土面,厚0.6厘米—1厘米。

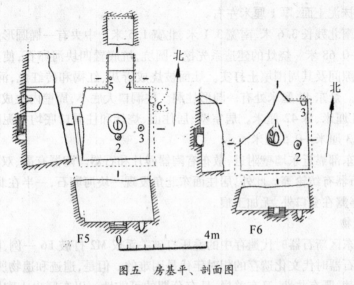

图五 房基平、剖面图

F5:1. 灶   2—5. 柱洞   6. 壁龛   F6:1. 灶   2. 柱洞   3. 壁龛

居室地面南北长3.6米、南宽3.3米、北宽3.1米。居住面中央有一不规则圆形烧灶,直径0.9米—0.8米,灶面与周围地面平,经火烧而呈青灰色、砖红色和黑褐色,质地坚硬。烧灶南、东侧各有一圆形柱洞,柱洞口大底小,周壁向里斜收。南侧柱洞口径24厘米、深39厘米,东侧柱洞口径29厘米—28厘米、深42厘米。居住面、灶面、柱洞和东北角小龛底面上均先抹泥土面,再抹白灰面。

居住面西南角发现一具羊骨架,保存尚好。羊头向西,背朝北,尾向东,侧卧,前、后腿向南伸直。从羊骨架和居住面上堆积情况看,羊应是房子废弃时所弃置,并非祭祀牺牲。

门道位于北墙中部,南北长0.82米、南端口宽1.2米、底宽1.24米、北端口宽1米、底宽1.04米。两侧壁竖直,残高1.3米—1.06米。北端两侧各有一圆形柱洞,西侧柱洞口径10厘米、深12厘米,东侧柱洞口径14厘米—12厘米、深7厘米。柱洞当与安门有关。门道北接甬道,连接处有一级台阶,台阶高出门道地面8厘米。甬道南北长0.7米、上宽1.2米—1.18米、底宽1.22米—1.18米、两侧壁残高0.94米—1.06米,壁上敷泥土面。甬道地面系踩踏面,其北端齐平,与屋外地面连接。屋外地面路土明显,散有砂粒、碎陶片渣等。推测F1—F5各房门口前面可能有一条道路或者活动场地,F5门甬道口前的现象或即其残迹。

F6 东、南两壁保存较好,西、北两壁仅残留少部分,门道有甬道无存。坑口南北残长3.48米、南宽2.9米、北残宽1.48米,坑底南北残长3.6米、南宽3.1米、北宽1.5米。居室西南角被一新石器时代墓葬(M2)打破,这是东区发掘的新石器时代文化遗存中发现的唯一叠压打破关系(图五)。

居室南墙上部被破坏,起伏不平。上部长2.92米、底长3.1米、残高0.52米—1.06米。西墙大部被毁,南高北低。上部残长1.08米、底部残长1.23米、残高1米—

0.04 米。东墙上部被毁，高低不平，上部长 3.12 米、底部长 3.2 米、残高 1.06 米—0.98 米。北墙大部被毁，上部残长 1.44 米、底部残长 1.28 米、残高 0.98 米—0.14 米。坑壁均抹泥土面，厚 1 厘米左右。

居住面南北残长 3.6 米、南宽 3.1 米、北宽 1.5 米。中央有一椭圆形低台烧灶，直径 0.88 米—0.68 米。烧灶的建造系先挖一圆坑，坑底置四块河卵石，使其光面朝上，再在石块空隙间及其周围填土打实。灶面被烧成青灰、红褐和砖红色，河卵石面被火烧成黑灰色。灶东 44 厘米处有一圆形柱洞。柱洞口大底小，周壁内收成小尖底，口径 26 厘米—28 厘米、深 42 厘米。居室壁、居住面、烧灶和柱洞口底均在泥面上抹白灰，白灰面厚 0.3 厘米—0.5 厘米。

居住面东部靠近东墙壁附近，散布有陶器残片和石器。陶器有鬲、双耳罐、双耳三足黑陶罐，石器有纺轮等。此外，居住面东北角发现一块河卵石，一半在北壁东端的小龛内，另一半露在龛口外，无加工痕。

（三）遗物

石嘴头东区新石器时代遗存中的叠压打破关系仅 M2 打破 F6 一例，因此，分析比较这里的新石器时代文化遗存的相对年代是困难的。但是，遗迹和遗物所具有的本身特点十分清楚，既有共性，又有差异，具有分期的可能性。以东区出土陶器为基础，参考西区的发现（《石嘴头西区发掘报告》，另发），试将东区新石器时代文化遗存分为早、晚两期。

早期文化遗物

以 H1、H2 为代表。两灰坑出土的主要是陶器残片。以 H1 出土陶器为例，陶质分泥质和夹砂两类，泥质为主，占 81.2%；夹砂较少，占 18.8%。陶色分灰、红、褐色三种，其中灰陶占 75.7%，红陶及褐陶各占 12.1%。红陶一般都是砖红色和桔红色，几乎不见橙黄陶和橙红陶。褐陶颜色较杂，包含红褐色、黄褐色、黑褐色和灰褐色，而以红褐色多见。不见细泥陶及磨光黑陶。火候一般都较高，质地坚硬。除素面、磨光外，纹饰有篮纹、绳纹、附加堆纹等，其中以横篮纹为主，占陶片总数的 58%；绳纹次之，占 11.3%；其余均很少，另有少量斜篮纹。器形有鬲、斝、罐、瓮（缸）、盆、碗、器盖等。陶器多碎片，能复原者不多。

陶鬲　均为口沿残片和鬲足。H2:22，夹砂灰陶，侈口，长领，单把宽扁（图六，10）。H2:16，肩、腹饰绳纹（图六，2）。H2:14，夹砂灰陶，袋状足，无实足尖，饰绳纹（图六，6）。H1:9，夹砂褐陶，袋状足，饰斜篮纹（图六，7）。

陶斝　均为口沿残片和斝足。H1:19，夹砂黑褐陶，侈口，长领，鼓腹，肩、腹饰横篮纹（图六，14）。H1:13，夹砂灰褐陶，侈口，双耳，素面。口径 26.8 厘米（图六，15）。H1:6，斝足，作袋状，内腔全空，足尖里塞圆形泥球和泥片加固足根，饰斜篮纹（图六，13）。

陶罐　分泥质和夹砂两类。

泥质罐　分四式。

Ⅰ式：灰陶，直领，领两侧有对称的扳状饰。H1:18，口径 23 厘米；H1:10，口径 25.6 厘米；H1:16，口径 30 厘米；H1:12，口径 15.5 厘米（图六，4、8、9、11）。罐领部扳

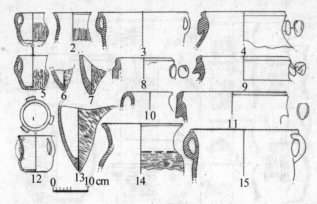

图六　早期陶器

1、5. Ⅱ式泥质罐（H2:6、采:01）　2、6、7、10. 鬲残片（H2:16、H2:14、H1:9、H2:22）

3. Ⅲ式泥质罐（H1:11）　4、8、9、11. Ⅰ式泥质罐（H1:18、H1:12、H1:10、H1:16）

12. Ⅳ式泥质罐（采:02）　13. 鬶足（H1:6）　14. 鬶残片（H1:19）　15. 鬶残片（H1:13）

状饰作桃形、方圆形、圆形多种。扳饰是在领部穿孔塞入，将器里壁凸出部分按压抹平，或留疙瘩；器表扳饰周围敷泥加固，其上常留有指纹和按压痕迹。

Ⅱ式：侈口，长领，鼓腹，平底，单耳。器形小，肩、腹部饰竖绳纹。H2:6，泥质红褐陶，口径7.3厘米、高9.2厘米（图六，1）。采:01，口径8厘米、高9.2厘米（图六，5）。

Ⅲ式：侈口，长领，圆肩，鼓腹，双耳，领、肩部磨光，腹部饰横篮纹。H1:11，泥质红褐陶，素面，口径25.6厘米（图六，3）。

Ⅳ式：侈口，长领，鼓腹，底微内凹，三耳。采:02，砖红色，素面。口径9.5厘米、高10.2厘米（图六，12）。

夹砂罐　分四式。

Ⅰ式：侈口，直领，圆肩，鼓腹，肩、腹部饰绳纹。H2:5，红褐陶，口径16.5厘米。H1:15，灰褐陶，领部绳纹被抹平，口径21厘米。H1:4，黄褐陶，口径16厘米、高31.5厘米（图七，8、4、18）。

Ⅱ式：侈口，口沿饰花边，长领，圆肩，肩、腹部饰绳纹。H1:8，灰褐陶，领部饰横篮纹，口径12.3厘米。H2:9，灰陶，领部绳纹被抹平。H2:4，黑褐陶，领部素面，口径16厘米。H2:3和H2:12，黑褐陶。H2:2，黑褐陶，绳纹较浅，口径12.2厘米（图七，6、12、16、7、5、15）。

Ⅲ式：侈口，长领，鼓腹，领、腹部绳纹被抹平。H2:11，灰陶，口径19厘米（图七，2）。

Ⅳ式：侈口，长领，圆肩，鼓腹，双大耳，领以下饰绳纹。H2:7，红褐陶，双大耳宽扁，手制，绳纹清晰。口径10.5厘米（图七，11）。

陶缸（瓮）　均为残片。H2:10，泥质灰陶，敛口，薄圆唇，子母口，广肩，肩以下残。肩部磨光。口径16厘米（图七，14）。H2:21，泥质灰陶，敛口，厚唇斜平，口沿内有折棱，广圆肩，素面磨光。口径17.5厘米（图七，9）。

陶盆　均为残片。有泥质和夹砂两类。

泥质盆　数量较少，形制简单。H2:15，灰陶，敛口，宽折沿，圆唇，鼓腹，素面。口

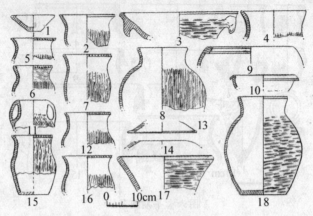

图七　早期陶器

1. 碗(H2:8)　2.Ⅲ式夹砂罐(H2:11)　3.Ⅰ式夹砂盆(H1:7)

4、8.Ⅰ式夹砂罐(H1:15、H2:5)　5—7、12、16.Ⅱ式夹砂罐

(H2:12、H1:8、H2:3、H2:9、H2:4)　9、14.缸(H2:21、H2:10)

10. 泥质盆(H2:15)　11.Ⅳ式夹砂罐(H2:7)　13.器盖(H1:20)

15. Ⅱ式夹砂罐(H2:2)　17.Ⅱ式夹砂盆(H1:14)　18.Ⅰ式夹砂罐(H1:4)

径28厘米(图七,10)。

夹砂盆　分二式。

Ⅰ式:敞口,厚圆唇,腹两侧附加对称两扳,口沿以下饰横篮纹。H1:7,红褐陶,手制。口径37.3厘米(图七,3)。

Ⅱ式:敞口,厚圆唇,斜腹,口沿以下饰横篮纹。H1:14,粗红陶,篮纹作宽条状。口径30.5厘米(图七,17)。

陶碗　完整器一件(H2:8)。夹砂灰陶,侈口,圆唇,浅腹,平底,素面。手制,刮抹痕迹清晰。口径14厘米、高5厘米(图七,1)。

陶器盖　有泥质和夹砂两类,均残片。H1:20,泥质灰陶,敞口,圆唇,宽折沿,器扁平,素面,轮制。口径23厘米(图七,13)。

石磨盘　二件。残损。H1:1,两面磨蚀,中间凹陷,边缘隆起,残长9厘米、残宽5厘米—7厘米。H1:2,仅一面磨蚀,另一面仍保持自然石原状。残长13厘米、残宽11厘米。

石砍砸器　一件(H2:20)。底面大,顶面小,形体厚重,呈盘状。顶面径5厘米—7厘米、底面径15厘米、厚9厘米。

陶环　均残损。泥质灰陶,陶质细腻。H2:21,圆环形,横断面呈扁圆形,素面。

另外,还出土有鹿角、羊、牛、狗、猪、鱼骨和螺壳等。

晚期文化遗物

以六座房基和M2为代表。M2随葬器物较丰富(后面单独介绍),房基出土的遗物数量少,器类亦简单,但文化特征明显。陶器分泥质和夹砂两类,其中泥质陶占42.9%,夹砂陶占57.1%。陶色分红色和褐色两类,红陶(包含橙黄和橙红色)占42.9%;褐陶(包括橙黄褐色和橙红褐色)占57.1%。火候一般较低,质地疏松易碎,特别是湿水后陶质更软,易成粉末状,释水干燥后亦疏松易损。除素面外,纹饰种类简单,有篮纹和绳纹。篮纹以横篮纹为主,竖篮纹少见。篮纹占陶片总数的57.2%,绳纹占21.4%。制法以手制为主,部分陶器口沿经轮旋修整。器形有鬲、斝、罐、圈足豆等。

陶鬲　发现很少,均残。F6:1,夹砂灰陶,袋状足,形体大,残高42厘米。模制,足内腔表面平光,体外饰粗绳纹。近裆内侧附一鸡冠形耳,耳面上有按压窝纹(图八,1)。

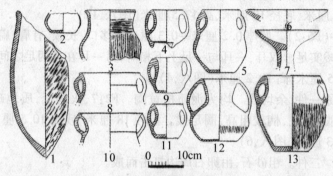

图八　晚期陶器

1. 鬲足(F6:1)　2. 泥质三耳罐(F2:6)　3. Ⅱ式夹砂罐(F2:8)　4. Ⅱ式泥质黑陶双耳罐(F6:2)　5、9. Ⅰ式泥质双耳罐(F6:4、F2:5)　6、7. 圈足豆(F3:3、F2:7)　8、10. Ⅱ式泥质双耳罐(F3:2、F3:1)　11. Ⅰ式泥质双耳罐(F5:1)　12. Ⅰ式泥质黑陶双耳罐(F6:3)　13. Ⅰ式夹砂罐(F6:6)

陶斝　发现很少。均残。F3:4,夹砂橙黄陶,袋状斝足。足端平圆,足内塞圆泥球和附加泥片加固。饰斜篮纹。

陶罐　分泥质和夹砂两类。

泥质罐　完整器五件。有双耳和三耳罐两种。

双耳罐　分二式。

Ⅰ式:侈口,长领,斜肩,鼓腹,双耳。F2:5,橙红陶,器形不甚规正,双耳宽扁,平底,手制。口径8.3厘米、高9厘米—9.6厘米(图八,9)。F6:4,橙黄陶,素面,手制。胎浅灰色,火候低,质地较疏松。平底。口径10.2厘米、高17.5厘米(图八,5)。F5:1,泥质橙红陶,器形不太规整,双耳宽扁,凹底。手制。口径8.3厘米、高9厘米—9.6厘米(图八,11)。

Ⅱ式:大侈口,长领,圆肩,鼓腹,双耳。F3:1,橙黄色,火候低,质地疏松,有脱片剥蚀现象。双耳宽扁,素面,手制。口径18.5厘米(图八,10)。F3:2,橙黄陶,耳宽扁,手制,素面。口径17.5厘米(图八,8)。

三耳罐　发现少,均残。F2:6浅灰陶,火候低,质地疏松。鼓腹,微凹底,胎薄,腹部残留三个耳痕。素面。残高5.5厘米(图八,2)。

夹砂罐　完整器一件,分二式。

Ⅰ式:侈口,长领,圆肩,鼓腹,平底,双耳,肩部以下饰绳纹。F6:6,灰褐陶,双耳上、下部有按压窝纹,领部有刮削痕迹,腹部饰粗绳纹,底部印有绳纹,纹痕模糊。口径15.5厘米、高20.8厘米—21厘米(图八,13)。

Ⅱ式:侈口,直领,圆肩。F2:8,黄褐陶,领部饰横篮纹,肩以下饰粗绳纹,器表有火烧烟熏痕迹。口径19厘米(图八,3)。

泥质黑陶双耳罐 二件。均出自F6。均质细腻,火候低,胎红褐色,疏松,表面磨光,比山东龙山文化的蛋壳陶粗糙。分二式。

Ⅰ式:一件(F6:3)。细泥黑陶,质地疏松,作层状或片状剥落。侈口,长领,斜肩,鼓腹,大平底,双大耳,耳宽扁,手制。胎薄,一般厚0.2厘米、局部厚0.3厘米。素面磨光。口径11厘米、底径10厘米、高17.5厘米(图八,12)。

Ⅱ式:一件(F6:2)。胎厚0.2厘米—0.3厘米。侈口,长领,有肩,扁鼓腹,平底下附三个扁锥状矮实足。双耳,一耳与一足上下相对,另一耳在另两足之间。手制,素面磨光。口径8.5厘米、高10.2厘米(图八,4)。

陶豆 复原一件,余均残。均为泥质橙黄陶。F2:7,火候低,质地疏松,易磨损。敞口,圆唇,浅腹,平底,柄较粗高,圈足残。盘径18厘米、残高10.5厘米(图八,7)。F3:3,盘口径23厘米(图八,6)。

石砍砸器 三件。粗砂石,由卵石周边打击而成。

残石器 一件(F2:5)。顶、底端有打击痕迹,器面磨光。

石杵 一件(H1:3)。首端及下端钝圆,器身呈扁圆柱状,周身保持自然石面,两端有敲砸疤痕。长18.5厘米、径5.5厘米—7.5厘米。

玉纺轮 一件(F6:6)。浅灰色,体扁平,通体磨光。

(四)墓葬 二座(编号M1、M2)

M1 方向160°。墓坑呈不规则椭圆形,南窄北宽。长1.14米、墓口距地表深0.3米、墓坑深0.95米。墓底平坦,中部偏南处有一残铁锅,已锈蚀。铁锅中有腐朽的碎骨渣和牙齿冠冠片。墓底及铁锅附近发现有钱铜钱"大观通宝"、铁钉、陶砚等。从墓坑填土和墓底情况看,这是一座北宋时期二次迁葬墓。

M2 长方形竖穴土坑,长2.46米、宽1.1米、深0.4米—0.5米。坑壁竖直,底部平坦。墓底有人骨架二具。一具人骨在墓底居中偏西处,头朝西,侧身屈肢,左手臂屈置于肘下,右手臂向南屈伸,两腿骨屈置。另一具在墓坑东端南壁处,仅有脊椎骨、肋骨和骨盆,侧身陈放,没有扰乱或二次迁葬的痕迹,推测是被肢解后作为殉葬牺牲者而葬入的。随葬品分三处放置。墓坑西端置陶鬲、双耳罐、折肩罐、石凿、玉锛、玉纺轮、石纺轮等;南侧居中处有一件三耳陶罐;东北隅置三耳红陶罐、绿松石饰、玉璧、玉斧和陶纺轮等。墓底散布较多的砵砂,还有红、黑色漆器痕,但已不辨器形。这在关中地区龙山文化墓葬中发现漆器痕尚属首次(图九)。墓葬出土的陶器有鬲、双耳罐、折肩罐、纺轮、三耳罐,玉石器有凿、锛、纺轮、璧、斧及绿松石饰等。

陶鬲 一件(M2:1)。泥质灰陶,羼和陶末,火候低,质地疏松。侈口,长领,圆肩。袋状足,模制,足端圆钝,无实足尖。裆高,裆间呈圆弧形,手捏而成,裆外敷泥片加固。单耳,耳宽扁,手制,下端有一菱形浅按窝。耳与一足上下对应。领部以下饰绳纹。裆部有烟熏痕。口径12厘米、高24厘米(图一〇,1)。

折肩陶罐 一件(M2:3)。泥质浅灰陶,火候低,质地疏松。侈口,圆唇,折沿,斜折肩,下腹内收成平底。腹部饰竖条状篮纹,纹痕模糊。手制。口径11.2厘米、高

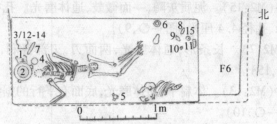

图九　MZ平面图及同F6打破关系图

1.陶鬲　2、4.双耳陶罐　3.折肩陶罐　5、6.三耳陶罐　7.石凿　8.玉璧
9、10.绿松石饰　11.玉斧　12.玉锛　13.玉纺轮　14.石纺轮　15.陶纺轮

17.5厘米（图一〇,3）。

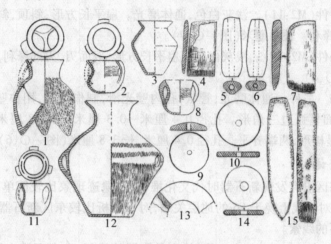

图一〇　M2出土遗物

1.陶鬲（M2:1）　2、11.三耳陶罐（M2:6、M2:5）　3.折肩陶罐（M2:3）
4.玉锛（M2:12）　5、6.绿松石饰（M2:9、M2:10）　7.玉斧（M2:11）
8.Ⅱ式双耳陶罐（M2:4）　9.陶纺轮（M2:15）　10.玉纺轮（M2:13）
12.Ⅰ式双耳陶罐（M2:2）　13.玉璧（M2:8）　14.石纺轮（M2:14）
15.石凿（M2:7）（1—3、8、11、12为1/7,余为1/3）

双耳陶罐　二件,分二式。

Ⅰ式:一件（M2:2）。泥质灰陶,火候较低,质较疏松,形体较大。侈口,长领,斜圆肩,下腹内收成平底。腹上部附两个对称的半环形耳,耳宽扁,手制。肩下部至底饰绳纹,肩下部绳纹被抹平呈宽带状,纹痕浅不明显。此种纹饰在早期陶器中不见。口径16.7厘米、高37厘米（图一〇,12）。

Ⅱ式:一件（M2:4）。泥质橙黄陶,火候低,质地较疏松,手制。侈口,长领,斜肩,鼓腹,微凹底。双耳,耳宽扁,手制。领部饰横篮纹,纹痕模糊;底部饰蓝纹。口径9.5厘米、高10.5厘米（图一〇,8）。

三耳陶罐　二件。泥质橙红陶,火候低,质地疏松,侈口,长领。M2:5,折肩,平底。三耳,耳宽扁,手制。素面。口径9.5厘米、高9.5厘米（图一〇,11）。M2:6,斜肩,鼓腹,微凹底。领部饰横篮纹。手制。口径10.3厘米、高10厘米（图一〇,2）。

陶纺轮　一件(M2:15)。泥质灰陶,一面微鼓,通体磨光。孔径一面略大,一面略小。直径8.8厘米、孔径4.4厘米(图一〇,9)。

石凿　一件(M2:7)。长条形,通体磨光,两面刃,刃部锋利,横断面呈梯形。长15.8厘米(图一〇,15)。

玉纺轮　一件(M2:13)。体扁平,通体磨光,底面有平行的锯痕。直径4.7厘米、孔径0.4厘米(图一〇,10)。

石纺轮　一件(M2:14)。体扁平,通体磨光。底面平,顶面微鼓。直径4.7厘米、孔径0.4厘米(图一〇,14)。

玉璧　一件(M2:8)。残,体扁平,通体磨光。外径8.8厘米、孔径4.4厘米(图一〇,13)。

玉斧　一件(M2:11)。浅灰白色,通体磨光。扁平长方形,斜顶,斜刃,双面刃,一面有棱线,刃锋利。长9厘米(图一〇,7)。

玉锛　一件(M2:12)。浅灰白色。扁平长方形,双面刃,刃部锋利,通体磨光。长7厘米(图一〇,4)。

绿松石饰　二件。通体磨光,管状,孔内壁光滑,制作精致,用作坠饰。M2:9,两端齐平,横断面呈弧边三角形。孔径0.4厘米—0.3厘米、长3.8厘米(图一〇,5)。M2:10,断面呈梭形,两端齐平。孔径0.4厘米、长3.8厘米(图一〇,6)。

三、结语

石嘴头东区没有发现新石器时代文化堆积层,遗迹现象比较简单。M2打破F6,证明M2在相对年代上晚于F6的地层关系,对于分析比较东区新石器时代文化遗存提供了较重要的线索。

根据灰坑、房基和M2的出土物,特别是陶器的特征,参考石嘴头西区发掘资料,我们将东区新石器时代文化遗存分为早、晚两期。早期以两个灰坑为代表,晚期以六座房基和M2为代表。两期陶器的差异性明显,为分期提供了条件;同时,它们之间的某些相似性,反映了它们之间的连续性和前后承袭的关系。

早期的陶器分泥质和夹砂两类,陶色分灰、红、褐三种,其中灰陶占大多数,红、褐陶较少,不见细泥黑陶和泥质黑陶,也不见蛋壳黑陶。红陶中几乎不见橙黄陶和橙红陶;褐陶中有红褐、黄褐、黑褐和灰褐陶,尤以红褐陶多见。火候一般较高,质较硬。纹饰有横篮纹、绳纹等,其他纹饰少见,不见竖篮纹,不见彩陶。器形有鬲、斝、无耳罐、单耳罐、双耳罐、三耳罐、瓮(缸)、盆、碗、器盖等,没有发现鬶、盉、鼎。

晚期的陶器分泥质和夹砂两类,陶色分红、褐、灰和黑色四种,红陶有橙黄和橙红陶,褐陶有橙黄褐和橙红褐陶,灰陶为浅灰色,黑陶为细泥磨光。褐陶占多数,红陶次之,灰陶、黑陶较少。火候一般较低,质地疏松易碎,特别是湿水后陶质更疏松,易成粉末,释水干燥后亦疏松易损。纹饰有横篮纹、竖篮纹、绳纹等,其中以横篮纹为主,绳纹次之,其余较少。素面磨光陶不甚光滑,无光泽。细泥黑陶器比山东龙山文化典型的磨光黑陶制作粗糙。器形有鬲、斝、折肩罐、双耳罐、三耳罐和圈足豆等,亦未发现鼎、鬶、盉。

M2随葬陶器大多数为实用品。陶质分泥质和夹砂两类。夹砂陶羼和料为石英岩砂粒,少数陶器屑和陶末。屑和陶末者,一般质地疏松,湿水后易碎。在早期陶器中,没有发现屑和陶末的现象。在甘肃临洮县寺洼山、永靖张家嘴和庄浪县徐家碾寺洼文化墓葬出土陶器中有屑和陶末的现象①。陶色有浅灰、橙黄、橙红三种,以橙黄、橙红陶为主,灰色次之。火候一般较低,质地疏松。纹饰有绳纹、竖篮纹等,素面磨光较粗糙,绳纹较细浅,竖篮纹模糊。器形有鬲、罐、双耳罐、三耳罐等,其形制风格具有代表性。

陕西关中中西部地区新石器时代龙山文化遗存,经过考古发掘的地点不多。目前公开发表的材料,有西安市长安县沣西客省庄②、岐山县双庵③和武功县赵家来④等。石嘴头东区龙山文化遗存,特别是日用陶器与客省庄、双庵和赵家来"客省庄第二期文化"有较多的相似之处。例如,石嘴头早期的圆形袋状灰坑和客省庄、双庵、赵家来同形状的灰坑相似;石嘴头晚期的凸字形地窖式房基在赵家来有发现,但后者系半地穴式,墙壁低矮,门道窄短⑤;房屋居室东北隅或西北隅挖小形壁龛(壁炉)的作法也见于客省庄和双庵,如客省庄房基 H98、H108 的外室墙壁上都挖小形壁龛(壁炉)⑥,双庵房基 F3、F2 也挖有小形壁龛⑦;石嘴头东区陶鬲口沿、鬲足、篮纹袋状鬲足、斝口沿、单耳罐、双耳罐、三耳罐、罐领部饰铆钉形扳、花边口沿罐等,同客省庄、双庵、赵家来同类型器形相似,而绳纹袋状鬲足近裆侧附加鸡冠形耳的作风,在上述诸遗址中未见。因此,石嘴头东区龙山文化遗存属于客省庄第二期文化范畴。

---

① 夏鼐:《临洮寺洼山发掘记》,见《考古学论文集》,科学出版社,1961 年。中国社会科学院考古研究所甘肃工作队:《甘肃永靖张家嘴与姬家川遗址的发掘》,《考古学报》1980 年 2 期。中国社会科学院考古研究所泾渭工作队:《甘肃庄浪县徐家碾寺洼文化墓葬发掘纪要》,《考古》1982 年 6 期。

② 《沣西发掘报告》,文物出版社,1962 年。

③ 西安半坡博物馆:《陕西岐山双庵新石器时代遗址》,《考古学集刊》第 3 集,中国社会科学出版社,1982 年。

④ 中国社会科学院考古研究所武功发掘队:《1981—1982 年陕西武功县赵家来遗址发掘的主要收获》,《考古》1983 年 7 期。

⑤ 中国社会科学院考古研究所武功发掘队:《1981—1982 年陕西武功县赵家来遗址发掘的主要收获》,《考古》1983 年 7 期。

⑥ 《沣西发掘报告》,文物出版社,1962 年。

⑦ 西安半坡博物馆:《陕西岐山双庵新石器时代遗址》,《考古学集刊》第 3 集,中国社会科学出版社,1982 年。

附表一

周原岐邑及周边眉县宝鸡等地区商周青铜器出土一览表

序号	遗址性质	主要器物名	时代	数量	出土时地	现藏	备注
1	岐山不详	伯克壶	西周夷王	1	宋代著录得于岐山		存佚待考
2	岐山礼村窖藏	大盂鼎	西周康王	1	道光初年今京当乡礼村	历博	指中国历史博物馆,铭文293字,《商周彝通考》292页
3	" "	小盂鼎	同上	1	同 上		以上二器同坑出土,铭文330余字,《考古学报》56(2)
4	岐山窖藏	大丰簋	西周武王	1	道光末年岐山	"	《商周彝通考》293页,铭文494字
5	" "	毛公鼎	西周宣王	1	同 上	台北故宫博物馆	以上二器同坑出土
6	岐山不详	赞母鬲	西周晚期	1	光绪初年岐山北乡		《续修陕西省通志稿金石志》
7	" "	饕餮纹尊	西周早期	1	光绪初年岐山		
8	" "	大克鼎	西周厉王	1	光绪十六年岐山	上海博物馆	《西周金文辞大等图录考释》
9	" "	孟辛父鬲	西周晚期	1	光绪二十五年岐山		《陕西金石志》
10	岐山周家桥窖藏	函皇父鼎（甲）	西周幽王	1	1935年今京当乡周家桥	陕博	指陕西省博物馆
11	" "	函皇父鼎（乙）	同上	1	同 上	"	《陕西省博物馆文管会藏青铜器窖穴简报》简称《陕青》
12	" "	函皇父簋（二器）	同上	1	同 上	"	
13	" "	重环纹方甒	同上	1	同 上	"	
14	" "	函交中簋	同上	1	同 上	"	
15	" "	函皇父盘	同上	1	同 上	"	以上六器同坑出土
16	岐山东北乡窖藏	梁其鼎	西周厉王	1	1940年岐山东北乡	"	《陕西省博物馆文管会藏青铜器图释》简称《图释》
17	" "	善夫吉父鬲	西周宣王	1	同 上	"	
18	" "	善夫吉父盂	同上	1	同 上	"	
19	" "	善夫吉父簠	同上	1	同 上	湖南省博物馆	以上四器同坑出土
20	岐山不详	禹鼎	西周厉王	1	1942年岐山东北乡	陕博	《陕西省博物馆文管会藏青铜器图释》
21	" "	饕餮纹鼎	西周早期	1	1943年今京当乡贺家	岐馆	指岐山县博物馆,贺应斌交献

序号	遗址性质	主要器物名	时代	数量	出土时地	现藏	备　注
22	岐山不详	康季鼎	西周康昭	1	40年代今京当乡周家桥		《考古》1964（9），重300余市斤
23	岐山礼村窖藏	王方鼎	西周康王	1	1947年今京当乡礼村	岐馆	1958年刘万清交献
24	岐山不详	陆妇簋	西周中期	1	解放前岐山	陕博	
25	″　″	冈敀簋	同上	1	解放前今京当乡双庵	岐馆	1958年杨鼎交献，《文物》1979（10）
26	″　″	虢仲鬲	西周厉王	1	解放前今京当乡	宝博	指宝鸡市博物馆《文物》1979（10）
27	″　″	弦纹鼎	西周中期	1	解放前今蒲村乡	岐馆	1958年王丕交献
28	″　″	晨盘	西周厉王	1	解放前岐山东北乡	″	1978年收藏人交献
29	″　″	凡尊	西周早期	1	解放前今京当乡礼村	″	1979年张耀交献
30	″　″	仲刈簋	西周晚期	1	解放前今蒲村乡右卫营	″	1981年苟明侠交献《考古》1984（5）
31	岐山刘家窖藏	云雷纹瓠	商代早期	1	1972年京当公社刘家	宝博	宝博指宝鸡市博物馆《文物》1977（12）
32	″　″	饕餮纹爵	同上	1	同　上	″	
33	″　″	联珠云纹鬲	同上	1	同　上	″	
34	″　″	臣　戈	同上	1	同　上	″	
35	″　″	弦纹鼎	同上	1	同　上	岐馆	岐馆指岐山县博物馆
36	″　″	饕餮纹斝	同上	1	同　上		以上六器同坑出土
37	岐山王家嘴M	饕餮纹鼎	商代中期	1	1977年京当公社王家嘴	″	以下三件同墓出土《文物》1976（5）
38	″　″	斧	同上	1	同　上	″	
39	″　″	斧	同上	1	同　上	″	以上三件王来省交献
40	岐山礼村窖藏	交宁父乙方鼎	商代晚期	1	1953年贺家乡礼村	历博	历博指中国历史博物馆《殷周有铭铜器简目》北京考古所
41	″　″	冈父乙瓠	同上	1	同　上	陕博	陕博指陕西省博物馆
42	″　″	臤父辛爵	同上	1	同　上	″	
43	″　″	鱼父癸觯	同上	1	同　上	历博	
44	″　″	夤父癸尊	同上	1	同　上	陕博	以上五器同坑出土
45	岐山贺家窖藏	戈，瓹	同上	1	1955年京当乡贺家	″	《陕西省博物馆文管会藏青铜器图释》
46	″　″	冗卣	同上	1	同　上	″	以上二器同坑出土
47	岐山贺家M	凤柱斝	同上	1	1973年京当公社贺家	″	以下12器均系发掘品《考古与文物》1988
48	″　″	庚瓿	同上	1	同　上	″	（5）（6）
49	″　″	夔纹卣	同上	1	同　上	″	

序号	遗址性质	主要器物名	时代	数量	出土时地	现藏	备注
50	岐山贺家 M	涡纹罍	商代晚期	1	1973年京当公社贺家	陕博	
51	″　″	乳钉纹鼎	同上	1	同上	″	
52	″　″	山簋	同上	1	同上	″	
53	″　″	夔柄勺	同上	1	同上	″	
54	″　″	夔纹銎内戈	同上	1	同上	″	
55	″　″	嵌玉夔纹戈	同上	1	同上	″	
56	″　″	透雕羽纹戈	同上	1	同上	″	
57	″　″	弓柲	同上	1	同上	″	
58	″　″	两卣	同上	1	同上	岐馆	以上12器同出于贺家
59	岐山贺家不详	简化饕餮纹鼎	同上	1	1974年京当公社贺家	″	
60	岐山贺家不详	饕餮纹鼎	同上	1	同上	″	以上二器贺兴复交献
61	岐山呼家不详	父己爵	同上	1	1956年京当乡呼家	陕博	呼家保交献
62	″　″	祖乙觚	同上	1	1958年	″	益店收购站捡得
63	″　″	斧	同上	1	1974年	岐馆	蔡家坡收购站捡得
64	″　″	母戊爵	同上	1	1980年	″	
65	岐山北寨不详	父己鼎	同上	1	1975年北郭公社北寨子	″	梁清栋交献《陕西省博物馆文管会藏青铜器图释》
66	″　″	乳钉纹簋	同上	1	同上	″	″　″
67	″　″	涡纹鼎	同上	1	同上	″	王志孝交献
68	″　″	乳钉纹簋	同上	1	同上	″	
69	岐山魏家河不详	刀	同上	1	1977年益店公社魏家河	″	
70	″　″	简化饕餮纹鼎	同上	1	同上	″	张彦才交献
71	岐山王家嘴不详	父丁鼎泉	同上	1	1980年京当公社王家嘴	周岐所	指周原岐山文管所
72	″　″	夔纹鼎	同上	1	同上		以上二器同出王家嘴
73	岐山双庵北不详	云雷纹鼎	同上	1	1974年京当公社双庵北	岐馆	
74	岐山庙王村不详	弦纹鼎	同上	1	窖1984年北郭乡庙王村	″	王晓峰交献
75	岐山丁童家窖藏	外叔鼎	西周早期	1	1952年青化乡丁童家	陕博	童怀义等五人交献《文物》1959(10)
76	岐山王家嘴窖藏	涡纹鼎	同上	1	1953年京当乡王家嘴	内蒙博	内蒙古自治区博物馆《文物》1976(5)
77	″　″	夔纹簋	同上	1	同上	陕博	46~49同坑出土

序号	遗址性质	主要器物名	时代	数量	出土时地	现藏	备注
78	岐山王家嘴窖藏	勾戟	西周早期	1	1953年京当乡王家嘴	陕博	
79	〃 〃	镜	同上	1	同上	〃	以上四器王得贵交献
80	岐山不详	饕餮纹爵	同上	1	1958年	岐馆	益店收购站捡得
81	〃 〃	乳钉纹簋	同上	1	1959年	〃	蔡家坡收购站捡得
82	岐山永窑不详	饕餮纹鬲	同上	1	1959年蔡镇永窑	〃	
83	〃	直棱纹簋	同上	1	1960年蔡镇永窑	宝博	
84	岐山不详	素面觯	同上	1	1964年	岐馆	县城收购站捡得
85	岐山礼村不详	壬俯鼎	同上	1	1964年京当公社礼村	陕博	
86	岐山贺家窖藏	方格乳钉纹簋	同上	1	1964年京当公社贺家	岐馆	以下三器同坑出土
87	〃 〃	夔纹鼎	同上	1	同上	宝博	
88	〃 〃	乳钉纹鼎	同上	1	同上	〃	以上三器贺家队交献
89	岐山贺家M	夔纹罍	同上	1	1966年京当公社贺家	陕博	以下九器均系发掘品
90	岐山贺家M	夔纹卣	同上	1	同上	〃	
91	〃 〃	史嗌簋	同上	1	同上	〃	
92	〃 〃	尹丞鼎	同上	1	同上	〃	《文物》1972(6)
93	〃 〃	史迹方鼎(甲)	同上	1	同上	〃	〃 〃
94	〃 〃	史迹方鼎(乙)	同上	1	同上	〃	
95	〃 〃	史迹角	同上	1	同上	〃	
96	〃 〃	饕餮纹鼎	同上	1	同上	〃	
97	〃 〃	调色器	同上	1	同上	〃	以上九器同出贺家西壕周墓
98	岐山贺家窖藏	牛形尊	同上	1	1976年京当公社贺家	〃	《陕西省博物馆文管会藏青铜器图释》(一)
99	〃 〃	作彝爵	同上	1	1974年京当公社贺家	陕西省文管会	
100	岐山贺家M	直线纹鬲	同上	1	1976年京当公社贺家	岐馆	贺家队交献
101	〃 〃	作宝用簋	同上	1	同上	周岐所	发掘自贺家112号周墓
102	〃 〃	饕餮纹瓶	同上	1	同上	〃	发掘自贺家113号周墓
103	〃 〃	铜轴饰	同上	1	同上	〃	发掘自贺家墓地H2

序号	遗址性质	主要器物名	时代	数量	出土时地	现藏	备 注
104	岐山贺家 M	人面盾饰	西周早期	1	1976年京当公社贺家	周岐所	发掘自贺家4号周墓
105	〃 〃	作宝𤺊簋	同上	1	同 上	〃	贺西忠交献
106	〃 〃	弦纹鼎	同上	1	同 上	〃	发掘徙贺家 M113
107	〃 〃	王鼎	同上	1	同 上	〃	〃 〃
108	岐山贺家 不详	饕餮纹簋	同上	1	1981年京当公社贺家土壕	〃	贺应武交献
109	岐山东团庄不详	夔纹簋	同上	1	1973年高家店东团庄	岐 馆	蔡志祥交献
110	〃 〃	涡纹鼎	同上	1	同 上		
111	岐山南祁家不详	乳钉纹簋	同上	1	1973年青化公社南祁家		祁生乾交献
112	岐山张家场不详	蕉叶纹觚	同上	1	1974年北郭公社张家场		郭德奎交献
113	〃 〃	父丁爵	同上	1	同 上		郭英交献
114	岐山牟家不详	饕餮纹爵	同上	1	1974年故郡公社牟家		牟乃仓交献
115	岐山不详	中簋	同上	1	1974年		蔡镇收购站捡得
116	岐山衙里不详	带鋬鬲	同上	1	1975年京当公社衙里		吕正田交献
117	岐山周公庙不详	弦纹鬲	同上	1	1977年北郭公社周公庙东南		黄应生交献
118	岐山不详	乳钉纹鼎	同上	1	1977年		蔡家坡文化馆交来
119	岐山宋家不详	乳钉纹簋	同上	1	1978年蒲村公社宋家		宋科交献
120	岐山叩村不详	云纹戈	同上	1	1978年北郭公社叩村		张锋交献
121	岐山祝家巷不详	弦纹戈	同上	1	1982年北郭公社祝家巷	〃	李志岐交献《考古》1984(5)
122	〃 〃	新邑戈	同上	1	同 上	〃	
123	岐山丁童家不详	矢叔簋	同上	1	1984年青化乡丁童家	〃	童省岐交献
124	〃 〃	涡纹鼎	同上	1	同 上	〃	
125	岐山高店镇不详	弄鼎	西周中期	1	解放初期高店镇	陕 博	1956年调省
126	岐山礼村不详	弓鼎(甲)	同上	1	1957年京当乡礼村	岐 馆	张文才交献《考古》1984(5)
127	〃 〃	弓鼎(乙)	同上	1	同 上	〃	张定亚交献
128	岐山原东沟不详	旅簋	同上	1	1976年马江公社原东沟	〃	王代泉交献

序号	遗址性质	主要器物名	时代	数量	出土时地	现藏	备注
129	岐山贺家M13	卫簋	西周中期	1	1973年京当公社贺家	陕博	以下七器均系发掘品
130	〃 〃	庚兹鼎	同上	1	同 上	〃	以上二器同出于贺家M5
131	〃 〃	弦纹簋	同上	1	同 上	〃	
132	〃 〃	云雷纹鬲	同上	1	同 上	〃	以上二器同出贺家M6
133	〃 〃	伯车父盨（甲）	同上	1	同 上	〃	《考古与文物》1988(5)(6)
134	〃 〃	伯车父盨（乙）	同上	1	同 上	〃	
135	〃 〃	荣有司再鼎	同上	1	同 上	〃	以上三器同出贺家M3
136	岐山杨村不详	王伯姜鼎	同上	1	1978年北郭公社杨村吴家庄	岐馆	杨村队交献
137	岐山北阳不详	饕餮纹鼎	同上	1	1979年青化公社北阳	〃	杨岁来交献
138	岐山流龙嘴不详	鲁彝盖	同上	1	1980年祝家庄公社流龙嘴	〃	巨友善交献
139	岐山刘家不详	叔敃父簋	同上	1	1981年京当公社刘家	〃	刘月玲交献
140	〃 〃	窃曲纹鼎	同上	1	同 上	〃	〃 〃
141	岐山董家窖藏	卫簋	同上	1	1975年京当公社董家	〃	以下37器均系发掘品
142	〃 〃	卫盉	同上	1	同 上	〃	
143	〃 〃	五祀卫鼎	同上	1	同 上	〃	
144	〃 〃	九年卫鼎	同上	1	同 上	〃	
145	〃 〃	窃曲纹鼎	同上	1	同 上	〃	
146	〃 〃	亚鼎	同上	1	同 上	〃	
147	〃 〃	伯南父壶（甲）	同上	1	同 上	〃	
148	〃 〃	伯南父壶（乙）	同上	1	同 上	〃	
149	〃 〃	荣有司再鬲	西周晚期	1	同 上	〃	
150	〃 〃	成伯孙父鬲	同上	1	同 上	〃	
151	〃 〃	瓦纹盨	同上	1	同 上	〃	
152	〃 〃	重环纹盘	同上	1	同 上	〃	
153	〃 〃	镂空花座豆（甲）	同上	1	同 上	〃	
154	〃 〃	镂空花座豆（乙）	同上	1	同 上	〃	

序号	遗址性质	主要器物名	时代	数量	出土时地	现藏	备注
155	岐山董家窖藏	庙孱鼎	西周晚期	1	1975年京当公社董家	岐馆	
156	″ ″	仲涿父鼎	同上	1	同 上	″	
157	″ ″	重环纹鼎（甲）	同上	1	同 上	″	
158	″ ″	重环纹鼎（乙）	同上	1	同 上	″	
159	″ ″	公臣簋（甲）	同上	1	同 上	″	
160	″ ″	公臣簋（乙）	同上	1	同 上	″	
161	″ ″	公臣簋（丙）	同上	1	同 上	″	
162	″ ″	公臣簋（丁）	同上	1	同 上	″	
163	″ ″	此鼎（甲）	同上	1	同 上	″	
164	″ ″	此鼎（乙）	同上	1	同 上	″	
165	″ ″	此鼎（丙）	同上	1	同 上	″	
166	″ ″	此簋（甲）	同上	1	同 上	″	
167	″ ″	此簋（乙）	同上	1	同 上	″	
168	″ ″	此簋（丙）	同上	1	同 上	″	
169	″ ″	此簋（丁）	同上	1	同 上	″	
170	″ ″	此簋（戊）	同上	1	同 上	″	
171	″ ″	此簋（己）	同上	1	同 上	″	
172	″ ″	此簋（庚）	同上	1	同 上	″	
173	″ ″	此簋（辛）	同上	1	同 上	″	
174	″ ″	旅伯鼎	同上	1	同 上	″	
175	″ ″	旅仲簋	同上	1	同 上	″	
176	″ ″	伯辛父鼎	同上	1	同 上	″	
177	″ ″	儌匜	同上	1	同 上	″	以上37器同出董家窖藏
178	岐山乔家不详	环带纹鬲	同上	1	1972年京当公社乔家	″	乔忠茂交献
179	岐山呼家不详	窃曲纹鼎	同上	1	1973年京当公社呼家	″	呼西海交献
180	岐山贺家窖藏	伯夏父鼎	同上	1	1974年京当公社贺家	陕西省文管会	发掘自贺家窖穴
181	岐山八亩沟不详	窃曲纹鼎	同上	1	1975年北郭公社八亩沟	岐馆	吕思哲交献
182	岐山周家窖藏	重环纹盨（甲）	同上	1	1976年青化公社周家	″	以下二器同坑出土
183	″ ″	重环纹盨（乙）	同上	1	同 上	″	以上二器周文洲交献
184	岐山礼村不详	窃曲纹鼎	同上	1	1977年京当公社礼村	″	张新才交献

序号	遗址性质	主要器物名	时代	数量	出土时地	现藏	备注
185	岐山凤雏窖藏	伯尚鼎	西周晚期	1	1978年京当公社凤雏	周岐所	以下五器均系发掘品《文物》1979(11)
186	" "	夔纹甗	同上	1	同 上	"	
187	" "	窃曲纹簋	同上	1	同 上	"	
188	" "	伯父盨(甲)	同上	1	同 上	"	
189	" "	伯父盨(乙)	同上	1	同 上	"	以上五器同出凤雏窖藏
190	岐山良田村不详	编钟	同上	1	1978年青化公社良田村	岐馆	青化收购站交献
191	岐山曹家沟不详	居舟彔鼎	同上	1	1981年北郭公社曹家沟	"	李志华交献
192	" "	弦纹鼎	同上	1	同 上	"	李锁岐交献
193	岐山王家村不详	铜镀	同上	1	1984年麦禾营乡王家村	"	王山玺交献
194	扶风神村坡M1	鼎、尊	西周早期	3	1956年上宋乡神村坡	扶博	现仅有鼎1件,李都彦发现,《文物》1973(11)
195	扶风强西M1	鼎2、簋2、尊、盘	东周	7	1956年南阳乡西村	宝市博	
196	扶风上康M2	鼎2、簋2、奂2	西周	6	1957年法门镇上康村	陕博	《考古》1960(8)
197	扶风齐家M8	爵1、觯1	西周早中期	2	1960年7月黄堆乡齐家	"	《父己觯》、《考古》1963(12)
198	扶风齐家M1	《兴鼎》、《涡纹簋》	同上	2	1977年12月黄堆乡齐家	"	村民在村东土壕发现
199	扶风齐家M19	《作旅鼎》甲《作旅鼎》乙	同上	12	1978年8月黄堆乡齐家	周博	《作宝尊彝》,均系周原考古队发掘品
200	扶风齐家M5	《弦纹圆鼎》	同上	1	同 上	"	系周原考古队发掘品
201	扶风齐镇M1	《晨女鼎》、《象纹鬲》	同上	2	1971年冬黄堆乡齐镇	扶博	
202	扶风齐镇M2	鼎《兽面纹鬲》	同上	2	同 上	"	
203	扶风齐镇M3	《丕昚方鼎》	同上	2	同 上	"	
204	扶风刘家M1	鼎3、簋3、鬲1、甗1、卣2	同上	18	1972年4月法门镇刘家	陕博	《伯鼎》铅卣,均系陕文管会发掘品
205	扶风刘家M2	弦纹鼎	同上	1	同 上	"	系陕西省文管会发掘品

序号	遗址性质	主要器物名	时代	数量	出土时地	现藏	备注
206	扶风刘家 M3	素面鼎	西周早中期	1	1972 年 4 月法门镇刘家	陕博	系陕西省文管会发掘品
207	扶风刘家 M4	季尊	同上	1	同 上	〃	见《陕西出土商周青铜器》三
208	扶风刘家 M5	鼎 1、伯簋 1、鋬六	同上	10	同 上	扶博	天度民工在刘家北土壕发现
209	扶风刘家 M2	"⊜"鼎	同上	1	同 上	周博	刘家农民在村东壕平地发现
210	扶风美阳 M1	鼎、簋、《联珠雷纹鬲》	商代（或先周）	8	1973 年冬法门镇美阳	扶博	
211	扶风杨家堡 M2	《父乙甗》、《父丁簋》	西周	2	1974 年 2 月法门镇杨家堡	〃	杨家堡农民杨富昌在村南发现
212	扶风召李 M1	鼎、《伯卣》、《父丁壶》、觯	同上	64	1975 年 3 月法门镇召李村	〃	车马器 58，《文物》1976(6)，扶博清理发掘
213	扶风庄白 M1	𢼸方鼎甲 𢼸方鼎乙	同上	18	1975 年 3 月法门镇庄白村	〃	《文物》1976(6)，扶风清理发掘，兵器 4
214	扶风白龙 M1	《后奴康分鼎》、车马器	同上	5	1975 年夏椽谷乡白龙村	〃	
215	扶风云塘 M10	《殷父方鼎》《史丧尊》	同上	6	1976 年 6 月黄堆乡云塘	周博	其中兵器 2
216	扶风云塘 M13	《云雷纹觯》弦纹鼎	同上	7	1976 年 7 月黄堆乡云塘	〃	
217	扶风云塘 M20	《月纹爵》祖丁尊用作宄簋	西周早期	9	1976 年 10 月黄堆乡云塘	〃	《文物》1980(4)，《陕西出土商周青铜器》
218	扶风强家 M1	《夷伯夷簋》甲乙，《伯几父簋》甲、乙	西周中晚期	18	1981 年黄堆乡强家	〃	另有车马器 25，周原考古队发掘
219	扶风黄堆 M16	簋 1，车马器 23	西周	1	1980 年 3 月黄堆乡黄堆村	〃	黄堆村农民李志海在村东南土壕发现
220	扶风黄堆 M1	窃曲纹簋 1，车马器 23	同上	25	1980 年 8 月黄堆乡黄堆村	〃	周原考古队发掘
221	扶风黄堆 M4	鼎 1、生史簋甲、乙，各 1	同上	21	1980 年 9 月黄堆乡黄堆村	〃	车马器 17，周原考古队发掘
222	扶风北吕窑院 M1	饕餮纹鼎，饕餮纹簋	同上	2	1979 年春上宋乡北吕村窑院	扶博	
223	扶风北吕 M251	饕餮纹鼎	同上	1	1981 年 1 月上宋乡北吕村	〃	

序号	遗址性质	主要器物名	时代	数量	出土时地	现藏	备注
224	扶风北吕 M148	闆伯作宝鼎、闆伯簋		5	1981年春上宋乡北吕村	扶博	鼎2、簋1、兵器2,扶风县博发掘
225	扶风唐西原 M1	鼎1、祖丁簋1、戈2	西周	4	1984年3月新店乡唐西原	″	村民唐宇超发现于村南土壕
226	扶风天合寺 M1	饕餮纹鼎1、兵器3		4	1982年冬城关镇天合寺村	″	村民雷廷在村南电磨房起土时发现
227	扶风益家堡 M	弦纹鼎、鬲		2	1980年元月城关镇益家堡	″	村民张全省在村西南塬平地时发现
228	扶风下河 M1	饕餮纹鼎、夔纹簋	西周早期	2	1970年元月城关镇下河村东	″	村民在村东沟边搜肥时发现
229	扶风元树 M1	雷乳纹鼎1、簋1		2	1964年冬法门镇南佐元树村		"下落不明"
230	扶风官务窑院 M1	饕餮纹鼎即伯作旅鼎		1	1985年11月法门镇官务窑院	″	《文博》1986年5期
231	扶风白家 M8	爵1、觯1、戈1		3	1960年6月法门镇白家		《考古与文物》1988(5)(6);《1949—1987年清理发掘铜器墓葬统计表》
232	扶风不详	《师奂父盨》		1	北宋出土		《商周彝器通考》364页,《考古图》卷三,36页考录
233	扶风美阳不详	《铜酒尊》		1	东汉章帝(公元前82年)于美阳		《宋书》卷二十九"符瑞志下",今已下落不明
234	扶风美阳不详	《尸臣鼎》		1	公元前61—前58年于扶风美阳		《汉书郊祀志下》"西汉宣帝神爵四年",今已下落不明
235	扶风不详	《伯庶父簋》		1	北宋仁宗嘉祐年(公元1056—1063年)		《陕西金石志》卷二,19页中刘原父得于扶风,今已下落不明
236	扶风不详	《姬奂豆》		1	北宋神宗熙宁年(公元1068—1077年)		《考古图》云:"此器得于扶风",今已下落不明
237	扶风齐镇不详	铜盂		1	光绪年间黄堆乡齐镇村		村民李丙均父在村西土壕挖出,现在下落不明
238	扶风不详	《祖丁簋》	可能属商末	1	"扶风田者见河岸土崩镢之"		《陕西金石志》卷一,8页,今已下落不明

序号	遗址性质	主要器物名	时代	数量	出土时地	现藏	备注
239	扶风不详	《史黎瑚二器(佚)》		1	此器原藏于扶风伏氏家		《陕西金石志》卷三，10页，铭文四字：史利作瑚，今下落不明
240	扶风齐镇不详	铜鼎		1	1932—1933年间黄堆乡齐镇		村民李丙均在村西土壕发现，现已下落不明
241	扶风不详	商虎簋		1	1937年扶风出土		《三代吉金文著录》著录二器，又一盖亦系法门寺出土，今下落不明
242	扶风齐镇不详	鸟尊		1	1940年黄堆乡齐镇村		村民李富堂在村南土壕发现，今已下落不明
243	扶风任家一号窖藏	克鼎、克钟		百余件	1890年黄堆乡任家村东南土壕	上博等	任致远发现，《大系》等
244	扶风任家二号窖藏	梁其器		〃	1940年旧历二月，初一村西南土壕	〃	任登肖等发现，《图释》
245	扶风任家三号窖藏	双头兽纹瑚		1	1981年7月，村北200米	周博	任均让发现，《考古与文物》1982.2，P10
246	扶风上康一号窖藏	函皇父器和鲜器		不详	1933年法门镇上康村东100米处土壕	省博等	康克勤发现《图释》
247	扶风上康二号窖藏	狄驭叔觥盖		2	1966年，村东壕养猪场	扶博	集体发现，《文物》1982.7，P10
248	扶风上康三号窖藏	邰妃鼎		1	1972年12月8日村西沟边	〃	集体发现，《文物》1973.11，P78
249	扶风齐家一号窖藏	涡纹圆		2	1936年冬黄堆乡齐家村南土壕	省博	齐景相发现，《陕青》(三)P28
250	扶风齐家二号窖藏	它鬲等		4	1958年初村东南土壕	〃	集体发现，《文物》1959.11，P72
251	扶风齐家三号窖藏	柞钟、几父壶		39	1960年10月11日村东南100米处	〃	雒忠如发现，《文物》1961.7，P5
252	扶风齐家四号窖藏	周我父簋		3	1961年3月村东南土壕	〃	集体发现，《考古》1963.10，P574
253	扶风齐家五号窖藏	日已觥、它盘		6	1962年12月村东南土壕	〃	集体发现，《考古》1963.8，P413
254	扶风齐家六号窖藏	编钟		2	1966年秋村北	县博	集体发现，《考古与文物》1980.4
255	扶风齐窖藏	鼎盨		2	1982年3月	〃	《考古与文物》1988(5)(6)
256	扶风齐家七号窖藏	鸟纹鼎等		2	1982年冬村西学校后	周博	齐致辉发现，《考古与文物》1985.1
257	扶风齐家八号窖藏	周我父簋盖等		7	1984年春村东南土壕	〃	李惠芳发现，《考古与文物》1985.1

序号	遗址性质	主要器物名	时代	数量	出土时地	现藏	备注
258	扶风白庄一号窖藏	史墙盘等		103	1976年12月15日法门镇白庄村南100米处	周博	白新恩发现,《文物》1978.3,P1
259	扶风白庄二号窖藏	与仲枣父甗等		5	1976年12月村西北土壕	"	白玉平发现,《文物》1978.11,P6
260	扶风白庄三号窖藏	饕餮面残鼎足		1	1977年9月村南300米处	"	白安省发现,《考古与文物》1982.2,P10
261	扶风白庄四号窖藏	夔纹大鼎		1	1946年冬村东北土壕	扶博	白汉清发现,《考古与文物》1980.4,P6
262	扶风白庄五号窖藏	窃曲纹鼎		1	1963年2月村西南250米处	省博	集体发现,《文物》1963.9,P66
263	扶风白庄六号窖藏	五祀獻钟		1	1982年10月村东北土壕	"	白尚武发现,《人文杂志》1983.2,P118
264	扶风强家一号窖藏	师甗鼎等		7	1974年12月5日黄堆乡强家村西200米处	"	集体发现,《文物》1975.8,P56
265	扶风庄李一号窖藏	鼎1簋四		5	1963年1月法门镇庄李村东壕	省、市、县博	李兴儿发现,《文物》1963.9,P65
266	扶风庄李二号窖藏	父已爵		1	1980年1月村东壕	周博	李建海《考古与文物》1982.2,P10
267	扶风庄李三号窖藏	簋		3	1987年8月17日村北地	"	李培荣发现
268	扶风刘家一号窖藏	编钟等		3	1972年12月法门镇刘家村北土壕内	扶博	王太川发现,《考古与文物》1980.4,P16
269	扶风刘家二号窖藏	环带纹大盂		1	1973年3月1日村东北渠道内	"	新集民工发现,《考古与文物》1980.4,P16
270	扶风召陈一号窖藏	散车父器		21	1960年春村西南150米处	省博	陈志坚发现,《考古与文物》1972.6,P30
271	扶风召陈二号窖藏	斜角雷纹鬲		1	1962年法门镇召陈村西南路旁	扶博	陈德功发现,《考古与文物》1980.4,P16
272	扶风召陈三号窖藏	圆铜饼		1	1972年一号窖北50米处	"	陈景秀发现,《中国钱币》1985.2
273	扶风召陈四号窖藏	铜豆残座		1	1973年12月村西北土壕	"	陈显发现,《考古与文物》1980.4,P16
274	扶风齐镇一号	妄钟等		3	1966年冬黄堆乡齐镇村北	市博	集体发现,《文物》1972.7,P9
275	扶风齐镇二号	鸣父瑚		1	1981年5月15日黄堆乡齐镇村北	周博	齐拴海发现,《考古与文物》1982.2,P10
276	扶风云塘一号	多父盨等		9	1976年春黄堆乡云塘村东南断崖	"	史选民等发现,《文物》1978.11,P6
277	扶风云塘二号	伯公父瑚		1	1978年黄堆乡云塘一号窖南	"	集体发现,《文物》1982.6,P87

序号	遗址性质	主要器物名	时代	数量	出土时地	现藏	备注
278	扶风云塘三号	残鼎足		2	1980年11月黄堆乡云塘村东南平地	周博	史周顺发现,《考古与文物》1982.2,P10
279	扶风务子一号	师同鼎		2	1981年12月黄堆乡务子村东150米	〃	王掌成发现,《文物》1982.12,P43
280	扶风务子二号	弦纹鼎		1	1985年3月黄堆乡务子村北壕北崖	〃	王存乐发现
281	扶风桥王一号	伯夸父盨		1	1949年冬村东南土壕	扶博	王志英发现,《文物》1973.11,P78
282	扶风齐村一号	㝬簋等		1	1979年法门镇齐村陂塘内	〃	集体发现,《文物》1979.4,P89
283	扶风齐村二号	四鸭鼎		2	1979年齐村陂塘内	〃	集体发现,《考古与文物》1980.4,P21
284	扶风北桥一号	伯吉父器		9	1972年建和乡北桥乔新发院东崖	〃	乔新发现,《文物》1974.11,P85
285	扶风杨家堡一号	鼎、盂残片		2	1978年7月村南土壕	〃	杨宗焕发现,《考古与文物》1980.2,P21
286	扶风官吊一号	钟、壶		6	1982年法门镇官务吊村西南100米处	〃	集体发现,《文博》1985.1
287	扶风沟源一号	王作簋盖等		6	1981年10月1日村西南约150米	〃	郭伦科发现,《考古与文物》1982.4,P106
288	扶风豹子沟一号	乎钟		1	1979年5月5日南阳王岑豹子沟	〃	罗拴科发现,《考古与文物》1980.4,P19
289	扶风吕宅一号窖藏	鐼1铜料		1	1966年召公乡品宅张黄村西南砖厂	省博	集体发现,《中国钱币》1985.2
290	扶风吕宅二号窖藏	铜锛等		12	1972年成王村南土壕	扶博	王宝成发现,《考古与文物》1980.5.2
291	扶风吕宅三号窖藏	鼎		2	1978年12月胡西村西50米	〃	集体发现,《考古与文物》1980.4,P19
292	扶风穆家一号窖藏	鼎		1	1976年3月穆家村大陈村间渠内	〃	集体发现,《考古与文物》1980.4,P18
293	扶风早杨一号窖藏	甗、甑、斧等		12	1973年8月太白乡早杨村东50米	〃	杨志杰发现,《考古与文物》1980.4,P18
294	扶风孙家台一号窖藏	簋盨		4	1963年年元村东口仓库院	〃	集体发现,《考古与文物》1980.4,P15
295	扶风五郡一号窖藏	仲彤		2	1973年6月19日黄甫乡五群西村东北	〃	田秋贤等发现,《考古与文物》1980.4,P16
296	扶风五郡二号窖藏	编钟等		2	1973年黄甫乡五郡西村北距一号20米	〃	集体发现,《考古与文物》1980.4,P16

序号	遗址性质	主要器物名	时代	数量	出土时地	现藏	备注
297	扶风小西巷一号窖藏	鼎		1	1979 年冯家台西100 米	扶博	张家明发现,《考古与文物》1980.4,P2
298	扶风东渠一号窖藏	编钟		2	1978 年村东北 150 米	〞	曹积会发现,《考古与文物》1980.4,P19
299	扶风齐镇不详	鸟纹卣		1	1948 年冬黄堆乡齐镇村	〞	李水祥父发现,1984 年 11 月 5 日被盗,物已失国外
300	〞 〞	饕餮纹爵		1	同 上	〞	村民李水祥父在村东挖土时发现
301	扶风不详	重环纹鼎		2		〞	
302	〞 〞	斜角夔纹鼎	西周晚期	1		〞	
303	〞 〞	父乙方鼎	商代	1		〞	
304	〞 〞	夔纹簋	西周早期	1		〞	
305	〞 〞	《父丙尊》		1		〞	
306	〞 〞	涡纹鼎	西周早期	1		〞	
307	〞 〞	乳钉纹簋		1	1971 年绛帐收购站拣选	〞	
308	〞 〞	《单盉》		1	1972 年绛帐收购站拣选	〞	
309	〞 〞	环带纹瑚		1	同 上	〞	
310	扶风召李不详	饕餮纹鼎		1	法门镇召李村	〞	1974 年从法门镇收购站拣选
311	扶风北吕M	夔纹簋	西周	1	上宋乡北吕村	〞	1976 年征集
312	〞 〞	乳钉纹簋	西周	1	同 上	〞	〞 〞
313	扶风吕它不详	弦纹瓿		1	召公镇吕它村	〞	1974 年 7 月从召公镇收购站拣选
314	〞 〞	饕餮纹爵		1	同 上	〞	1984 年 11 月 5 日被盗,物已丢失
315	扶风庄白不详	《父乙觯》		1	法门镇庄白村	〞	1975 年 7 月从城关镇收购站收
316	扶风东河不详	雷乳纹簋		1	召公镇东河村	〞	1975 年元月从天度收购站拣选
317	扶风功夫沟不详	饕餮纹鼎		1	太白乡功夫沟	〞	1979 年从绛帐收购站拣选
318	眉县李村窖藏	盠驹尊盠方尊	西周	5	1955 年马家镇李村		1988 年(5)(6)《考古与文物》解放后发现的青铜器窖藏登记表

序号	遗址性质	主要器物名	时代	数量	出土时地	现藏	备注
319	眉县杨家窖藏	钟	西周	13	1985年5月马家镇杨家村		1988年(5)(6)《考古与文物》解放后发现的青铜器窖藏登记表
320	″ ″	《旟鼎》	同上	1	1972年5月马家镇杨家村		″ ″
321	武功任北窖藏	《楚簋》《芮叔簋》	同上	13	1978年4月苏坊乡任北村		″ ″
322	武功淳沱M1	《信安君鼎》勺	战 国	2	1979年武功淳沱村		″ ″
323	武功回龙窖藏	《驹父盨》盖	西 周	1	1971年2月苏坊乡回龙村		″ ″
324	武功北坡窖藏	《师痕簋》盖	同上	2	1963年4月南仁乡北坡村		″ ″
325	凤翔河交M	鼎1、簋1	同上	2	1973年8月田家庄乡河交村		1988(5)(6)《考古与文物》"1949—1987年清理发掘的青铜器墓葬统计表"
326	″ ″	″ ″	同上	2	1973年田家庄乡河交村		″ ″
327	″ ″	《饕餮纹鼎》丙	同上	1	同 上		《考古与文物》1984(1)
328	凤翔劝读M	云纹觯、对罍	同上	2	1974年田家庄乡劝读村		《考古与文物》1984(1),对罍有铭文字25
329	凤翔化园M	甗、爵	同上	2	1978年长青乡化园村		1988(5)(6)《考古与文物》"1949—1987年清理发掘的青铜器墓葬统计表"
330	凤翔西村M12	鼎1、簋2	同上	3	1979年南指挥乡西村		″ ″
331	凤翔西村M64	鼎1、簋1、戈等	同上	6	同 上		″ ″
332	凤翔西村M112	《亚父辛鼎》戈,泡	同上	3	1980年南指挥乡西村		1988(5)(6)《考古与文物》"1949—1987年青铜器墓葬统计表"
333	凤翔高庄M1	鼎、壶、杯、勺	战 国	16	1979年10月南挥乡高庄		″ ″
334	凤翔横水镇不详	《虢爵》有铭二字	西周	1	1970年横水镇供销社		《考古与文物》1984(1)
335	凤翔丁家河不详	饕餮纹鼎乳钉纹簋	同上	2	1975年店乡丁家河		″ ″

序号	遗址性质	主要器物名	时代	数量	出土时地	现藏	备注
336	凤翔新庄河不详	乳钉纹鼎	西周	1	1975年彪角镇新庄河		《考古与文物》1984(1)
337	凤翔董家庄不详	鱼爵	同上	1	1978年7月彪角镇董家庄		〃 〃
338	宝鸡市桑园堡M		同上	20余件	1958年宝鸡市桑园堡		1988(5)(6)《考古与文物》"1949—1987年青铜器墓葬统计表"
339	宝鸡市茹家庄M1	伯智鼎、强伯鼎、强伯簋	同上	180余件	1974年12月宝鸡市茹家庄		〃 〃
340	宝鸡市茹家庄M2	强伯鼎、瓿、尊	同上	22	同 上		〃 〃
341	宝鸡虢镇不详	巳鼎、晋簋	同上	4	1956年虢镇		《殷周有铭铜器目录》北京考古研究所
342	宝鸡市斗鸡台不详	甲簋	同上	1	1925年斗鸡台		〃 〃
343	宝鸡市贾村塬不详	何尊	同上	1	1963年贾村塬		〃 〃
344	宝鸡市唐家不详	会妘鼎	同上	1	1972年唐家村		〃 〃
345	宝鸡市九耀窖藏	簋	同上	2	1981年马营乡九耀		1988年(5)(6)《考古与文物》"解放后发现的铜器窖藏登记表"
346	宝鸡市五里庙M		同上	3	1958年8月五里庙		1988年(5)(6)《考古与文物》"1949—1987年青铜器墓葬统计表"
347	宝鸡市竹园沟M	鼎5、兵器、车马器、簋3	同上	202余件	1976年8月竹园沟		〃 〃
348	宝鸡市竹园沟M4	鼎8、鬲2、卣、觯、盘等	同上	359件	1980年竹园沟		〃 〃
349	宝鸡市竹园沟M7	伯各尊、卣甬钟3	同上	7	同 上		〃 〃
350	宝鸡市纸房头M	强伯簋	同上	1	1981年秋纸房头		〃 〃
351	宝鸡市强家M	爵、瓿、觯	同上	3	1979年强家村		〃 〃
352	宝鸡裕泉村M		同上	120余件	1970年5月裕泉村		〃 〃
353	宝鸡县高泉村M	周生豆、钟、壶、剑、戈	春秋	14	1978年县西高泉村		〃 〃

序号	遗址性质	主要器物名	时代	数量	出土时地	现藏	备注
354	麟游蔡家河 M	鼎、簋 2、鬲 4	西周	7	1974 年蔡家河		1988 年 (5) (6)《考古与文物》"1949—1987 年青铜器墓葬统计表"

说 明

(1) 本青铜器表基本是以出土时间先后按地区排列的。刊物已发表的保留原号，原来没有编号的，按其出土先后编号。

(2) 本表资料来源主要是以岐山及扶风两县近出县志(一)为主线，除此还有《考古与文物》1988 年 (5) (6) (二)；《殷周有铭铜器简目》(北京考古研究所)等。

(3) 表中的"省博"指陕西省历史博物馆，"市博"为宝鸡市博物馆，"岐博"为岐山县博物馆，"周所"为周原保管所，"扶博"为扶风县博物馆，"周博"为周原博物馆，"上博"为上海博物馆，"陕青"指《陕西出土商周青铜器》，"图释"指陕西省博物馆文管会著《青铜器图释》，"大系"指郭沫若著《两周金文辞大系图录考释》，《三》指三代吉金文存。

(4) 注：(一)《岐山县志·卷二十四文物》，表 24—2、表 24—3，陕西人民出版社，1992 年 8 月第 1 版；《扶风县文物志》，"扶风县历代出土商周青铜器窖藏一览表"、"扶风地区商周墓葬出土青铜器一览表"及"续表"，陕西人民教育出版社，1993 年 5 月第 1 版。(二)吴镇烽：《陕西商周青铜器的出土与研究》"解放后发现的青铜器窖藏登记表"及"1949—1987 年青铜器墓葬统计表"。

张洲　1993 年 10 月 8 日制

附表二

陕西长安等地区商周青铜器出土简目表

序号	遗址性质	主要器物名	时代	数量	出土时地	现藏	备 注
1	长安马王窖藏	盂簋、伯梁父簋、师旋簋等	西周	53	1961 年 10 月马王镇马王村		1988（5）（6）《考古与文物》"解放后发现的铜器窖藏登记表"
2	长安新旺窖藏	逋盂、匜	"	2	1967 年 7 月马王镇新旺村		" "
3	长安马王窖藏	许男鼎、来罐	"	6	1967 年马王镇马王村		" "
4	" "	卫鼎、是要簋、甬钟	"	25	1973 年 5 月马王镇马王村		" "
5	长安新旺窖藏	勾连雷纹大鼎、盂	"	2	1973 年 5 月马王镇新旺村		" "
6	" "	鼎、壶	"	4	1979 年 2 月马王镇新旺村		" "
7	" "	钟	"	1	1980 年冬马王镇新旺村		" "
8	长安下泉窖藏	多友鼎	"	1	1980 年 11 月斗门乡下泉村		" "
9	长安新旺窖藏	大鼎、小鼎	"	2	1982 年 1 月马王镇新旺村		" "
10	长安张家坡窖藏	鬲、簋、壶、盘、豆、盂、鉴、杯、匕等	"	53	1961 年张家坡		1988（5）（6）《考古与文物》"建国以来陕西商周考古述要"李自智
11	长安普渡 M	叔鼎、旦辛莆爵、子戈簋、尊	"	3	1951 年夏普渡村		1988（5）（6）《考古与文物》"1949—1987 年清理发掘的铜器墓葬统计表"
12	" "	长甶盂、鼎 5、罍、爵、卣	"	29	1954 年普渡村		" "
13	长安白家堡 M106	鼎、簋、尊、觚、觯、戈、爵	"	9	1961 年白家堡		" "
14	长安白家堡 M107	鼎、戈	"	4	" "		" "
15	长安白家堡 M307	爵、觯	"	4	" "		" "
16	长安白家堡 M308	鼎	"	2	" "		" "

序号	遗址性质	主要器物名	时代	数量	出土时地	现藏	备 注
17	长安白家堡 M403	鼎	西周	1	1961年白家堡		" "
18	长安张家坡 M404	爵、觯	"	2	1961年张家坡		" "
19	长安张家坡 M	彝候鼎、叔专父盨4、鼎、壶	"	9	1964年10月张家坡		" "
20	长安张家坡 M16	爵	"	1	1976张家坡		" "
21	长安张家坡 M28	觯	"	1	" "		" "
22	长安张家坡 M54	北子鼎	"	1	" "		" "
23	长安张家坡 M80	爵	"	1	" "		" "
24	长安张家坡 M85	父丁爵	"	1	" "		" "
25	长安张家坡 M87	鼎7、簋3、爵4、觚2、卣、尊	"	27	" "		" "
26	长安张家坡 M1	甗	"	1	" "		" "
27	" "	鼎、簋	"	2	1983年张家坡		" "
28	长安张家坡 M163	邓仲牺尊、井叔钟	"	7	1984年张家坡		" "
29	长安马王 M	爵、兵器	"	28	1963年马王镇马王村		1988（5）（6）《考古与文物》"解放后发掘的铜器窖藏登记表"
30	长安花园 M14	更鼎	"	1	1981年花园村		" "
31	长安花园 M15	禽鼎、歸夃进鼎	西周	16			
32	长安花园 M17	伯姜鼎、歸夃进鼎、鹿父卣	"	17	" "		
33	长安大原 M315	父座簋	"	1	1984年大原村		" "
34	长安大原 M304	师訇父鼎、义盉盖	"	3	" "		1988（5）（6）《考古与文物》"1949—1987年清理发掘的铜器墓葬统计表"

序号	遗址性质	主要器物名	时代	数量	出土时地	现藏	备注
35	长安河油 M	鼎2、簋2、尊、觯、爵	西周	7	1978 年 12 月河油村		1988（5）（6）《考古与文物》"1949—1987 年清理发掘的铜器墓葬统计表"
36	蓝田寺坡窖藏	弭叔簋、匐簋、弭叔盨	"	11	1959 年大寨乡寺坡村		1988（5）（6）《考古与文物》"解放后发掘的铜器窖藏登记表"
37	蓝田泄湖窖藏	永盂	"	1	1969 年泄湖乡泄湖村		"　　"
38	蓝田红门寺窖藏	应侯钟	"	1	1974 年红门寺乡红门寺		"　　"
39	蓝田草坪窖藏	款叔鼎	"	1	1973 年草坪乡草坪村		"　　"
40	蓝田指甲湾窖藏	仲其父簋、宗仲盘、匜	"	4	1971 年 1 月辋川指甲湾		"　　"
41	蓝田兀家崖窖藏	鼎、簋、钺	"	3	1982 年 11 月泄湖乡兀家崖		"　　"
42	蓝田新村窖藏	弭伯簋	"	1	1963 年新村		《殷周有铭铜器简目》北京考古研究所
43	蓝田黄沟窖藏	簋、戈	商代	5	1972 年大寨乡黄沟村		"　　"
44	蓝田怀真坊窖藏	鼎、刀、锯、斧、锛	"	8	1973 年孟村乡怀真坊		"　　"
45	临潼西段窖藏	利簋、屇车父壶、陈侯簋、王盉	西周	151	1976 年临口乡西段村		1988（5）（6）《考古与文物》"解放后发掘的铜器窖藏登记表"
46	临潼南罗 M	鼎4、卣、盘、簋、盂、鬲、甀、车马器	"	52	1972 年 12 月临潼南罗村		1988（5）（6）《考古与文物》"1949—1987 年清理发掘的铜器墓葬统计表"
47	临潼南罗 M	甬钟、爵2	"	3	"　　"		"　　"
48	渭南南堡 M	鼎、尊、矛、车马器	"	52	1975 年春渭南市南堡村		"　　"
49	周至城关镇 M	王作姜氏盘	"	1	1971 年 1 月城关镇		"　　"
50	澄城串芷 M	王臣簋、鼎、车马器	"	18	1972 年 12 月串芷村		"　　"
51	陇县曹家湾 M6	鼎、簋、甀、戗、澳等	"	6	1977 年 8 月曹家湾		"　　"

序号	遗址性质	主要器物名	时代	数量	出土时地	现藏	备注
52	陇县韦家庄M	鼎、簋、尊、卣、盉、觯等	西周	8	1977年12月韦家庄		1988(5)(6)《考古与文物》"1949—1987年清理发掘的铜器墓葬统计表"
53	陇县韦家庄M	鼎、簋	〃	2	1981.8韦家庄		〃 〃
54	陇县黄花峪M	爵、削	〃	3	1973年黄花峪		〃 〃
55	陇县南村M	鼎、簋、尊、戈、爵	〃	5	1963年南村		〃 〃
56	长武张家沟M	鼎、簋、觚、刀	〃	4	1972年张家沟		〃 〃
57	长武刘主河M	鼎、簋、刀	〃	3	1969年刘主河		〃 〃
58	铜川市炭科沟M	鼎、车马器	〃	5	1983年10月铜川市炭科沟		〃 〃
59	铜川市城关镇M	鼎、戈	〃	6			〃 〃
60	泾阳高家堡M	鼎2、簋2、爵2、戈1、父盨、盉、甗	商(并有先周)	14	1971年10月高家堡		〃 〃
61	淳化黑头嘴M3	饕餮纹壶、尊、甗、戈、泡	商代	23	1982年12月黑头嘴		〃 〃
62	淳化赵家庄M1	鼎、削、刀、斧、镜	〃	5	1982年3月赵家庄		〃 〃
63	淳化赵家庄M2	鼎、爵	〃	7	〃 〃		〃 〃
64	礼泉朱家嘴窖藏	饕餮纹鼎	〃	1	1972年北牌乡朱家嘴		《殷周有铭铜器简目》北京考古研究所
65	礼泉朱家嘴窖藏	饕餮纹鼎、甗、觚	〃	7	〃 〃		〃 〃
66	礼泉九嵕山窖藏	互鼎	西周	1	1956年九嵕山		〃 〃
67	永寿好畤河窖藏	善夫山鼎、仲枏父簋	〃	40余件	50年代初店头镇好畤河		〃 〃
68	耀县丁家沟窖藏	殷簋	〃	6	1984年11月城关镇丁家沟		〃 〃
69	咸阳市塔儿坡M	安邑下官锺私官鼎	战国	24	1966年塔儿坡		1988(5)(6)《考古与文物》"1949—1987年清理发掘的铜器墓葬统计表"

序号	遗址性质	主要器物名	时代	数量	出土时地	现藏	备注
70	清涧寺墕村 M	蛇头剑、盘、戈、锛	商 代	11	1982年3月寺墕村		1988(5)(6)《考古与文物》"1949—1987年清理发掘的铜器墓葬统计表"
71	绥德墕头窖藏	天鼎、簋、瓬、爵、马头刀	"	23	1965年春上台镇墕头村		1988(5)(6)《考古与文物》"解放后发现的铜器墓葬统计表"
72	城固苏村窖藏	尊	"	12	1963年3月宝山乡苏村		" "
73	城固苏村窖藏	方罍、戈、矛、泡、脸壳	"	200余件	1976年4月宝山乡苏村		" "
74	城固五郎庙窖藏	鼎	"	5	1973年冬五郎庙乡五郎庙		" "
75	城固五郎庙窖藏	矛、斧、戈、镞、钺等	"	22	1964年3月五郎庙乡五郎庙		" "

张洲　1993年10月8日制

附表三

周原地区历代地震统计表

1993 年 6 月 22 日

时　　代	地　址	震中	震级	列度	说　　明
1. 商帝乙三年夏六月		岐山	4～5 级	5～6 度	是陕西境内第一次记载,也是我国有文字以来最早记载之一
2. 周幽王二年(前 780 年)	泾、渭、洛三川皆震	岐山	6～7 级	8 度	河水涸竭岐山崩
3. 东汉元兴元年(105 年 5 月)	右扶风雍地裂				
4. 东汉延光二年(123)	岐州地大震		岐山有声		
5. 东汉延喜四年(161)六月	扶风、京兆、凉州		大风发屋拔木		
6. 三国魏太和二年(228)八月	岐雍地震				
7. 北魏正光二年(521)八月	雍岐地震				
8. 隋开皇二十年(600)十一月初三日(公历 12 月 13 日)	秦陇压死者千余人	西安	5.5 级	7 度	地震山崩,人舍多坏
9. 隋仁寿二年(602)四月	岐雍二州地震				五谷不熟,人大饥
10. 唐广明元年(880)正月	凤翔岐山地震	岐山	4.75 级	6～7 度	岐山崩
11. 元大德十一年(1307)	岐山地震		4.75 级	6 度	岐山崩,扶风亦震
12. 明成化十八年(1482)五月辛巳(公历 5 月 30 日)	岐山地震				
13. 明嘉靖三十四年(1555)十二月十二日夜约十二时	岐山县公署房屋皆倾倒,民多压死	华县	8 级	11 度	"受灾面积达 11 万平方公里,波及十个省"
14. 明万历三十二年(1604)闰九月十三日(公历 11 月 4 日)	眉县		4.25 级	5 度	
15. 清顺治十一年(1654)六月初九日(公历 7 月 22 日)	岐山地大震	天水		11 度	复微震近月
16. 清康熙三十四年(1695)四月二十三日(公历 6 月 3 日)	地震				宿鸟惊飞,卧床者倾地
17. 清康熙四十三年(1704)七月十三日	地震				
18. 清康熙四十七年(1708)六月十二日(公历 7 月 29 日)	地震				
19. 清康熙五十四年(1715)五月二十一日(公历 6 月 22 日)	地震				

时　　代	地　　址	震中	震级	列度	说　　明
20. 清康熙五十七年（1718）八月初三日（公历9月26日）					夜半地震
21. 清乾隆四年（1739）十一月二十四日	岐山地震				
22. 清嘉庆二十年（1815）九月十九日子时					地大震
23. 清光绪五年（1879）五月十一日午时十二日寅时			地微震地大震		复微震五次
24. 清光绪七年（1881）六月二十五日亥时			地震		
25. 清光绪十年（五月二十七日公历6月20日）未时			地震		二十九日夜子时地大震
26. 民国9年十一月初七日（1920年12月16日）晚8时左右		宁夏海深	8.5级		人民死伤者处处有
27. 1976年8月16日	岐山房屋有声	四川松潘	7.2级		
备　　注	（1）《吕氏春秋》卷六《制乐篇》：“《商帝乙年》夏六月，周地震”。摘自陕西省志、地震志。 （2）此表资料来自《岐山县志·卷三“自然灾害”第四章地震》、《陕西人民出版社、岐山县志编纂委员会》1992年8月。				

后 记

20 世纪 50 年代初，我在西北大学民族系学习，后提前毕业调出工作，中途又到西大历史系从事考古。这时的我，如鱼得水，埋头苦干，虚心学习，含辛茹苦，终于使自己在这个岗位上，做了些成绩。特别是在史前考古方面，曾受到王永焱、石兴邦、刘士莪及曾骐、戴彤心等先生和同志的指导与帮助，并得到贾兰坡和曹泽田先生的指导，陈直先生对我也很关照。从而使我更加酷爱历史，潜心史前考古。我曾多次带学生考古实习，对韩城禹门口旧石器时代洞穴遗址、临潼姜寨新石器遗址、华县梓里遗址及西安老牛坡商周文化遗址等进行发掘；为了教学，曾编辑有《人类起源》和《私有制起源》等30 余万字资料；发表有《陕西韩城禹门口旧石器时代洞穴遗址报告》（与人合作，《史前研究》1984[1]）、《宝鸡石咀头东区发掘报告》（与人合作，《考古学报》1987[2]）、《华县梓里仰韶人葬俗的意义》、《周原环境与文化要述》、《周原岐邑建都的环境条件及迁移原因试探》、《周人起源发展与周原圣地》、《重振"丝路"富陕强国》、《侯外庐在西北大学》等约 30 篇。并编《西周金文选编》（与人合作，西北大学出版社出版）。周原周人历史文化博大精深，需要研究的课题还很多。例如：有关周原西岐秦饮食、服饰、居住、民俗文化；周原古代艺术、美学、音乐、戏曲、雕塑文化；周原古代信息、智力、神秘、心理文化；周原古代科技、古建、制陶、冶炼、青铜、甲骨文化；周原古代宗教、哲学、伦理、德治、教育文化；特别是周原古代的政治、经济、军事、社会文化等等的研究，任务的确很大。同时对周原已经研究的有关环境文化、农业文化、旅游文化、考古文化，以及炎黄传说文化、夏商周，尤其是周人早期先周文化的历史等等，今后更要深入坚持下去，力争了然于古，古为今用。

《周原环境与文化》在撰述过程中和脱稿以后，经过有关专家学人认真审阅，其中著名地学教授陈景维通看后书面评说："资料新颖，内容丰富多彩、系统性强"。特别是著名史学家李学勤研究员（中国社科院历史研究所所长），对目录、要述，特别是全稿内容，认真"再三"看了几遍，深为感动地说："这部书富于新意，应该早日出版"，并深情地写了序。序文高度评说："《周原环境与文化》是一部令人惊异的好书，应当向读者推荐。"著名考古学者石兴邦先生有师者风范，书稿看完后，"感佩之余，持奉知笺以作跋语"。他认为：本书是一部区域文化研究的力作；在周文化的研究中具有开创性意义，特别是对周人族源及其迁徙作了颇有新意的解释：提出了由西而东，再由北而南的迁徙路线，这在考古学上有一定根据。"国家文物局顾问、中国文物学会副会长谢辰生教授在书信中也说："至友张洲同志长期从事文物考古研究、近期写成《周原环境与文化》一书。颇有新意。"并楷体书了书名。陕西师大中文系教授焦文彬同志作为最早的"读者之一"，以"极大"的热情和耐心"读完"后，以"精诚所至，金石为开"为"体会"，并写了读后感，还对全稿文字进行了修订。本书虽是著者伏案奋发之为，但由于本书所涉及的学科众多,所以在成书的过程中,常向学者学人请教、学习。例如:本书第一章第一节《周原地貌》,就是请灾害地理学家李昭淑(西大地理系教授)不断指导帮助的结果。特别是第四章第一节《周原岐邑京当古城选建与迁移原因》一文,特请他和雷祥义(西大地质系教授)两次前往周原调查,并对著文作了具体的修改。本书第一章《周原自然环境》如前所述的第二节《周原新生代地质》及第三节《周原新生代地层形态》发表之前的著文,修改中还请王战教授(西大地质系张伯声学说研究室主任、博士生导师)多次指导并推荐发表。第四节《周原第四纪环境变迁》还请雷祥义指导修改定稿。

本书第二章《周原原始文化》第一二两节新旧石器文化和第五章《周原古代农耕文化》第一节《周原原始农耕文化的渊源》,不仅得到戴彤心教授(西大历史系考古教研室主任,已故)的积极支持,而且对这些专著以及五章二节《周原传统农耕文化》等,也都提过意见;最后定稿时他还提了书面意见。同时这些文稿,还受到何承德先生(西大生物系教授,已故)等人的指导。

第三章《周原先周文化》第一、二、三节内容,在本书属重头文稿;又请教张天杰(西大学报总编)、特别是向李学勤同志请教,经改之后成文,本章一节(三)题《"周"源于"周塬"说》和(四)题《武丁卜辞"周方"地望的试述》等内容还请商周史中青年专家张懋镕教授提了意见。关于第四章《周原西周文化》一、二两节内容,特别是第二节《周原与丰镐地区的青铜文化》的定稿,请懋镕在文字方面还做了帮助修辞。在此,对于曾经支持和帮助过的学人、朋友,我都表示尊敬的谢意!

魏水利、卫阿三为本书英译、出版方面,冰心玉成;更是抛泪相谢!

本书稿,直接还借鉴或吸收了已经出版学人学术著作成果,在此深表谢意!我自己水平有限,缺点或错误在所难免,恳请大家和广大读者批评指正。

除此,本书形成过程调查时,山西运城文化局张国维、闻喜县文化馆张英俊、甘肃平凉地区文化馆、陕西榆林地区政协李荣祯、宝鸡市地方志刘宏福、市社联武玉润、市博物馆胡智生、周原博物馆罗西章、岐山县李恩才、刘孝先、博物馆祁建业、京当乡朱德兴、周原文管所于少特、岐山化肥厂张峰以及杨健禧、杨景震、周树至、霍力攻等同志,都曾热忱地帮助过,在此致以谢意。特别还有西大刘舜康副校长、文博学院院长周伟洲、地质系绘图工程师骆正乾、学报姚远、徐象平、考古教研室赵丛苍、王建新、王维坤等同志,他们或为提供资料,或是提供交通条件、绘图条件等关照支持,在此也致以谢意!拙文成书十年多真是不易!光修改过的手稿也过百万字,两次清誊手稿也有50万字。这些修改和清誊过的手稿大都经过复印;参考资料复印、打印校对照相等就更多。(复印这些参考资料估计也在千万字以上)。而复印打印的工作,我的儿女张阳、张萍、张薇,孙女张永翡等为我分担不少;老伴景云梅大夫为我操劳家务,更是默默无闻。对我自力研究写书,我还从未向他们述说过——家里人支持我这份情意,更难用言语来酬谢!王宏谋、王志玉、张涵钧、祝培仁、戴居仁和李胜利等老老师、老学友和老学生,先后也给予我很多鼓励和支持,我打心眼里也很感激!良师益友高杨教授,生前也有过不少鼓励。

因此说,拙著的问世,对我来说,只是奉献出一颗可以见亲人、见朋友、见同志的寸心。这个寸心我还要深深埋在我的心中！只要我还能干,对此我从不吝啬。研究、开发、弘扬周原历史文明,为人民服务,义不容辞！

张 洲
1998 年夏历八月初二于西大历史系

修订本后记

1998 年 6 月，《周原环境与文化》出版以来，得到社会学术界，特别是历史考古界热情赞同；当然在地方，尤其陕西、西安，宝鸡、岐山周原等地区，更受欢迎，赞誉热烈。出版六年，点评集锦，烘云托月，可谓佳矣！

拙著在此，除"序"（一）（李学勤撰）、"序"（二）（焦文彬撰）、"跋"（三）（石兴邦撰）等重要典著，出版时已向读者见面。他们点评的主要要点，已成为读者、学人的共识。三位学者、至友，诠释深刻，鼎力相助；感至肺腑，永远铭记。"点评"拙著出版后刊登的还有多篇，例如：张懋镕著：《老树要开花、壮志谱新章》——西安地区部分专家学者座谈张洲新著《周原环境与文化》纪要（1997.4）；周树志著：《探索周原的奥秘》——读《周原环境与文化》，《西安日报》（第 3 版）1999.1.4；彭树智著：《暮年耕耘乐、书中日月长》——喜读《周原环境与文化》，《文史与书画》（陕西省文史馆刊）1999年 2 期；张翠莲著：《周原考古研究的新突破》，《中国文物报》（第 3 版）2001.11.17；张驰：简评《周原环境与文化》，《西安日报》（第 3 版），2001.9.11；雨辰：离休干部张洲的学术专著《周原环境与文化》出版，《陕西老年报》（第 2 版）1999.4.5，等相继也发表。这些文章面世，亦是十分感谢的事。这里，张懋镕教授，特别是著名历史学家彭树智先生，他们在各自著作中，不只对拙著著者，并对拙著内容、方法——"独辟蹊径"特点等，更是实际深刻的作了诠评。两人在此所述的要点特色，在《再版序言》：《再版立言弘知微，新语典论赋新章》中也有突出反映。

拙著的《再版序言》及《目录》，由我自己撰写，再请杨景震编审，李昭淑、张懋镕教授通审修改。特别是对整组新增内容的修订和原版旧本内容的重新总编修改，是请《西北大学学报》副总编徐象平同志，从文字到内容三易其稿，尽心尽责，编审定稿的。真是花了功夫，用心到佳。还有雷祥义教授，再版稿最后的认真把关、通版审查：精益求精，更是尽心；在此除个别错字都被校出外，还认为：书稿工作扎实、内容充实，表示甘当审稿责任人。首版后的书稿，王战教授也看了一遍，对我称赞："此书质量，真是不错。"因此，此次修订的再版书稿——重新审稿，从思想上讲：我是放心的。对上述支持的学人、教授、编审、朋友和同志，我要诚恳的感谢！再版《目录》和《再版序言》提要的英文翻译，是请老专家穆善培教授承担的。翻译质量，当然是第一流。在此更要至诚致谢！

此外再版经费，是西北大学科研处由科研经费出版基金提供的。这虽不多，但可供专著尽力出版使用。真是雪里送炭。科研处赵强副处长、马朝琦科长等，都是热情支持。特别是主管科研副校长朱恪孝同志，当接到我申请经费的报告后，竭诚解决问题：大力支持这部"好书"——专著的再版。骆正乾高工为书再版画图，友情再次难却。

西北大学文博学院考古系老教授刘士莪先生,西北大学生命科学素李继瓒教授,岐山县博物馆老馆长庞怀靖先生,陕西律师事务所庞侃律师,西安市考古研究所高工常腾蛟同志等,对拙著再版,都表示了关注支持。在此特别敬谢!

三秦出版社总编赵建黎、编审贾云、责任编辑韩宏伟等同志,坚持信誉第一、质量第一,鼎力职守,再版《周原环境与文化》修订本,在此更表崇高敬意。

宝鸡市周原博物馆长张恩贤、副馆长罗芳贤,法门寺博物馆长韩金科,岐山县博物馆长冯全生,宝鸡市文物局长张润棠、科长刘宏斌,陕西省宝鸡市考古队研究员刘军社,宝鸡社会科学编辑部主任霍彦儒、张迁仁、张红岩、张渊等文化人,对拙著的再版也很关注,深致谢意!

当然,因自己水平原因,特别因自己对周原周人周文化综合研究能力的局限性——力不从心,不断提高不够。因此,此书再版的缺点,存在问题一定不少,故请读者务必批评指正;尤其社会学人,历史考古界同行,特别是专家、教授认真批评指正。

张　洲

2004 年 12 月 1 日于

西大新村 15 楼 103 号旧舍